JN423169

미래 사회 조화로운 삶을 위한

인간과 사회윤리

이 책은 저작권법에 따라 보호받는 저작물이므로 무단전재와 무단복제를 금지하며, 이 책 내용의 전부 또는 일부를 이용하려면 반드시 저작권자와 동문사의 서면동의를 받아야 합니다. 무단전재나 무단복제 행위는 저작권법 제136조(벌칙)에 의거, 5년 이하의 징역 또는 5천만 원 이하의 벌금에 처하거나 이를 병과할 수 있습니다.

미래 사회 조화로운 삶을 위한

인간과 사회윤리

이규은·조원환·박현진 공저

동문사

머리말

대학에서 교양강좌로 〈인간과 사회윤리〉라는 강좌가 개설되어 운영해 온 지 어느덧 수십 년이 지났다. 초기에는 우리 사회의 변화에 따른 사회구성원들의 윤리 의식이 약화되고 있다는 인식하에 사회 전반에 걸친 윤리 의식의 강화가 필요하다는 요구에 부응하기 위해 도입된 강좌이다. 시간이 흐름에 따라 사회가 급격하게 변화하고, 그러한 변화에 맞춰 대학의 강의도 변화하였으며, 강좌 내용도 개편되는 등 다양한 분야에서 발전이 이루어졌다. 이러한 변화는 사회변화가 근본적 원인이지만, 따지고 보면 변화하는 것은 사회만이 아니다. 윤리 문제도 사회적 상황이나 시대적 흐름에 맞춰 변화하기 때문이다. 이러한 윤리 문제는 새로운 과학기술의 발달과 새로운 기술의 일상화로 우리 생활에 빠르게 침투해 왔다. 특히 최근의 과학기술 분야에서는 인공지능(AI), 사물인터넷(IoT), 드론・자율자동차 등 무인으로 움직이는 이동체에 대한 윤리 문제에도 관심을 갖게 되었다. 뿐만 아니라 사물인터넷은 사물과 사람 간, 또는 사물과 사물 간의 새로운 통신유형으로 사물인터넷을 활용한 의식주 등 인간 생활 전반에 걸쳐 많은 변화를 이루어 내고 있다. 이처럼 급변하는 시대에 변화된 모습에 맞춰가기 위해서는 변화에 맞는 교재 개발이 필요하게 되었다. 따라서 본 교재는 이러한 변화하는 사회에 적응해 나가기 위해 필요한 사회의 변화 방향에 대한 올바른 이해와 인간으로서 인간다운 삶을 살아가기 위한 올바른 사회윤리 의식을 정립하는 데 목적을 두고 〈인간과 사회윤리〉라는 교재를 집필하게 되었다. 이 교재의 집필 방향으로 중요하게 인식한 것은 무엇보다도 인간과 사회윤리에 대한 근본적인 문제를 바르게 이해하도록 하는 일이었다. 인간과 인간에 대한 바른 이해와 사회윤리에 대한 올바른 가치관 정립을 목적으로 인간 생활에서 나타나는 다양한 윤리 문제를 중심으로 내용을 구성하였다. 특히 윤리 문제에 있어서는 인간의 삶의 궁극적인 목적이 무엇인가를 성찰하고 그것을 바탕으로 인간다운 삶이 어떤 것인지를 모색해 나갈 수 있는 가치관을 정립할 수 있도록 하는 데 중점을 두었다. 또한 윤리적 쟁점 과제를 통해 다양한 사례에서 사고의 융통성을 함께 배양해 나갈 수 있도록 가급적 다양한 사례를 제시하고자 하였다.

이 책은 모두 3부로 구성되어 있다. 제1부에서는 인간과 사회에 대한 내용으로 인간에 대한 이해, 현대사회와 인간 문제, 미래 사회의 성격, 제4차 산업혁명과 미래 사회의 가치관에 대한 내용을 다루었다. 인간의 본질이 무엇이며 인간의 본성과 행위, 인간의 생물학적 특성이 무엇인지에 대해 이해하고, 오늘날 확산되고 있는 인간학의 학문 분야에 대해 기술하였다. 또한 현대사회와 인간 문제를 통해 우리가 살아가는 현대사회의 특징이 무엇이며, 현대사회의 변화 방향과 문제점이 무엇인지에 대해 이해할 수 있도록 하였고, 미래 사회의 주요 성격적 특성과 4차 산업혁명 시대의 특성, 미래 사회 가치관의 변화 모습에 대해 기술하였다.

제2부에서는 인간의 삶과 윤리에 대한 내용으로 인간의 삶과 사회변화, 윤리와 윤리 문제, 실천적 윤리의 이해, 윤리성의 개인적 발달에 대해 다루었다. 인간의 사회적 관계를 바탕으로 인간의 삶의 목적과 가치, 인간의 존엄성과 가치문제, 인간의 사회화에 대해 기술하였다. 또한, 윤리성의 발달과 한국사회의 윤리 문제, 실천적 윤리를 바탕으로 하는 윤리적 선택과 판단을 기술하였다. 이 밖에도 인간의 도덕성 발달과 관련한 여러 학자의 이론을 기술하여 윤리 의식의 회복과 발견을 통해 윤리 의식의 함양에 도움을 줄 수 있도록 하였다.

제3부에서는 실천적 윤리에 대한 내용으로 정보 윤리와 인터넷 윤리, 생명윤리와 성 윤리, 환경 윤리와 동물 윤리, 스포츠 윤리와 예술 윤리, 인공지능 윤리와 안전 윤리, 글로벌 윤리와 미래 전망에 대해 다루었다. 특히 글로벌 윤리와 미래 전망에 있어서는 글로벌 윤리에 대한 이해와 미래 사회의 윤리

적 과제, 윤리적 삶이란 무엇인가에 대해 기술함으로써 윤리적 삶의 실천적 방향을 모색하고자 하였다. 실천적 사례를 통해 윤리에 대한 문제의식을 강화하고 성찰의 기회를 갖도록 하는 데 의미를 두었기 때문에 다양한 분야의 사례를 활용할 수 있겠으나, 최근에 우리 사회에서 윤리 의식을 강화해야 할 필요성이 증대되고 있는 분야를 우선적으로 선정하여 기술하였다. 분야별 윤리 문제에 대한 쟁점 사례를 통해 학생들의 윤리 의식을 함양할 수 있는 계기가 되길 바란다.

교양과목으로서의 〈인간과 사회윤리〉의 내용은 우선 난해하지 않아야 하고 삶과 연관성이 있어야 한다는 기본 생각을 가지고 집필을 시작하였으나, 막상 집필을 마무리하려고 하니, 많은 아쉬움이 있다. 미흡하고 부족한 점은 앞으로 지속적으로 수정하고 보완해 나갈 것이다.

아무쪼록 이 책이 대학생들의 인간에 대한 이해와 사회윤리에 대한 의식이 강화되는 계기가 되길 바라며 윤리적 시각을 넓히는 데 조금이나마 도움이 되길 바란다. 끝으로 이 책을 출간하기까지 많은 도움을 주신 동문사 이중수 사장님, 그리고 유재영 상무님과 편집부 직원 여러분께 깊은 감사를 드린다.

2025년 2월

저자 일동

차례

머리말 _ 5

Part 01 인간과 사회

Chapter 01 인간에 대한 이해 15

1 인간의 본질 19
2 인간의 본성과 행위 23
3 인간의 생물학적 특성 29
4 인간학 32

Chapter 02 현대사회와 인간문제 39

1 현대사회의 특징 42
2 현대사회의 변화 방향 45
3 현대사회의 문제점 47

Chapter 03 미래사회의 성격 59

1 글로벌화 사회 61
2 고령화 사회 68
3 테크노피아(technology utopia) 사회 73
4 다원화 사회 79

5 저탄소 녹색성장 사회 83
6 우주산업 사회 86

Chapter 04 4차 산업혁명과 미래사회의 가치관 89

1 4차 산업혁명의 도래 91
2 4차 산업혁명시대의 분야별 변화모습 96
3 미래사회의 가치관 102

Part 02 인간의 삶과 윤리

Chapter 05 인간의 삶과 사회변화 121

1 인간은 왜 사회적인가? 123
2 인간의 삶의 목적과 가치 130
3 인간의 존엄성과 인간다운 삶 138
4 인간의 사회화 142
5 인간과 사회변동 150

Chapter 06 윤리와 윤리문제 155

1 윤리의 개념 158
2 개인윤리와 사회윤리 160
3 윤리성 발달의 저해 요인 165
4 한국 사회의 윤리문제 167

Chapter 07 실천적 윤리의 이해 175

1 톨스토이의 인간적 삶 178

2 실천적 윤리의 도입 182
3 도덕 이론의 평가 기준 189
4 윤리적 선택과 판단 194

Chapter 08 윤리성의 개인적 발달 199

1 윤리 지능 202
2 피아제(Piaget)의 도덕성 발달 이론 205
3 콜버그(Kohlberg)의 도덕성 발달 이론 210
4 리코나(Lickona)의 도덕성 발달 이론 213
5 길리건(Gilligan)의 도덕성 발달 이론 217
6 윤리성의 발견과 회복 220

Part 03 실천적 윤리

Chapter 09 정보윤리와 인터넷 윤리 229

1 정보사회와 정보윤리 232
2 인터넷 시대의 인터넷 윤리 248

Chapter 10 생명윤리와 성윤리 259

1 생명공학의 발전과 생명윤리 262
2 성과 성윤리 276

Chapter 11 환경윤리와 동물윤리 287

1 생태계 파괴와 환경윤리 290
2 동물학대와 동물윤리 303

Chapter 12 스포츠 윤리와 예술윤리 315

1 스포츠와 스포츠 윤리 318
2 예술과 예술윤리 328

Chapter 13 인공지능 윤리와 안전윤리 341

1 인공지능 윤리 343
2 위험사회와 안전윤리 364

Chapter 14 글로벌 윤리와 미래 전망 377

1 글로벌 윤리에 대한 이해 380
2 미래 사회의 윤리적 과제 395
3 윤리적 삶이란 무엇인가? - 실천적 방향 모색 401

참고문헌 _ 413

01 PART

인간과 사회

01

CHAPTER

인간에 대한 이해[1)]

1) 정석용 · 이규은(2019). pp. 15-31. 내용을 재구성한 것임

01

CHAPTER

인간에 대한 이해

"인간이란 어떤 존재인가?" 인간에 대한 탐색은 오래 전부터 이루어져 왔다. 그럼에도 불구하고 인간의 존재에 대한 정의를 한마디로 내리라고 한다면 쉽게 정의하기 어렵다. 근대철학의 아버지라고 불리는 데카르트(René Descartes, 1596~1650)는 인간의 존재에 대해 "나는 생각한다. 그러므로 나는 존재한다."라고 정의하여 주체적 인간이라는 개념을 본격적으로 등장시켰다. 흔히 사람들은 인간의 존재를 이해하기 위해 동물과 인간을 비교하여 정의하곤 한다. 즉, 생물이라는 측면에서 인간과 동물을 비교하여 특성을 분석해 내는 것이다. 이처럼 인류는 오랜 역사를 통해 인간에 대한 연구를 지속해 왔으며, 인간의 신체적 특징은 물론이고, 사회과학이라는 학문분야를 통해서도 인간의 정신적 특성에 대해 지속적으로 연구해 왔다.

인간이나 동물은 말할 것도 없고, 지구상에 존재하는 모든 생물체는 생존하고자 하는 본능을 지니고 있다. 생물체는 생존하기 위해 움직이며, 움직이기 위해 신체의 형태를 지킬 수 있는 척추와 같은 신체의 중심체를 갖고 있다. 특히 인간의 경우에는 생존의 본능뿐만 아니라 번식 본능과 함께 무리를 지어 다니는 사회적 특성도 지니고 있다. 인간이 무리를 짓는 이유는 따지고 보면 자신들의 생존 확률을 높이기 위한 것에서부터 시작되었다. 무리를 지어 이동하는 것이 포식자의 눈을 교란시켜 도망가거나 싸우는 데 있어서 유리할 뿐만 아니라 집단적으로 뭉쳐서 대항함으로써 생존할 수 있는 확률이 높아진다는 이유에서 시작된 것이다. 이러한 무리를 지어 살아가는 생활 속에서 집단의 우두머리가 나타나게 되었고, 개체 간에 서열이 발생하게 되는 등의 특성이 뒤따르게 된 것이다.

인간의 특성에 대해 말한다는 것은 인간이 가진 고유한 특징으로 인간이 동물에 비해 무엇이 우수한가를 지칭하는 것이다. 따라서 인간을 바르게 이해하려면 인간 고유의 심성과 성격, 신체적 특징을 바르게 이해해야 한다.

동물과 구별되는 인간의 생물학적 특성 중에는 문화유산을 전수하는 특성이 있다. 이러한 문화유산은 사회화를 통해 이루어지며 동물과 구별 짓는 인간 존재의 특수성을 부각하는 전용어라고 할 수 있다. 인간의 삶이 있는 곳에는 어디나 사회화가 존재하기 마련이다. 사회화는 마치 '삶'이라는 말이 생겨나기 전부터 삶이 있어 왔던 것처럼 '사회화'라는 말이 생겨나기 전부터 실천되어 왔다고 할 수 있다.

인간의 인격은 본능(肉), 이성(魂), 영성(靈)으로 구성되고, 이들의 통합을 통해 '나'라고 하는 하나의 인격을 형성한다. 본능은 육신의 욕구 충족으로 현재만을 추구하는 특성이 있는 데 반해, 이성은 자기중심적이며 자아실현을 추구한다. 즉, 현실 만족과 함께 미래를 추구한다. 영성은 영원을 추구하는 인간의 특성이 반영된 것이다. 이 세 요소 중 어느 부분도 무시할 수 없으나, 어느 부분이 주체가 되느냐에 따라서 인간의 삶의 방향이 결정된다. 본능이 주체가 되는 삶은 짐승 같은 삶이 될 것이기 때문이다.

인간의 본질을 이해하기 위해서는 인간의 인격과 본능적인 행동 이외에 인간이 사회화 과정에서 습득하게 되는 습관이나 충동 등과 같은 관계에 대해서도 이해해야 한다. 따라서 여기서는 인간에 대한 본질과 본성, 행위, 생물학적 특성 등에 대해 살펴보고자 한다.

1 인간의 본질

프랑스의 철학자 파스칼(Blaise Pascal)은 '인간은 생각하는 갈대'라고 정의하였다. 이는 나약하고 초라한 인간을 강가에서 의사와 관계없이 바람 부는 대로 흔들리는 한 포기의 갈대에 비유한 말이다. 그러나 이렇듯 나약한 인간도 그들만의 특성을 지니고 있다. 바로 파스칼이 말하는 생각하는 힘의 능력인 지혜이다. 끊임없는 집념과 생각을 통해 연약한 갈대와 구별되는 인간만이 가지고 있는 독자적인 위대함을 가지고 있다. 또한 환경과 조건에 따라서 변화하고 발전하며 위대한 역사를 만들어 낸다. 이러한 인간의 활약상을 우리는 살아가면서 인간의 생각에서 비롯된 놀랄 만한 업적과 기적과 같은 사실을 주변에서 많이 볼 수 있다.

그렇다면 이러한 무한한 가능성을 지닌 인간은 본질적으로 어떤 특성을 지니고 있는 것일까? 인간의 본질을 단정적으로 말하기는 어렵다. 그것은 인간의 본질을 규정하는 데에는 다양한 입장이 있기 때문이다. 일반적으로 인간의 본질은 다음과 같이 규정할 수 있다.

첫째, 인간은 동물과 구별되는 존재 양식으로 이성적 존재라는 점을 들 수 있다. 파스칼의 말처럼 인간은 사고하는 존재로 인간으로 하여금 합리적으로 생각하고 판단하도록 이끌며 이성적인 사유와 판단이 삶의 조건들에 의해 제약된다. 즉, 이성적 사고를 통해 인간은 사회화를 습득하고 사회적 규칙과 규범을 만들며 그 질서 속에서 살아간다.

자연적 존재로서 인간은 짐승과 마찬가지로 생물적 본능의 지배를 받고 충동적 행동을 할 수 있는 존재이다. 그러나 인간은 이성을 타고난 존재로서 자연적 존재인 짐승과 구별된다. 인간은 자신들의 이성적 사고를 통해 욕망 충족에 만족하기보다 욕망을 억제하고 다른 사람들과 함께 살아가는 지혜를 터득하며 인간의 이성은 경험적 욕망을 통제하고 규정하는 보편적 원칙을 제공한다. 그러나 인간은 이성적 존재이지만 다양한 감정들의 지배를 받는 감정적인 존재이기도 하다. 서구적 근대 체제의 기반이 되었던 이성주의는 다양한 감정들을 단순한 충동의 차원으로 격하시키고 인간의 감정을 억압해 오기도 했다.

둘째, 인간은 사회적 존재이다. 인간은 사회 속에서 서로 관계를 맺고 더불어 살 수밖에 없는 사회적인 존재이다. 여기서 사회적 존재라는 개념은 의식적·합목적적으로 행동하는 인간의 사회적 삶 속에 사회적 의식으로부터 독립된 객관적 실재가 존재한다는 것을 말한다. 즉, 인간은 동물과 달리, 사회를 형성하여 자신이 속한 사회에서 다른 사람과 더불어 살아가는 데 필요한 행동 양식과 규범, 가치관 등을 배워 가는 사회화 과정을 거쳐 다른 사람이나 집단과의 상호작용을 통해 의식적, 계획적, 규범적인 공동생활을 한다. 인간은 사회 안에서 사회화를 통해 생활하기 때문에 사회적 존재인 것이다. 인간의 사회적 존재라는 의미를 개인적인 측면에서 보면 다른 사람과 구별되는 자신만의 독특한 자아를 형성해 나가는 과정이며, 사회의 규범과 행동 양식을 습득함으로써 자신이 속한 사회의 구성원으로 성장해 가는 것을 의미하며, 사회적 측면에서 보면 사회 구성원들 사이에 문화가 공유되고, 문화를 다음 세대에 전달함으로써 사회를 유지, 발전시키는 것을 의미한다.

셋째, 인간은 유희적 존재이다. 인간은 유희적 존재로서 삶의 재미를 추구하려는 경향을 지니고 있다. 따라서 춤을 추고, 노래하고, 운동을 하는 등의 생활을 통해 창조적 활동을 한다. 우리가 컴퓨터를 통해 게임을 즐기는 일도 이러한 유희적 욕구에 부합하는 것이다. 결국 인간은 살아가면서 기계적으로 혹은 본능적으로 정해진 일만 하는 것이 아니라, 자기가 하고 싶은 것을 즐기면서 살아가는 존재라는 것이다.

이러한 유희적 활동은 자아를 올바르게 인식하고 실현하는 데도 도움이 된다. 네덜란드의 역사가 호이징가(Johan Huizinga)는 그의 저서 『호모 루덴스(Homo Ludens)−유희에서의 문화의 기원』(1938)에서 문화는 원초(原初)부터 유희되는 것이며, 유희 속에서 유희로써 발달한다고 하였다. 이러한 호이징가의 정의는 인간에게 유희적 활동은 본능적이며 유희적 활동과 함께 생활해 나간다는 것을 의미한다.

넷째, 인간은 도구적 존재이다. 인간은 다른 동물에 비해 불리한 생리적, 신체적 조건의 결점을 보완하기 위해 도구나 기계를 만들어 사용하는 존재이다. 정약용(1762~1836)[2]은 그의 저서 『기예론』[3]에서 인간의 도구 사용에 대해 "하늘이 날짐승과 길짐승에게는 발톱과 뿔 및 단단한 발굽과 예리한 이빨 그리고 여러 가지 독을 주어서 각기 하고 싶어 하는 것을 얻게 하고, 외부로부터의 습격을 막아낼 수 있게 하였는데, 사람에게는 벌거숭이로 유약하여 제 생명도 보호하지 못할 듯하였으니, 어찌하여 하늘은 천하게 하여야 할 금수에게는 후하게 하고, 귀하게 하여야 할 인간에게는 박하게 하였는가? 이는 인간에게는 지혜로운 생각과 교묘한 연구력이 있으므로 기예를 익혀 제 힘으로 살아가도록 한 것이다."라고 설명하고 있다.

인간은 여러 유형의 도구뿐 아니라 무형의 도구를 만들어 활용함으로써 사회생활을 원활하게 영위할 수 있도록 하였다. 도구의 사용은 인간의 손을 더욱 정교하게 발달시켰고, 도구의 사용으로 인해 노동의 규모는 점점 확장되었다. 이에 따라 협동과 공동체가 등장하게 되었으며, 이러한 과정에서 의사소통이 필요하게 되고, 언어가 생겨났다. 도구의 사용에 따른 손의 정교화와 언어의 사용은 인간 생활에 근본적인 변화를 가져왔다.

다섯째, 인간은 목적적 존재이다. 인간은 누구나 목적을 지향해서 행동하

---

2) 조선 시대 경기도 광주(廣州) 출신으로 병조참의(兵曹參議)·형조참의(刑曹參議) 등을 지낸 실학자이다. 호는 다산(茶山). 이이(李珥)의 주자학적인 실천윤리와 홍대용(洪大容)·박지원(朴趾源)·박제가(朴齊家) 등 북학파(北學派)의 사상을 집대성하고, 이기론(理氣論)에서 이황(李滉)과 이이(李珥)의 학설을 합성해 학문 체계를 세웠다. 주요 저작을 모은 『정다산전서(丁茶山全書)』가 있다.

3) 정약용의 기예론(技藝論)은 1802년에 기술된 책으로 기술의 본질과 발달적 측면 그리고 기술을 진흥시키는 방안을 제시하였다. 19세기를 전후하여 서양이 산업혁명을 거쳐 공업 사회로 변화하고 있었던 시기에 정약용은 농업 사회인 당시의 조선을 개혁하기 위한 여러 가지 방안을 제시하였다. 실학자 정약용의 현실 개혁론이 집약되어 있는 것으로 세 편으로 구성되어 있다. 중국의 선진 기술을 받아들여 백성들의 편리하고 풍족한 생활을 도모할 것을 주장하고 있으며, 인간은 짐승과 달리 불리한 신체 조건을 타고 태어났지만, 기술을 개발할 수 있는 사고력을 가지고 있다고 하면서, 중국의 최신 기예를 받아들여 우리나라도 유구나 일본처럼 강대하고 부유한 국가를 이루어야 한다고 강조하고 있다.

고 생활한다. 이는 사람이 목적 없이 산다는 것은 어렵다는 것으로 누구든지 뭔가를 지향하고, 성취하기 위해 행동한다는 목적적 의미를 내포하고 있다. 윤리학이나 철학에서의 목적은 인간의 삶과 관련한 본질적인 문제다. 철학자들은 전통적으로 삶의 목적이 인간 외부에서 주어져 있는 것으로 판단했다. 하늘이나 신의 뜻이 인간이 살아가는 목적이고 인간은 이에 순응하는 것으로 도리를 다한다고 여겼다. 인간의 존재 이유와 목적의식은 스스로 선택하여 목적적 존재로서 살아야 한다는 것이다.

여섯째, 인간은 윤리적·도덕적 존재이다. 동물은 본능대로 행동하지만 인간은 정신활동을 통해 행동한다. 따라서 동물은 배부르면 안 먹지만 인간은 배불러도 정신이 행동을 결정하기 때문에 먹을 수 있다. 즉, 인간은 정신적 활동을 통해 자기를 제어하고 의식적 행위를 하며, 이를 통해 가치를 추구한다.

따라서 인간은 짐승과 달리 의식적으로 남이나 사회에 이익이 되거나 해를 끼치는 행위를 할 수 있다. 또한 인간은 옳지 못한 행동을 분별할 수 있는 능력을 가지고 있으며, 의식적으로 그와 같은 행위를 자제할 수도 있다. 인간은 자유의지를 가지고 욕구를 제어할 수 있는 존재로서 마땅히 지켜야 할 바에 따라 행위를 하고자 하는 자율적 성향을 지니고 있는 윤리적·도덕적 존재이다.

칸트는 윤리적·도덕적 존재로서 인간을 파악하면서 인간의 도덕성은 이성 능력을 발휘하여 감성적 충동을 억제하는 데에 있다고 강조하였다.

인간은 욕심을 버리기 전에는 이성과 감정을 제대로 쓰지 못하며, 제대로 된 이성은 인간을 경시하지 않고, 제대로 된 감성은 세상을 아름답게 볼 줄 안다. 그러나 욕망에 미치면 인간은 더 이상 인간이 아니다. 오직 자신의 욕망을 채우기에 열망할 뿐이다.

2 인간의 본성과 행위

1) 인간의 본성

인간의 본성이란 인간 고유의 심성과 성격을 말한다. 서양에서는 인간의 고유한 심성을 이성으로 이해하고 있지만 동양에서는 옳고 그름을 판단하는 능력으로 보고 있다. 따라서 이성을 분석적, 추리적, 조직적인 이성 중심적 판단으로 바라보기보다는 종합적이고, 직관적이며, 개괄적인 정서 중심으로 이해하고 있다. 즉, 이성은 사물의 이치(理致)를 바로 인식하고, 사건의 시비(是非)와 선악을 식별하는 심적 능력으로 이해한 것이다.

이러한 이성에 바탕을 둔 인간의 행위 유형은 비인간적 행위, 이기적 행위, 합리적 행위, 비합리적 행위로 구분된다. 비인간적 행위라 함은 타인의 이익은 증진시키지만, 자신의 이익은 좌절이 예상되는 행위를 말하고, 이기적 행위는 자신의 이익은 증진시키지만 타인의 이익은 좌절이 예상되는 행위를 말한다. 이와는 달리 합리적 행위는 행위자와 타인의 이익은 증진시키지만 어느 누구의 이익도 좌절시키지 않을 것으로 예상되는 행위를 말하며, 비합리적 행위는 행위자와 타인을 모두 좌절시키지만 어느 누구의 이익도 증진시킬 것으로 예상되지 않는 행위를 말한다.

인간의 본성에 대해서는 학자마다 주장하는 바가 다르지만, 일반적으로 성선설(性善說), 성악설(性惡說), 성무선악설(性無善惡說)로 크게 구분한다.

성선설(性善說)은 '사람의 성품은 누구나 선하다'는 유교의 입장을 기본 사상으로 맹자가 주장한 것이다. 인간의 본성은 본래 생태적으로 선(善)하나, 정욕(情慾)이나 환경 때문에 악행을 저지르게 된다는 것이다. 즉, 인간의 선(善)은 천성(天性)에 속하고 악(惡)은 인위(人爲)에 속한다는 의미로 서양의 루소와 동일한 사상이다.

성악설(性惡說)은 '인간의 성품은 악하며 선한 것은 인위다'라는 사상으로 순자, 홉스 등이 주장하였다. 성악설에 의하면 선은 선천적인 것이 아니라 후천적인 것으로, 인간은 본성 자체가 악하거나 이기적이기 때문에 악한 행동을 하게 된다는 것이다.

성무선악설(性無善惡說)은 동양의 고자나 서양의 로크가 주장한 것으로, 인간의 본성은 태어날 때부터 텅 비어 있는 '백지'와 같다는 것이다. 따라서 인간의 본성은 생득적으로 주어지는 것이 아니라 정의될 수 없는 가변적이라는 입장이다. 인간은 환경의 영향에 의해 선하게도, 또는 악하게도 된다는 입장으로 악행과 선행의 모든 가능성을 열어 두고 있다는 점이 특징적이다.

인간이 삶의 과정에서 느끼는 인간의 문제를 보면 대부분 감정과 관련되어 있다. 외로움, 시기심, 박탈감, 소외감, 슬픔, 우울, 권태, 갑갑함 등과 같은 감정들이 인간문제를 유발하는 요인이 되며, 종국적으로는 인간의 '불행'을 만드는 원인이 된다. 삶을 견디기가 어렵다고 말하는 사람이 있다면, 그것은 대부분 인간의 감정과 관련되어 있다. 인간이 불행한 삶을 살고 싶지 않다고 한다면 감정으로 인한 문제 발생을 사전에 억제하는 것이 가장 합리적인 해결 방안이다. 감정으로 인한 문제만 해결한다면, 어떠한 상황에 처하더라도 행복한 삶을 살아갈 수 있기 때문이다.

2) 인간 본성의 법칙

과연 나는 어떤 사람이 되기를 희망하는가? 인간으로서 살아가기를 희망하는 포부에 대한 질문이지만, 사람마다 대답은 다양하다. 어떤 사람은 부와 명예를 추구하면서 살기를 희망하고, 어떤 사람은 부단한 지적 탐구를 통해 새로운 과학적 사실을 발견하는 데 목적을 두고 살아가기를 희망하기도 하며, 어떤 사람은 높은 도덕관으로 윤리적인 삶을 살아가기를 희망하기도 한다. 모두가 인간의 욕구와 관련이 되어 있는데, 이러한 욕구는 우리의 삶을 변화시키는 요인이 될 뿐만 아니라 본성이라는 틀로 자아를 형성하게 한다. 인간의 본성에 대해 우리가 고민하고 탐색하는 이유도 바로 이러한 인간의 본성이 한 사람의 삶의 성패를 가늠할 수 있는 요소가 되기 때문이다.

인간의 삶은 부단한 변화과정을 거친다. 이러한 변화는 인간의 본성 이외에도 한 인간이 살아가는 데 주어지는 시대적 상황과 성장 환경 등의 외부요소도 영향을 미친다. 그런 의미에서 본다면 인간의 본성은 타고난 것만이 아니라 만들어지는 부분도 있다는 점을 부정할 수 없다. 따라서 객관적인 측면에서 도움이 될 수 있는 환경과 여건을 조성하여 살아갈 수 있다고 한다면 본성에 대한 긍정적인 영향력을 무시할 수 없다. 이러한 인간의 본성에 대해 로버트 그린(Robert Greene)은 다음과 같은 18가지의 인간 본성의 법칙을 제시하고 있다.

<표 1-1> 로버트 그린의 인간 본성의 법칙

법칙	내용	지침
제1법칙	비이성적 행동의 법칙	나를 지배하는 감정을 극복한다.
제2법칙	자기도취의 법칙	자기애를 타인에 대한 공감으로 바꾼다.
제3법칙	역할 놀이의 법칙	가면 뒤의 숨은 실체를 꿰뚫는다.
제4법칙	강박적 행동의 법칙	강박적 유형을 파악한다.
제5법칙	선망의 법칙	잡힐 듯 잡히지 않는 욕망의 대상이 되어라.
제6법칙	근시안의 법칙	사건을 뒤흔드는 더 큰 흐름을 주시한다.
제7법칙	방어적 태도의 법칙	상대를 긍정해서 저항을 누그러뜨린다.
제8법칙	자기 훼방의 법칙	태도를 바꾸면 주변이 변한다.
제9법칙	억압의 법칙	내 안의 어둠을 직시한다.
제10법칙	시기심의 법칙	상대의 자존심을 건드리지 않는다.
제11법칙	과대망상의 법칙	나의 한계를 현실적으로 평가한다.
제12법칙	젠더 고정관념의 법칙	나에게 맞는 성역할을 창조한다.

법칙	내용	지침
제13법칙	목표 상실의 법칙	인생의 소명을 발견하고 지침으로 삼는다.
제14법칙	동조의 법칙	집단의 영향력에 저항하라.
제15법칙	변덕의 법칙	권위란 따르고 싶은 모습을 연출하는 기술이다.
제16법칙	공격성의 법칙	상냥한 얼굴 뒤의 적개심을 감지한다.
제17법칙	세대 근시안의 법칙	시대의 흐름에서 기회를 포착한다.
제18법칙	죽음 부정의 법칙	인간의 운명인 죽음을 생각한다.

출처: 이지연 역(2019). 인간 본성의 법칙. 서울: 위즈덤 하우스.

3) 인간의 행위

인간과 동물의 차이점을 보면, 인간은 자신의 생활 수단을 생산하기 시작하면서부터 스스로를 동물과 구별하기 시작하는데, 이러한 구별은 인간의 육체적 조건에 의해서 규정된다. 그것은 바로 인간의 육체적 조건의 시발점인 직립보행이다. 인간은 직립보행을 시작함으로써 손의 자유를 얻게 되었다. 손이 자유로워짐으로 인하여 인류는 노동을 시작하게 되었고, 자유로운 손은 도구의 사용에 있어서 획기적인 발전을 가져오게 되었지만, 인간의 다양한 행동 양식을 표출해 내는 시발점이 되기도 하였다. 이는 인간의 충동적인 행동이나 반복적인 행동을 통한 습관을 만들어내게 되었고, 다양한 행동적 특성을 표출하기에 이르렀다. 이러한 다양한 행동 특성에 대해서 이성은 행동양식을 투시하고 행동이나 현상에 내재하는 일반적 법칙이나 본질을 이해하고 불변하는 궁극적 존재를 파악해야 하는 사회화 과정을 거치게 되었다. 인간이 사회화 과정에서 나타나는 본질적인 행동적 특성으로는 습관, 충동, 지성 등이 있다.

(1) 습관

습관이란 어떤 행위를 오랫동안 되풀이하는 과정에서 저절로 익혀진 행동 방식이나 학습된 행위가 되풀이되어 생기는, 비교적 고정된 반응이나 행동 양식을 말한다. 즉, 습관은 과거의 경험을 통하여 형성된 능력이다. 듀이(John Dewey)[4]에 의하면 '인간은 습관의 산물'이라고 한다. 이는 인간의 습관은 이성이나 본능의 산물이 아니라 대부분의 경우 습관에 의하여 행동하는 것이라는 뜻이다. 실제로 인간의 선택은 고정된 규칙에 의하여 결정되기보다는 습관에 의하여 결정되는 것이 일반적이다.

나쁜 습관은 우리로 하여금 부끄러운 일과 해서는 안 될 일이나 행동을 하게 만든다. 그리고 습관에 결함이 있을 때에는 아무리 의도가 훌륭하다고 할지라도 나쁜 결과를 낳게 된다. 따라서 잘못된 습관은 올바른 행동 양식으로 변화시킬 필요가 있다. 이재준(2008)은 『습관 1%만 바꿔도 인생이 달라진다』에서 인생을 바꿀 수 있는 습관의 소중함을 소개하고, 성공하는 습관을 제시하고 있다. 한 사람의 운명을 뒤바꿔 놓는 것은 원대한 비전과 뜨거운 열정, 참신한 아이디어만이 아니라, 작고 사소한 습관 하나만 바꿔도 인생은 얼마든지 달라질 수 있다는 것이다.

한편 듀이에 의하면 우리의 관념과 사상도 습관과 밀접한 관계를 가진다고 한다. 말하자면 우리의 관념은 실제로 경험에 의존해 있으며, 이 관념이 의존하고 있는 경험은 습관의 작용이라는 것이다.

생각하기에 따라서 인간은 성공과 실패도 하며, 긍정적, 부정적이 되기도 한다. 그래서 심리학자 윌리엄 제임스(William James, 1842~1910)는[5] "생각이 바뀌면 행동이 바뀌고, 행동이 바뀌면 습관이 바뀌고, 습관이 바뀌면 성격이 바뀌고, 성격이 바뀌면 인격이 바뀌고, 인격이 바뀌면 운명이 바뀐다."라고 했다.

---

4) 듀이(John Dewey, 1859~1952): 미국의 철학자이자 심리학자, 교육 운동가. 기능심리학을 주창하였으며 미국의 학교 제도에 지대한 영향을 준 진보주의의 제창자이다.
5) 윌리엄 제임스(William James, 1842~1910): 미국의 철학자 · 심리학자. 프래그머티즘 철학의 확립자로 철학 · 종교학 · 심리학 등에 뛰어난 연구를 많이 남겼다.

만약 올바른 습관 없이도 올바른 관념을 형성할 수 있다고 한다면 우리는 습관과 무관하게 그 관념을 실행할 수 있을 것이지만 관념은 그 배후에 습관을 가져야만 비로소 형태와 일관성을 지니게 되는 것이다.

(2) 충동

충동이란 순간적으로 어떤 행동을 하고 싶은 욕구를 느끼게 하는 마음속의 자극으로 어떤 일을 하도록 남을 부추기거나 심하게 마음을 흔들어 놓는 것을 말한다. 이러한 충동은 반성 없이 행위를 하는 경향을 보이며, 원시적 반응, 폭발 반응, 동기 없는 행위 따위에서 볼 수 있다.

듀이는 비록 행위에 있어서 충동이 시간상으로 먼저 작용한다고 할지라도 이 충동이 작용하기 이전에 종래의 습관이 이미 개입하고 있다고 말하고, 충동은 행위에 있어서 이차적이고 의존적이라고 설명하고 있다. 충동은 혼돈되어 있으며 스스로의 목적적 추구에 대해 인식하지는 못하지만 행위의 원동력이 된다. 이러한 충동은 나쁜 습관이 행위를 방해할 때에는 지성의 지시에 따라서 습관의 성질을 변화시켜 새로운 것으로 개조하는 힘이 되기도 한다.

듀이에 의하면 충동은 맹목적, 비지성적으로 폭발하는 경우, 충동이 승화되는 경우, 충동이 억제되는 경우 등 세 가지 형태로 나타날 수 있다고 설명하고 있다.

충동은 지나치게 방종한 상태로 내버려 두어서도 안 되지만 지나치게 억제되어서도 안 된다. 지나친 억제는 심리적 폐해로 나타나기 때문이다. 충동이 억제되거나 굴복 당하면 결과적으로 부패하거나 비뚤어지는 결과를 초래할 수 있다. 따라서 충동과 지성의 조화로운 선택이 필요하다.

(3) 지성

지성이라 함은 지각된 것을 정리하고 통일하여, 통일된 것을 바탕으로 새로운 인식을 낳게 하는 정신 작용으로, 넓은 뜻으로는 지각(知覺)이나 직관(直

觀), 오성(悟性) 따위의 지적 능력을 통틀어 이르는 말이다. 지성은 독립적인 정신적 실체라기보다는 생명체가 환경에 반응하는 활동의 양식을 말한다. 따라서 지성은 새로운 상황에 부딪혔을 때, 맹목적이거나 본능적 방법에 의하지 아니하고 지적인 사고에 근거하여 그 상황에 적응하고 과제를 해결해 주는 힘이다.

듀이는 지성은 필요에 따라 형성되고 성숙되면 특정한 상황의 개조를 위한 방법으로 활용되며, 이러한 재조정의 수행 여부가 경험적 시사(suggestion)를 형성하며 이를 '지성'이라고 하였다. 이러한 지성은 인간을 과거의 습관이 주는 속박으로부터 해방시켜 준다. '지성은 곧 행위에 있어서 자유의 열쇠'라고 할 수 있다. 지성은 우리가 태어날 때부터 갖는 생득적인 요소가 아니다. 지성은 항상 형성되어 가는 과정에 있으며 이를 유지하기 위해서는 지속적인 노력이 필요하다.

듀이에 의하면 행위에 있어서 습관이 하나의 길이라면 충동은 그 길을 가게 하는 추진력이며 지성은 그 길의 안내자라고 말하고 있다. 즉, 습관은 행위에 있어서 지속성을, 그리고 충동은 힘과 활력을 제공하며 지성은 이것들을 통제하고 조정하는 역할을 한다.

3 인간의 생물학적 특성

인간과 동물을 비교하여 인간 신체의 특징을 주장하기 시작한 것은 생물학적 특성에 대한 인간이해를 바탕으로 하고 있다. 생물학에서는 인간의 특징을 신체에 두고 인간을 '신체를 가진 인간'이라고 규정하고, 인간의 신체는 고등동물인 척추동물, 포유동물 중에서도 가장 발달 진화한 동물의 형태로 보았다.

인간의 진화는 다윈(Charles Robert Darwin)의 '진화론(進化論)'에 바탕을 두고 있는데, 이는 인간도 다른 동물처럼 오랜 세월 동안 진화해서 오늘날의 인간이 존재하게 되었다는 것이다. 특히 인간과 원숭이는 매우 근접한 계통에서 진화한 것으로 인간을 원숭이와 같은 계통의 동물로 보고 있다. 따라서 인간에게 도덕이나 이성, 윤리 등은 큰 의미가 없으며, 인간도 동물과 마찬가지로 본능적이고 충동적이라고 보는 것이다.

그러나 생물학의 많은 연구가 진행되면서 다윈의 진화론은 생물학적으로 설명할 수 없는 많은 부분에서 어려움에 봉착하게 되며, 진화론을 바탕으로 설명해 내지 못하는 많은 사실들이 드러나면서 그 한계성을 나타내게 되었다. 또한 오늘날의 생물학 연구는 인간과 동물과의 유사성을 찾는 일보다는 인간과 동물의 다른 점이나 인간의 특이성을 찾아내는 일에 더 많은 관심을 갖게 되었다.

오늘날의 생물학이 밝혀낸 인간의 특이성을 살펴보면, 다른 동물들은 그 신체적 구조와 기능이 자연적·특수적 환경 조건에 알맞도록 전문화 또는 특수화되어 있는 반면에, 우리 인간은 신체적 기관이 환경 조건에 알맞도록 전문화 또는 특수화되어 있지 않다. 따라서 인간은 자신이 타고난 신체 구조대로 본능(本能)에 따라 기계적으로 움직여서는 살아갈 수 없고, 환경에 적응하기 위해 생각하고 선택할 수 있는 기능을 발전시키지 않으면 안 된다. 즉, 인간은 자연으로부터 타고난 생물학적 조건들로 인해서 변화하는 자연환경에서 살아남기 위해서는 이성적 동물로 될 수밖에 없다. 또한 인간은 육체적인 성장이 끝나도 다른 동물에 비해 더 오래 생명을 유지하면서 계속 정신적으로 성장할 수 있게 되었다(손준영, 2004: 50).

이 밖에도 인간은 동물과 다른 여러 가지 생물학적 특성을 지니고 있다. 오늘날 생물학에서 말하는 인간의 생물학적 특성으로 다음과 같은 점을 들 수 있다.

첫째, 인간은 근본적으로 미완성의 상태로 태어난다. 생물학자 겔렌(A. Gehlen)은 "인간은 다른 동물에 비해 미완성된 상태로 출생한다."라고 말하였다. 이는 인간이 다른 동물에 비해 미성숙한 존재로 조기에 출산하는 것과 같은 의미라고 설명하고 있다. 동물들이 자신이 살아갈 자연 환경에 적합하도록 육체적인 기관이나 기능들이 이미 완성된 상태로 태어나는 것과는 다르다는 점을 지적한 말이다. 이처럼 인간은 비록 미완성으로 태어나기는 하지만 동물에 비해 매우 큰 가능성을 가진 존재이다. 인간과 동물의 근본적인 차이는 동물은 커다란 현실성과 극히 적은 가능성을 가지고 태어나지만, 인간은 극히 적은 현실성과 커다란 가능성을 가지고 태어난다는 점이다. 즉, 인간은 미완성으로 태어나지만 무한한 가능성을 지니고 있고, 동물은 완성된 어미의 축소판으로 태어나지만 가능성이 적다.

둘째, 인간의 육체적인 기관 기능은 동물에 비해 비전문화되어 있다. 동물의 신체 기능은 필요에 따라 생존에 도움이 되도록 특수화, 전문화되어 있는데 비해 인간의 신체 기능은 특수화, 전문화되어 있지 않다. 동물 중에도 육식을 위주로 하는 동물은 이빨이 발달되어 특수화되어 있고, 초식을 위주로 하는 동물의 경우에는 초식에 도움이 되도록 특수화되어 있다. 그러나 인간의 경우에는 육식도 초식도 가능하도록 되어 있어 특수화, 전문화되어 있지 않다.

셋째, 인간은 동물과 달리 그의 성장 리듬이 특이하다. 많은 생물학자들은 인간이 완성되어 출생하기 위해서는 포유동물에 비해 더 오랜 임신 기간을 필요로 한다고 말한다. 하지만 인간의 출산은 미완성의 존재로 예측보다 일 년 정도는 빨리 출산한다고 말한다. 포르트만(A. Portmann)은 이러한 현상을 '자궁 외 조기 출산'이라고 주장하기도 한다. 이러한 미완성을 채우기 위해 인간은 다른 동물보다 더 오랜 성장 기간을 갖는다. 일반적으로 고래와 같은 포유류 동물이 출생으로부터 완전한 성숙을 이루는 데에는 2년이라는 시간이 걸린다. 하지만 인간의 경우에는 출생으로부터 성인이 되기까지에는 약 20여 년의 시간이 소요된다. 이처럼 인간의 성장 리듬은 동물과 달리 자신에게 주어진 사회와 환경의 영향에 따라 서서히 완성된다.

넷째, 동물과 인간은 임신 가능 시기에 있어서 서로 다른 특징이 있다. 동물의 경우에는 수태 기간이 일정하게 정해져 있지만, 인간은 임신 가능 시기가 매월 있다는 점이 동물과 다르다. 또한 동물의 암수 교접은 수태 시기에만 가능한 데 비하여 인간은 그 제한이 없으며, 언제든지 가능하다.

다섯째, 인간은 동물처럼 폐쇄적인 자연환경을 가진 것이 아니라, 생물학적 조건에 있어서 개방적 형태를 유지한다. 즉, 인간에게는 환경이 열려 있다. 환경에 따라 계속 진화하고 변화를 추구한다. 동물은 특별한 자연 재앙이나 환경적 변화가 없는 한 동일한 환경 속에서 인간보다 더 잘 적응하며 살아간다. 그러나 일단 환경이 크게 바뀌면 능동적으로 환경을 삶에 맞도록 변화시키지 못한다. 인간은 생물학적 환경에 있어서 개방적인 형태로 변화해 나가며, 경우에 따라서는 환경을 극복해 나가는 특성을 갖는다. 인간은 환경의 지배를 받기도 하지만, 또한 환경을 자기 삶에 알맞도록 변화시키기도 하고, 감정이입이나 기타 다양한 방법을 통해 변용하기도 한다.

여섯째, 인간의 특징은 본래부터 윤리적이다. 니체(Friedrich Nietzsche)는 "인간은 자기를 극복해야 할 존재이다."라고 말한 바 있다. 이는 인간의 통제능력과 관련된 것으로 인간은 자기반성을 통해서 자기를 제어해야 한다는 것을 말하는 것이다. 동물들은 음식을 섭취함에 있어서 적절량을 유지한다. 하지만 인간의 경우에는 과식을 하기도 하고, 필요할 경우에는 굶주림을 이겨내기도 한다. 이처럼 인간은 동물처럼 생리적 욕구가 자동 조절이 되어 있지 않다. 절제와 통제라는 과정을 통해 극복하고 이겨낸다. 즉, 인간은 본능적 욕구를 극복하는 윤리적인 존재라고 말할 수 있다.

4 인간학

인간을 올바르게 이해하는 일은 쉽지 않다. 그동안 오랜 기간에 걸쳐 수많은 학자들이 인간에 대한 이해를 위해 노력해 왔다. 인간 이해를 위해 참여한 그동안의 학자들을 살펴보면 학문 분야에 있어서도 다양하다. 종교를 중심으로 한 종교가, 철학자, 심리학자 등 다방면의 사람들이 인간 이해를 위해 노력해 왔다.

오늘날에 와서 인간에 관한 연구는 그 어느 때보다 활발하게 이루어지고 있다. 최근에 이루어지는 인간에 관한 연구의 특징은 단편적이고 무의미한 인간에 대한 지식보다는 다학문적이고 복합적인 인간에 대한 이해를 통해 종합적으로 연구하는 일에 중점을 두고 자연과학적 · 역사학적 · 사회학적 측면에서 이루어지는 인간 연구를 포함한 '인간학'이라는 학문적 접근을 이루게 되었다. 이처럼 인간의 본질을 문제 삼고, 인간 자체를 전면적 · 총체적으로 해명해 보려는 학문이 '인간학'이다. 즉, 인간을 일면적(一面的), 단편적(斷片的)으로 파악하려는 것이 아니라, 인간의 본질을 종합적(綜合的), 총체적(總體的)으로 이해하고자 하는 것이다.

이러한 의미에서 셸러(M. Scheler)는 인간의 본성이나 인간과 세계의 관계 등을 연구하는 학문으로 '철학적 인간학'[6]이라는 말을 사용하였다. 셸러는 철학적 인간학에 대해 '인간에 관해서 모든 과학들이 얻어낸 풍성한 개별 지식을 근거로 하여, 인간의 자기의식과 자기 성찰에 관한 새로운 형식을 전개하려는 것'이라고 했다. '철학적 인간학'은 종교학, 의학, 생물학, 심리학 등 그동안 인간에 관해 연구해 온 다양한 학문 분야는 개별 과학으로서 그 연구 방법론에 한계가 있고, 또 이러한 단편적인 학문 분야의 결과는 인간 존재의 어떤 한 부분을 해명해 주는 데 불과하다. 따라서 인간 전체를 이해하기 위해서는 학문 분야의 통일된 시각에서 연구할 필요가 있다. 철학은 근본적으로 개별 과학이 연구할 수 있는 가능한 범위를 초월하기 때문에 인간 전체를 이해하는 데 도움이 되며, 그런 의미에서 '철학적 인간학'의 도입이 필요하다고 보

---

6) 철학적 인간학을 철학의 기본학과로서 최초로 부각한 사람은 칸트(I. Kant)였다. 그러나 인간이 무엇이냐 하는 물음에 대해서는 칸트보다 셸러(M. Scheler)에 있어서 더 심도 있는 탐색이 이루어졌다. 그 까닭은 칸트는 이성적 존재로서의 인간의 보편적 본질에 대한 확고한 신념이 지배하고 있던 시기에 살았고, 셸러는 인간이 근본적으로 문제화된 20세기에 살았기 때문이다. 따라서 '철학적 인간학'의 창시자로 셸러를 들며, 그가 1928년에 『우주에서의 인간의 지위(Die Stellung des Menschen im Kosmos)』라고 하는 소책자를 출간한 데서부터 현대적인 철학적 인간학이 시작되었다.

았다.

인간학은 인간성의 본질, 즉 우주에 있어서의 인간의 지위와 의의 따위를 해명하려는 철학적 연구로 인간을 주로 생물학적 존재로만 보았던 역사적, 사회적 조건과는 별개의 관점에서 고찰하려는 인간에 대한 연구이다. '인간이 무엇이냐?' 하는 물음에 대한 답은 다양하고 다원적인 대답이 가능하다. 일반적으로 인간 이해에 대한 이러한 물음에 대한 답은 다음의 세 가지 관점에서 생각할 수 있다.

첫째, 인간은 동물이므로 다른 동물과 비교해 봄으로써 인간의 특성을 파악하고자 하는 관점이다.

둘째, 인간을 인간 그 자체로서 연구하는 관점이다. 인간을 정신적 존재 또는 이성적 존재로서 탐구하고 문화적, 사회적, 역사적 존재로서의 의미를 통찰하는 일이다.

셋째, 인간과 신과의 관계를 통찰하는 관점이다. 인간은 위기에 처할 때마다 절대자 또는 초자연적 존재에 의지하기 때문에 인간을 종교적 존재라고 하는데, 종교가 인간을 이해하는 데 있어서 중요한 실마리를 지니고 있다고 보는 관점이다.

인간학에서는 이와 같은 다양한 관점을 가지고 복합적으로 접근하여 인간을 이해하고자 한다. 그렇다면 무엇이 인간적인 것일까? 물론 인간적이라는 것에 대해서도 앞에서 제시한 바와 같이 다양하고 다원적인 대답이 나올 수 있을 것이다. 일반적으로 인간적인 것, 즉 사람다움에 대한 인간학의 관점에서는 다음과 같은 점에서 인간을 동물과 구분하여 설명하고 있다.

첫째, 인간은 생물학적으로 비전문화되어 있다. 동물의 모든 육체적인 기관은 자연적인 생활 조건과 특수한 환경에 알맞게 전문화되어 있어 환경에 대한 반응으로 행동할 때 기계적이며 자동적이다. 그러나 인간의 기관들은 특수한 생활 조건이나 특정한 환경에 맞도록 전문화되어 있지 않다.

둘째, 인간은 물음을 가진 존재(지성 또는 이성)이다. 인간은 이성적 존재로 감각 세계의 변화를 넘어 지적인 정신세계인 이성적 진리를 추구한다.

셋째, 인간은 학습의 존재이며, 문화의 창조자이다. 사회 구성원으로서의 인간은 그 사회에 적합한 사회화 과정을 통해 선조들로부터 문화유산을 전수받고 이를 발전시켜 후대에 전수하는 문화의 창조자적 역할을 수행한다.

넷째, 인간은 자유의지를 지닌 도덕적 · 윤리적 존재이다. 인간은 사회의 보편적이고 도덕적인 가치와 규범을 지닌 도덕적 · 윤리적 존재이다. 따라서 인간은 어떤 행동을 할 때마다 의식적으로 윤리적 결단을 해야 한다.

다섯째, 인간은 고유한 내면적 세계를 가지고 있으며 상징적인 존재이다. 인간은 동물과 달리 심리적이고 내면적인 세계를 보유하고 있으며, 다양한 상징적 의미와 존재를 이해하고 수용하는 존재이다. 즉, 생각하는 능력을 지닌 존재이다. 따라서 인간은 자유로운 정신 활동이 가능한 존재이다.

여섯째, 인간은 이해를 초월하는 탈자기중심성을 가지며, 부당한 가치 판단을 할 수 있다. 인간은 생물학적으로 결핍한 존재이다. 결핍의 보상으로 인간은 자기반성과 자기의식을 할 수 있도록 정신이 주어져 있다. 인간의 정신은 탈자기중심성을 가지고 종종 부당한 가치판단을 감행하기도 한다. 자기의 뜻에 맞지 않으면 굶어 죽을 수 있는 것도 인간만이 가능한 일이다.

일곱째, 인간은 사회적 존재이며 미래지향적이다. 인간은 사회를 떠나 생존할 수 없는 사회적 관계를 지닌 존재이며 미래지향적 존재이다.

여덟째, 인간은 종교적 존재이다. 인간은 태어날 때부터 미완성의 상태로 태어난 불완전한 존재이기 때문에 이를 종교에 의지하려는 경향이 있다.

인간학에서는 인간을 종합적이고 포괄적인 측면에서 비교적 정확하게 이해하기 위해 다양한 학문적 접근을 시도하고 있다. 기존의 단편적이고 부분적인 인간에 대한 이해를 보다 종합적이고 통합적인 차원에서 이해하고자 노력하고 있으며, 이를 위해 다학문적 접근 방식을 활용하고 있다. 인간에 대한 다양한 인접 학문들과 인간학의 관계를 살펴보면 다음과 같다.

출처: 정영근(2009). 인간 이해와 교육학. 서울: 문음사. p. 307.

그림 1-1 인간에 대한 분과 학문들과 철학적 인간학의 관계

인간학의 새로운 시도와 새로운 방법론으로 논의되는 학문적 전제는 인간의 본질은 그 어떤 초월적 원리에 의해 파악될 것이 아니라, 오로지 인간 삶의 현상으로부터 이해되어야 한다는 것이다. 인간의 본질은 결정적으로 정의될 수 없기 때문에 인간에 대한 연구는 끝없이 지속될 수밖에 없다. 또한 인간의 삶의 현상을 이해하는 데 있어서도 어떤 특수한 삶의 형식이나 본질 현상을 결정적 징표로서 절대화해서는 안 되며, 여러 가지 삶의 형식과 현상을 서로 보충하여 항상 새로운 인간 이해가 가능해야 한다(정영근, 2009: 295)는 것이다. 이와 같은 인간적 특성은 서로 배타적이거나 이질적인 것이 아니라, 상호 간에 연관성을 지닌 종합적 특성을 지니고 있으므로 학문적 측면에서도 다학문적 접근 방식을 활용한 종합적 이해가 필요하다.

인간은 시간의 흐름에 따라 성장하고 발달한다. 인간의 발달은 시간에 따라 일어나는 신체 구조, 사고, 행동의 변화로 점진적으로 진행되고 축척된다. 이러한 인간의 성장은 신체의 확장은 물론 복잡한 활동 수행 능력이 증가하는 결과를 가져온다. 인간의 이러한 발달은 기초성의 원리, 적기성의 원리, 누적성의 원리, 불가역성의 원리로 설명된다.

인간은 발달에 있어서 절대적 시기(critical period)가 있다. 이는 성장 발달에 있어서 일정한 시기에 반드시 이루어야 할 발달과업이 있다는 것을 말한다. 발달과업의 수행에 있어서는 일반적으로 어릴 때의 성장과 발달이 후기의 모든 성장과 발달의 기초가 된다. 또한 전 단계의 발달이 계속적으로 누적되어 과업 획득의 효율성에 영향을 미치며, 발달 과정에서 발생한 장애는 후속 발달에 있어서 장애의 정도가 심화될 수도 있다고 본다. 즉, 인간의 성장과 발달은 발달과업 획득의 최적기를 놓치넌 그 후 보원이나 교정이 힘들어지는 불가역성을 지니고 있다는 것이다. 이는 한 단계에서 잘한 것 또는 잘못한 것의 영향이 다음 단계 또는 그 다음 단계에까지 영향을 미쳐 이를 교정하거나 보완하는 데 한계를 갖는다는 것이다.

인간 발달의 성장은 변화(change)의 의미도 담고 있다. 인간의 성장은 변화의 연속적 과정이다. 인간은 일생에 걸쳐 연속적으로 변화하며, 변화가 있어야 인간으로서의 성장이 가능하다. 변화가 클수록 인간의 성장도 커진다. 인간은 유년기를 지나 청소년기, 장년기, 노년기를 지나면서 무수한 변화를 겪게 된다. 인간의 발달은 인간과 환경 간의 지속적인 상호작용을 통해 이루어진다.

02

CHAPTER

현대사회와 인간문제[1)]

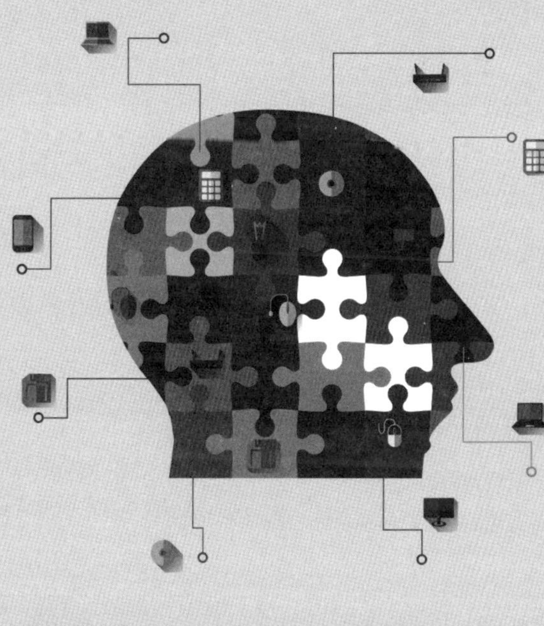

1) 정석용 · 이규은(2019). pp. 53-68 내용을 재구성한 것임

02

CHAPTER

현대사회와 인간문제

최근 들어 우리는 다양한 언론 매체를 통해 '지금의 우리 사회가 위기에 처해 있다.'라는 말을 흔히 듣는다. 이는 우리 사회 구성원들에게 나타나는 인간 소외, 인간성 상실을 대표로 하는 우리 사회의 위기를 표출해 낸 말이다. 포이어바흐(Feuerbach)는 "인간은 그 본질에 있어서 도덕적인 존재라고 하든지 혹은 이성적인 존재라고 하든지 어느 쪽이든 그것은 고립된 개인을 의미하는 것이 아니다. 인간의 본질은 인간과 인간을 연결하는 공동체 안에 있다."라고 하였다. 그렇다면 우리 사회가 지금 위기에 이르기까지 공동체 안에서 무엇이 문제가 되어 인간과 인간의 연결 역할에 문제가 발생한 것일까? 이와 같은 문제로 인한 우리 사회의 위기는 우리 사회가 이제는 더 이상 인간다운 생활을 영위할 수 있는 상황이 아니라는 것을 말해 주는 것일까? 우리가 더 이상 인간으로서의 삶을 살아가지 못한다면 과연 우리의 삶을 '인간의 삶'이라 할 수 있는가? 현재 우리 사회가 직면하고 있는 다양한 문제들을 분석해 보면서, 우리가 이 위기를 극복하고 인간다운 삶을 영위할 수 있는 방안을 모색하여야 할 때이다.

1 현대사회의 특징

현대사회를 흔히 다양성과 다원화를 추구하는 사회라고 말한다. 오늘날 우리가 접하고 있는 사회는 과학 문명의 급속한 발달에 따라 이루어진 산업사회를 바탕으로 인간의 생활 방식, 사고 양식, 의식구조와 가치관 등에서 급속한 변화 양태를 보이고 있는 대중사회의 성격을 띠고 있다.

오늘날을 살아가는 현대인들은 과거 어느 때보다도 불확실한 미래에 직면해 있다. 과거 인류의 삶 역시 불안전하기는 마찬가지였으나, 그때의 불확실성은 기근이나 전염병과 같은 자연재해로부터의 불확실성이었다. 그러나 오늘날을 사는 현대인들에게는 자연재해보다는 인류 스스로 만들어 낸 그 어떤 사회적 힘을 잘 다루어야 하는 불확실성에 와 있다. 현대사회가 과학기술에 바탕을 둔 산업화라고 하는 변화의 결과물로 만들어진 것이지만 초기의 생산 주도적인 사회에서 소비가 삶을 주도하는 사회로 변모하였다. 이러한 현대사회의 변화 과정을 중심으로 현대사회의 특징을 살펴보면 다음과 같이 요약할 수 있다.

첫째, 기술사회이다. 그동안 과학기술의 놀라운 성장을 바탕으로 현대사회가 재형성되었다. 농기구와 농업기술의 발달이 수렵사회에서 농업사회로의 변화를 가져왔고, 증기기관과 제조업 기술의 발달이 농업사회에서 산업사회로의 변화를 가져왔으며, 컴퓨터와 정보통신기술의 발달이 산업사회에서 정보화 사회로의 변화를 가져왔다.

둘째, 물질사회이다. 산업사회는 대량생산에 의한 대량소비의 특성이 지배하는 사회이다. 공업화가 이루어지기 전에는 빈곤한 경제 여건에 따라 어려운 경제생활을 영위해 왔지만, 공업화가 이루어지면서 인간의 경제적 수준이 향상되고 전반적인 생활수준의 향상이 물질사회, 풍요사회로 대표되는 산업화의 결과를 표출하였다. 이로써 산업사회는 풍요를 중심으로 하는 물질 중심의 사회로 변화하였다. 다만, 이 과정에서 사회 전반에 미치는 분배의 불균형이 사회문제로 대두되기도 한다.

셋째, 도시사회이다. 산업사회로 접어들면서 대부분의 고용인구는 농업이 아닌 공장이나 사무실, 가게 등과 같은 도시에서 일한다. 90% 이상의 사람들이 도시에서 거주하고, 도시에서 대부분 일자리를 갖고 있으며 새로이 일할 기회도 도시에서 찾는다. 거대 도시들은 전통 문명에서 찾아볼 수 없었던 노시보다 규모 면에서 훨씬 더 크다. 도시에서는 이전보다 사회생활이 비인격적이며 익명성을 통해 이루어진다. 알고 있는 사람보다 모르는 사람들과의 일상적인 만남이 더 많다. 기업이나 행정관청과 같은 대규모 조직은 거의 모든 사람들의 생활에 영향을 미친다(김미숙 외, 2009: 50). 따라서 도시화 과정에서 현대사회는 도시의 수가 증가하고 도시의 규모는 더 커지는 변화 양상을 보인다.

넷째, 전통적인 국가의 정부 형태보다 더욱 발전되고 강화된 정치 체계와 관련이 있다. 즉, 조직의 관료적 특성을 지닌다. 전통 문명에서 정치적 권위는 자급적인 지방 마을에 살던 사람들의 관습과 풍습에 직접적인 영향력을 행사하지 못했다. 그러나 산업화와 함께 교통과 통신의 속도는 더욱 빨라졌고 이것은 잘 통합된 '전국적인 공동체'를 형성하게 되었다(김미숙 외, 2009: 50). 이 같은 관료 조직이 사회 전체를 지배하게 된 것은 대량생산과 대량소비라는 대규모 경제활동과 사회활동의 대중화로 인하여 이를 조정하고 통제할 공식적 조직이 필요하기 때문이다.

다섯째, 대중사회(mass society)이다. 산업사회로 오는 과정에서 겪게 되는 산업화, 도시화, 관료제화 등을 통해서 현대사회는 정치, 경제, 사회, 문화 등 대부분의 분야에서 대중의 영향을 크게 받는다. 대중사회는 정치적으로는 개인 민주주의에서 벗어나 대중에 의한 권력의 집중 및 권력 지배의 형태를 갖게 되고, 경제적으로는 소외되어 있던 노동자층을 큰 기능 수행 세력으로 부각하게 되며, 사회·문화적으로는 도시화, 거대화와 함께 교통과 통신의 발달에 의한 대중문화의 형성과 인간 심리의 변화가 이루어진다.

여섯째, 급격한 사회변동을 겪는 사회이다. 앞에서도 언급한 것처럼 사회변동(social change)이란 하나의 사회질서가 다른 사회질서로 바뀌어 가는 과정으로 도덕이나 법률, 사회제도와 같은 사회구조가 변하거나, 인간의 습관이나 태도, 신앙, 환경에 대응하는 방식 등이 변하는 것인데, 산업사회에 이르면서 폭발적으로 증가하는 테크놀로지, 정보의 증가, 인구의 폭증, 도시 규모의 증가 등이 요인이 되어 급격한 사회변동이 발생하게 된다. 이러한 급격한 사회변동은 각종 제도와 가치관의 혼란을 야기하여 끊임없는 가치 갈등을 겪게 되고 항상 불안한 삶을 살게 되며 많은 이들에게 정신적 분열 현상을 초래하기도 한다.

일곱째, 규격화와 표준화를 특성으로 하는 사회이다. 1936년에 개봉한 영화 「모던 타임스(Modern Times)」는 당시 미국의 산업혁명을 풍자한 영화이다. 이 영화의 컨베이어 벨트(conveyer belt)는 산업사회의 기계화되고 획일화된 인간의 삶의 모습을 나타내는 표상으로 종종 활용되어 왔다. 현대사회의 상징인 넓은 도로와 자동차, 규격화된 신호등, 에스컬레이터와 엘리베이터, 높은 빌딩 등은 획일화된 가치관과 동일화된 사회의 인식 구조를 보여주는 것이다. 이는 마치 회전 초밥집의 컨베이어 벨트 위에 올려 있는 색색의 초밥 접시에 투영된 현대 도시와 인간 삶의 속성을 말해 주는 것으로, 사회가 원활한 구조적 시스템에 맞추기 위해 의도적으로 표준화되고 규격화되어 있는 것을 의미한다.

여덟째, 가상세계의 실현이 확산되는 사회이다. 최첨단 기술의 도입으로 VR을 활용한 가상공간의 활용이 확산되고 있고, SNS와 유튜브 등 인터넷 공간의 활용이 일상화되고 있다. 이러한 최첨단 정보통신기술의 발달은 우리에게 혁신적인 생활의 변화를 낳고 있으며, 가상세계를 실현한 사회가 점점 눈앞으로 다가오고 있다.

2 현대사회의 변화 방향

지속적인 사회변동의 요인으로 앞에서 산업화와 정보화를 지적하였다. 사회변화에 따른 다양한 요인에 의해 현대사회가 지속적으로 변화하고 있다. 그렇다면 현대사회는 어떠한 방향으로 변화되어 가고 있는 것일까? 이에 대한 올바른 인식을 통해 변화 방향에 대비해 나가야 할 것이다. 그동안 우리 사회 구성원들의 신념이나 가치관이 이 사회의 변화를 이끌어 주었다는 점을 고려할 때, 이 사회 구성원으로서 각자가 인식해야 할 올바른 신념과 가치관이 필요하다. 단순히 불평등한 삶을 운명으로 여기고, 특정한 사고방식에 끌려 다녀야 했던 과거 우리 선조들의 가치가 빠른 사회변화를 저해해 왔다는 점에 주목할 필요가 있다. 잘못된 사회제도나 가치에 저항하고 보다 나은 사회 건설을 위해 노력하는 일이 현대를 사는 우리들에게 필요한 사회적 가치이다.

현대사회의 변화 방향으로는 다원화, 개방화, 정보화를 들 수 있다.

다원화는 같은 사회 안에 있는 구성원이라 하더라도 구성원 간에 서로 다른 가치관과 생활양식을 갖고 있어 사회 전체가 다양해지는 현상을 말한다. 일반적으로 이러한 다원화의 원인은 다른 문화와의 접촉이 증대되고, 사회 구성원 간에 다양한 문화적 특성을 지니고 있기 때문이다. 이러한 문화적 특성은 그동안 하나의 문화로 통일하는 '용광로형'의 문화 정책 방식을 도입함으로써 다른 문화가 그들만이 지니고 있는 고유한 특성을 유지하지 못하도록 하는 방식을 도입하였다. 그러나 최근의 사회변화는 다문화의 도입과 함께 다문화적 특성이나 요인을 유지·보전하고, 이를 확대·발전해 나가려는 특성이 있다. 즉, '보울형(bowl style)'의 문화 정책을 도입함으로써 각자의 문화적 특성을 살려 낼 수 있도록 하는 것이 특징이다. 이러한 다원화적 사회변화는 사람들에게 다양한 가치와 행동 방식을 추구하고, 각자의 개성과 사생활을 중시하는 사회적 풍토를 형성하게 한다. 그러나 이러한 다원화 정책은 다양한 가치관의 공존과 선택 기준의 어려움으로 가치관의 혼란을 야기할 수 있으며, 자신의 이익만을 지나치게 강조하여 공동체적 연대감을 상실할 가능성이 높다는 문제점을 드러내고 있다. 이러한 문제점은 세대 갈등이나 이익을 둘러싼 집단 갈등으로 확산되어 결국은 사회적 갈등을 증가시킬 수 있다는 점이 문제라고 할 수 있다.

개방화는 교통 통신의 발달, 산업이나 무역의 발달 등으로 인하여 국가 간 교류에 있어서 서로 다른 국가나 사회가 상대방의 문화와 문물을 주고받는 현상을 말한다. 이러한 개방화가 현대사회에 이르러 확대 · 증가되고 있다. 초기의 국제 간 교류가 무역을 중심으로 이루어졌다고 한다면, 최근의 국가 간 교류는 물적 · 인적 자원의 확대뿐만 아니라 문화적 교류의 확대로 사회적 지위나 성별 유형에 관계없이 다양한 사회 활동의 기회가 확대되고 있다. 이러한 활발한 국제 간 교류는 지구를 하나의 무대로 일원화하여 이른 바 '지구촌'이라고 하는 명칭을 사용하기에 이르렀다. 이 '지구촌'의 개념은 세계화가 더욱 진전되어 경제, 정치, 문화, 환경 모두가 하나의 지구적인 울타리 내로 동질화되어 가는 현상으로, 세계가 하나의 단위체로 통합되어 간다는 것을 의미한다. 그러나 이러한 과정에서 활발한 국제 간 교류 변화에 적응하지 못하여 개방화에 대한 선택의 기회는 증가하였으나, 이에 따른 합리적 사고가 뒤따르지 못할 때 문제가 발생한다. 개방화에 적응해 나가지 못하면 다양한 분야에서 끊임없이 충돌이 발생하고, 이를 스스로 적응해 나가지 못해 결국은 자포자기하고 마는 사례를 주변에서 볼 수 있다. 또한 국가 간 활발한 교류는 경쟁을 통해 발전적인 방향으로 변화한다는 장점도 있지만, 자칫 이러한 경쟁이 무한 경쟁으로 이어져 지나친 경쟁을 유발하는 자극제적 역할을 하기도 한다는 점이 문제점으로 지적되고 있다.

정보화는 정보기술의 발달로 정보를 적극적으로 활용하는 현상을 말한다. 이러한 정보화의 변화는 소비자의 기호에 맞는 다양한 상품을 생산하고, 생활이 편리해지며, 정보 산업의 중요성이 증대되는 등의 효과를 얻을 수 있으나, 사생활의 침해, 불건전한 정보 유포, 인터넷 중독, 불법 해킹 등의 부정적인 영향을 미칠 수 있다는 점이 문제점으로 지적된다. 특히 최근에 들어와 우리 사회는 컴퓨터, 인터넷, 무선 통신 기술 관련 분야가 급격히 발전하는 사회로 변화해 가고 있을 뿐만 아니라 사이버 공간과 같은 가상세계에 대한 활용이 점차 확대되고 있다. 사이버 공간에서의 비대면적 인간관계는 현실 사회와의 괴리를 낳고 있으며, 정보의 소유 여부에 따른 정보 격차 문제도 앞으로 극복해야 할 과제이다. 컴퓨터, 휴대 전화 등의 통신 기기는 하루가 다르게 발전하고 있으며, 이제는 어디서든 무선으로 인터넷에 접속하는 것이 가능하고 시공간의 제약이 없는 사이버 공간은 새로운 사회적 공간으로 도입되어 우리에게 무한한 가능성을 열어 주고 있다. 따라서 현실세계에서 가상공간을 활용한 VR세계로 전환하는 일에도 많은 사람들이 주저하지 않고 적극적으로 참여하여 활용할 수 있도록 해야 할 것이다.

지금까지 논의된 현대사회의 변화 방향에 효과적으로 대처하기 위해서는 개인과 집단 모두가 사회 변동에 효과적으로 적응해야 하고, 현대사회의 변동 모습을 올바르게 이해하며, 미래사회를 예측하여 이에 필요한 능력과 태도를 배양해 나가야 한다. 또한 각자가 사회변화에 소극적으로 대처하기보다는 사회변화의 주체로서 주인 의식을 갖고 인간의 의지와 노력에 따라 변동의 방향과 폭을 조절할 수 있다는 적극적인 자세로 변화를 선도해 나가야 한다.

3 현대사회의 문제점

1) 인간 사회의 위기

현대사회는 산업화 시대를 거쳐 이미 정보화 시대로 접어들었다. 산업화 시대의 과학 발전은 인간에게 안락함과 풍요로움을 가져다주었지만, 산업화의 높은 파고는 정보화로 이어지면서 현대사회에 많은 문제와 위기를 노출하고 있다.

급격한 과학기술의 발전은 인간의 이성적 판단을 상실하게 하였고, 물질 중심의 만능 사회로 전락하는 변화를 가져왔다. 더욱이, 오늘날에 와서는 인간은 이성적 판단은 물론 인간의 도덕적 감각마저 잃어버리는 현상들이 증가하고 있다. 자살, 살인 등 생명을 경시하는 사건들이 주변에서 끊임없이 일어나고 있고, 변화하는 사회 속에서 살아남기 위해 갖은 수단과 방법을 가리지 않고 사리사욕에만 빠져들고 있다. 뿐만 아니라 육체적 쾌락과 물질적인 만족을 끊임없이 추구하면서 개인 이기주의와 집단 이기주의가 사회문제로 등장한 지 오래다. 우리의 주변에는 썩어 가는 각종 쓰레기와 오염된 물로 악취를 내뿜고 있으며, 자연의 생태계는 파괴되어 인간의 생존에 필요한 식량은 턱없이 부족한 생산량으로 감축되었고, 이상 기후와 잦은 태풍의 발생, 이상 한파로 인간이 생존하기 어려운 환경적 재앙이 다가오고 있다. 이러한 오늘날의 사회가 인간의 생존에 위기를 몰아오고 있다.

현대의 대도시화가 또 하나의 생태학적 위기의 근본 원인이다. 특히 대도시 주택 단지에서 버리는 생활하수가 대부분 하천 오염의 가장 큰 원인이 되고 있다. 이렇게 도시 환경이 좋지 않다 보니, 주말이나 공휴일이 되면 엄청난 수의 사람들이 도시로부터 탈출하여 해안이나 산으로 맑은 공기와 맑은 물을 얻기 위해 필사의 탈출을 감행한다. 그러나 건축 투기업자들은 도시인들을 유혹하기 위한 레저 타운을 만든다는 구실로 푸른 녹지대와 산림, 해안, 강안(江岸)을 또 파괴한다. 소위 별장이 세계적으로 아름다운 천연 풍경을 망치고 있다(진교훈, 2003: 371). 이뿐만 아니다. 과학 문명의 발달은 인간의 삶에 풍요만을 가져다줄 것으로 생각했지만, 과학 문명의 발달로 편리하게 살고자 했던 인간의 끝없는 욕망을 채우면서 모든 면에서 쉽고, 수월하고, 편하게 살아가려는 습성이 들도록 인간을 유혹하고 있다. 인간을 편하게 만드는 다양한 종류의 자동화된 제품들이 끝없이 생산되어지고, 이러한 자동화 제품들은 사람들이 해 왔던 각종 일을 도맡아 처리함으로써 인간의 수고를 덜고 상품의 대량생산과 대량유통을 가능하게 하고 있다. 하지만 시간이 지날수록 인간마저도 자동화 제품에 의해 구속당하는 결과를 초래하게 되었고, 이러한 변화는 인간이 그러한 기술과 기계 체제에 의존하면서 자율성과 정신적 삶에 대한 의식마저 상실하게 되었다. 즉, 과학 문명과 산업의 발전이 향상된 생산력을 바탕으로 인간을 조종하기에 이르렀다.

특히 교통 통신의 발달은 여러 인종과 국가 간의 문화 교류를 활발하게 하여 인류 역사상 처음으로 기술 문명의 주도 아래 글자 그대로의 범인류적 문화를 창조할 수 있게 해 줄 것으로 기대되었다. 그러나 과학기술의 발전과 사회의 산업화가 그대로 우리의 삶의 질을 향상시키고 모든 삶의 행복을 보장해 주는 것은 아니다. 물질적 풍요로움과 생활의 편리함에도 불구하고 우리는 인간 가치의 상실과 도덕성의 퇴락에 따른 공허(空虛)와 불안 속에서 살아가는 현대인의 모습을 우리가 지금 경험하고 있다. 적어도 이 시대는 우리에게 인간의 실천이성에 바탕을 둔 진정한 의미의 생활 세계의 합리성 구현과 도덕성의 회복을 요청하고 있다(한국국민윤리학회, 2002: 14). 즉, 인간사회의 도덕적 위기로부터 벗어나고자 하는 노력이 필요하다.

급격한 산업의 발달과 과학기술의 진보로 인해 발생하는 부작용 때문에 나타나는 도덕 문제, 양심적 개인과 비도덕적 집단의 문제, 사회구조의 도덕적 타락에서 오는 문제 등 다양한 사회 전반에 그림자를 드리운 현대사회의 문제를 해결하지 않고서는 오늘을 사는 우리에게 인간의 위기를 몰고 온다는 것은 자명한 사실이다. 사회 속의 인간이 서로 미워하고 해치기만 한다면 각자의 생존은 물론 우리 모두의 생존을 보장받을 수 없다. 오히려 이러한 사회적 환경 속에서 인간은 공멸하는 위기를 맞게 될 것이다. 최소한 우리가 살아가는 사회생활에 필요한 기본적인 규범과 삶의 방식을 이해하고, 사회의 도덕과 윤리문제를 해결하기 위한 다양한 이해와 접근이 시도될 때, 인간 사회의 위기로부터 벗어날 수 있을 것이다. 인간 사회의 위기는 단순히 한두 가지의 요인에 의해 이루어진 것이 아니라 자연의 위기, 도시의 위기, 생태적 위기, 주택의 위기 등 다양한 사회적 요소들이 서로 상호 간 밀접한 관계를 유지하면서 만들어 낸 복합체의 결과라는 점에 유의할 필요가 있다.

특히 최근 들어 인공지능의 도입으로 인간이 해 오던 사고, 학습, 모방, 자기계발 등을 컴퓨터가 해냄으로써 발생하는 다양한 사회적 문제와 더불어 인간소외 현상이 더욱 심화되고 확산될 것으로 예측되고 있다. 초기의 인공지능은 게임, 바둑 등의 분야에 사용되는 정도에 그쳤지만, 오늘날의 인공지능은 실생활의 다양한 분야에 응용되고 있어서 인공지능으로부터 인간이 받게 되는 위협은 더욱 확대되고 있다. 또한 인공지능은 그 자체만으로 존재하는 것을 넘어 인근 컴퓨터 과학의 다른 분야와 직간접적으로 많은 관련성을 유지하고 있어서 앞으로 인간사회의 관계 형성에 커다란 위협요인으로 등장하고 있다.

2) 오늘날의 사회문제

(1) 인간소외의 문제

인간소외(alienation) 문제는 사실상 현대 산업사회에 대한 비판론자들이 오랫동안 일관해서 지적해 온 사회문제이다. 소외는 인간이 인간을 위해 만들어 낸 피조물(被造物)에 의해 인간이 거꾸로 지배를 받게 되거나, 인간의 활동에 있어서 인간의 본질이 상실되어 가는 과정(이위환 · 김용주, 2009)이라고 한다. 산업사회의 발달과 함께 인간은 사회조직으로부터 소외되고, 자동화와 기계화의 실현으로 기술로부터 소외되며, 삶의 무의미성으로 자기 자신으로부터 소외되었다. 이러한 인간소외 현상은 기본적으로 사회조직의 거대화, 표준화, 집중화, 합리화로부터 시작되어 발전한다. 삶의 무의미성이나 인간적 존재 가치의 허무함을 경험하면서 비인간화 또는 인간소외의 현상이 확대된다. 이는 마치 인간의 삶이 무의미한 작업의 끝없는 반복과 같은 삶, 즉 '시지포스(Sisyphus)의 바위'[2]와 같은 삶에서 인간 존재의 무의미성이 확산된다. '시

---

2) 그리스 로마 신화에 나오는 이야기로 인간 중에서 가장 현명하고 신중한 사람이었으나, 신들

지포스의 바위'는 인간의 삶과 삶을 위한 일의 무의미성, 즉 인간 존재의 무의미성을 은유적으로 표현한 것으로 인간의 소외, 삶의 역기능 수행, 무의미한 일의 끝없는 반복, 일상의 반복되는 힘든 생활 등을 표출해 내는 '시지포스적 삶'을 의미한다. 이와 같은 삶의 방식은 사회의 환경에 대한 부적응으로 나타나 자살 행위로 이어질 수 있다는 점에서 인간소외의 문제를 소홀히 다루어서는 안 된다.

(2) 생명 경시의 문제

오늘날 우리 사회에는 생명 경시 현상이 만연되어 있다. 생명 존중은 곧 인간을 존엄한 존재로 본다는 뜻으로 생명 경시 현상은 생명에 대한 올바른 이해가 부족한 데서 기인한다. 인간의 생명은 밖으로 드러나는 현상적 기술(記述)만으로 생명의 본질을 다 알고 있다고 말할 수는 없다. 인간의 생명은 밖으로 드러나는 것으로 설명되기도 하지만, 대인간의 체험을 통해서만 이해될 수 있는 부분도 많다. 생명은 그 무엇과도 바꿀 수 없는 신비함과 신성함을 내포하고 있다. 생명을 아끼고 사랑하는 정신은 인류의 보편적인 도덕성의 기본 바탕이 된다. 그러나 최근에 와서 급속도로 발달한 과학기술과 함께 인간은 산업이 가져다주는 물질적 풍요로움과 생활의 편리함에 빠져, 인간의 정체성과 개성을 상실하였다. 이러한 결과는 인간성을 상실하는 문제를 가져오게 되었으며, 돈이면 그만이라는 '황금만능주의(黃金萬能主義)'가 나타나게 되었다. 즉, 돈을 최고의 가치로 여기는 기형적 현상이 생명의 존엄성을 경시하는 현상으로 나타나게 된 것이다.

슈바이처(Albert Schweitzer)는 생명의 중요성과 관련하여 "인간은 그가 도울 수 있는 모든 생명체를 도와줄 때, 그리고 그 어떤 생명체에도 해가 되는 일

에게 좋지 않게 낙인찍힌 사람으로 자신의 죄에 대해 교활한 시지포스는 갖가지 말재주와 임기응변으로 죽음을 피하였지만, 끝내 신을 이기지 못하고 저승으로 잡혀가 가혹한 형벌을 받는다. 그는 높은 바위산에서 큰 바위를 밀어 올리는 것으로 형벌을 받는데, 모든 힘을 다해 큰 바위를 밀고 올라가 밀어 올리기 직전 다시 굴러 떨어뜨리기를 반복하게 되는데, 이를 '시지포스의 바위'라고 한다.

을 삼가고 또 여기에 그 자신이 순응할 때에만 비로소 진정한 의미에서 윤리적이다. 윤리적인 인간은 이 생명 또는 저 생명이 얼마만큼 값이 나가는지 묻지 않으며, 또 그것을 얼마만큼 지각할 수 있는지도 따지지 않는다. 그에게는 생명 그 자체가 거룩하다. 그는 나무에서 나뭇잎 하나도 함부로 따지 않고, 어떠한 꽃도 망가뜨리지 않으며, 어떠한 곤충도 밟아 죽이지 않도록 항상 주의한다(진교훈, 2003: 315, 재인용)."라는 말을 남겼다. 이는 인간의 생명이 얼마나 소중하고 존엄한 것인가를 표현해 준 말이다.

생명 경시가 일어나는 또 하나의 원인은 산업화의 발전에 따른 몰가치성 때문이다. 산업화에 따라 사회가 점점 도시화를 통해 확대되고, 자동화 기계들을 통해 인간의 한계를 넘는 일들이 기계를 통해 수행해 내면서 인간은 상대적으로 왜소해질 수밖에 없게 되었다. 이러한 인간의 몰가치성은 결국, 생명의 존엄성을 무시하는 문제를 야기하게 되었다.

우리 인간은 생명 보전에 대한 책임을 지고 있다. 오늘날과 같은 인간 생명에 대한 경시 풍조, 훼손된 인간의 존엄성은 하루 빨리 회복해야 할 중요한 문제이다. 이제 우리 사회는 어려서부터 생명 존중 사상을 배우고 가르치지 않으면 안 된다. 인간의 존엄성에 대한 인식이 형성되지 않고서는 그 어떠한 발전도 진정한 발전이라고 볼 수 없다.

(3) 자원의 문제

지난 2000년 세계 인구는 60억을 돌파했다. 1960년 약 30억 명이었던 세계 인구가 불과 40년 만에 두 배로 불어난 것이다. 이러한 인구의 증가는 2061년 지구상에 100억 인구의 시대를 맞이하게 될 것으로 예측된다. 인류가 의학 기술의 발달로 인해 평균수명이 늘어나고, 유아사망률을 낮춘 것은 분명한 인류 문명의 발전이다. 그러나 이러한 인류 문명의 발전은 인구의 폭발적인 증가와 함께 인류의 미래를 위협하는 경고로 다가오고 있다. 인구의 증가로 인해 발생하게 될 기아, 질병, 빈곤, 실업, 환경오염, 범죄 등의 여러 가지 문제의 어려움도 있겠지만, 그중에서도 식량이나 수자원과 같은 식생활과 관련된 자원 문제는 인류의 생사를 결정하는 중대한 문제가 아닐 수 없다.

인구 증가는 단순히 식량문제만으로 끝나는 것이 아니다. 인구가 증가하면 의식주에 필요한 식량 자원의 요구가 늘어나고, 식량 자원의 문제는 산림을 농지로 개발하게 하여 산림자원의 고갈을 초래하며, 산림자원의 고갈은 수자원의 고갈로 확대되는 등 사회 전반으로 파급되어 사회문제화 된다. 그뿐만 아니라 국가 간의 무역에 있어서도 분쟁이 발생하게 되고, 이러한 분쟁은 강대국을 중심으로 농산물을 무기로 미개발국으로부터 필요한 자원을 수탈하는 등의 다양한 문제를 발생시킨다.

식량을 비롯한 다양한 자원의 고갈 문제는 사실상 에너지가 재생 불가능한 에너지라는 데 문제의 이유가 있다. 예를 들면, 석탄이나 석유와 같은 산업사회의 자원은 수만 년의 시간에 걸쳐 생산된 자원이다. 따라서 석탄이나 석유와 같은 자원을 다시 만들어 내는 데는 다시 수만 년의 시간이 필요하다는 데 그 문제의 원인이 있다. 석탄이나 석유뿐만 아니라 목재나 천연자원을 비롯한 원자재들도 이러한 재생에 필요한 시간과 인간의 에너지 소비 속도가 균형을 이루지 못하는 데서 발생하게 된다.

산업사회의 생산 원료로 사용되는 원자재에도 물량에 한계가 있으며, 원자재의 부족을 초래할 시간도 이제 얼마 남지 않았다. 이러한 원자재의 부족은 단순한 원자재 부족으로 끝나는 것이 아니다. 앞의 식량문제에서 본 바와 같이 원자재 고갈 문제는 또 다른 산업 분야로 자원 위기를 확대해 나가게 된다. 이러한 점에서 자원 위기를 극복하기 위한 다양한 자원, 즉 태양열, 풍력, 수력, 조력 등과 같은 내체 에너지의 개발과 해양자원이나 유전공학, 해양과학, 우주과학 등 과학 전반에 걸친 발전을 통해서 지속적으로 해결해 나가야 할 우리 사회의 과제이다.

(4) 환경오염의 문제

인간은 자연에서 태어나 자연 속에 살다가 자연으로 돌아가는 존재로, 잠시라도 자연을 떠나서는 살 수 없다. 그러나 오늘날 인간과 자연환경과의 교섭은 원만한 관계를 이루지 못하고 있다.

이러한 불균형적 관계는 산업사회에서 만들어지는 수많은 생산품과 끊임없는 인간의 소비로 자연환경을 무제한적으로 착취하고 오염시켜 왔기 때문이다. 그 결과 자연의 생태계(ecological system)는 질서를 상실하고 생물종(生物種)이 멸종되어 가고 있으며, 오존층이 파괴되어 가고, 기상 이변이 속출하는 등 자연 생태계에 커다란 위협이 되고 있다. 자연의 생태계는 미묘한 균형(equilibrium)을 이루며 생존한다. 그런데 이 균형이 무너질 경우 환경의 변화는 인류의 생존을 위협하는 커다란 재앙으로 우리에게 다가온다. 인간의 무분별한 개발과 산업화, 도시화로 자연환경은 이미 파괴 속도를 가속화하였다. 인간의 도시화에 따른 난개발(難開發)은 생태계의 순환과 질서를 파괴하고 생태계의 재생능력(再生能力)을 상실하도록 만들었다.

킨젤바흐(R. Kinzelbach)는 "환경 위기는 인간이 조성한 것이며 바로 인간의 위기이다. 따라서 환경 위기의 극복과 해결은 근본적으로 인간의 내면세계의 위기에 대한 해결 없이는 불가능하며, 인간과 자연에 대한 낡은 생각에서 벗어나 자연과 인간에 대한 새로운 이해를 필요로 하며, 참된 인간애로 되돌아갈 수 있을 때 비로소 진정한 의미의 환경보호가 가능하다."라고 했다. 환경파괴는 한 생물과 다른 생물, 그리고 자연환경과의 연대를 무너뜨리게 되고, 이는 지구의 환경오염으로 이어지며, 더 나아가 자연의 질서와 순환을 파괴하는 결과를 초래하여 환경의 위기를 맞게 된다. 환경 위기의 극복은 자연환경의 위기로부터의 극복을 전제로 하지만, 환경보호는 인간의 존엄성에 대한 실천이자 동시에 인류에게 주어진 사회윤리적 과제라는 점에서 인류가 해결해 나가야 할 공동의 과제이다.

(5) 성(性) 윤리 부재의 문제

성(性)은 인간의 육체적, 심리적인 의미뿐만 아니라, 인간의 사회적인 의미도 포함하고 있다. 그러나 오늘날의 우리 사회에서 성(性)은 물질주의의 추구와 향락산업의 번창 등으로 인하여 성(性)에 대한 기본적인 가치관이 급격히 무너져가고 있다는 데 문제의 심각성이 있다.

성행동에 대한 도덕적 기준은 사회질서를 유지하고 인간 행동을 규제하기 위하여 수세기 동안 발달되어 왔다. 일반적으로 인간의 불행은 성행동에 대한 이러한 도덕적 지침을 망각하는 데서 초래된다. 그럼에도 불구하고 오늘날 도덕적 선택은 쉽지 않다. 그것은 사회가 도덕에 대하여 더 이상 명확하고 이해하기 쉬운 답을 주지 못하기 때문이다. 이는 성에 대한 가치관의 혼란과 성도덕이 혼돈에 빠져 있기 때문이다. 이에 성윤리의 문제는 인간 존재의 의미와 결부하여 생각할 수밖에 없다. 그러므로 우리는 무엇을 삶에 있어서 가치 있게 볼 것이며, 어떻게 사는 것이 진정한 자기 자신이 되기 위한 참 삶인지 계속해서 인간의 정체성을 찾아가는 과정과 타인에 대한 이해, 즉 인간관계를 이해하기 위해 다루어져야 할 문제가 성(性) 문제이다(박범혁 외, 2009: 15). 인간의 성(性)은 단순한 생물학적 기능을 넘어서 인격의 형성이나 사회적 관계의 형성에 중요한 영향을 미친다. 성윤리의 붕괴는 성에 대한 무지와 절제력의 부족이 그 원인이며, 이러한 성윤리의 붕괴는 인간을 정신적 공황 상태로 빠지게 하고 정상적인 대인관계를 형성할 수 없도록 하는 결과를 초래한다. 오늘날 우리 사회에는 성윤리의 붕괴로 나타나는 동성연애, 매춘, 성폭력, 집단성 유희 등 다양한 형태로 성윤리에 의해 해결해 나가야 할 과제가 부여되고 있다. 이를 위한 사회의 합의된 성윤리 의식의 정립이 필요하다.

(6) 정보화 윤리 부재의 문제

20세기 중반 이후 다양한 정보 매체와 정보통신의 발달로 인해 정보사회가 등장했다. 정보사회(information society)는 정보가 중요한 재화로 인식되어 생산

활동이나 사회활동의 중심으로 등장하는 사회를 말한다.

정보사회에서는 농업사회나 산업사회에 비해서 지식과 정보가 중요한 사회자원으로 활용되고 인간의 지적 활동이 강조된다. 인간의 육체노동이나 경험을 통한 숙련보다는 인간의 정신노동과 지식을 통한 숙련이 중요시된다. 지식과 정보가 부의 중요한 원천이 됨에 따라 창의적 능력이 중요시되며 지적재산권이 중요한 권리로 부각된다. 정보사회에서 모든 정보의 디지털화는 정보의 변용성, 확장성, 복제성 등을 높인다. 문자, 소리, 그림 등의 정보를 손쉽게 변화시키거나 확장할 수 있으며, 원본의 질과 동일한 복제품을 거의 무한정으로 만들어 낼 수 있다. 복제품을 만들어 내도 원본 정보의 질은 훼손되지 않는다. 디지털 정보의 이러한 특성 때문에 지적재산권의 침해 가능성이 커지며 사회문제로 부각되기도 한다(김영인 외, 2008: 96).

이러한 정보사회에 나타나는 문제점을 방지하기 위해서는 정보윤리 의식을 강화하는 것이 필요하다. 정보윤리 의식의 부재는 사회의 혼란과 무질서, 인권의 침해 등 각종 범죄 활동으로 이어진다는 점에서 우리 사회가 해결해야 할 과제이다. 예를 들면, 해킹이나 컴퓨터 바이러스의 유포, 익명성을 이용한 언어폭력 등 다양한 형태의 사이버 범죄가 기승을 부리게 될 것이고, 전문가의 정보나 자신의 취향에 맞는 정보에만 의존함으로써 나타나는 비판적 사고의 위축 현상도 정상적인 사회적 기능을 수행하는 데 방해 요인으로 작용하게 된다. 이뿐만 아니라, 사회 구성원 간에도 컴퓨터 기피형과 컴퓨터 탐닉형과 같은 정보화 사회의 세대차 갈등이 발생하게 될 것이며, 인터넷을 절제하지 못해 정상적인 사회생활에 곤란을 받게 되는 인터넷 중독자들도 나타나게 된다. 따라서 정보화 사회에 나타나는 이러한 다양한 형태의 문제점을 예방하고 정보윤리를 바탕으로 한 건전한 사회의 유지와 발전을 위한 구성원들의 노력이 필요하다.

(7) 가족 해체 문제

사회구조의 변화를 보면 원시사회의 수렵이나 채취 생활에서 농업 중심의 사회로 변화하면서 많은 노동력을 필요로 하게 되었다. 이에 따라 농업 중심 사회에서는 가족 구성원은 많으면 많을수록 충분한 노동력을 확보할 수 있다는 점에서 매우 바람직한 일이었으며, 대부분의 가정에서는 자녀를 많이 낳아 대가족을 형성하면서 미래의 노동력을 확보하고자 하였다. 그러나 대량생산을 중심으로 하는 기계공업이 발달하고, 산업사회로 변화하면서 대가족의 가족 구성원에는 여러 가지 문제가 발생하게 되었다. 산업사회는 가족 구성원들이 각각 서로 다른 직업을 선택하고, 선택한 직업에 따라 도시화를 향해 집을 이동해 가지 않으면 안 되는 상황이 전개되었다. 즉, 가족 구성원의 직업이 각각 다르고, 직장이 서로 달라, 한 지붕에서 함께 산다는 것이 불가능하게 된 것이다. 이에 따라 새로운 가족 형태인 핵가족이 등장하게 되었고, 이러한 변화는 친자 중심의 가족이 부부 중심의 가족 형태로 변화하게 되었다. 특히, 부부 중심의 가족 형태는 부부가 이혼하게 되면 가족이 해체되는 결과를 가져와 가족해체의 속도가 점점 빨라지게 되었다. 가족 구성에 있어서 노인문제도 가족 해체의 요인이 되고 있다.

그동안 전통적인 한국인의 의식구조에서는 직계 가족제도로 결혼한 자녀 중 한 사람이 반드시 부모를 모시도록 하고, 그 자녀가 부모의 재산권을 상속하도록 해 오고 있다. 그러나 최근에 와서는 부모와 함께 살고자 하는 자녀가 점점 없어지고, 자녀는 결혼과 함께 분가(分家)하여 부부 중심의 새로운 가족 형태를 형성하게 됨으로써 가족 간의 관계가 소원해지는 현상이 일어나고 있다. 이러한 현상은 인간이 물질문명 앞에서 인간성을 상실하기도 하고 노인들에게 경제적 불안정과 사회적 소외감을 주기도 하면서 인간소외 현상이 확대되고 있디.

오늘날 서구 사회의 이혼율이 높아 결혼의 3분의 1 이상이 이혼을 한다는 통계 보고가 있다. 이와 같은 이혼율의 확대는 혼인이나 가족에 대한 가치관의 변화로 가족 해체 현상을 초래하고 있으며, 가족이라는 사회제도를 지나치게 경시하는 경향성으로 가족 가치관을 상실케 하고 있다. 자기중심적인 현대적 가치관은 가족이 붕괴되고 해체되는 속도를 더욱 빠르게 하고 있다.

(8) 사회적 갈등의 문제

사회 변동 과정에서 개인이나 집단 간에 의견이나 이해관계의 대립이 심화되는 것을 사회적 갈등이라고 한다. 사회적 갈등은 그 사회가 지니고 있는 사회의 문제를 드러내고 이를 개선해 나감으로써 사회발전에 기여한다는 측면도 있으나, 사회의 분열과 공동체 파괴를 야기함으로써 사회의 유지 발전에 커다란 장애요인이 된다는 부정적인 측면도 있어서 이를 가볍게 여길 수만은 없는 것이다. 개인차에 따른 가치관의 차이, 즉 개인주의나 다원주의적 가치관의 차이도 사회적 갈등의 원인이 될 수 있으며, 사회적 갈등은 다양한 유형에 의해 발생하게 되는데, 주요 요인에 따른 갈등유형을 제시하면 다음과 같다.

첫째, 산업화에 따른 갈등으로 노사 갈등을 들 수 있다. 노사 갈등유형은 노사 간의 갈등, 도시, 농촌 등과 같은 지역 간에 나타나는 지역 갈등, 빈부 격차에 따른 계층 갈등 등이 있다.

둘째, 가치기준의 차이에 따른 가치 갈등을 들 수 있다. 가치 갈등은 전통적 가치와 현대적 가치 간의 대립, 남녀 간의 갈등, 환경 보전과 경제 개발의 가치 대립에 따른 갈등 등을 들 수 있다.

셋째, 세대 간의 인식 차이에서 오는 세대 갈등이다. 세대 갈등은 급속한 사회 변동과 고령화로 인하여 서로 다른 가치관과 생활 방식의 대립, 경제성장 둔화와 사회적 비용 증가를 둘러싼 이해관계의 대립 등으로 인한 갈등이다.

넷째, 정보화에 따른 정보격차 갈등이다. 정보격차 갈등은 지적 재산권, 정보 격차, 사생활 침해, 명예 훼손, 허위 정보 유포 등에 관한 갈등을 말한다.

다섯째, 세계화에 따른 국가들 간의 정체성과 관련한 문화 정체성 갈등이다. 문화 정체성 갈등은 국가 간의 경제적 격차, 민족이나 종교, 문화 정체성 등을 둘러싼 갈등을 말한다.

03

CHAPTER

미래사회의 성격

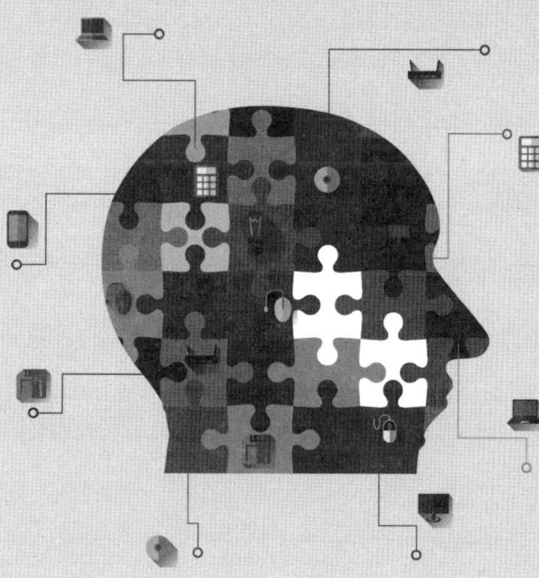

03 CHAPTER

미래사회의 성격

4차 산업혁명시대의 도래와 함께 과학기술이 빠르게 발전하면서 인류의 삶에도 많은 변화가 나타나고 있다. 빅데이터를 비롯한 인공지능, IT, 화학 등 다양한 분야에서 새로운 물성(物性)이 등장하고 있고, 전자통신 분야에서도 급진적인 발전이 이루어져 디지털 혁명 사회가 될 것으로 보고 있다. 이처럼 미래사회는 과학기술의 첨단화로 디지털과 정보가 주류를 이루는 디지털 정보화 사회가 될 것이라는 데에는 이의를 제기할 사람이 없을 것이다.

그렇다면 미래사회의 가치 생산의 핵심적 기초는 무엇이며, 지배적인 사회관계는 어떻게 될 것인가? 이와 같이 빠르게 변화하는 미래사회와 관련하여 오늘을 살아가는 우리들은 머지않아 우리가 접하게 될 사회변화의 성격이나 특징에 대해 알아 둘 필요가 있다. 따라서 여기서는 다가오는 미래사회의 성격과 미래사회의 특성에 대한 이해의 폭을 넓히고자 한다. 다가오는 미래사회의 특성으로는 다음과 같은 점을 들 수 있다.

1 글로벌화 사회[1)]

흔히 우리는 오늘날과 같이 세계의 여러 나라가 마치 한 나라 안에서 사는

1) 정석용・이규은(2019). pp. 82-88 내용을 재구성한 것임

이웃처럼 자유롭게 드나들고 교류하는 현상을 가리켜 '글로벌(global)화' 또는 '세계화', '지구촌화'라고 한다. 글로벌화란 국경 없는 지구촌 사회로의 변화를 가리키며, 이는 어떤 대상이 세계적인 것이 되는 것을 말한다. 이는 넓은 의미에서 '지구촌화', '세계화'와 같은 개념으로 사용되며, '국경을 넘어 세계 전체의 상호 의존성이 높아지면서 지구촌 전체가 단일한 체계로 통합되어 가는 현상'을 말한다. 즉, 국가 간의 국경을 초월하여 전 지구가 하나로 협력하여 기술적, 경제적으로 새로운 하나의 문화를 창조해 나가는 것을 글로벌화(globalization)[2]라고 하는데, 이러한 세계화는 미래사회에 나타나게 되는 주요 특성 중의 하나라고 할 수 있다. 글로벌화는 국제 사회에서 국가 간 상호 의존성이 증가하고, 이에 따라 세계가 단일화된 하나의 체계로 변화한다는 것을 말한다. 즉, 국가 간의 장벽이 허물어지고, 세계가 하나의 공동체라는 의식이 강화되며, 국가와 민족의 개념, 시장경제나 정치제도, 사회구조, 문화양식 등은 인정하되 공동체로서의 단일화된 체계 안에서 세계의 여러 가지 문제에 공동으로 대처해 나가는 하나의 문화를 창조해 나간다는 의미이다. 이에 따라 글로벌화가 되면 세계가 안고 있는 다양한 문제, 자원 고갈이나 환경오염, 지구 곳곳에서 발생하는 전쟁 문제, 기아와 빈곤, 질병, 종교와 민족 분쟁 등에 대해 세계가 공동으로 대처하고 해결 방안을 모색하게 될 것이다.

글로벌화는 각 민족 국가의 경계가 약화되고 세계 사회가 경제를 중심으로 통합해 가는 현상이다. 전 세계가 하나로 연결되고, 그 속에서 상호 의존성을 심화하는 현상으로, 최근 국가를 초월한 초국적 기업의 등장을 보면 글로벌화의 변화 모습을 실감할 수 있다. 그러나 글로벌화의 과정은 반드시 경제적인 것만이 그 요인은 아니다. 글로벌화는 경제적인 관계를 일컫는 경우가 많지만, 최근에는 문화적인 측면의 글로벌화에 대한 논의도 활발히 이루어지고 있으며, 이를 경제 강대국 중심의 세계 재편이라고 비판하는 견해도 있다. 글로벌화는 전 세계적으로 서로 밀접한 관계를 갖고 있으며, 전 세계적 차원의

2) 이후에는 '세계화', '지구촌화', '글로벌(global)화'라고 하는 용어를 '글로벌화'라는 하나의 용어로 통일하여 사용하기로 함

경제적, 과학기술적, 사회문화적, 정치적 요인들과 서로 맞물려 있다.

1) 글로벌(Global)화의 성격

글로벌(Global)화의 시작은 현지화(localization)에서 출발한다. 현지의 중요성에 바탕을 두고 상호 이해와 존중을 바탕으로 현지의 정치제도, 사회제도, 문화 등에 맞춰 적응하는 것에서 시작한다. '로마에 가면 로마법을 따르라'는 말이 있다. 글로벌화는 자신에게 주어진 규범이나 자신이 속한 나라보다는 또 다른 법, 즉 현지의 법을 중요하게 여기는 것에서부터 시작된다.

글로벌화의 과정에서 우리는 종종 현지 상황을 올바르게 이해하지 못해 손해를 보는 경우를 본다. 예를 들면, 미국의 유명한 GM 자동차 회사에서 'Nova'라고 하는 자동차를 만들어 수출하는데, 유독 멕시코에서만은 인기를 상실했던 사례를 들 수 있다. GM 자동차의 인기 상실의 원인은 현지의 상황을 정확히 이해하지 못하고 수출 전략을 세웠던 것에 있었다. 'Nova'라고 하는 단어는 멕시코의 말로 '잘 가지 않는 길'이라는 의미를 지니고 있었던 것이 그 원인이었다. 이와 같은 예로 'Pinto'라고 하는 자동차를 들 수 있다. 'Pinto'라는 단어는 포르투갈어로 상스러운 욕을 의미하는 것이었으니 이러한 의미를 지닌 자동차가 잘 팔릴 리가 없었던 것이다. 우리나라도 현지의 상황을 잘 이해하지 못해 손해를 본 예가 있다. 한국의 'Amore'라고 하는 화장품의 경우, 'Amore'는 이탈리아어로 '정숙하지 못한 여자'를 의미하는 말이다. 그러니, 한국의 화장품이 이탈리아에서 잘 팔려 나갈 리가 없었던 것이다. 이와는 반대로 좋은 의미의 이미지를 담은 사명(社名)이 긍정적인 이미지를 부각해 현지에서 성공적인 적응을 한 사례도 있다. 우리나라의 LG는 'Life is good'이라는 의미를 부각해 현지인들로부터 높은 호감도를 얻었던 하나의 좋은 예이다. 이와 같이 글로벌화는 개인적인 차원을 넘어 지구적 차원(global level), 국가적 차원(country level)에서 중요한 정치, 경제, 문화적 함의(implication)를 지니고 있으므로, 현지의 정확한 이해를 통한 상황적 접근 방식이 필요하다.

글로벌화의 성격과 관련하여 일반적으로 글로벌화는 인류 사회의 세 측면, 즉 자본주의적 속성, 문화주의적 속성, 평화주의적 속성으로 구분한다.

자본주의적 속성을 보면 글로벌화는 개방화와 동일한 개념으로 경제적 보호주의를 표방하는 보호무역 정책으로부터 벗어나 시장경제에 의한 경제적 개방을 의미한다. 1980년 이후 강화된 보호무역 정책에 따라 국가 간 외국 상품의 거래를 억제하게 되었고, 이에 따라 국제 무역이 둔화되고 각국의 경제활동은 침체의 길로 빠져들었다. 더욱이 후진국의 경우에는 보호무역 정책으로 외국 상품이나 외국의 자본이 들어오지 못해 좋은 상품을 생산해 내는 데 장애가 되었으며, 자국의 경제활동도 침체하는 결과를 가져왔다. 이러한 보호무역 정책으로부터 벗어나 무역의 활성화를 통해 경제활동의 개방화를 실현하는 것이 곧 글로벌화라고 할 수 있다.

문화주의적 속성으로 보면 글로벌화는 세계 문화 형태의 보편성(普遍性)에 중점을 두고 있다. 세계 여러 민족의 문화를 살펴보면 어느 민족이나 자기 민족의 독특한 문화를 가지고 있다. 그러면서도 다른 민족의 우수한 문화에 대한 동경도 함께 지니고 있는 것이 일반적이다. 문화는 사회생활을 통해서 형성되며, 이렇게 만들어진 문화는 구성원들 간에 이를 공유(共有)하는 것이 일반적이다. 이러한 문화적 공유(共有)의 형태가 최근에 와서는 괄목할 만한 교통과 통신의 발달에 맞춰 문화가 급속도로 전파되고 확산되면서 공유의 폭이 확대되고 있다. 또한 문화의 형태도 전 세계적인 수준으로 확산되면서 보편성(普遍性)의 경향을 띠게 되었다.

평화주의적 속성으로 보면 글로벌화는 전쟁에 대한 모든 인류의 공동 대처 방식으로 평화로운 국제 사회의 건설에 대한 갈망과 희망이다. 인류는 제1차, 제2차 세계대전을 경험하면서 평화에 대한 열망이 그 어느 때보다 높다. 이를 실현하기 위해 그동안 국제연맹과 국제연합이라는 국제기구를 만들어 운영하는 등의 다양한 활동을 해 왔다. 그러나 이와는 대조적으로 다른 측면에서는 최첨단 무기를 양산해 왔다. 이러한 눈부신 과학 발전에 따른 최첨단 무기의 양산은 '평화'라는 인식보다는 '공멸(共滅)'이라는 전쟁의 결과로부터 오는 위협을 더 강화시켜 주었다. 오늘날의 '전쟁'이라는 것은 최첨단 무기와 핵기술의 다량 보유로 전쟁의 당사국들에게 결코 이익을 가져다주지 않는다. 뿐만 아니라 글로벌화를 통해 형성된 오늘날의 네트워크는 세계 어느 곳에서 일어난 국지전도 전 세계적으로 악영향을 미치게 되며, 또 작은 국지전이 세계대전으로 확대될 수도 있다는 것은 불을 보듯 뻔한 일이라는 것이다. 이러한 평화에 대한 속성이 글로벌화를 통해 일반화되고, '전쟁은 곧 공멸이다.'라는 인식을 일반화시켜, 글로벌화를 통해 평화로 나아갈 것을 확산시켜 주고 있다.

이러한 관점을 종합해 볼 때 글로벌화는 세계의 정치적, 경제적, 문화적, 사회적 측면에서 중요한 영향을 미치며 그 확산 범위도 세계 전반에 걸치는 광범위한 것이다.

2) 글로벌(Global)화를 촉진하는 요인

글로벌(Global)화는 지난 수년 동안 정치, 경제, 미디어 등 사회 전반에서 사용된 개념이다. 글로벌화를 통해 우리는 모두 '하나의 세계'에 살게 되었고, 개인과 개인, 국가와 국가 간에 있어서 더욱 의존적인 생활을 영위하도록 하였다. 글로벌화를 통해서 그동안 개발도상국(Industrially developing countries, IDCs)들은 세계적 경제, 정치, 문화에 점점 깊게 편입되었다. 글로벌화는 서구문화의 강력한 유입과 같은 변화를 가져왔으나, 이런 변화가 모든 국가 간에 똑같이 적용되지 않았을 뿐만 아니라 항상 긍정적인 영향만 준 것도 아니다. 글로벌화에 기여하는 몇몇 요소 중 글로벌화를 향한 변화를 촉진하는 요인으로 작용하는 것으로는 정보통신기술의 등장, 경제적 요인, 정치적 변화 등이 있다.

정보통신기술의 등장은 글로벌화를 촉진하였다. 통신체계의 영향력은 경이적이다. 텔레커뮤니케이션 시설이 대단히 발전한 나라의 가정과 사무실은 전화, 팩스, 디지털, 혹은 케이블 텔레비전, 이메일과 인터넷을 포함하여 외부

세계와 다중적으로 연결되어 있다. 인터넷은 지금까지 발전된 통신 수단 가운데 가장 빠른 속도로 등장했다. 1998년 중반 인터넷을 사용하는 사람들은 전 세계에서 약 1억 4천만 명이었다. 2005년 약 10억 명의 사람들이 인터넷을 사용하고 있는 것으로 추정된다. 이러한 형태의 기술은 시간과 공간의 압축을 촉진한다. 예를 들어, 동경과 런던 같은 지구 반대편에 있는 두 명이 실시간으로 대화를 할 수 있을 뿐만 아니라, 위성 기술 덕택에 서로에게 자료와 영상도 보낼 수 있다. 인터넷과 핸드폰이 광범위하게 사용되면서, 세계화 과정이 심화되고 가속화되고 있다. 더욱더 많은 사람들이 이러한 기술을 사용하면서 서로 연결되었고, 이전에 고립되었거나 전통적인 통신에 도움을 크게 받지 못한 지역도 서로 연결되었다. 정보기술의 확산이 전 세계 사람들의 접촉 가능성을 확장시켜 놓았으며, 그것은 또한 먼 지역 사람과 사건에 대한 정보의 흐름을 촉진하였다(김미숙 외, 2009: 57).

경제적 요인이 세계화를 촉진한 것으로는 정보화 시대에 국경을 가로지르는 네트워크의 구축으로 급변하는 세계 시장에서 기업과 기업 간의 협력 체제를 구축함은 물론, 전 세계의 유통 네트워크에 참여하게 되는 기회를 갖게 되어 기업의 글로벌화가 촉진되었다. 이러한 기업의 세계화는 초국적 기업을 낳게 하는 계기가 되었다. '초국적 기업'이란 앤서니 기든스(Anthony Giddens, 2006)의 정의에 의하면 기업이 근거를 두고 있는 국가 이외에 두 개 이상의 기업을 두고 활동을 하는 국제적 기업으로 '1개국 이상에서 생산을 하거나 판매를 하는 기업'을 말한다. 우리에게 잘 알려진 초국적 기업으로는 코카콜라, GM, 코닥, 미쓰비시, 삼성 등이 있다. 이들은 기업을 한 나라의 어느 곳에 기반을 두고 있다 하더라도 그들은 세계 시장과 세계적인 이윤을 추구하는 것이 일반적이다.

정치적 요인이 세계화를 촉진한 것으로는 1989년 동유럽에서 일어난 공산주의 몰락과 세계를 심화시키는 국제적, 지역적 초국가적 통치 기구의 탄생을 들 수 있다. 유럽 연합과 같은 초국가적 통치 기구의 탄생으로 인하여 지역적으로 정치적, 경제적, 사회적으로 혜택을 얻을 수 있게 되었고, 국제 정부 기구와 국제 비정부 기구를 통해 세계화가 촉진되었다.

3) 글로벌(Global)화의 영향

지금도 지구상의 대부분 국가들은 글로벌화의 길을 향해 지속적으로 변화하고 있다. 오늘날 '글로벌화'는 피할 수 없는 시대의 흐름이다. 따라서 우리는 글로벌화의 변화 속에서 효용을 극대화할 수 있는 방안을 찾아야 할 것이다. 그동안 글로벌화가 우리의 생활에 미친 변화를 몇 가지 제시하면 다음과 같다.

첫째, 생활에 필요한 다양한 종류의 상품들이 전 세계적인 경제적 연결망에 기반을 두고 유통되고 있다. 현대를 사는 우리들은 돈만 있으면 자신이 원하는 것을 언제, 어디서나, 시기나 계절에 관계없이 구입할 수 있다. 이는 생산물의 지역에 관계없이 수백 개의 서로 다른 국가와 연결된 연결망을 통해 수송해 오기 때문에 가능한 것이다. 즉, 글로벌화를 통해 사람들에게 필요한 정보와 상품의 흐름이 세계적인 연결망을 통해 활발하게 이루어지기 때문에 가능한 것이다.

둘째, 통합된 단일 시장을 향해 많은 수의 기업과 사람들이 전 세계로 이동하고 있다. 세계는 하나의 경제 시장으로 통합되었다. 즉, 단일한 지구 경제가 출현하게 되었다. 이에 따라 기업들은 생산 기지와 관리 구조, 그들이 판매하고자 하는 시장 등이 국가와 국가, 대륙과 대륙을 넘어 확장되고 있다. 이에 따라 많은 수의 기업과 사람들은 새로운 시장과 경제적 기회를 찾아 전 세계로 이동하고 있다.

셋째, 한 문화가 고립된 상태를 유지하는 것은 점점 더 불가능해지고 있다. 일반화되어 보급된 텔레비전이나 인터넷, 인공위성 TV, 방송 매체 등에 의해 전통적인 기존의 삶의 방식이나 그들만이 지켜 온 문화를 지키고자 하는 필사적인 노력에도 불구하고 보전하기에 어려움이 있다. 혹 보전된다 하더라도 텔레비전이나 인터넷 등과 같은 글로벌화의 영향으로 문화가 변형된다는 것이다.

넷째, 국제기구의 확대 및 활성화가 이루어진다. 글로벌화가 이루어지면서 국가 간 원만한 관계와 질서유지를 위해 다양한 국제기구가 확대된다. 유엔의 여러 기구나 무역 기구, 다국적 은행, 국제 노동기구와 건강 관련 기구 등 전 지구적인 정치, 경제, 군사, 법률에 관한 다양한 국제기구들이 확대되고, 이들의 활성화가 이루어지고 있다.

다섯째, 다양한 분야에서 국제화 현상이 나타나게 되는데, 특히 경제와 문화, 범죄의 국제화가 일상화될 것이다. 정보화 시대에 정보는 물론 경제 역시 국경을 초월하여 전자상거래(electronic commerce)를 중심으로 디지털 경제(digital economy)가 이루어지고 있다. 따라서 전자화폐, 신용화폐를 중심으로 사이버 뱅킹(cyber banking)이 생겨나고 있고, 통화정책도 새로운 수단으로 접근해야 할 처지에 있다. 신용카드로 인한 통제 수단의 상실을 예언하고 있다. 이로 인하여 세계경제는 국경이 없어지고, 거대한 몇 개의 블록으로 형성되고 있어 EU, 환태평양(Pacific Rim) 경제블록 등이 형성되고 있다. 화폐도 거대 블록에 맞게 공동통화가 생겨나고 있다. 이러한 변화는 경제의 국제화뿐만 아니라 문화, 범죄의 국제화도 생겨나고 있다(이대영, 2001). 따라서 다가오는 미래사회에는 다양한 분야에서 국제화 현상이 나타나게 될 것이며, 분야별로 전문화된 국제화가 일상화될 것이다.

2 고령화 사회

고령화(高齡化)란 노인 인구를 전체 인구로 나눈 노인의 비율이 증가하는 것을 말한다. 최근 들어 의학이 발달하고 식생활이 향상됨에 따라 사람들의 평균수명이 길어지고 있으며, 이에 따라 전체 인구에 대한 노인 인구의 비율이 증가하고 있다. 특히 우리나라는 세계에서 유례가 없을 정도로 고령화 속도가 빠르게 진행되고 있는 국가이다. 2000년에는 전체 인구에 대한 노인 인구의 비율이 7%를 넘어 고령화 사회가 되었고, 2019년에는 노인의 비율이 14%를 넘어서 고령 사회가 되었다. 우리나라의 고령화 속도가 이처럼 빠르게 나타나는 것은 출산율의 급격한 하락과 장수의학의 발달로 기대 수명이 증가하면서 노인의 수가 늘어난 데에 그 원인이 있다.

장수의학은 노화를 억제하고 건강을 증진시켜, 더 길게 보다 생산적으로 일하고 장수를 즐기도록 만든다. 개인 DNA 배열 상태를 재조정하고 이것이 질병을 예방할 수 있는 지시로 연결되면 현재의 의학을 원시적인 수준으로 여길 만큼 획기적인 의학 발전이 이루어질 것이다. 바이오테크, 줄기세포, 게놈을 통한 의학 기술의 발달은 사람들의 운동능력과 지적능력을 높여 행동반경을 넓혀 줄 것이다. 유전자 백신, 특별히 구상된 DNA 수술, 신경의료기기 등을 이용한 치료 덕분에 인간의 육체적·정신적 능력향상, 지능향상, 생존능력의 극대화가 가능해질 것이다. 이것은 미래학자 제임스 캔턴(James Canton, 2006)이 미래시대 의료계에 있을 가능성에 대해 예측한 것이다. 하지만 우리는 이러한 예측에 대해 누구도 의구심을 던지는 사람은 없다. 이미 이러한 일들이 조금씩 진행되어 가고 있기 때문이다. 현재의 사람들은 오래 살기를 원한다. 오래 사는 것뿐만 아니라 건강하게 자신의 일을 즐기며 살기를 원한다. 만일 현재의 평균수명보다 50년을 거의 완벽할 정도로 건강한 상태에서 살 수 있다면 우리는 얼마의 돈을 지불할 수 있을까? 지금은 우리가 상상할 수조차 없는 일이지만 머지않아 곧 도래하게 될 것이다(이대경, 2009).

고령화 되어 가는 사회현상에 대해 국제연합(UN)에서는 전체 인구에 대한 노인의 비율을 산출하여 고령화 정도를 구분하고 있다. 국제연합(UN)이 정한 바에 의하면 전체 인구 중에서 65세 이상 노인이 차지한 인구 비율이 7% 이상을 차지하는 사회를 고령화 사회라고 한다. 고령화 사회에서도 지속적으로 노인 인구가 증가하여 전체 인구에 대한 노인 인구의 비율이 14% 이상으로 증가하게 되면 그 때는 고령 사회라고 부르고, 20% 이상으로 증가하게 되면 초고령 사회라고 부른다.

<표 3-1> 국제연합(UN)의 노인인구 비율에 따른 고령화 정도 구분

구분	전체 인구에 대한 노인 비율
연소 인구사회	0% 이상~4% 미만
성숙 인구사회	4% 이상~7% 미만
고령화 사회	7% 이상~14% 미만
고령 사회	14% 이상~20% 미만
초고령 사회	20% 이상

노인 인구가 증가하는 고령화는 우리나라만이 아니라 일본, 미국, 유럽 등 선진국의 여러 나라에서 나타나고 있다. 우리나라의 경우에는 고령화 속도가 더욱 빨라져 2026년에는 초고령 사회로 진입하게 되고, 2050년이 되면 전체 인구에 대한 노인 인구의 비율이 46%를 넘어서게 될 것으로 예측하고 있다.

<표 3-2> 국가별 고령화 속도

국가	65세 이상 인구 비중				
	7%(고령화 사회)	14%(고령 사회)		20%(초고령 사회)	
	도달 년도 (년)	도달 년도 (년)	소요기간 (고령화 사회 → 고령 사회)	도달 년도 (년)	소요기간 (고령화 사회 → 고령 사회)
한국	2000	2019	17	2026	9
일본	1970	1994	24	2006	11
프랑스	1864	1979	115	2020	39
독일	1932	1972		2012	
영국	1929	1976	46	2021	53
미국	1942	2013	72	2028	18
스웨덴	1887	1972		2012	

출처: 국립사회보장・인구문제연구소(2016). 2011-2060 인구예측지.
인구문제연구소(2005). 국가별 고령화 속도.

고령화 시대에서 노인문제의 핵심은 빈곤, 질병, 고독 등이 그 중심을 이룬다. 이는 급속한 사회변동으로 말미암아 초래된 핵가족화, 평균수명의 연장, 도시 취업인구 증가로 인한 노부모와의 별거, 정년퇴직으로 인한 생활수단의 상실 등의 생활리듬의 변화와 직결된다. 결국 고령화가 확대되면 확대될수록 고령화로 인해 일어날 수 있는 여러 가지 문제들을 우리 사회가 감당해야 한다는 어려움이 있다(이대경, 2009).

노령화의 가장 큰 문제는 노령화로 인한 저출산의 문제이다. 현재 농촌지역의 초등학교는 학생수가 부족하여 문을 닫는 학교가 점차 증가하고 있다. 뿐만 아니라, 현재 농촌지역의 재학생 중에는 다문화 가정의 아이들이 늘어나고 있다. 농촌지역과 중소도시에는 노년과 장년의 숫자는 수천, 수만 명에 이르는데, 청소년과 어린이는 점차 감소되는 현상을 보이고 있다. 이처럼 어린이와 청소년은 감소하고 노인의 인구는 증가하는 고령 사회로의 변화는 우리 사회에 저출산 문제를 가져오고, 저출산의 확대는 생산가능인구의 감소로 이어져 우리 사회 각 분야에 걸쳐 다양한 사회문제로 표출되게 된다. 노인 인구 부양에 대한 사회적 부담의 증가, 노동력 부족으로 인해 경제성장의 둔화 등도 저출산 문제와 무관하지 않다.

학자들의 연구에 의하면 고령 사회가 되면 14세 이하의 아동이 전체 인구의 9%에 불과해 아동을 대상으로 하는 소비시장은 위축되지만 노인 전문병원, 노인 검진센터, 건강 관리센터, 의료 전문기기 등 실버산업은 급격한 성장을 맞이하게 될 것이라고 한다. 하지만 문제는 실버시장의 성장은 아동과 장년층 시장 규모의 급격한 축소가 실버시장으로 옮겨간 것일 뿐 경제가 좋아진 것이 아니라는 것이다. 오히려 대기업들은 고령화로 인한 내수시장의 약화로 더 빠르게 우리나라를 탈출하고 젊은이들도 좋은 직장을 찾기 위해 외국으로 빠져나가 평균 생활수준의 하락, 부동산 하락, 사회 활력 하락, 저축률 하락, 경제기반 하락 등 새로운 악순환이 발생하게 된다. 또한 노인 인구의 증가로 생산가능인구의 평균 연령을 높여 노동력의 생산성을 크게 위축시키며 제한된 일자리를 놓고 젊은이들과 소모적인 갈등을 일으키며 노인 서비스의 비용 확대, 공적연금 지출, 국민 의료비 등 부양비용의 증가와 함께 경제, 사회 전반에 심각한 갈등과 갈등의 파급효과를 낳게 된다(양현주, 2014).

노령화의 또 다른 문제는 노인문제로 노인의 빈곤, 질병, 고독감 등이 사회문제로 대두된다는 점이다. 의학이 발달하고 생활환경이 개선되면서 평균수명이 늘어나 생기는 노령화는 선진국형 사회에서 나타나는 특성이라고 하지만, 사회의 여러 측면에서 많은 문제점을 유발한다. 특히 노인의 빈곤이나 질병에 대한 문제, 홀로 사는 노인들의 고독감 등이 노인과 관련된 대표적인 사회문제이다. 많은 선진국에서는 고령화의 속도가 점진적으로 이루어져 노인문제를 체계적이고 점진적으로 준비해 왔다. 하지만 우리나라의 경우에는 고령화 속도가 급진적으로 이루어져 이에 따른 해결책 마련에 어려움을 겪고 있다.

노후를 준비하지 못한 채 맞이하는 노령화는 오히려 개개인에게 재앙이 될 수도 있다. 노년기에 여유 있는 생활을 즐길 수 있는 경제적·심리적·사회적 대책이 마련되지 않고서는 재앙을 맞이하는 것과 같은 어려움이 닥쳐 올 수 있다. 고령 사회에 대비한 국가적인 차원의 다양한 제도와 인식을 재정립하고, 무엇보다도 선진국형 노인복지체계를 국가적 차원에서 마련하는 것이 시급한 과제라 할 것이다.

노인 인구가 증가하는 노령 사회에서 실시해야 할 대책으로는 출산 장려 정책의 도입이 가장 우선적으로 실시해야 할 것이다. 또한 노인 인구를 경제활동에 활용할 수 있는 대책이 마련되어야 하는데, 그러한 대책의 일환으로 정년 연장과 재취업 지원, 노인 일자리 창출, 실버산업 육성, 노인복지시설 확충 등이 추진되어야 할 것이다. 젊고 유능한 외국인 노동자를 유입하여 경제현장에 투입하는 것도 노동력 부족 문제를 위해 고민해야 할 부분이다.

3 테크노피아(technology utopia) 사회

테크노피아(technology utopia)란 기술이나 과학으로 인간 세상을 풍요롭게 꾸민 이상적인 사회를 말한다. 우리가 살아가는 세상은 사회의 변화에 맞춰 지속적으로 과학기술이 변화하고 발전한다. 이러한 과학기술의 발전은 단순히 기술의 발전에 멈추지 않고 우리 삶의 모습을 함께 변화시킨다. 일상생활 안에서 자연스럽게 사용하고 있는 컴퓨터를 비롯하여 인터넷, 스마트폰 등도 과학기술의 발전에 따른 것이며, 지금도 인공지능을 비롯한 블록체인, 사물인터넷, 드론, 로봇 등 다양 측면에서 새로운 과학기술이 우리 생활과 관련하여 빠르게 발전하고 있다. 다가올 미래사회에는 이러한 과학기술이 우리 사회 전반에 걸쳐 영향을 미치고 관련되어 있는 사회가 될 것으로 예측하고 있으며, 이러한 사회를 테크노피아라고 한다.

테크노피아는 과학기술의 발전과 함께 우리의 삶을 풍요롭고 편리하게 변모시켜 줄 것이다. 하지만 과학기술의 발전은 우리의 삶을 자유롭고 편리하게 해 준다는 장점이 있지만 동시에 우리에게 다양한 새로운 문제와 우려를 만들어 낸다는 점에서 바람직한 과학기술의 도입과 적용에 대해 고민해야 할 것이다.

1) 과학기술은 사회발전의 원동력

과학기술의 발전은 사회발전의 원동력이 된다. 많은 국가에서 과학기술의 발전을 통한 선진화를 꿈꾸는 것도 과학기술의 발전이 곧 한 나라의 경제적인 발전에 그치는 것이 아니라, 국가 전반에 걸친 발전으로 이어지기 때문이다. 최근 들어 과학기술의 발전이 급속도로 진행되고 있는 분야 중의 하나가 정보통신 분야이다. 정보통신의 발전 속도는 그야말로 광속시대로 표현할 수 있을 만큼 급진전되고 있다.

광케이블의 도입으로 인터넷을 비롯한 정보 전달의 속도가 광속시대를 가능케 하였으며, 홈 네트워크를 구축하는 기반이 되었다. 이 네트워크는 컴퓨터에서부터 핸드폰, TV, 오디오, 냉장고, 세탁기 등 모든 가전제품을 무선으로 연결하는 것을 가능하게 하였다. 뿐만 아니라, 과학기술의 발달로 '원자로봇'이라고 하는 마이크로 로봇이 등장하였다. 이는 거의 인간에 가까운 로봇으로 모래알보다 더 작은 마이크로미터(1백만분의 1미터) 수준의 기계가 세상을 움직이는 이른바 '나노 테크놀로지(Nano Technology)' 시대가 열리게 된 것이다. 그래서 뉴밀레니엄 기술의 3가지 테마는 디지털 혁명으로 전자통신 분야의 혁명을 가져오고, 초기술 에너지 혁명으로 차세대 세라믹 엔진이 상용화되고 있으며, 전기자동차, 연료전지 자동차 등이 길거리를 다니는 시대가 머지않았다고 보고 있다. 또한, 음성공학의 발달도 최근의 관심분야로 등장하였다. 과학기술의 응용분야인 음성인식과 관련 산업의 합성을 결합하여 인간과 컴퓨터가 대화를 통해 상호작용을 하면서 복잡한 작업을 처리하는 시스템이 개발되었다. 모국어와 외국어를 하나의 문자로 변환시켜 통역해 주는 컴퓨터의 등장으로 한 나라의 말이 자동번역으로 말하는 음성으로 합성해 다른 말로 동시에 번역되어 나오는 것도 이러한 과학기술 발전에 따른 것이다(양현주, 2014). 이처럼 과학기술을 이용한 산업분야는 더욱더 확장되어 나갈 것이며, 첨단 정보와 기술의 발달로 테크노피아 사회는 우리의 삶 속에서 구체화될 것이다. 뿐만 아니라 과학기술의 발달은 하나의 지구촌(global village)으로 만드는 일에도 속도를 낼 것이며, 세계를 더욱더 가까워지도록 하는 데 기여할 것이다. 과학기술의 발전은 그 나라의 사회발전에 도움이 될 것이며, 어느 나라가 첨단의 과학기술과 정보자원을 확보하느냐에 따라 국력을 신장시켜 나가는 데 유리한 위치를 차지하게 될 것이다. 즉, 미래사회에서도 과학기술은 여전히 사회를 이끌어 갈 원동력이며, 사회구조의 결정에 있어서 중요한 역할을 하게 될 것이다.

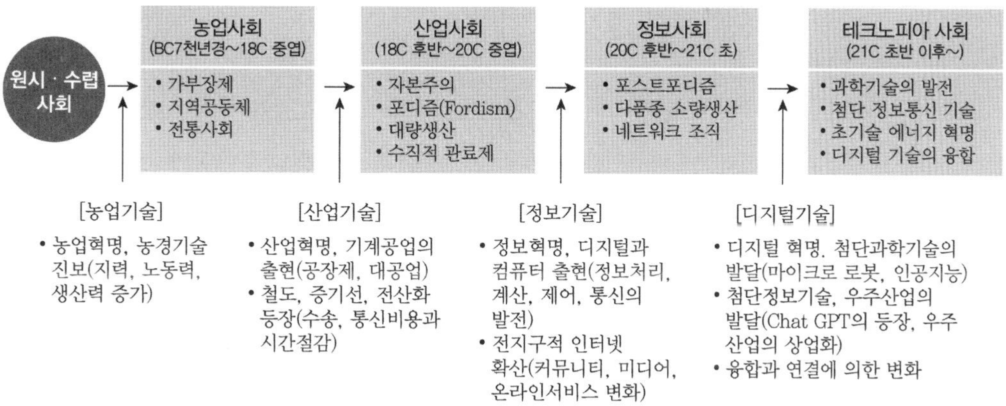

출처: 정지선(2009). 트렌드로 보는 미래사회의 5대 특징과 준비 과제. p. 1의 내용을 재구성함

그림 3-1 과학기술혁명과 사회 패러다임의 변화

2) 과학기술과 사회의 공진화

과학기술과 사회는 공진화(共進化) 관계에 있다. 공진화라는 말은 '둘 이상의 종(種)이 서로 영향을 미치며 진화해 가는 것'으로 과학기술의 발전에 따라 사회가 변모해 가기도 하고, 사회변화에 맞춰 과학기술이 변모해 가기도 한다. 어떤 방향이든 간에 과학기술과 사회는 상호 진화하는 공진화(co-evolution) 과정을 통해 진일보해 나간다. 많은 과학기술 중에서도 사회에 친화력이 있는 기술이 선택되고, 선택된 과학기술 중에서도 사회적인 니즈에 따라 발전하면서 점차 사회적 영향력을 확대해 나가는 것이 일반적이다. 기술의 가치와 특성을 잘 활용하는 사회가 발전할 수 있으며, 그렇지 못하면 갈등이 발생하게 되고, 그러한 갈등문제를 해결하지 못할 경우 사회 붕괴로까지 귀결될 수도 있다. 과학기술과 사회의 공진화 과정을 그림으로 나타내면 다음과 같다(정지선, 2009).

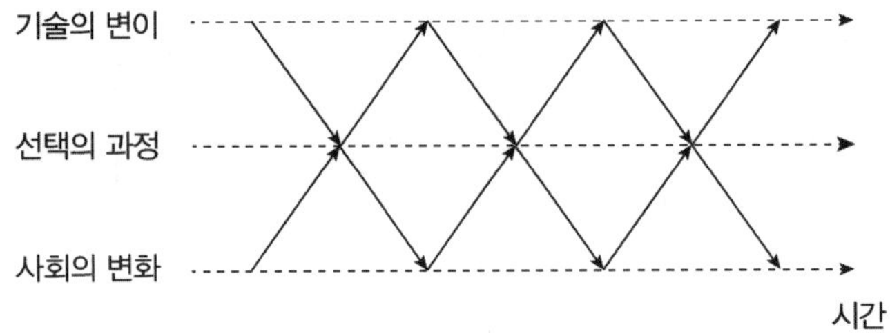

그림 3-2 과학기술과 사회의 공진화 과정

예를 들어, 디지털 변혁과 같은 기술혁신이 사회 전반에 걸쳐 급진적으로 변화를 초래한 핵심적인 원리는 '공진화(co-evolution)'이다. 기업과 시장 그리고 기술이 상호 영향을 주기 때문에 하나가 변하면 나머지도 이 변화에 적응하기 위해 호응하면서 경제 생태계의 공진화가 이루어진다. 그동안의 산업혁명 과정을 보면 1, 2차 산업혁명은 19세기 중반에 나타난 동력(증기), 교통(철도망, 도로망), 통신, 전기기술 등 4대 기술에 의해 촉발되었다. 하지만 제3차 산업혁명은 1970~80년대 컴퓨터 기술의 발전으로 촉발되었고, 정보 저장과 처리역량을 획기적으로 증대시키면서 경영환경을 근본적으로 변화시켜 놓았다. 그리고 지금의 사물인터넷, 빅데이터, 인공지능, ICT 기술의 발전이 기업경영에 지대한 영향을 미치고 있다. 이처럼 기술의 발전이 경제적 공진화를 리드하는 이유는 새로운 기술이 그 이전까지 불가능하던 가치 창출이나 경제적 행위를 가능하게 만들기 때문이다. 실제로 기술혁신은 조직과 시장의 패러다임 전환으로 이어질 가능성이 높고 그 핵심기술들이 경제적 가치의 생산과 거래의 '조직화'에 있어 이전에는 불가능했던 일들을 가능하게 만든다. 공진화를 촉진하는 기술의 근간은 '연결성(networking)'을 폭발적으로 강화하는 통신과 가치 창출의 정보획득, 생산과 공유가 유연한 정보통신기술(ICT)의 발전에 있다. 연결성은 지리적 거리의 한계나 규모와 범위의 한계를 넘어서는 효율적 통합조정과 원거리 경영을 가능하게 만들어 전대미문의 생산성 증대를 가져왔다. 그리고 상호 의존적인 다양한 행위자들이 정보기술(IT)을 활용해 새로운 가치와 효용을 창출하는 산업 생태계의 조성이 이뤄졌다. 생태계는 다양한 참가자가 참여해 역동적으로 함께 진화하는 공동체다. 생태계 내에서 기업의 역할은 하나의 비전을 공유하며 기술적, 산업적 결합을 통해 공동의 가치를 창출해 지배기업을 중심으로 공진화하는 환경을 촉진한다. 이러한 생태계의 경쟁력은 참여 기업들이 기술혁신을 통한 저비용의 신제품을 지속적으로 생산해 낼 수 있는 네트워크 역량과 융·복합 및 외부환경 변화의 충격 흡수를 통해 새로운 분야를 창출하는 확장성과 다양성을 가진다(정지선, 2009).

많은 과학기술은 다양한 인류의 문제를 해결해 주는 데 기여하고 있다. 과학기술이 인간의 문제를 해결해 주는 도구로 사용되어 이익을 공유할 수 있도록 하는 것이 테크노피아 사회의 목적이다. 즉, 과학기술을 잘 활용하여서 인간행복으로 이어질 수 있도록 하는 사회가 테크노피아 사회이다.

인간을 위한 기술, 인간을 닮은 기계

변화의 동력은 기술 또는 사회의 변화다. 둘 중 빠른 것이 변화를 이끈다. 사회변화가 더 빠르게 움직이면 기술이 그 뒤를 따르고, 기술이 더 빠르게 발전하면 사회가 따라 움직인다. 흔히 기술은 중립적이라고 한다. 기술이 인간의 삶에 기여할 때 우리는 가치를 부여하곤 한다. 중립적인 기술이 우리에게 어떻게 가치를 주는 것일까?

기술은 중립적인가?

기술과 사회의 공진화로 바라보는 기존의 이분법적 접근방식에서 낯선 혼재성을 만들어 내고 있다. 이 상황을 타개하는 가장 가까운 방법은 기술과 사회의 공동대처다.

지난 80년간 세상을 바꾼 80대 사건 중 1위는 월드와이드웹(WWW)이다. 하이퍼텍스트 웹으로 인류는 클릭을 통해 지식과 정보를 공유하게 된다. 2위는 페니실린 대용량 생산이다. 불과 200~300년 전 인류의 수명은 평균 30세 이하에 머물렀다. 페니실린 등 의학적 발전은 사회의 변화를 이끌게 되었다. 기술과 의료 발전이 세상을 바꾼 사건의 핵심으로 자리하고 있다.

인간을 위한 기술

첨단 과학영화(SF)에서 미래는 대부분 암울하게 전개된다. 기술의 응용이 기존 질서와 대치되고 지능화된 기계는 인간과 충돌하는 모습이 나타나곤 한다. 기술이 전대미문의 풍요로움을 제공하지만 한편으론 거대한 폐기물을 만들어 낸다. 의료기술은 유아사망률은 낮추고, 생명을 연장하지만 폭증하는 인구와 도시 및 환경문제를 만들게 된다. 기술의 결과는 물질적 차원에서 머무르지 않고 사회적 결과로 전이되는 특징을 보여준다. 사회의 발전도가 높고, 관계성 밀도가 높을수록 영향력은 더욱 커지고 빠르며, 기술의 발전이 급격할 때에도 영향력과 파급력은 배가된다.

기술은 중립적이라 말하지만 인류의 역사에서 기술은 인간을 위한 도구로 진화되어 왔다. 인간을 위한 기술은 가장 먼저 인구의 증가를 만들었다.

기술은 농사에서부터 생활의 기본 도구로 활용됐으며, 최근 200년 동안 출현한 신기술은 인구의 폭발적 증대로 이어졌다. 페니실린(Penicillin)은 1928년 여름 알렉산더 플레밍에 의해 발견됐다. 인체에 비교적 해롭지 않은 항생물질 페니실린은 기술응용과 상용화 생산기간을 지나 1941년에 인간에게 투여되며 1943년부터 대용량 상용화되었다. 이로써 인류는 감염성 질병으로부터 구제되며 인류를 오랫동안 괴롭혀 온 폐렴, 성홍열, 파상풍, 괴저, 매독 등의 질환을 항생제로 치료하며 새로운 시대를 맞이하게 되었다.

기술은 중립적이기에 양면성을 지닌다. 인간 생활의 발전에 기여하지만 긴 그림자도 드리운다. 그러나 기술의 효용은 더 크다. 우리는 효용의 극대화를 위해 기술을 사용하며, 인간을 위한 기술일 때 가치를 부여하기에 기술은 사회의 가장 큰 발전요소로 존재한다.

인간을 닮은 기계

기술의 발달은 여유와 재미를 선사하기도 한다. 노동의 해방은 여유로움이며 기술의 활용은 재미를 만든다. 기술은 무생물이지만 생물처럼 진화한다. 새로운 기술은 기존 기술의 DNA를 품고 있다. 카메라, MP플레이어가 스마트폰에 내장되며 컴퓨터가 자율주행 자동차에 내장됐듯이 말이다. 인간을 위한 기술은 인류처럼 진화하고 우리는 예전과 다른 새로운 인류로 나아간다. 진화하는 기술로 구현된 기계 또한 인간을 닮아 간다. 그렇다면 가장 인간을 닮은 기계는 무엇일까?

80년간 세상을 바꾼 80대 사건에서 3위는 PC(컴퓨터)다. 역사상 주요기술과 인구증가도의 상위에 PC가 있다. 게놈프로젝트, 페니실린도 유사하게 영향을 주는 주요기술에 위치하고 있다. 모더나와 같은 신기술은 코로나를 극복할 것이고 우리는 더 여유로워질 것이다. 결과로 인간은 건강수명은 늘어나게 되고 다시 새로운 인류로 발전할 것이다. 그 기술의 핵심에는 소프트웨어와 인공지능(AI)이 있다.

소프트웨어는 하드웨어에서 구동되고 인간은 정신과 신체로 완성된다. 인간을 닮은 기계는 컴퓨터다. 컴퓨터는 찬란하고 폭발적인 발전을 만들어 내는 이 시대의

> 아이콘이며 인프라다. 기술과 사회의 병행발전 또한 인류 진화의 두 축이다. 인간을 위한 기술과 기계를 활용하는 비즈니스도 인간을 위할 때 가치를 지닌다. 비즈니스는 우리의 일상이며 삶이기 때문이다.
>
> 출처: 최형광(2020). 인간을 위한 기술, 인간을 닮은 기계. CIO Korea(2020. 7. 21.).

4 다원화 사회[3)]

다원화(多元化) 사회란 같은 사회 안에서도 사람들의 가치관과 생활양식이 다양해지는 현상으로 19세기 후반 자본주의, 산업주의, 국가주의 등이 널리 퍼져 있던 시대에 주요 가치였던 일원주의(一元主義)에 거부하면서 나타난 가치 개념이다. 일원주의란 '하나의 생각만이 무조건 옳다.'라는 생각으로 획일화, 규격화, 절대성 등을 주요 가치로 한다. 따라서 선은 무조건 좋은 것이고, 악은 절대적으로 나쁜 것이라는 것과 같은 흑백논리나, 불교는 자신의 종교이기 때문에 이슬람교나 기독교는 인정할 수 없다는 것과 같이 하나의 가치 개념만을 추구하는 것이다.

이러한 일원주의는 소수의 엘리트에 의해 지배되는 사회로 다양한 집단과 협력하지 않고, 몇몇 엘리트에 의해 모든 것이 결정되는 사회이다. 반면에 다원화는 여러 가지의 생각과 가치가 공존하는 동시성, 공존성을 추구하는 가치 개념으로 다원화 사회란 일원주의의 사회적 변화를 거부하면서 등장한 것이다.

다원화 사회는 가치의 다양성이 허용되고 존중되는 사회이다. 다원화 사회는 하나의 집단이 아닌, 여러 이익 집단이나 결사체로 구성되어 있으므로, 다양한 집단들 간의 경쟁과 협력을 통해 민주적인 방식으로 운영되는 것이 특징

3) 정석용・이규은(2019). pp. 88-92 내용을 재구성한 것임

이다. 따라서 다원화 사회는 소수의 입장과 가치관이라도 받아들이고 존중해 주는 사회로, 다원주의에서는 종종 다수 집단이나 보수 집단에 의해 거부적 의사 표현이 표출되기도 한다. 일원화(一元化) 사회에서의 사람들이 가치가 선이냐 악이냐의 흑백논리에 입각한 절대적 가치(absolutism)를 추구하는 데 비해 다원화 사회에서는 그것은 선일 수도 있고 악일 수도 있는 상호작용 논리에 입각한 상대적 가치(relativism)를 추구한다.

앞으로 다가오는 미래의 사회현상에 대해 손준영(2004: 155)은 가치 다원주의를 추구한다고 주장한다. 즉, 절대적이고 일원론적(一元論的)인 가치란 요구될 수 없다는 것이다. 비서양적인 것은 나쁜 것이라는 서양 중심주의가 사라지고, 종전까지 합리와 비합리, 이성과 비이성에 대한 선악의 구분이 분명했으나 이제는 명확한 구분을 할 수 없게 된다는 것이다.

이에 대해 다니엘 벨(Daniel Bell)은 현대사회를 구성하는 정치, 경제, 문화의 사회 영역들이 추구하는 목표들 사이에는 일종의 문화적 모순이 존립한다고 했다. 다원주의는 현대사회에서 획일성, 절대성에서 벗어나 다양한 가치를 두고자 하는 상대주의로서 가치 다양성, 즉 탈(脫)획일화를 추구한다는 것이다.

다원화 사회 혹은 다원주의 사회는 용어가 함의(含意)하고 있는 것처럼 사회 전반에 걸쳐 '으뜸(元)'이 많이 존재하고 있는 사회라는 의미이다. 다원화라든지 다원주의를 나타내는 영어의 'Pluralism', 'Plural'처럼 '복수'에서 나온 것으로, 그 복수성이 내포하는 바가 무엇이든 간에, 사회는 단수의 성격을 지니고 있지 않다는 것을 명확히 가리키는 것이다(송복, 1987: 20).

따라서 다원화 사회(plural society)란 다양한 정치 집단들의 각종 의견들이 공개적인 토론과 협상 과정을 통해서 합의에 이르고 모든 정치적 결정은 이러한 평화적 합의에 기초하는 사회로서 정치적 민주화를 과격한 혁명이 아닌 점진적인 진화 과정으로 이루는 사회(전병재, 1988: 73)라고 할 수 있다.

다원화 사회는 일체의 정치적 결정이 일부의 군사적 관료적 엘리트 집단에 의해서 수행되는 관리형 사회(managerial society)와 구별되는 것이고 또 정치적 결정이 자본가 계급과 노동자 계급 간의 투쟁과 타협의 과정에서 형성되는 계급사회(class society)와도 구별된다. 다원화 사회는 일원화 사회와 비교하여 다음과 같은 점에서 차이를 보인다.

첫째, 다원화 사회에서는 이분법적 사고나 흑백논리에 의한 사고가 지배하는 사회가 아니라, 상황적이고 가치관에 의해서 신축성 있는 사고를 중시하는 사회이다. 앞에서도 언급한 바와 같이 선과 악, 합리와 비합리, 이성과 비이성이 분명하게 구분되는 것이 아니라, 선악이 공존하는 논리이며, 흑백논리가 아니라 회색논리나 상대성 논리가 공존하는 사회이다.

둘째, 자기의 것과 다른 의견을 거부하기보다는 이를 존중하고 적극적으로 수용하는 사회이다. 일원화 사회가 '똑같다'라는 생각을 기본적 전제로 한다고 한다면 다원화 사회는 '다르다'라는 생각을 기초로 한다. 따라서 일원화 사회에서는 반대 의견을 수용하기가 어려웠지만, 다원화 사회에서는 반대 의견을 수용하지 않으면 안 되는, 즉 반대 의견을 존중하고 받아들이는 사회이다. 반대 의견의 수용 방식에는 다소 차이가 있지만 일반적으로 반대 의견의 수용에 있어서는 다르다는 것을 기초로 하기 때문에 다르다는 그 자체가 가치 있는 것으로 존중되고, 존중받을 가치가 있는 것으로 판단한다. 이러한 판단은 자기 집단과 다른 집단으로 구분하여 다른 집단의 의견을 자기 집단의 의견에 상호보완적 기반으로 수용하게 되고 수용된 다른 집단은 자기 집단의 파트너로서의 역할을 수행하게 한다.

셋째, 수직적 상명하복(上命下服)의 인간관계보다는 수평적 상호작용(相互作用)의 인간관계를 중시하는 사회이다. 일원화 사회에서는 명령 복종이 사회 유지 및 통합의 기본이 된다. 그러나 다원화 사회에서는 횡적인 유기적 관계를 중시하기 때문에 수평적 인간관계를 중시하는 사회이다.

넷째, 위계적 지위보다는 기능적 역할을 중시한다. 어떤 지위라고 하든지 지위에는 그에 알맞은 역할이 부여되어 있다. 일원화 사회에서는 역할보다 위계적인 지위를 더 중시하지만 다원화 사회에서는 지위의 위계보다는 역할을 더 중시한다. 따라서 위계적 관계보다는 동료적 관계의 개념을 중시하는 사회이다.

다섯째, 모든 일에 있어서 결과적인 성공보다는 과정적인 공정성을 더 중시한다. 일원화 사회에서는 모든 것이 결과 중심으로, 결과가 좋으면 모든 것이 좋은 것이고 옳은 것이라고 판단한다. 그러나 다원화 사회에서는 결과 중심의 획일화된 사고보다는 과정과 절차가 모두 윤리적이어야 한다. 다시 말해서 과정과 절차가 정당하지 않으면 결과가 좋아도 인정받지 못하는 사회가 된다.

여섯째, 일방적인 승리보다는 쌍방적인 타협에 더 성공적인 가치를 부여한다. 일원화 사회에서는 타협을 영합이나 야합이라는 개념과 구분하지 않고 모두 같은 개념으로 사용하면서 결과를 중시하는 사회였다. 그러나 다원화 사회에서는 이러한 결과 중심의 일방적인 승리보다는 서로 타협과 협상을 통해 성취하는 사회, 즉 받는 자는 오로지 받기만 하고 주는 자는 오로지 주기만 하는 방식이 아니라, 서로 주고받는 타협에 의한 조정과 협상을 중시하는 사회이다.

다원화 사회에서는 획일성보다는 다양성에 더 높은 가치를 두고 있다. 이에 대해 뒤르켐(Emile Durkheim)은 유기적 연대가 사회적 결속력의 기반이 되는 사회라고 말하고 있다. 전병재(1988: 57)에 의하면 이러한 다원화 사회는 인구가 많아지고 사회생활이 복잡해지면서 기능적인 분화가 증대되면 각 기능 집단들의 분권화와 자율화가 일어남에 따라서 자동적으로 이루어질 것으로 기대되는 경우도 있으나, 다원화 사회가 민주화와 깊은 함수관계가 있기 때문에 민주화가 진화론적으로 자연히 일어나는 것이 아니다. 특정한 권력집단의 인위적인 통제에 의해서 저지될 수 있는 것과 마찬가지로 다원화 사회 또한 자연히 일어날 것으로 기대하기는 어렵다는 것이다.

다원화 사회는 사회를 다양한 모습으로 분화시켜 사회의 민주화를 촉진하고, 양적이고 물질적인 것을 넘어서서 여성운동이나 인권운동, 문화운동 등과 같은 '삶의 질'을 중시하는 사회를 촉진하며 정치 참여를 활성화시키는 긍정적 기능을 한다. 그러나 개인의 판단과 행위가 무비판적으로 수용되면서 우리 사회에 가치관의 혼란을 가져올 수 있고, 다양한 이해관계가 집단 간에 충돌할 경우 사회 혼란을 가중하는 등의 문제를 야기할 수도 있다.

5 저탄소 녹색성장 사회

최근 기후변화와 에너지 위기가 동시에 나타나면서 탄소배출권 시장, 신재생에너지 시장 등 녹색성장도 빠르게 발전하고 있다. 저탄소 녹색성장이라 함은 연료 사용에 있어서 화석 연료에 대한 의존도를 낮추고 청정에너지의 사용과 보급을 확대하여 녹색기술을 연구하고 개발하여 탄소 흡수원을 확충하고 온실가스를 적정 수준 이하로 줄여 경제 발전과 환경 보전이 조화를 이루는 성장을 말한다.

1980년대 우리나라에는 환경을 전담하는 중앙행정기관이 설치되어 환경문제에 대처해 왔다. 하지만 그때만 하더라도 우리나라는 환경문제의 대처에 소극적이었다. 사업주가 사업계획에 의해 개발을 하고 나면 환경문제는 개발 후에 발생하는 오염물질을 합리적으로 처리하는 소극적 개념으로 대처했다. 이러한 현상은 '경제개발'이라는 측면과 '환경보전'이라는 측면이 조화를 이루도록 하는 데 중점을 두었으며, 문제 해결을 위한 갈등은 연속적으로 발생할 수밖에 없었다. 하지만 오늘날 우리 사회의 현황은 많이 달라졌다. '지구온난화'로 인해 발생하는 다양한 문제, '기후변화'에 따라 세계 각국이 대응하지 않으면 안 되는 여러 가지 지구촌 문제 등이 빈번하게 발생하고 있기 때문이다. 즉, 어떻게 하면 환경도 지키고, 경제도 발전시켜 나갈 수 있을까라고 하는 어려운 문제 상황에 놓이게 된 것이다. 이러한 사회적 배경은 '경제와 환경'을 단순한 대립개념으로 보는 것이 아니라 통합된 개념으로 전환하게 되었고, 그러한 통합적 개념으로 등장한 용어가 바로 '녹색경제', '녹색성장'이다.

녹색 성장 시대

녹색성장은 환경을 훼손하지 않거나 개선하여 환경을 새로운 동력으로 삼아 경제를 성장시키는 것을 말한다. 즉, 경제성장의 틀을 '환경친화적'으로 구축(構築)하여 새로운 성장 기회를 확보하는 방법이다. 따라서 녹색성장은 환경문제와 에너지문제를 기초로 하여 일자리 창출과 국가성장 동력 확충, 기업의 경쟁력 강화와 효율적인 국토의 녹색화, 생활에서의 소비유형을 절약형으로 바꾸는 등 포괄적인 개념이다. 그러나 녹색성장에서 우선적으로 해결해야 할 과제는 '대체에너지' 등의 개발이 시급하다. 출발 자체가 '지구온난화' 등 지구환경 개선을 위해 비롯한 것이었음으로, 온실가스의 주요인이 되고 있는 탄소의 배출량을 감축하는 것이 급하기 때문이다. 지금까지의 생산과 소비 등 경제성장을 위한 경제행위는 석유를 비롯한 화석연료에 크게 의존한 것이 사실이다. 그 결과 에너지를 많이 소비하는 업종이 성장 동력이 되었으며, 사회구조도 에너지를 비롯한 물질의 과소비사회로 되어 환경오염이 심해져 파괴로까지 발전되어 왔다. 이러한 틀을 바꾸어 녹색성장은 기술혁신과 생태적 가치를 기본으로 하여 '삶의 질'의 향상과 '지속가능한 발전'을 성장목표로 하고, 녹색산업과 녹색기술이 성장 동력이 되는 틀로 바뀌게 되는 것이다. 즉, 지구온난화의 개선을 위해서 '저탄소 청정에너지'로 전환하여 온실가스 배출량을 줄이고 친환경적인 건전한 생태계를 유지하면서 경제성장을 촉진하는 것이다. 그래서 '저탄소 녹색성장'이라고도 한다. 청정에너지는 무한한 자연에너지를 이용하여 지금까지의 화석연료를 대체하는 에너지로 '신재생에너지'라고도 하는데, 우리나라는 태양열이용과 태양광발전·풍력·지열·해양에너지·폐기물에너지·수소에너지·바이오메스 등 8개 분야에 중점을 두고 개발하고 있으며 법을 제정하여 제도적으로 뒷받침하고 있다.

〈태양열이용과 태양광 발전〉은 햇빛과 열을 끌어 모아 에너지로 바꾸어 이용하는 것이다. 지붕에 집열판(集熱板)을 설치하여 따뜻한 물이나 난방으로 사용한 지는 이미 오래 되었고, 태양광발전은 전지판(電池板)을 햇빛이 잘 들어오는 넓은 땅위에 설치하여 태양광으로 발전을 하여 전기를 산업용이나 가정용으로 이용하는 것으로 볼 수 있는데, 이것도 도로변의 일부 가로등 등에는 이미 이용되어 왔던 것으로 전지판과 설치면적을 대규모화한 것이 차이라면 차이다.

〈태양에너지〉는 자연을 그대로 이용하는 무공해 에너지이고 전기와 열을 동시에 얻을 수 있는 유일한 에너지임에는 틀림없으나, 흐린 날에는 이용하기가 어렵고 초기 투자비용에 비해 효율이 낮으며 이웃에 있는 축사나 농장의 생산성에 대한 영향을 검토해 볼 필요가 있으며, 특히 넓은 부지를 필요로 하기 때문에 생태계 단절 여부도 검토되어야 할 사항이다.

〈풍력에너지〉는 현재 가장 많이 이용되고 있는 에너지로 말 그대로 바람의 힘으로 큰 날개를 가진 바람개비를 돌려 전기를 생산하는 것이다. 따라서 바람이 많이 부는 해안이나 높은 산 정상에는 설치된 곳이 많다. 무한정 청정에너지로 국토의 이용 측면에서 효율적이긴 하나, 큰 바람개비가 빠르게 회전하기 때문에 공중을 나는 새들에게 위협을 줄 수 있고, 산 위에 여러 대를 설치할 경우 서로 연결할 수 있는 도로가 있어야 하므로 생물들의 이동에 어떤 영향을 주는지 고려해 볼 필요가 있다.

〈지열에너지〉는 땅속에서 뜨거운 물이 나오는 온천(溫泉)의 원리를 이용하지 않았나 생각이 든다. 지구 중심부로 들어갈수록 온도가 높아져 최고 섭씨 4천도에 달한다고 한다. 이러한 땅속의 열들이 화산폭발과 가스나 온수상태로 지면으로 분출되어 나오는데, 이를 전기나 다른 에너지로 이용하기 위하여 연구와 개발이 한창인 것 같으나 지진의 원인이 될 수 있다는 점에 유의하여야 한다.

〈해양에너지〉는 파도에서 나오는 힘, 밀물과 썰물의 차이, 해수온도 차이를 이용하여 물리적 에너지를 전기로 바꾸어 이용하고자 하는 천연에너지다. 해양에너지는 고갈될 염려가 없어 우리의 에너지로 이용될 경우 공해가 없는 이상적인 에너지로 기술이 개발된다면 무한정으로 공급과 이용이 가능하지만, 발전에 필요한 지형적 제약이 까다롭고 비록 전기가 생산된다 하더라도 장거리 이용자에게 공급하는 데 많은 어려움이 따를 것으로 예상한다.

〈폐기물에너지〉는 가정이나 공장 등에서 나오는 쓰레기를 불에 탈 수 있는 '가연성폐기물'을 소각할 때 나오는 열을 이용하여 전기를 생산하고 온수와 난방으로 사용하는 것으로 이미 일부지역에서 '열병합발전'으로 널리 사용하고 있다. 폐기물에너지는 쓰레기를 매립하는 양을 줄일 수 있어 토지이용 측면에서 여유가 있어 좋고, 버려지던 에너지를 다시 이용한다는 것이 좋은 점으로 쓰레기의 재이용이나 재활용 측면에서 훌륭한 경제적 자원이 되고 있어 발생량이 점점 줄어들고 있는 점을 고려해야 할 것 같다.

〈수소에너지〉는 수소가 가지고 있는 폭발력을 연료전지에 담아 손쉽게 이용하고자 하는 인류의 목표다. 수소이용이 본격화된다면 화석연료 중심의 '탄소경제'에서 '수소경제'로 전환되는 아주 중요한 혁명적인 사회변화가 올 것으로 예측한다. 우선 수소는 물을 분해하면 얼마든지 쉽게 얻을 수 있는 에너지 자원이다. 그러나 수소가 갖고 있는 폭발력이 가정용이나 산업용으로 사용하기에는 큰 위험이 따르기 때문에 이를 보관하고 사용하는 데는 많은 연구와 시행착오가 따를 것 같다.

〈바이오메스〉는 식물을 활용하는 새로운 에너지원으로 식물의 지방성분이나 당(糖)성분을 이용하여 '에탄올'이란 성분을 뽑아내어 연료로 활용하는 것이다. 이외에도 대장균을 비롯한 미생물도 이용이 가능하다. 바이오메스(biomass)는 유기성 생물체를 다 포함하는 것으로, 생물체의 생성원리가 화석연료와 거의 비슷할 것 같다. 그래서 생물체의 내부에 저장된 에너지가 석유나 석탄 등 화석연료와 동일한 형태로 이용이 가능하기 때문에 주목을 받고 있다.

또한 화석연료는 한번 사용하면 재생이 불가능하지만 바이오메스는 재생이 가능하여 고갈(枯渴)될 염려가 적다는 것이다. 그러나 바이오에너지를 생산하기 위해 식량문제가 발생할 수가 있고, 대규모로 원료작물을 생산하게 된다면 숲이 파괴가 되어 〈생물 종의 다양성〉이 훼손되고 토양의 침식으로 환경의 파괴문제가 제기될 위험이 있으며, 물의 이용이 많아져 물 부족현상도 올 수 있다.

이외에도 쓰레기매립장에서 매립된 쓰레기가 부패하여 발생하는 '메탄가스'를 이용하여 전기를 생산하는 방법도 있는데, 우리나라 수도권매립지에서는 이미 이를 활용하고 있다.

이 지구상에는 약 10억 명의 인구가 식량과 물이 부족하여 굶주림으로 죽음에 직면하고 있다. 가난한 사람은 '삶의 질' 향상이나 '쾌적한 환경'을 생각할 여유가 없다. 오늘 하루를 어떻게 먹고 살 것인가가 큰 문제이기 때문이다. 마실 물이 부족한 사람에게 깨끗한 물을 이야기한다는 것은 그들의 분노만 일으킬 것이 자명한 일이다. 이러한 현상은 '경제 강국'들이 지구 곳곳의 환경자원을 무자비하게 착취한 데서 비롯되었다고 주장하는 사람들도 있다. 지구의 환경을 걱정한다면 그냥 무심코 넘길 일은 아닌 것 같다.

〈녹색성장〉은 또 다른 성장의 그늘을 만든다는 것은 불을 보듯 뻔하다. 좋은 점이 있으면 나쁜 점도 같이 있기 마련이다. 성장의 그늘로 인하여 없어지거나 피해를 보는 것들이 얼마나 많은가를 계획단계에서부터 꼼꼼히 챙겨 보아야 할 것 같다. 한 번의 실수는 또 다른 실수를 낳는 악순환을 우리는 여러 번 경험하지 않았던가. 태양이 존재하는 한 빛과 그림자는 영원히 존재하는 것이지만…

출처: 정유순(2023). 녹색 성장 시대. https://cafe.daum.net/5060happylife(2023. 2. 14.)

각국 정부의 강력한 지원과 함께 에너지와 환경 분야를 중심으로 그린산업에 뛰어드는 기업이 꾸준히 증가하고 있다는 점에서 미래사회의 저탄소 녹색성장 사회로의 전환은 지속적으로 실현될 것이다.

6 우주산업 사회

우주는 인류 역사에서 오랫동안 동경의 대상이자 미지의 세계로 남아 있었다. 하지만 최근 들어 비약적인 과학기술의 발전과 함께 우주에 대한 인류의 관심이 높아지고 관련 산업인 우주산업 분야는 무한한 가능성을 지닌 시장으로 등장하기 시작하였다. 우주산업(宇宙産業, space industry)이라 함은 지구의 궤도를 넘어서는 제조 부품과 관련한 경제적 활동을 통틀어 이르는 말이다.

미래의 대표적인 새로운 산업분야로 등장한 우주산업은 꾸준히 성장하고 있다. 2010년 5,000억 달러의 규모에 불과했던 우주산업은 매년 20%씩 증가하고 있는 추세이다. 반도체 사업을 능가하는 우주산업은 미국이 한 해에도 수차례 우주선을 발사해 우주기상 연구, 우주정거장 유지보수, 지구에 관한 다양한 분석 등을 실시하고 있다. 나아가 미국 정부는 달에 반영구적인 기지를 건설하고 화성탐사를 본격화할 예정이다. 유럽도 2030년 이전에 화성에 유인 우주선을 보내기 위해 많은 투자를 하고 있고, 앞으로 수년 내로 최소 20여 개의 인공위성을 쏘아 올려 오차범위 1m 이내의 위치 정보를 실시간 제공한다는 계획을 세우고 있다. 중국도 우주산업에 대한 지속적인 행보를 통해 미래형 산업에 대한 선점 효과뿐만 아니라 우주자원 전쟁과 우주관광산업에 대비한 다양한 포석을 가지고 있다. 우리나라도 지식기반 경제하에서 나노기술, 생명공학기술, 정보기술, 인지과학의 발전과 상호 융합, 시너지화를 통하여 우주산업의 육성을 하며 지구상에 존재하지 않는 다른 행성의 특수 광물을 채굴해 신소재 자원으로 활용하는 기술을 개발하려 하고 우주자원을 이용한 우주장비 개발, 우주기술 개발, 우주상품 개발 등 우주개발에 박차를 가하고 있다(양현주, 2014).

세계의 열강들의 우주산업에 대한 투자 현황을 살펴보면, 2021년 기준 전 세계 우주개발 예산 규모는 약 925억 달러, 한화로 약 121조 원에 달한다. 국가별로 보면 미국이 546억 달러로 가장 많고, 중국 103억 달러, 일본 42억 달러, 프랑스 40억 달러, 러시아 36억 달러 등이다.4) 우리나라도 우주산업 개발에 도전하여 1993년 과학위성 우주개발에 이어 2013년 최초로 우주발사체인 나로호를 비록 러시아 기술 엔진을 사용하기는 했지만, 우주 발사에 성공한 바가 있다. 2022년에는 누리호를 순수 국내 기술로 발사에 성공하여 우주산업의 경쟁에 뛰어들게 되었다. 앞으로 우리나라는 달을 향해 날아갈 수 있는 우주발사체 엔진의 독자 개발과 함께 2032년에는 달에서 자원을 채굴하고,

---

4) 한국항공우주연구원(2021). 국가 우주산업 수준평가 보고서. 한국항공우주연구원.

광복 100주년인 2045년에는 화성에 착륙한다는 계획을 가지고 우주산업 개발에 주력하고 있다.

우주산업과 관련한 분야의 생산제품은 크게 3가지로 나누어 볼 수 있다. 즉, 로켓[5], 지상설비[6], 시스템 산업[7]이다. 세 부분에 해당하는 산업이 우주산업과 밀접한 관계를 지니고 있지만 우주산업 기술은 단순한 부분 산업의 하나라고 볼 수 없다. 우주산업에는 최첨단 기술의 집약체로서 다양한 분야의 산업발전을 전제로 하고 있어 쉽게 도전하기 어려운 산업이다. 따라서 우주산업의 발전은 기존의 여러 산업을 부흥시킬 수 있는 원동력이 되며, 지구가 아닌 다른 행성에 존재하는 특수 광물의 채굴과 우주관광산업의 발전에도 도움이 되기 때문에 많은 나라에서 우주산업 개발에 도전하고 있다. 최근에는 정부가 아닌 민간기업의 투자가 확대되고 있는 추세로 민간용 상업용 발사체 시장도 급증할 것으로 보인다.

우주산업은 세계적으로 기술 혁신을 바탕으로 산업 전반에 걸쳐 두드러지게 나타나고 있다. 이러한 변화는 미래사회에 새롭게 성장하는 산업분야가 될 것이며, 상업화를 위한 비용 절감과 효율성을 중시하는 방향으로 전환하면서 빠른 성장을 보일 것으로 예측된다.

---

5) 우주 공간을 비행할 수 있는 추진 기관을 가진 비행체로, 고온, 고압의 가스를 발생, 분출시켜 그 반동의 힘으로 추진하는 장치.

6) 지상에서 쏘아 올리는 데 필요한 일체의 모든 시스템으로 인공위성 및 로켓을 추적하는 레이더 또는 정보를 교환하는 텔레미터 스테이션 외에도 방대한 시스템으로서 수송시스템 등이 포함된다.

7) 로켓은 로켓 본체, 기계적인 부분, 전자공학 부분의 3가지로 분류되는데, 로켓 본체의 부분은 재료 및 제조비 전부를 넣어도 전체 비율의 30%에 불과하다. 기계적인 부분과 전자공학 부분이 나머지 70%를 차지하고 있어 우주산업에서는 계측기류(計測機類) 및 전자공학 부분에 해당하는 시스템 산업이 중요하다.

04

CHAPTER

4차 산업혁명과 미래사회의 가치관[1)]

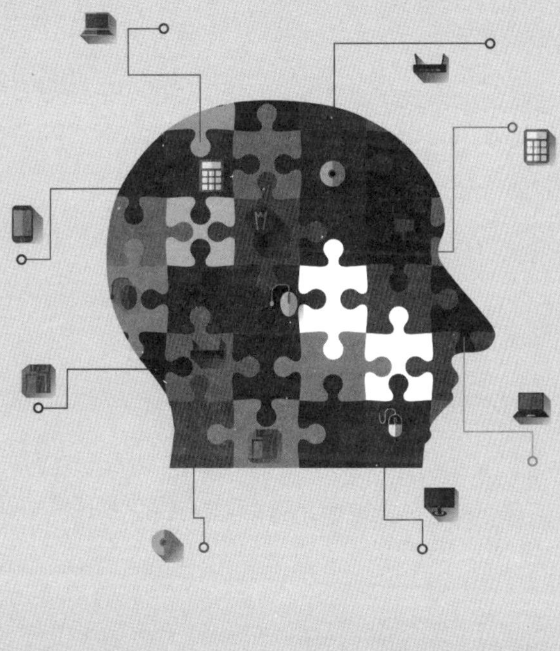

1) 이규은(2019). 자기계발과 직업. 서울: 동문사. pp. 323-343의 내용을 재구성함

04

CHAPTER

4차 산업혁명과 미래사회의 가치관

인공지능 및 디지털 신기술의 발전과 수용으로 대변되는 4차 산업혁명은 우리 생활에 일대 전환기를 가져올 것으로 예측된다. 특히 4차 산업혁명으로 인하여 인간의 일자리가 사라지고 급속한 기술의 발전으로 인권을 보장받지 못하는 출발점이 될 수 있다는 위기감도 엄습해 오고 있다. 4차 산업혁명시대의 도래와 함께 다양한 관점에서 우리가 살아갈 사회의 여러 문제에 대해 각별한 접근과 대안 마련이 요구된다.

1 4차 산업혁명의 도래

4차 산업혁명(Fourth Industrial Revolution, 4IR)은 인공지능(AI), 사물인터넷, 빅데이터, 모바일 등 첨단 정보통신기술이 경제사회 전반에 융합되어 혁신적인 변화가 나타나는 산업혁명이다. '4차 산업혁명'이라는 용어는 2016년 세계경제포럼(World Economic Forum, WEF)에서 등장한 말로, 정보통신기술(ICT)을 기반으로 하는 새로운 산업시대를 대표하는 용어이다. 4차 산업혁명은 그동안 우리 사회 전반에 걸쳐 자리 잡고 있던 3차 산업혁명의 연장선에서 컴퓨터, 인터넷, 디지털과 바이오산업, 물리학 등의 경계를 융합하여 한 단계 더 진화하여 등장한 새로운 기술혁명이다. 즉, 모든 사물에 컴퓨터가 장착되고 정보가 인터넷으로 연결되는 사물인터넷 시대로 진입하면서 사물인터넷을 통해 수집된 빅데이터를 인공지능이 자율적으로 분석하고 처리하는 정보혁명 시대로의 전환을 말한다. 그동안 진행되어 온 산업혁명의 과정과 4차 산업혁명의 특징을 요약하면 다음과 같다.

1) 산업혁명의 변화과정

산업혁명이란 과학기술의 혁신과 발전이 산업과 접목하면서 나타나는 사회경제적 변화를 말한다. 이러한 산업혁명은 1784년 증기기관을 활용한 기술의 혁신과 이로 인한 경공업 중심의 변화로부터 시작되었다. 그동안 산업혁명은 세 차례의 혁명적 변화가 있어 왔고, 현재 우리 사회는 네 번째의 산업혁명시대로 진입해 가고 있다.

1차 산업혁명은 1784년 수력 증기기관을 활용하여 철도와 면사방적기가 도입되면서 발생한 기계적 혁명을 바탕으로 하고 있다. 1차 산업혁명은 대량생산이라는 사회적 변화로, 그동안 모든 것을 사람의 손에 의해 제작되던 생산방식을 완전히 바꾸어 놓은 혁명적인 변화를 말한다. 이러한 대량생산과 인쇄술에 따른 사회적 변화를 1차 산업혁명이라고 한다.

2차 산업혁명은 1870년대부터 시작된 전기 동력을 이용한 컨베이어벨트의 자동화, 석유 동력의 내연기관화 등 중화학 공업의 발전에서 시작되었다. 1차 산업혁명이 일어난 지 약 100년이 지나 전기에너지의 등장으로 공장에 전력이 공급되어 컨베이어벨트를 이용한 대량생산이 가능해진 것이 그 원인이다. 2차 산업혁명에서는 대량생산이 일반화되고 석유와 철강을 사용하는 자동차 산업과 같은 중화학 공업이 발전하면서 경제규모가 커지게 되고, 이에 따른 사회적 변화가 그 시작이다.

3차 산업혁명은 컴퓨터제어 자동화와 같은 정보기술의 확산에 따른 혁명적 변화이다. 1900년대 후반에 도입된 컴퓨터와 디지털 기술, 인터넷의 등장으로 삶의 모습에 일대 변화를 이루게 되면서 시작되었다. 3차 산업혁명은 컴퓨터를 이용한 생산자동화를 통해 대량생산이 가능해지면서 업무용 메인프레임 컴퓨터, 개인용 컴퓨터, 인터넷 등을 통한 정보기술 시대가 변화의 발단이다.

4차 산업혁명은 융합과 연결에 의한 변화이다. 정보통신기술의 발달로 전 세계가 하나로 소통되고, 발달한 각종 기술이 상호 간에 통합되고 융합되면서 발생한 변화이다. 4차 산업혁명은 정보통신기술과 제조업, 바이오산업 등 다양한 산업 분야에서 이루어지는 연결과 융합을 핵심으로 하고 있으며, 융합에 따른 창의성과 상호작용, 개방형 공유체제, 글로벌 네트워크 접속 등이 중심이 되고 있다. 또한 4차 산업혁명은 정보통신기술의 발달로 인공지능에 의한 자동화와 연결성이 극대화되는 산업 환경의 변화도 포함되고 있다.

<표 4-1> 산업혁명의 변화 과정과 특징

구분	변화의 계기	사회적 특징
1차 산업혁명	증기기관의 발명	기계를 이용한 제품생산
2차 산업혁명	전기에너지의 등장	대량생산 가능 노동력 절감
3차 산업혁명	정보통신기술의 발달	생산라인 자동화 인간의 역할이 생산라인을 컨트롤함
4차 산업혁명	디지털 기술융합	인공지능과 로봇공학의 발전 빅데이터와 3D 프린팅 활용 IoT(사물인터넷)의 확대

2) 4차 산업혁명의 특징

4차 산업혁명은 3차 산업혁명을 기반으로 하는 디지털과 바이오산업, 로봇산업, 물리학 등의 경계를 융합하는 기술혁명이다. 즉, 컴퓨터, 인터넷으로 대표되는 3차 산업혁명인 정보화 혁명의 연장선상에서 연결과 융합을 바탕으로

한 단계 더 진화한 혁명이 4차 산업혁명이다. 3차 산업혁명이 컴퓨터를 활용한 생산과 유통의 자동화에 초점이 맞추어져 있다면, 4차 산업혁명은 기계와 제품에 인공지능을 부여하는 것에 초점이 맞추어져 있다. 즉, 4차 산업혁명의 핵심요소는 사물인터넷과 인공지능이다. 인공지능이 빅데이터를 활용하여 수집한 수많은 데이터를 분석하고 처리하는 양질의 업무를 처리하는 데 초점이 맞추어져 있으며, 이러한 과정이 4차 산업혁명의 핵심 분야이다. 4차 산업혁명의 특징은 다음과 같이 요약할 수 있다.

첫째, 4차 산업혁명은 초연결성, 초지능성, 예측 가능성을 특징으로 한다. 사람과 사물, 사물과 사물이 인터넷 통신망으로 연결된 초연결성이 유지된다. 뿐만 아니라 초연결성으로 형성된 빅데이터를 분석하여 일정한 패턴을 파악하고 활용하는 초지능성이 가능해진다. 또한 분석결과를 바탕으로 초지능성을 활용한 인간 행동의 예측이 이루어지는 예측 가능성의 사회로 전환될 것이다.

둘째, 4차 산업혁명의 또 다른 특징은 복합 융합사회의 등장이다. 컴퓨터와 스마트폰, 자동차, 냉장고, 세탁기, 전기나 가스밸브 컨트롤 등 모든 사물들이 네트워크로 연결되고 사람들이 하는 행동들이 데이터로 기록된다. 기록된 결과는 인공지능이 자율적으로 학습하고 판단할 수 있는 복합 융합사회가 될 것이다.

셋째, 4차 산업혁명의 또 다른 특징은 인공지능 사회의 등장이다. 지금까지의 사회에서는 기계와 인공지능이 제한적인 상황에서 주어진 명령만을 수행해 왔다. 하지만 4차 산업혁명 사회에서는 인공지능이 모든 일을 알아서 자율적으로 처리하는 사회가 될 것이다. 모든 의사결정은 빅데이터를 기반으로 판단하게 된다.

넷째, 4차 산업혁명은 변화 속도가 급격하게 빨라질 것이다. 전문가들은 4차 산업혁명으로 촉발된 기술의 변화는 종전의 혁명과 비교되지 않을 정도로 빠르고 넓은 범위로 확산될 것이라고 예측한다. 그러한 변화의 원인으로 '융합과 연결'을 제시한다. 4차 산업혁명은 어느 분야에 특정되지 않고 끊임없이 새로운 가치를 창출해 내기 때문에, 변화속도가 종전의 어느 혁명과도 비교되지 않을 만큼 빠르게 진전될 것으로 보고 있다.

다섯째, 4차 산업혁명은 경제·사회 전반에 걸쳐 일어나는 혁신적인 변화가 그 어느 때보다 범위가 폭넓게 일어날 것이다. 4차 산업혁명이란 인공지능기술 및 사물인터넷, 빅데이터 등 정보통신기술(ICT)과 융합을 하면서 생산성이 급격히 향상되고 제품과 서비스가 지능화되면서 그 범위가 매우 폭넓게 확산되어 나갈 것이다. 예를 들면, 인공지능이 우리 집 냉장고의 식품을 관리하고, 스마트폰으로 불을 켤 수 있고, 자동으로 환경에 맞춰 가스 불을 켜고 끌 수 있으며, 자율주행 자동차를 탈 수 있는 사회가 오는 등 사회 전반에 걸쳐 지금보다 더 넓은 범위로 더 빠르게 변화를 초래할 것으로 전망된다.

이러한 변화는 우리 생활에 로봇과 인공지능의 자동화로 편리하고 윤택한 삶을 가져다줄 것이다. 하지만 인간이 해야 할 많은 일들을 인공지능으로 대신 실행함으로써 많은 직업들이 사라지고 여러 가지 사회적 문제를 야기하는 원인이 될 것이다. 뿐만 아니라 그러한 변화에 맞춰 사회변화와 시대의 흐름에 적응하지 못하는 사회적 낙오자도 발생할 것이다. 4차 산업혁명의 흐름에 적극적으로 편승하면 승자가 될 것이지만, 낙오자가 되면 일자리를 잃는 실업자가 되고 경제적으로 어려움에 봉착하게 될 것이다. 개인뿐만 아니라 기업도 마찬가지이다. 재능과 기술을 가진 사람과 이를 적극적으로 발굴하여 시대변화에 따르는 기업은 빠른 속도로 성장하겠지만 그렇지 못한 개인과 기업은 도태될 것이다.

4차 산업혁명은 긍정적인 변화 못지않게 부정적인 '파괴적 기술'도 동반할 것으로 예측한다. 인공지능, 자율주행자동차, 유전공학 등 기존의 시스템을 붕괴시키고 새로운 시스템을 만들어 낼 정도의 위력을 가진 혁신이 우리에게 다가오고 있어서 과연 4차 산업혁명이 우리에게 축복으로 다가올 것인지 아니면 새로운 재앙이 될 것인지에 대해 고민해야 할 것이다.

모든 것의 변화는 인간의 선택에 달려 있다. 저명한 경제학자 요셉 슘페터(Joseph Schumpeter)는 1942년 자신의 저서 『자본주의, 사회주의 그리고 민주주의』에서 경제적 진보는 창조적 파괴 과정을 통해 달성된다고 보고, 새로운 혁신은 기업가로부터 나온다고 주장하였다. 그는 "우편 마차는 여러 대 연결해도 결코 기차가 될 수 없다."는 말을 통해 혁신의 본질이 무엇인지를 다시금 생각하게 하고 있다.

2 4차 산업혁명시대의 분야별 변화모습

4차 산업혁명이란 인공지능, 사물인터넷, 빅데이터, 모바일 등 정보통신기술(ICT)이 사회, 경제 전반에 융합되어 혁신적인 변화가 나타나는 차세대 산업혁명이다. 4차 산업혁명시대에는 우리 사회의 산업구조에 있어서 다양한 변화가 일어날 것으로 예측된다. 산업구조에 변화가 일어나는 것은 지능정보기술이라고 불리는 인공지능과 ICBM기술[2]의 획기적인 발전과 폭넓은 연결성 덕분에 가능해지는 것이다. 4차 산업혁명은 사물과 인간으로부터 생성되는 모든 데이터를 사물인터넷과 모바일을 통해 수집하고, 수집된 데이터는 클라우드(Cloud)[3]와 빅데이터(Big Data)[4]를 통해서 축적과 분석을 실시하게 될 것이다. 축적된 데이터를 분석하고 판단하는 것은 분석 알고리즘(algorism)[5]에 의해 이루어질 것이며, 그 결과를 도출하여 해석하는 사회로 전환하게 될 것이다.

초연결과 초지능으로 대변되는 4차 산업혁명은 그동안 인류가 경험하지 못

2) ICBM은 사물인터넷(IoT), 모바일(Mobile), 클라우드 서비스(Clould), 빅데이터(Big Data)의 영문 앞 글자를 따서 붙여진 이름이다.

3) 클라우드(Cloud)란 인터넷을 통해 하나의 메인 컴퓨터에 데이터를 저장하거나 원하는 때 언제든지 데이터를 이용할 수 있는 서비스를 말한다.

4) 빅데이터(Big Data)란 기존 데이터베이스 관리도구로 데이터를 수집, 저장, 관리, 분석할 수 있는 역량을 넘어서는 대량의 정형 또는 비정형 데이터 집합 및 이러한 데이터로부터 가치를 추출하고 결과를 분석하는 기술을 의미한다.

5) 알고리즘(algorism)이란 어떤 문제를 해결하기 위해 만들어진 절차, 방법들의 집합으로 컴퓨터 알고리즘에서는 명령어로 해석한다.

했던 획기적인 기술진보가 빠르게 이루어지면서, 각국의 전 산업 분야에서 파괴적 기술(disruptive technology)에 의한 대대적인 개편 작업이 이루어질 것으로 보인다. 4차 산업혁명시대 여러 분야에서 이루어질 것으로 예상되는 변화는 다음과 같다.

1) 경제시스템 분야의 변화

4차 산업혁명은 현재 우리가 경험하고 있는 산업구조의 방식에 변화를 가져올 것으로 예측된다. 기존의 전통적인 산업구조에서는 생산자가 주체가 되어 소비자에게 공급하는 방식이었다. 하지만 4차 산업혁명과 함께 우리 사회의 산업구조는 데이터를 수집하고 분석해서 수요자의 요구에 따라 맞춤형으로 공급하는 시스템이 체계화되어 수요자 중심의 산업구조로 개편될 것이다. 기업에서는 디지털 플랫폼의 접근이 쉬워 연구, 개발, 마케팅, 세일즈, 유통 등을 위한 연구나 개발, 마케팅 등 모든 분야의 장벽이 사라져 활성화될 것이다. 뿐만 아니라 세계 시장에서의 경쟁이 심화되어 기업의 경쟁력 제고를 위한 노력이 증대될 것으로 보인다.

경제시스템의 수요부문에 있어서도 변화가 예상된다. 무엇보다도 투명성 확보가 보장될 것이다. 경제시스템의 투명성과 함께 소비자의 참여도가 증가하며, 모바일 네트워크를 기반으로 하는 소비자들의 행동패턴에도 큰 변화가 예상된다. 또한 기업들의 제품이나 서비스 출시 방식에 있어서도 변화가 예상되는데, 특히 수요와 공급을 결합한 기술 플랫폼의 발전으로 온디맨드 경제(On-Demand)[6]가 활성화될 것으로 보인다. 빅데이터와 인공지능 등을 활용하여 수요자가 원하는 상품을 시간과 공간에 맞게 제공받는 온디맨드 경제는

6) 온라인 시스템 등을 통해 수요자 요구에 맞춰 필요한 물품과 서비스를 제공하는 것을 의미한다. 공급자가 아닌 수요자가 거래를 주도하며 수요자의 요구에 즉각적으로 대응하여 서비스 및 제품을 제공하는 경제 전략 혹은 활동을 말한다. 모든 것이 수요자에게 달려 있다는 뜻으로 'On-Demand'라는 명칭이 사용되었다.

대출, 의료, 차량 대여 등과 같은 서비스 산업에서 활성화될 것으로 보인다. 이처럼 정보기술과 접목한 다양한 경제 분야의 발전 속도가 기하급수적으로 빨라지고 확대될 것으로 예상된다.

2) 사회 · 교육 · 문화 분야의 변화

4차 산업혁명시대의 도래와 함께 사회 · 교육 · 문화 시스템 분야에도 많은 변화가 일어날 것으로 예상된다. 사회 분야에서는 중앙집권적 구성체제가 사라지고 지방분권적 구성체제가 활성화될 것이다. 사물인터넷의 등장으로 SNS를 통한 여론 조성이 활성화되고, 시민의 다양한 의견 수렴 등 시대변화에 따른 분권형 지방 운영체제가 확대될 것으로 예상된다. 이러한 변화에 맞춰 사회 전반에 걸쳐 활발한 소통과 함께 수평적이고 투명한 사회구조로의 변화가 이루어질 것으로 예상된다.

교육 분야에서는 클라우드 시스템 등을 통해 다양한 멀티미디어 자료의 활용과 함께, 개인의 능력과 요구에 맞는 개별화 교육방식이 활성화될 것으로 예측된다. 원격강의의 활성화와 함께 다양한 학습활동이 온라인으로 제공될 것이며, 원격강의를 활용한 개인별 선행학습 후 오프라인 강의를 통해 교수와 토론식 강의를 하는 플립러닝(Flipped Learning) 방식의 교육도 확대될 것으로 보인다.

문화 분야에서는 스마트폰을 활용한 다문화 세계와의 소통과 융합이 활발해질 것으로 예상된다. 사람이 음성인식이나 자동번역 등을 스마트폰을 활용해 소통하는 것이 가능해지는 사회가 될 것이며, 외국어를 배우지 않고도 서로 다른 언어를 쓰는 사람들끼리 의사소통이 가능한 시대가 다가올 것이다. 뿐만 아니라 스마트폰이 제공하는 다양한 정보를 활용하여 감각과 지능이 크게 향상된 증강 인류의 출현도 예상된다.

3) 고용노동 분야의 변화

고용과 노동 분야의 시스템에도 커다란 변화가 예상된다. 다양한 사물인터넷의 산물인 인공지능, 로봇, 빅데이터, 자율자동차 등이 다양한 직업현장에 투입되어 기존의 직업과 일자리가 많이 사라질 것으로 예상된다. 미국 백악관이 발표한 '인공지능, 자동화 그리고 경제(Artificial Intelligence, Automation, and the Economy)'라는 보고서에서는 임금수준과 교육수준이 낮을수록 일자리를 잃을 확률이 높아질 것으로 전망하고 있다. 이 보고서는 인공지능의 도입이나 각종 자동화 기계의 활용으로 육체적 활동을 중심으로 이루어지는 직업분야가 일자리를 잃을 확률이 높은 것으로 예상하고 있다. 따라서 이러한 실업자의 증가에 따른 사회적 문제를 해결하기 위해 직업별, 소득별, 교육수준별로 각 분야에 적합한 노동문제의 해결책을 마련해야 할 것이다. 지금까지 인간이 해 오던 많은 일들이 첨단기술의 도입으로 인하여 사라지게 되는 만큼 근로자들의 기술훈련을 통해 숙련도를 높여 나가고 급변하는 환경에 적응할 수 있는 새로운 전략이 마련되어야 할 것이다.

4) 생산 · 관리 · 지배구조 분야의 변화

4차 산업혁명시대와 함께 우리사회의 전반에 걸친 생산 · 관리 · 지배구조의 분야에도 변화가 예상된다. 4차 산업혁명은 디지털 생태계를 바탕으로 한 생산 활동이 주축을 이룰 것으로 예상된다. 환경의 지원을 받는 거대한 디지털 생태계가 등장하고 발전하며 융성할 것으로 예상된다. 무한대의 CPU, 메모리, 클라우드, 네트워크 환경이 조성될 것으로 예상되며, 빅데이터 기술의 활용여부와 방법에 따라 그 가치가 극명하게 구분될 것으로 전망된다.

관리 분야에도 변화가 예상된다. 스마트 기기의 확대로 소비자의 수요가 변함에 따라 제품 역시 소비자들의 욕구에 역동적으로 대응하여 스마트한 제품관리에 주력할 것으로 예상된다. 뿐만 아니라, 제품관리에 있어서도 물리적 제품만이 아니라 플랫폼 관리 방식을 도입하여 활성화를 추진할 것으로 예측된다. 제조업의 서비스화로 제조 산업에서도 변화가 예상되며, 소비자 만족은 물론이고 핵심 역량 강화로 지속적인 경쟁력을 확보하기 위해 제품과 서비스를 결합한 서비타이제이션(servitization)7)의 도입도 확대될 것으로 보인다. 서비타이제이션은 제품과 서비스의 융합을 통해 새로운 가치와 경쟁력을 창출해 내는 새로운 비즈니스 유형으로, 제품의 서비스화(product servitization) 및 서비스의 제품화(service productization)를 포괄하는 개념이다.

기업의 효율적인 지배구조는 기업의 경쟁력을 높일 것이다. 그동안 미국의 자본주의 경제체제의 기업지배구조와 유럽 대륙의 사회민주적 체제의 기업지배구조는 많은 차이를 보여 왔다. 그러나 최근 세계 경제의 통합과 함께 기업의 인수 합병, 전략적 제휴, 지구화 전략 등이 확대되면서 기업의 지배구조는 더욱 복잡하게 변화하고 있다. 소유와 경영이 분리되고 주주 이익을 극대화하는 방향으로 지배구조가 확산되는 경향을 보이고 있다. 따라서 기업의 지배구조 또한 개인적(personal) 소유 형태에서 벗어나 비개인적(impersonal) 통제의 형태로 변화할 것으로 예상된다.

5) 기업경영 분야

기업경영에 따른 생산물의 산출과정 또한 변화가 기대된다. 3차 산업혁명에서 보여 왔던 인터넷과 정보기술을 바탕으로 한 대량생산이 4차 산업혁명에서는 AI와 정보기술의 융합을 통한 새로운 결과물의 창출이 주를 이루게 될 것으로 보고 있다. 따라서 4차 산업혁명시대에는 이러한 변화에 맞춰 기

7) 서비타이제이션은 제품과 서비스의 결합(product servitization), 서비스의 상품화(service productization), 그리고 기존 서비스와 신규 서비스의 결합 현상을 포괄하는 개념이다. 제품에 서비스를 결합하는 대표 사례는 자동차에 유비쿼터스 환경을 구현해 주는 정보기술이 있으며, 서비스의 상품화는 농촌 체험마을 관광 상품을 들 수 있다.

업경영의 혁신이 이루어져야 한다. 4차 산업혁명시대 기업경영의 혁신방안으로 네 가지를 제시하면 다음과 같다(조승제, 2019).

첫째, 선진기술을 모방하는 단계에서 원천기술과 핵심기술을 개발하는 첨단과학기술 개발의 풍토를 조성해야 한다. 4차 산업혁명의 시대에 첨단과학기술의 모방은 범죄행위이고, 기술의 식민지화와 국가 위기를 초래하게 된다. 예를 들어, 컴퓨터 운영시스템의 종속은 부속 소프트웨어와 기계류뿐만 아니라, 각종 게임과 문화 및 국민들의 가치관 형성 등에 영향을 크게 미칠 수 있기 때문이다. 그러므로 선진사회로 도약하기 위한 첨단과학기술 개발의 풍토가 우리나라 사회에 하루 빨리 정착되어야 한다.

둘째, 기업의 불투명한 회계운영 및 지배구조를 개선하여 개방적이며 과학적인 경영체제와 합리적인 조직의 관리제제를 구축하는 민주적인 선진기업의 경영윤리가 구축되어야 한다. 기업을 개인의 소유로 인식하는 전 근대적 기업의 경영방식은 기업을 사유화하고 불투명하게 운영하도록 한다. 특히 기업회계의 불투명은 기업을 부실운영하게 하며, 기업문화를 불건전하게 왜곡시킨다. 4차 산업혁명시대의 기업은 전문적으로 경영되어 개방적이고 합리적으로 운영되어야 한다. 기업가들이 일반시민들에게 존경받을 수 있는 기업윤리의 실천과 건전한 기업문화의 정착이 하루 빨리 이루어져야 한다. 대한민국을 대표하는 세계적으로 자랑스러운 기업과 존경받는 기업인이 많아지는 경제구조를 만들어야 한다.

셋째, 기업의 생산규모를 확대하기보다 기업의 실질적인 생산성 향상과 근로자가 행복한 노사의 상생윤리를 구축해야 한다. 이제 개발도상국과 선진국 간의 차이는 투사액수의 부족이 아니고 바로 생산성의 격차에 있다. 대기업과 중소기업은 '공존의 상생'을 함으로써 기업의 경영구조를 건실하게 하고, 산업 전반의 경쟁력을 증대시켜 줄 수 있어야 한다. 기업의 근로자가 행복한 기업이 고객에게 보다 큰 만족을 줄 수 있으며, 또한 기업의 생산성을 효율적으로 증진할 수 있다. 건실한 기업의 성장을 통해 국민의 행복을 추구하고, 기업의 세계적인 무한 경쟁력을 높여 나가야 한다.

넷째, '인구절벽' 시대에 한국이 다문화 구성원들에 의해 다문화 사회로 이행하는 것은 피할 수 없는 시대적인 대세이므로 다문화인들을 존중하고 배려하는 사회체제를 구축해야 한다. 다문화인들이 대한민국 국민으로서 자부심과 긍지를 가지면서 대한민국의 번영과 국민행복을 위해 동반자로서 함께할 수 있어야 한다.

한국의 출산율은 세계 최저 수준으로 20년 후에는 인구가 급격하게 줄어들 것으로 예상되고, 노동가능 인구 역시 감소할 것이다. 외국인이 급증하면서 발생하는 범죄 문제를 비롯한 인권침해와 차별 등의 부작용도 해결하고, 국가경쟁력을 향상하는 차원에서 다문화인들을 적극 배려하고 존중하는 세계시민의 자질을 향상해 나가야 한다.

3 미래사회의 가치관

미래학자들은 앞으로 다가올 미래사회에 대해 다양한 내용으로 전망하고 있다. 미래에 대한 예측과 그 타당성에 대해 미래학자들의 예측은 거의 대부분 예측한 것보다 일찍 현실화되는 것이 일반적이라고 말한다. 근거 있는 예측과 전망은 그것이 대담할수록 우리에게 미래가 주는 뜻을 뼈저리게 느낄 수 있게 한다. 인간의 평균수명이 150세가 되는 날이 다가올 것이라는 예측은 꽤 대담한 전망에 속한다. 그러나 지금과 같은 계속적인 의학 발달의 결과로 나타나는 평균수명의 연장은 우리에게 좀 더 심각하게 사고할 것을 요구한다. 미래학자들의 대담한 전망은 실로 그 전조가 부분의 시발점이나마 오늘날에 나타나고 있기 때문이다. 그렇다면 앞으로 4차 산업혁명시대에 나타나게 될 가치관의 모습은 어떨까? 미래사회에서 요구되는 가치관과 문화적 가치관을 중심으로 변화모습을 살펴보자.

1) 미래사회에서 요구되는 가치관

4차 산업혁명시대는 우리에게 다양한 가치관과 다양한 삶의 형태를 수용하고 인식을 변화시킬 것을 요구하고 있다. 그동안의 획일화된 삶의 형태나 사고방식에서 벗어나 다양하고 개성적이며, 특성화된 삶의 방식을 인정할 것을 강요한다. 따라서 4차 산업혁명시대에는 새로운 사회에 적응하기 위한 다양한 가치관을 자연스럽게 인정하고 받아들이는 인식의 전환이 필요하다.

4차 산업혁명시대에 적응해 나가기 위해서는 우선 새로운 시대에 대한 특징과 변화에 적응할 수 있는 지식을 제공할 수 있는 교육기회의 확대가 필요하다. 즉, 4차 산업혁명시대의 변화와 특징을 사회 구성원들에게 체계적으로 교육할 필요가 있다. 특히 신기술이 사회에 도입되었을 때 평형을 되찾으려는 하이 터치가 부족하면 신기술은 부적당하고 신뢰도가 저하되는 것처럼, 4차 산업혁명시대의 도입과정에서 기술적인 추진력과 사회적 견인력의 불균등한 발전은 효율성의 저하를 초래함으로써 4차 산업혁명시대로 진입하는 데 커다란 장애 요인으로 작용하게 될 것이다. 그러므로 4차 산업혁명시대에 적응하기 위해서는 ICBM을 비롯한 정보통신기술의 개발과 보급, 인공지능과 자동화의 출현 등에 상응하여 이를 적극 수용할 수 있도록 하는 사회 구성원의 의식적, 문화적 수준의 향상이 필수적이다. 따라서 정보기술에 대한 행동이나 규범적인 차원에서 ICBM에 대한 이해와 활용능력을 배양하고, 정보윤리에 대한 가치관을 정립하는 교육이 필수적으로 이루어져야 한다. 다시 말해 정보기술의 발달에 따라 출연하는 다양한 뉴미디어를 다룰 수 있는 능력을 배양하고 수많은 정보를 보다 효율적으로 활용할 수 있도록 하는 정보능력 향상이 이루어져야 한다. 또한 정보화의 발전과정에서 파생되는 부작용, 즉 프라이버시 침해, 컴퓨터 범죄, 인공지능의 활용과 자동화로 인한 일자리 감소 등을 최소화하기 위한 방안이 필요하다(한국국민윤리학회, 2002). 이를 위해서는 정보윤리 의식의 함양과 4차 산업혁명시대에 요구하는 가치관 교육을 실시함으로써 4차 산업혁명시대에 대한 적응능력을 배양해 나가야 한다.

4차 산업혁명시대 가치관의 특성은 획일화되고 정형화된 특성에서 벗어나, 다양화와 융통성을 추구한다. 사회변화에 따라 개인중심의 가치관을 수용하면서도 집단적 특성을 받아들여 새로운 형태의 융합된 가치관, 즉 창의적이고 특성화된 가치를 지켜나가게 될 것이다. 4차 산업혁명시대의 가치관의 특성을 나타내는 단어로는 능동성, 자율성, 다양성, 창의성을 제시할 수 있다. 자율성을 중심으로 능동적이고 다양한 가치를 수용하는 가치관의 정립으로 특성화된 창의적 가치관이 적용될 것이다.

2) 문화적 가치관의 변화

4차 산업혁명시대에는 문화생활의 기준이 되는 가치관도 달라진다. 4차 산업혁명시대의 가치관은 자아실현, 자기표현, 상호독립성, 여가선용의 지혜 등을 중심으로 변화하게 되고, 가정문화, 직장문화를 비롯한 사회 전반의 문화생활에도 다음과 같은 변모를 가져오게 될 것이다.

(1) 성취도 중심 문화에서 자아실현 문화로

산업사회에서 고도성장을 이루고 소득을 증가시켜 개인의 생활수준을 향상하기 위해서는 과업의 성취가 중요한 사회적 미덕으로 간주되었다. 이와는 달리 4차 산업혁명시대의 문화적 가치관은 자아실현, 자기표현, 상호 독립성, 여가선용의 지혜 등이 중심을 이루는 가치관이 될 것이다. 자아실현과 자기표현은 여가선용의 지혜와 결부되는 가치관으로, 4차 산업혁명시대의 젊은이들은 이러한 가치관을 접하면서 생활화해 나갈 것이다. 문화적 가치관이 산업사회의 중요한 가치관이었던 성취도 중심의 문화에서 벗어나 4차 산업혁명시대에는 자아실현이 중심이 되는 자아실현 문화의 가치관이 일상화될 것이다.

(2) 표현 방식의 다양화

오늘의 젊은이들은 자신의 생각을 언어나 글 또는 노래나 그림으로 잘 표현해 낸다. 하지만 항상 겸손과 인내를 미덕으로 삼고 있는 기성세대들은 이러한 오늘날의 젊은이들을 이해하지 못하는 경우가 많다. 이는 젊은 세대와 기성세대가 서로 다른 차원의 문화적 가치관을 가지고 바라보기 때문이다.

4차 산업혁명시대에는 다양한 표현방식이 일상화되어 자신의 생각이나 의식의 표현이 활성화되는 시기를 맞이하게 될 것이다. 자신의 생각이나 의식의 표현에 있어서도 정보기술과 과학기술의 발달로 지금 우리가 상상하지도 못했던 다양한 방식, 예를 들면 인공지능을 활용한 표현, 사회정보망을 활용한 표현, 가상현실을 활용한 표현 등 다양한 표현기법들이 도입되어 활용될 것이다.

4차 산업혁명시대에 기성세대들은 일상생활에서 문화적 가치를 접하게 되고, 젊은이들은 사회활동에서 다양한 문화적 가치를 느끼게 되는 시기도 함께 도래할 것이다.

(3) 자율화 · 개방화의 지향

산업사회와 정보사회에서 성취문화에 대한 지나친 강조는 자기통제와 독립성을 수반하여 인간 활동에 대한 경직성을 초래하였다. 이러한 경직성은 자율화와 개방사회 속에서 적응을 어렵게 하는 요인이 되었다. 이와는 달리 4차 산업혁명시대에는 문화적 가치관을 중시하는 사회가 될 것이다. 진정으로 의미 있는 삶을 추구하는 생각과 함께 행복에 대한 삶의 가치를 추구하며, 각자의 개인생활이나 가정생활, 사회생활을 더욱 예술적, 문화적으로 표현하여 창조적이고 자율적이며, 개방적인 삶을 지향해 나갈 것이다.

(4) 4차 산업혁명시대의 역기능

4차 산업혁명시대의 역기능적인 측면으로 인간의 소외, 인간 존엄성의 상실 등이 확산될 가능성이 없지 않다. 직업현장에 인공지능의 활용이나 자동화 시설이 확산되면서 많은 실업자가 발생할 수 있고, 이에 따른 인간 경시사상과 인간소외가 확산될 가능성이 높다. 뿐만 아니라 자아실현 과정에서 실패나 좌절에 부딪혔을 때 자아를 잃어버리기 위해 젊은이들이 택하는 자살이나 찰나적·순간적인 쾌락의 추구는 중대한 사회문제가 되고, 자아실현이나 자기표현을 잘못 생각하여 향락적인 생활에 빠질 수 있다는 점도 역기능에 해당된다.

이 밖에도 정보기술과 과학기술을 둘러싼 각종 범죄행위나 비윤리적 행위가 늘어날 것으로 예측된다. 또한 정보기술과 과학기술의 빈익빈 부익부 현상을 슬기롭게 극복해야 할 과제가 등장하게 될 것이며, 남녀의 성차별 문제도 확산될 것으로 예상된다. 미래사회는 '3F의 시대'가 될 것이라고 한다. 3F란 여성(Feminine), 감성(Feeling), 상상력(Fiction)을 말한다. 남녀의 성차별로 인해 성(性) 간 정보 독점 권력의 출현이 상당히 중요한 문제가 될 것으로 예측되며, 마지막으로 4차 산업혁명시대의 역기능적 요소로 인공지능이 인간화된 사회가 되면서 각종 기술이 기능적으로 상품화되어 인간의 저속화를 조장하게 될 것이고, 허구성을 초래하고 비현실화가 확산되는 문제가 대두될 것이다.

(5) 문화의 다중 구조 인식

4차 산업혁명시대에는 하나의 사회 속에서 서로 다른 두 개 또는 세 개 이상의 서로 다른 문화계층을 발견하게 될 것이다. 하나는 세월의 흐름에 따라 사라지는 세대이고, 다른 하나는 계속적으로 4차 산업혁명시대를 살아가는 세대이며, 또 다른 하나는 미래를 살아갈 세대일 것이다. 4차 산업혁명시대에는 이러한 문화의 다중 구조 속에서 살아가게 될 것이다. 이러한 문화의 이질적 현상은 세대 간 엄청난 의사소통의 장벽을 형성하게 될 것으로 예측된다. 따라서 의사소통의 개선을 위해 세대가 함께 참여하는 문화적 공간을 확대하는 문화적 환경의 개선이 사회적 요구가 될 것으로 예상된다.

(6) 예술 활동 인구의 저변 확대

한 사회를 건전하게 만드는 길은 예술 활동 인구가 그 사회 인구의 몇 퍼센트를 차지하는가에 달려 있다. 우리나라의 경우에는 초보적인 예술 활동 인구가 유치원과 초등학교 시기에는 증가하다가 중·고등학교와 대학에 이를수록 그 인구가 줄어들고 있다. 따라서 교육내용이 자아실현, 자기표현, 여가선용의 지혜에 관한 미덕을 수용해야 하고, 이러한 활동이 실질적으로 이루어질 수 있도록 하는 제도가 만들어져야 한다. 4차 산업혁명시대에는 예술 활동의 참여 인구가 확대되어 나갈 것으로 예상된다. 단순한 활동이나 반복되는 일상의 대부분은 인공지능이나 자동화된 사회 시스템에 의해 해결해 나갈 것이고, 사람들은 예술 활동과 같은 창의적이고 독창적인 문화생활에 높은 가치와 많은 시간을 할애하는 사회가 될 것이다. 따라서 4차 산업혁명시대에는 예술 활동에 참여하는 인구가 확대될 것으로 예상된다.

(7) 변화를 위한 새로운 가치관

4차 산업혁명시대의 출현과 함께 인간 조직이 변화하게 되는데, 이러한 조직 변화에 발맞추어 새로운 가치관이 나타나게 된다. 조직적인 측면에서 산업사회와 정보화 사회에서는 기계적 관계, 경쟁적 관계, 분리된 목적과 독립적인 소유로서의 자원 중심의 가치관이 주가 되는 사회였으나, 4차 산업혁명시대는 유기체적인 인간관계와 상호 간에 연계된 목적과 사회의 것으로 간주되는 가치관이 주가 되는 사회가 될 것이다. 4차 산업혁명시대의 도래와 함께 인문학이 새롭게 등장하고 새로운 인식으로 인문학을 바라보기 시작한 것도 이와 같은 새로운 가치관의 등장과 무관치 않다.

3) 생태적 가치관의 변화

미래사회는 환경적 재앙으로부터 벗어나기 위한 인류의 노력이 끊임없이 추구되어야 할 가치이다. 오늘날과 같은 환경오염의 확산은 곧 인류의 재앙으로 이어진다는 점에 주목하지 않으면 안 된다. 앞에서도 언급한 바와 같이 지속 가능 개발이라는 것은 인류의 생존을 위해 반드시 실천되어야 할 생태적 가치관이다. 따라서 우리는 생태학적 측면에서 김미숙 외(2009)의 생태학적 효율성과 생태학적 근대화와 관련한 다음의 글을 주목할 필요가 있다.

생태학적 효율성이란 환경에는 최소한의 영향을 미치면서 경제 성장을 이루는 데 효과적인 기술을 개발하는 것을 의미한다. 브룬틀란 보고서가 나온 1980년대 말까지만 해도 산업개발과 생태학적 보호는 양립할 수 없다는 인식이 널리 퍼져 있었다. 생태학적 근대화에 포함된 중심 생각은 위의 생각이 잘못되었다는 것이다. 즉, 생태학적으로 효과적인 기술의 활용으로 환경보호를 위한 적극적 정책을 결합한 경제 개발을 이룰 수 있다는 주장이다.

생태학적 근대화에 의해 제공된 가능성은 매일 산업체와 소비자들이 배출하는 수천 톤의 쓰레기를 처리하는 쓰레기 폐기산업의 예에서 잘 드러난다. 얼마 전까지 쓰레기는 단순하게 처리되거나 땅에 묻었다. 그러나 오늘날에는 산업 전반이 변화를 겪고 있다. 예컨대 예전에는 나무를 원료로 종이를 만들었으나 오늘날에는 재활용 종이에서 신문 용지를 값싸게 생산하고 있다. 끊임없이 나무를 잘라 내서 종이를 만드는 대신 재사용할 수 있는 종이를 만듦으로써 친환경적일 뿐만 아니라 경제적이기도 하다. 개별 기업체뿐만 아니라 개개인들도 미래의 산업을 위해 쓰레기를 확실하게 재활용한다는 의미를 뜻하는 '제로 쓰레기' 목표를 이루기 위한 노력을 아끼지 않고 있다. 자동차 제조 회사인 도요타와 혼다는 이미 그들이 사용하는 자동차 부품의 재활용 비율을 85% 수준까지 올렸다. 쓰레기는 더 이상 유해 물질 덩어리가 아니며, 오히려 산업을 위한 자원으로서 그리고 어느 정도는 효과적인 기술 혁신을 가져오는 수단이기도 하다.

지구상의 주요 산업국가에는 세계 인구의 약 5분의 1이 거주하고 있다. 그런데 이들은 대기를 오염시키고 지구 온난화를 촉진하는 데 전 세계 가스의 75%를 배출하고 있다. 또한 선진국에 거주하는 사람들은 저개발국 사람들보다 천연가스를 열 배 이상 사용하고 있다. 빈곤국가에서는 빈곤 그 자체가 환경 피해를 가져오게 된다. 경제적으로 어려운 상황에 있는 사람들은 주변에 있는 자원을 최대한 활용할 수밖에 없기 때문이다. 이러한 의미에서 지속 가능한 개발은 지구적 불평등과 분리해서 생각할 수 없다.

생태변화를 가져오는 자연환경은 인간의 행위에 의해 영향을 받는다. 현대 산업의 기술과 과학의 발전에 뒤따르는 환경 피해는 어떻게 대처해 나가야 하는지에 대한 인류의 고민과 노력이 필요하다. 앞으로 다가올 미래를 생각한다면 단순히 소비의 확대는 경제 성장을 반영하는 것이라는 관점에서 벗어나야 한다. 과도한 소비는 환경 자원에 피해를 가져오고 지구의 공멸을 초래할 수 있다. 앞으로 다가올 지구의 환경 변화에 대해 우리가 가져야 할 가치관은 무엇인가? 인류와 자연이 함께 공존할 수 있는 가치 추구는 불가능한 것일까? 최근 우리 생활에 나타나는 자연적 재앙은 미래학자들의 예측에 대한 전조 현상으로 나타나고 있다. 지구 온난화와 함께 나타나는 지구 곳곳의 홍수, 질병의 확산, 급격한 기후의 변화, 해수면의 상승 등은 우리가 대처해야 할 재앙이며, 개선을 위한 우리의 가치관의 변화를 촉구하고 있다.

인류에게 잠재적인 적으로 남아 있는 생태적 변화는 언제라도 인류에게 자연환경의 위험을 초래할 수 있다는 측면에서 미래사회를 대비하는 인류가 가져야 할 생태적 가치이며, 이에 대한 획기적인 인식의 전환이 필요하다.

4) 미래사회에 요구되는 가치관

미래사회에 자신의 생애에 대한 주도적인 삶을 영위해 나가기 위해서는 무엇보다도 사회에 대한 올바른 인식이 필요하다. 이러한 사회에 대한 인식과 깊은 관련성을 지니고 있는 것이 바로 가치관이다. 오늘날 무시되고 간과해 있는 많은 가치관들이 미래사회에까지 지속된다면 그것은 새로운 사회문제로 부각되어 사회 선반에 걸처 혼란을 초래하는 원인이 될 것이다.

따라서 미래를 살아갈 젊은이들에게 가장 중요한 것은 올바른 가치관을 확립하도록 하는 일이며, 미래사회에 중요한 가치관으로 부각되어 반드시 확립해야 할 가치관으로는 다음과 같은 것을 들 수 있다.

(1) 생명 존중 사상

미래사회에는 인간의 생명을 중시하는 생명의 존엄성에 대한 가치관의 확립이 중요하게 등장할 것이다. 기술 문명의 발달과 인간의 물질적 풍요를 상징하는 첨단 과학기술 발전 속에서 인간의 생명을 경시하는 '생명의 위기'는 점차 확산되어 나타날 것이기 때문이다. 강간, 살인, 자살, 테러 등 개인과 집단, 국가에 의한 다른 국가의 폭격 등이 사회 전반에 확산되고, 이러한 상황에서 '생명의 위기'를 알리는 경종의 목소리가 커져 가는 것은 당연한 이치이다.

생명이 존엄하다는 말은 생명이 귀중한 가치가 있다는 뜻이며, 존중, 경외의 대상이 될 수 있는 권리를 갖고 있음을 함축한다. 왜 그럴까? 꼭 그렇다면 그 근거는 무엇일까? 다시 말해서 생명의 '존엄성'이라는 '가치'의 본질과 원천을 어디서 찾을 수 있는 것인가? 이 물음에 대한 대답을 지금까지 많은 이들은 우주적 질서, 초월적 원리 등 객관적 사실에서 찾으려고 했다. 대부분의 종교적 및 철학적 체계들은 초월적인 인격적 절대자의 의도 혹은 우주의 영원한 원리에서 찾으려 했다. '존엄'이라는 평가적 말이 붙는 생명의 가치의 원천은 종교적 이론에 의하면 서양 종교의 경우 지구의 절대적 인격자인 유일신(神)의 계획과 의도나 혹은 기획에 근거하며, 인도나 중국의 사상 및 헤겔(Hegel)이나 마르크스(Marx), 베르그송(Bergson)의 철학적 체계의 경우 우주의 근원적 원리와 질서에 근거한다. 절대신(神)의 의도이기 때문에, 혹은 우주의 질서이기 때문에 가치가 있고, 가치가 있기 때문에 존중해야 한다는 것이다.

그러나 가치는 존재가 아니며, 우주의 일부가 아니다. 생명이라는 가치의 원천이 위와 같은 종교적 및 철학적 이론대로 어떤 객관적 사실과 뗄 수 없는 관계를 맺고 있다 하더라도, 가치는 사실과 논리적으로 전혀 다른 차원에 있는 개념이다. 가치는 우주의 일부로서 숨어 있다가 발견될 수 있는 어떤 대상도 아니다. 가치는 어떤 의도적 주체가 어떤 대상에 부여한 중요성에 불과하다. 무엇인가를 중요시하고 그러한 것을 선택할 수 있는 주체가 없는 세계에서 '가치'라는 말은 전혀 무의미하다. 많은 철학자들이 생각하고 또 주장하고 있는 바와는 달리 가치는 필연적 어느 주체가 어느 객체에 밖으로부터 부여한 중요성이다. 내재적 가치라는 말은 의미가 없다. 지구상에서, 아니 어쩌면 아직은 우주 안에서도 오로지 인간만이 의도를 갖고 목적을 선택하고 그 선택에 따라 어떤 대상의 중요성을 결정할 수 있는 수제도서의 존재이다. 그러므로 인간의 세계에서만 가치가 존재한다. 아니 '가치'라는 말이 비로소 적용될 수 있다. 생명을 그 자체로 볼 때 그것은 그냥 생명이지 그 자체로서, 즉 내적으로 중요하지도 않고 중요하지 않은 것도 아니다. 생명체를 포함한 존재 자체는 가치중립적이다. '생명의 존엄성'은 인간이 생명을 가장 근본적인 가치, 모든 가치의 근원이 되는 가치로 결정했다는 것에 지나지 않는다(박이문, 2012).

생명은 모든 가치의 원천이다. 인간은 자신의 생명을 떠나, 아무 의도도 가질 수 없다. 다가오는 미래사회에 있어서 '생명의 위기'는 무엇보다도 근원적이며 생명의 존엄성은 그 무엇보다도 중시되는 가치관의 확립이 필요하다.

(2) 타인과의 조화로운 인간관계

미래사회에서 중요한 삶의 가치관은 타인과의 조화로운 인간관계를 유지해 나가는 삶이다. 즉, 타인과의 조화를 이루는 법을 배워야 한다. 본질적으로 인간은 사회적 관계를 벗어나서는 살 수 없으며, 인간관계는 삶을 살아가는 기본적인 자본이다. 인간관계는 사람의 삶에서 피할 수 없으며, 그런 점에서 좋은 인간관계를 형성하는 타인과의 조화로운 인간관계가 필요하다. 탈무드는 '혼자 살려면 신(神)이 되는지 짐승이 되든지 둘 중 하나를 선택해야 한다.'고 한 것처럼 인간적인 삶은 타인과의 관계 속에서의 삶을 의미하며, 넓게는 집단 내에서 상호 협동 관계를 의미한다.

인간은 출생과 함께 모체로부터 분리되는 고독감을 체험한다. 이러한 분리감은 인간에게 고독감과 불안감을 갖게 하고 그 고독감으로부터 벗어나기 위한 노력을 하도록 한다. 이를 위해 인간에게는 출생과 함께 재결합하기 위한 욕구가 발생하고 이것은 인간관계를 통해 성취하고자 노력한다. 인간은 출생에서부터 갖는 엄마와의 인간관계에서부터 시작하여 가족, 친구, 학교, 직장, 이성 등 다양한 인간관계를 통해 욕구를 충족하고자 노력한다. 따라서 의도적이든 비의도적이든 인간은 살면서 누구나 공식 또는 비공식적 조직의 한 구성원으로 생활하게 된다. 처음에는 가정이라는 일차적 집단에서 출발하여 학교를 거쳐 사회로 진출하게 되고, 사회에서는 직장이라는 활동 범위에서 인간관계를 맺고 생활한다. 이러한 인간관계는 개인의 성취와 행복에 커다란 영향을 미친다. 인간에 대한 이러한 인간관계가 만족스럽고 효과적일 때에는, 그러한 인간관계의 경험을 통하여 한 인간으로서 바람직한 성장과 발달을 하게 된다. 그러나 그렇지 못할 경우에는 개인의 성장과 발달에 방해 요소로 작용하여 부정적 결과를 나타내게 된다. 따라서 효과적이고 생산적인 인간관계는 개인의 생존과 발달뿐만 아니라 직장과 가정생활에도 매우 중요한 역할을 한다는 점에서 타인과의 조화로운 인간관계의 중요성을 간과해서는 안 된다(김은영 · 이규은, 2011: 20).

타인과의 조화로운 인간관계는 건전한 성격 발달에 도움이 되며, 개인의 생존과 발달뿐만 아니라 가정과 사회생활에 대한 적응력을 높여 주는 중요한 역할을 한다. 또한 조화로운 인간관계는 가정의 행복과 직장에서의 성공을 가져다주며, 다양한 사람들과의 돈독한 인간관계는 사회에서의 성공과 행복에도 지대한 영향을 미친다는 점에서 인생의 성공과 행복을 좌우하는 요인이 된다.

(3) 강화된 예절과 윤리 의식

예절은 대인관계에서 공통적으로 이해되는 방법으로 이루어지는 생활 규범이다. 즉, 관습적으로 이루어지는 사회 계약적 생활 규범으로 인간이 사람으로서의 자기 관리와 사회인으로서의 원만한 대인관계를 위해 반드시 필요하다.

미래사회에는 이러한 예절과 윤리 의식이 강화됨에 따라 예절, 도덕, 윤리를 중요하게 생각하는 가치관이 형성될 것이다. 산업화와 정보화를 거치면서 우리 사회가 과학화, 첨단화, 실용화되면서 우리 사회는 예절과 윤리 의식이 점점 약화되고, 급기야는 예절 의식을 상실하게 되는 지경에 이르게 되었다. 사회 전반에서 일어나고 있는 이러한 현상들은 신문이나 매스컴을 통해 매일같이 보도되고 있는 실정이다. 이러한 비윤리적이고 비도덕적인 현상들은 불과 10년 전이나 5년 전만 해도 상상하기 힘들었던 일들이다.

예절은 인간이 수천 년을 살아오면서 인간관계를 원만히 하고, 사회생활을 원활하게 하기 위해 인간과 신(神)과의 제사(祭祀)라는 종교의식 속에 행했던 제례(祭禮)에서 비롯된 지혜의 산물로서 신에게 예(禮)를 드리듯이 인간에게도 예로써 대하여야 한다는 관습적 생활 규범이며, 윤리 의식이란 자기 자신이나 타인에 대한 윤리적 인식이나 작용을 이르는 말이다. 앞으로 우리들이 살아갈 미래사회에서는 이러한 예절이나 윤리 의식이 강화된 가치관이 형성될 것이다. 상호 간의 이해와 인식을 바탕으로 상호 간 존중하는 예절이 강화된 윤리 의식이 사회 전반을 지배하게 될 것이다.

우리가 흔히 말하는 예의범절(禮儀凡節)이라 함에 있어서 예의는 인간과 인간의 교류에 있어서 서로 상대방에게 갖추어야 할 존경의 표시로서 말투나 몸가짐이나 행동 따위를 말하며, 이러한 정해진 꼴을 범절(凡節)이라 한다. 미래사회는 이러한 인간의 관계 속에서 예의범절이 강화되는 가치관이 도입될 것으로 예측된다.

(4) 정신적 가치의 중요성

정보화의 흐름 속에서 우리는 편리함이라는 물질적 가치에 묻혀 정신의 고결한 향기를 잃어버린 채 살아가고 있다. 돈으로 무엇이든지 해결하고 해결하고자 하는 물질 만능 시대를 살면서 이러한 인간의 가치는 더욱 승상되고 있다. 안타까운 일이다. 이러한 물질 만능주의의 가치는 편리함을 넘어 돈이 최고라는 가치를 갖게 하였고, 그러한 결과는 인간이 돈의 주인이 아니라 돈의 노예가 되는 사회로 변모하였다. 미래사회에는 물질 만능주의에서 탈피하여 진정한 정신적 가치를 중시하는 가치 체계를 구축해 나가게 될 것이다.

"돈 없는 것은 티가 나지 않아도 예(禮)가 없는 것은 금세 드러난다"라는 속담이 있다. 이처럼 물질적인 것에 대한 부족함은 조절을 통해 통제가 가능하지만 정신적인 것에 대한 부족함은 숨길 수 없다는 점에서 물질적인 가치보다 정신적인 가치를 우선해야 한다. 물론 지금은 당장 황금 손을 찾아 헤매고 있는지 모르지만, 우리가 중시해야 할 가치가 무엇인지에 대한 통찰이 필요하다.

물질적 가치는 영원히 붙잡아 두고 싶은 사람들의 욕망을 피해 어느 순간 아무런 흔적도 없이 사라진다. 하지만 정신적 가치는 사람의 말과 행동, 그리고 생각으로 영원히 남는다. 정신적 가치는 물리적인 양(量)이나 수(數)로 환산되지 않지만, 그들이 뿜어내는 무형의 품격은 언제 어디서나 빛을 발한다는 점에서 물질 만능주의부터 벗어나 진정한 가치의 의미를 되새겨야 할 것이다. 정신적 행복, 정신적 가치를 물질과 탐욕적인 것보다 가치 우위에 두는 것, 그것이 정신적인 행복이며, 정신적인 가치를 우선 하는 까닭이다. 인간의 세상을 인간다운 세상으로 바꿀 수 있는 것은 곧 정신적 가치이다.

(5) 더불어 사는 사회에 대한 인식

우리의 삶은 기본적으로 타인과의 상호작용 과정으로 타인과의 의사소통을 통해 이루어진다. 상호작용으로 자신과 타인 간의 관계가 원만하게 유지될 때 바람직한 삶이 영위될 수 있다. 앞으로 우리에게 다가올 미래사회는 나 혼자 살아가는 사회가 아니라 더불어 사는 공동체 의식이 강화된 사회 가치가 형성된다. 따라서 더불어 사는 사회에 대한 인식이 필요하며, 이러한 가치로 중시되는 것이 나눔과 배려이다. 나눔과 배려에 대한 이원관(2012)의 글을 되새겨 보면서 더불어 사는 미래사회에 대한 가치를 생각해 보자.

나눔! 꼭 물질만 나누는 것이 아닙니다. 아는 사람은 아는 것을 가르쳐 주고, 가진 사람은 가진 것을 나눌 줄 아는 베푸는 삶이 진정한 나눔입니다.

나눔은 결코 어렵지 않습니다. 작게는 내가 쓰다가 안 쓰는 물건을 필요한 이웃에게 기증을 한다거나 또는 시간이 날 때 남을 위해 봉사하는 것, 교육 분야에서는 기업, 대학, 공공 기관 등 사회가 보유한 인적, 물적 자원 기부, 개인의 재능 기부 등 이러한 모든 것이 나눔입니다.

배려! 인격이 입는 옷입니다. 배려하는 사람은 적을 만들지 않습니다. 그러나 서툰 배려는 상처를 남깁니다. 배려에도 기술이 필요합니다. 배려의 기술은 역지사지를 바탕으로 합니다. 배려의 첫걸음, 관심에서 시작됩니다.

배려란 자신을 먼저 생각하기 보단 상대방을 먼저 존중하고 자신의 의견을 내세우기 보단 상대방의 의견을 먼저 들어주는 것이 배려입니다. 배려를 실천하기 위해선 상대방을 낮추어 보시면 안 되고 상대방의 의견을 귀담아 들어야 합니다. 여러분, 나누고 배려하는 마음은 하루아침에 저절로 봉사 몇 시간으로 길러지지 않습니다. 어릴 때부터 가정과 사회에서 보고 배우며 실천하여 얻어지는 '소중한 가치'입니다.

(6) 의사소통을 중시하는 가치

정보화 사회의 변화와 함께 다가오는 미래사회에서는 의사소통 능력을 중시하는 가치관이 형성될 것이다. 이러한 의사소통 능력(communicative competence)이라는 것은 '특정 상황에서 메시지를 전달하고 이해하며 의미를 타협하는 능력'을 말한다. 즉, 일상생활에서 이루어지는 일상적인 의사소통 상황의 언어적 기능뿐만 아니라, 정보화와 관련해 이루어지는 매체 활용 능력을 포함하는 포괄적인 개념으로 직업기초능력을 의미한다. 따라서 미래사회에는 이러한 정보화의 변화에 따라 정보 활용 능력을 중시하는 다양한 의사소통에 대한 가치가 형성될 것이다.

의사소통은 자신이 이해하고 있는 내용을 정확하게 전달하고 이야기하고자 하는 내용을 확실한 방법과 기술로 상대에게 전달하는 것을 원칙으로 하며, 이는 인간관계에 있어서 우선적으로 해결해야 할 과제이다. 따라서 의사소통이 잘 이루어지기 위해서는 어떤 내용을, 어떤 방법으로, 어떤 과정으로, 어떤 매체를 활용하여 할 것인가에 대한 이해가 전제되어야 한다. 다가오는 미래사회의 의사소통을 중시하는 가치관에 대비하기 위해서는 우리가 의사소통에 영향을 미치는 다양한 요소들에 대한 준비와 함께, 의사소통에 대한 올바른 이해와 의사소통의 중요성에 대한 인식 전환이 선행되어야 할 것이다.

4차 산업혁명은 있는가?

조선닷컴에서 '4차 산업혁명'을 검색하면 6,400여 건의 뉴스와 2,200여 건의 지면기사가 뜬다. 반면 뉴욕타임스 홈페이지에서 'Fourth Industrial Revolution'을 검색하면 18개의 기사가 나올 뿐이다. 일본도 미국과 비슷한 실정이어서 '第4次 産業革命'을 포함하고 있는 아사히신문의 기사는 총 19건에 불과하다. 미국과 일본엔 4차 산업혁명이 없단 말인가. 혁명은 권력 구조의 변화를 의미한다. 그리고 권력 구조의 변화는 프랑스 대혁명 당시 바스티유 감옥의 습격이나 '피의 화요일(1960년 4월 19일 일어난 대규모 반독재 투쟁인 4·19 혁명을 일컫는 말)'과 같은 상징적인 사건 당일에 완료되지 않는다. 그 이후로도 길고 처절한 사회 투쟁이 동반되기 마련이다. 프랑스 혁명은 나폴레옹의 통령정부 성립 이후 한 세기 가까운 동안에 치열한 논의를 거친 끝에야 혁명의 칭호를 획득하였고, 4·19 혁명은 발생 시점에서 30여 년이 지난 1987년 제9차 헌법 개정 때에 이르러서야 우리 헌법에 공식적으로 혁명으로 기술된다. 우리가 인식하는 것보다 혁명은 아주 느린 과정이다. 혁명은, 혁명의 시대를 사는 사람들에 의해 정의될 수 없다.

산업혁명 역시 마찬가지다. 제임스 와트(1736~1819)가 증기기관을 발명한 1776년에서 한 세기를 훌쩍 넘긴 1880년대에 와서야 영국의 경제학자 아놀드 토인비(1852~83)에 의해 1차 산업혁명의 개념이 일반화된다. 2차 산업혁명은 미국 자동차 회사인 포드의 모델 T가 처음 생산된 1908년부터 반세기가 넘게 흐른 1960년대에 이르러서야 대중적으로 받아들여지는 개념이 된다. 사회혁명과 마찬가지로 산업혁명은 모든 것이 완료된 이후 기나긴 사회적 논의를 거친 후에만 정의될 수 있으며, 따라서 동시대인에 의해 정의되는 것은 어불성설이다. 3차 산업혁명에 대한 논의가 국제적으로 본격화된 것은 제러미 리프킨이 저서 『3차 산업혁명』을 출간한 2011년이다. 리프킨은 3차 산업혁명을 재생에너지와 공유경제의 키워드로 정의한다. 그리고 3차 산업혁명은 '앞으로 발생할' 일이며 이를 위한 사회적, 경제적, 기술적 준비가 필요하다고 주장한다. 3차 산업혁명은 일어나지 않았다. 현 시점에서 이는 특정 개인의 주장일 뿐이다.

3차 산업혁명이 없었는데 4차 산업혁명이 일어나는 것은 이상하다. 뉴욕타임스나 아사히신문에 관련 기사가 많지 않은 이유다. 이미 4차 산업혁명이 보통명사화 돼 버린 우리나라와 달리 미국·일본에서는 4차 산업혁명이라는 표현을 일상적으로 사용하지 않는다. 사회적으로 합의된 바가 없기 때문이다. 따라서 뉴욕타임스나 아사히신문에서 4차 산업혁명을 지칭할 때는 이것이 특정한 개인의 주장, 즉 세계경제포럼(WEF) 의장인 클라우스 슈밥이 2016년에 주창한 의제임을 명백히 하기 위해 인용을 의미하는 따옴표를 사용한다. 4차 산업혁명이 현재 일어나고 있다는 것은 객관적 사실이 아니다. 따라서 4차 산업혁명은 선언적이다. 외부에서 만들어진 용어라는 차이가 있긴 하지만 정부의 정책적 지향점을 나타낸다는 관점에서 보면 '녹색성장'이나 '창조경제'와 유사하다. 대통령의 공약에 4차 산업혁명이 중요한 의제로 들어갔으며, 실제 정부 주도의 '4차 산업 혁명위원회'가 활동하고 있지 않은가. 그런 측면에서 프로파간다, 즉 선동적이라는 표현이 좀 더 어울릴지 모른다.

선동적이라 해서 꼭 나쁜 것은 아니다. 인공지능(AI)과 같은 4차 산업혁명을 상징하는 기술들이 무궁무진한 가능성을 가졌음을 부정할 사람은 없을 것이다. 가능성을 현실로 만들기 위해서는 많은 사람의 집중된 관심과 노력이 필요하다. 4차 산업혁명은 그 어떤 의제보다 성공적으로 사람들의 관심을 이끌어 냈다. 성공적인 선동인 셈이다. 그리고 무엇보다도 혁명은 선동가에 의해 잉태되는 것이 아니던가. 하지만 우리 사회가 4차 산업혁명이라는 의제를 소비하는 방식에는 우려스러운 점이 있다. 2016년 스위스에서 열린 세계경제포럼(WEF)에서 4차 산업혁명이라는 말이 나왔다. 바로 그때까지만 해도 우리 사회는 4차 산업혁명을 매일 생산되는 수없이 많은 주장의 하나로 여길 뿐이었다. 그리고 같은 해 3월 구글 딥마인드 챌린지(구글의 AI인 알파고와 한국 프로기사 이세돌 9단이 벌인 바둑 대국)가 열렸다. 결과는 알파고의 충격적인 압승이었다. 알파고와 이세돌 기사의 승부가 우리에게 충격적으로 다가왔던 이유는 단순히 예상 밖의 결과가 나왔기 때문이 아니다. 그것은 기술이 달성할 수 있는 최고점이 우리의 상식선을 이미 아득히 뛰어넘었음을 직관적으로 깨달았기 때문이다. 우리는 기계가 절대 따라잡을 수 없는 인간 고유의 역량이라고 여겼던 통찰력이나 감(感), 혹은 직관이나 촉 역시 기계로 복제 가능하며, 심지어는 인류 최고 수준의 역량도 기계를 따라잡을 수 없음을 생생한 날것으로 목격했다.

우리는 천재를 경외한다. 천재는 아주 드문 확률로 나타나는 재능 위에 범인은 상상할 수도 없는 노력이 더해졌을 때만 완성되기 때문이다. 이세돌 기사의 패배가 우리의 가슴 깊이 다가오는 이유는 바둑이 우리 사회에서는 지적 역량의 최고 경연장이고, 이세돌 기사는 그 무대에서 천재의 상징이기 때문이다. 우리를 만물의 영장으로 만들어 준 지적 활동의 영역에서조차 최고의 재능이 피나는 노력을 하더라도 기계를 당해 낼 수 없게 된 것이다. 이런 상황에서는 기업의 일상 업무 등 어떤 지적 활동의 영역도 기계로 대체될 수 있다. 즉 우리 사회가 4차 산업혁명을 즉각적으로 기정사실화한 이유는 내 직업이 없어질 수 있다는 두려움, 바로 공포감 때문이었다.

공포 마케팅은 효율적이다. 공포는 사람들에게 즉각적인 행동의 변화를 이끌어 내기 때문이다. 하지만 이는 합리적인 의사결정을 방해한다. 암호 화폐와 관련한 사회적 논란이 그 좋은 예다. 블록체인의 유효성과는 별개로 암호 화폐의 문제점은 너무나 명확하다. 하지만 공포감은 우리의 눈을 흐리게 했고, 암호 화폐는 4

차 산업혁명의 대표주자라는 맹목적인 이유로 존재의 정당성을 획득하게 된다. 공포를 주된 동력으로 하는 변화는 지속가능한 진보로 이어지지 않는다. 그런 의미에서 4차 산업혁명의 의제가 소비되기 시작한 지 3년이나 지난 현재도 여전히 공포가 핵심 동력이라는 점은 매우 우려스럽다. 기술의 진보는 직업을 없애지만 그만큼의 새로운 일자리를 만들어 낸다. 하지만 새롭게 생길 산업과 직업에 대한 글은 찾아보기 어렵고 여전히 공포감을 자극하는, 사라질 직업에 대한 글만 생산된다.

이제는 사회 구성원들을 자발적으로 시대의 흐름에 참여하게 만들 때가 됐다. 이는 긍정적인 청사진을 제시할 때만 가능하다. 사라질 직업보다는 새롭게 생길 직업에 대해 분석할 때다. 그리고 새로운 기술이 우리 일상에 어떤 긍정적인 변화를 이끌어 낼지도 논의해야 한다. 4차 산업혁명이 선동으로 끝나지 않고 진정한 산업혁명이 되기를 원한다면 공포 마케팅은 이제 끝낼 때가 됐다. 내실을 다질 시점인 것이다. 그러지 않고 4차 산업혁명은 없다.

출처: 김우창(2019). 4차 산업혁명은 있는가?. 이코노미조선 Vol 295(2019. 4. 15.).

02 PART

인간의 삶과 윤리

05

CHAPTER

인간의 삶과 사회변화

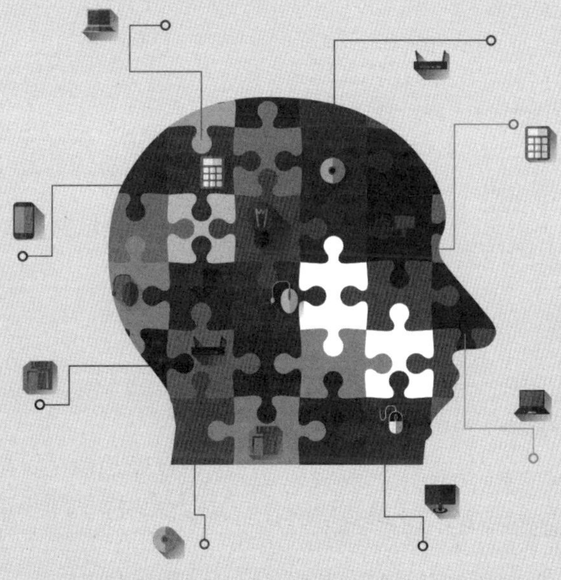

05

CHAPTER

인간의 삶과 사회변화

일찍이 아리스토텔레스는 인간에 대해 말하기를 “인간은 사회적 동물이다.”라고 하였다. 이는 인간은 ‘공동체를 이루고 살려는 본성을 지닌 존재’라는 의미로 보았기 때문에 내려진 정의이다. 따라서 사회적 동물로 태어난 인간은 이 지구상에 태어남과 동시에 누구나 인간 행동을 배우면서 사회적 관계를 유지하면서 살아가기 마련이고, 이는 인간으로 살아가기 위해서는 사회성을 길러야 한다는 의미를 내포하고 있기도 하다. 사회적 관계를 유지하면서 살아가는 인간은 혼자서는 살 수 없는 것이며, 자신이 속한 사회나 집단에 소속감을 가지고 조화롭게 유지해 나갈 수 있는 인간 행동을 익히며 살아가게 된다.

1 인간은 왜 사회적인가?

사회적 관계는 인간에게만 존재하는 것은 아니다. 사회적 관계를 유지하며 살아가는 대표적인 동물을 말할 때 우리는 흔히 꿀벌과 개미를 이야기한다. 꿀벌과 개미는 고립된 개체로서는 살아가기 힘들고, 수많은 개체들이 집단으로 모여서 마치 복잡한 생물체의 하나의 세포처럼 자신에게 주어진 역할과 책무를 수행하면서 살아간다. 이처럼 동물들이 모여서 집단생활을 하는 꿀벌과 개미만이 아니다. 많은 동물들이 동물세계에서 사회적 관계를 유지하면서 살아가고 있다.

동물세계에서 사회성은 보편적 현상이다. 여기서 말하는 '사회성'이란 사회적 존재에 관한 총체적 특징과 과정으로 단순히 집합체를 형성하여 살고 있다는 것과는 구별된다. 구애하는 수컷의 무리와 같은 생물의 단순한 집합체는 참된 의미의 사회라고 볼 수 없다. 흔히 이들은 상호 유전적인 자극에 의해 모이는 것이 보통이며, 이들 사이에 상호 협조적인 의사소통이 이루어지지 않는다면 그것은 단지 하나의 집합체에 불과한 것이다. 예컨대 겨울에 방울뱀이나 무당벌레들이 모여 있는 것은 이에 대한 좋은 예라고 볼 수 있다. 하지만 인간은 이러한 동물과는 다른 형태의 집합체로서 사회적 관계를 유지하면서 살아가고 있다. 또한 자신을 일컬어 사회적 인간(homo sociologicus)이라는 명칭 역시 낯설지 않게 사용하고 있다(박만준, 2004).

그렇다면 사회란 무엇인가? 물론 사회란 사전적인 의미로는 '공동생활을 하는 사람들의 조직화된 집단이나 세계'라고 정의된다. 하지만 사회학적인 측면에서 바라보는 사회란 '한 쌍의 생물이 단순한 성적 활동을 넘어서서 상호 협조하는 방식으로 커뮤니케이션이 이루어질 때', 그것을 '사회' 혹은 '사회성'이라고 규정한다. 그렇다면 인간이 사회적 관계를 유지하면서 사회적인 삶을 살아가는 이유는 무엇일까? 흔히 인간이 사회적 관계에 적응하여 살아남기 위해 하는 행동을 '사회적 행동'이라고 한다. 사회적 행동이란 환경의 변화에 대응하기 위한 일련의 장치를 말한다. 동물들은 진화를 통해 환경의 변화에 적응해 왔지만, 인간의 경우에는 환경의 변화에 대한 적응장치로 사회적 행동을 통해 사회화 과정을 수행해 왔다.

일반적으로 사회화란 매우 다의적인 의미를 내포하고 있다 심리학에서 사회화는 기본적인 사회적 성질의 획득을 의미하고, 인류학에서는 문화의 전달을 뜻하는가 하면, 사회학에서는 사회적인 활동 수행을 위해 훈련되는 것을 사회화라고 한다. 또한 사회생물학에서는 사회화를 개체의 발달에 변화를 주는 모든 사회적 경험의 총합에 의한 결과로 보고 있다(박만준, 2004). 이러한 사회화의 개념들은 사회적 행동의 발달로 이어져 과연 사회적 행동의 발달은 어떻게 이루어지는가와 같은 논쟁으로 연계되면서 인간의 사회적 행동에 대한 탐색이 지속적으로 이루어지고 있다.

인간이 사회적인 동물이 된 까닭, 즉 인간의 사회성을 출현시킨 가장 근원적인 이유에 대해 박만준(2004)은 다음과 같은 점을 들고 있다.

첫째, 인간을 비롯한 동물의 사회적 행동은 환경에 대한 하나의 적응형태이다. 이러한 적응형태는 진화적 시간의 흐름에서 본다면 여러 가지 계층들을 거쳐 학습, 놀이, 그리고 사회화로 진행되어 간다.

둘째, 먹이를 얻기 위해 목숨을 걸고 싸우는 것만이 생존경쟁이 아니다. 하나의 개체의 힘으로 부족한 역량을 협동과 상호부조를 통해 극복해 나가는 것도 생존경쟁의 하나이다. 집단을 형성하여 사회적인 삶을 살아가는 인간의 상호부조는 생존을 위한 하나의 자연법칙이다.

셋째, 다윈은 진화론에서 하나의 종이 생존경쟁에서 패배하는 것은 다른 종에 비해 환경에 대한 적응력이 떨어지기 때문이라고 보았는데, 자연스러운 선택은 경쟁을 피하는 법을 아는 종을 선택한다는 사실이다. 이처럼 적응의 형태로 변화된 사회적 행동의 대표적인 사례가 상호부조이다. 즉, 인간은 환경에 대한 적응력을 향상하기 위해 사회적인 삶을 살아가는 것이다.

넷째, 진화론과 같은 생물학적 원리가 인간사회에도 확장되어 나타나는데, 그것은 바로 적응해야 할 환경에 대해 '다단계 대응시스템'으로 해결하는 것이다. 따라서 인간의 사회집단에서도 이러한 '다단계 계층적 대응 시스템'이라는 과정으로 대응하게 되어 있고, 그러한 다단계 계층적 구조가 인간의 사회화를 형성하게 만들었다.

다섯째, 상호부조와 이타성은 인간의 본성이자 '진화된 본성'이며, 인간은 본성적으로 사회적인 존재일 수밖에 없다.

1) 사회적 관계 속의 인간[1)]

우리는 매일같이 엄청난 사람들과 만나면서 접촉한다. 동물과는 달리 다양한 측면에서 많은 기능을 가진 사람은 성장하면서 많은 사람을 만나고 만남을 통해 다양한 관계를 맺는다. 이러한 관계를 인간의 사회적 관계라고 하는데, 인간의 사회적 관계는 대부분 호혜나 이타심, 상업, 육체적 매력, 출산 등을 기초로 한다.

다음의 예화를 통해 인간의 사회적 관계가 인간의 성장과 발달에 어떤 영향을 미치는지에 대해 생각해 보자.

1920년 10월, 인도 동부 미드나포르(Midnapore) 지방의 한 늑대 소굴에서 싱(J. A. Sing) 목사에 의해 두 소녀가 발견되었다. 벌거벗은 채 땅바닥에서 마치 짐승처럼 둘이 엉켜 자는 그들은 발견 당시 송곳니가 길고 턱이 발달해 있었다. 8살과 2살로 추정되는 이 소녀들은 마을 인근 늑대 소굴에서 살고 있는 늑대에 의해서 키워진 소녀들로 발견 이후 인간세계로 돌아와 각각 '카말라(Kamala)'와 '아말라(Amala)'라는 이름을 얻었고 세계에서 가장 유명한 야생아(feral child)로서 그 이름을 알리게 되었다.

발견 당시 이들의 행동과 생활양식은 문명사회의 인간과는 현저하게 달랐다. 두 소녀는 네 발로 걷고 늑대처럼 울부짖고 날고기만 먹으며, 인간에게는 할퀴는 등 공격을 일삼았다. 두 소녀는 정말 늑대처럼 행동한 것이다. 더구나 이들은 말도 할 줄 모르고 인간의 감정도 거의 없었다. 그저 야생에서 살아가기 위해 필요한 본능만이 있었을 뿐이었다.

세상은 이들을 인간으로 되돌리기 위해 갖은 노력을 쏟아 부은 결과, 사람과 같이 꼿꼿이 서서 걷게 되었고, 소리 대신에 말을 했고, 익은 음식을 좋아하고 생 음식을 싫어하게 되었으며, 어둠을 싫어하고 빛을 찾았으며, 사람에게 인정을 느끼고 전적으로 사람에게만 의존하게 되었다.

그러나 카말라는 늑대 행동에서 인간의 행동으로 변하기에는 백지에서 인간 행동을 배우는 것보다 시간이 더 오래 걸렸다. 두 손으로 그릇을 잡는 것을 배우는 데 만 일 년 반이 걸렸고, 꼿꼿이 설 수 있게 되는 데 일 년 반이 걸렸다.

그리고 죽기 전 9년 동안 배운 언어가 보통 5세 정도의 어린이가 사용하는 언어에 불과했다. 아말라는 구조 뒤 일 년 만에 숨졌고, 카말라는 9년이라는 지루한 시간과 각

1) 정석용 · 이규은(2019). pp. 35-38 내용을 재구성한 것임

고의 노력 끝에 간신히 보통 아이처럼 살아가는가 싶었지만, 그녀마저도 10년을 넘기지 못한 채 단명하고 말았다.

이 사례에서 알 수 있듯이 인간은 태어나면서부터 이 사회에 적응하여 생존하는 존재가 아니다. 인간은 성장하면서 사회라고 하는 관계 속에서 다른 사람들과 상호작용을 하면서 발전한다. 다른 사람과의 상호작용이 없다고 한다면 인간도 짐승과 다를 바 없는 성장을 가져온다는 사실을 이 사례는 보여주고 있다.

문명사회에 대한 부적응이 부른 비극은 비단 '카말라'와 '아말라'만의 문제는 아니다. 이후에도 구조되어 사회의 품으로 돌아온 몇몇 사례를 보면 야생아들은 공통적으로 야생성을 갖추고 있으며, 주위의 피나는 노력에도 불구하고 '인간 사회'에 적응하는 데 큰 어려움을 겪었다. 이들은 대부분 구조되어 급격하게 바뀐 환경 변화에 대한 적응이 삶의 가장 큰 고난이 되었다. 통계에 의하면 야생아의 과반수가 발견된 지 10년을 넘기지 못한 채 대부분 사망하였다고 한다. 여기에는 인간 사회에 적응하는 데 따르는 스트레스도 그들 죽음의 한 요인이 되었을 것이 분명하다.

철학적 인간학의 시조라 할 수 있는 셸러(M. Scheler)는 인간의 사회성에 대해 '모든 인간에게 있어 의식의 본질적인 부분에 이미 사회라는 것이 내면화되어 있어, 인간이 사회의 일부분일 뿐만 아니라, 우리의 필연적 구성 요소이다.'라고 하였다.

또한 하이데거(M. Heidegger)는 '공존이 인간 존재의 본질적인 모습이고, 개인으로서 떨어져 있는 독존(獨存)은 인간 존재의 특수한 변형적 형식에 불과하다.'라고 하였다. 이는 인간이 사회 안에서 나 이외의 다른 사람들과 관계를 통해 '우리'를 형성하면서 살아감을 의미하는 것이며, 인간이 고독을 느끼는 것은 본질적으로 사회 안에서 다른 인간들과 더불어 존재하는 공존적 존재라는 것을 의미한다.

그렇다면 사회란 무엇인가? 일정한 지역에서 가치관과 문화 등을 공유하고 특정한 제도와 조직을 형성하여 질서를 유지하고 성원을 재생산하면서 존속하는 인간의 집단을 사회라고 말한다. 즉, 사회란 인간과 인간이 모여 관계를 맺으며 살아가는 터전인 동시에 인간을 둘러싼 환경을 포함하는 것이다. 그렇다고 사회가 인간의 바깥에만 존재하는 것은 아니다. 사회는 각 개인의 내면에도 존재한다. 그리고 그 '인간 속의 사회(society in man)'는 인간의 외면적 행동뿐만 아니라 내면적 사고를 통제하고 제약한다(권정호 외, 2010: 16).

결과적으로 사회란 상호작용하는 개인들의 집합체로 일정한 지역에서 가치관이나 문화를 공유하고 특정한 제도와 조직을 형성하여 질서를 유지하고 구성원을 재생산하면서 존속하는 인간 집단이라고 정의할 수 있다.

일반적으로 사회의 구성 요소로는 지역, 문화, 공동체 의식을 들 수 있다. 지역이라 함은 일정한 지역을 단위로 하는 상호작용의 공간을 말하고, 문화라 함은 행동양식이나 생활양식을 공유하는 집단을 의미하며, 공동체 의식이라 함은 사회를 지지하고 발전시키려는 집단적 의지를 말한다. 인간은 사회 안에서의 질서 있는 생활을 위해 다양한 제도와 조직을 구성하며, 이를 통해 질서를 유지하는데, 이러한 제도에는 가족, 교육, 종교, 경제, 정치 제도 등이 있다.

2) 인간 행동의 가치 기준

인간은 사회라고 하는 집단을 구성하여 생활을 유지, 발전시켜 나간다. 집단을 구성한 사회생활 속에서 인간은 일정한 법칙에 의하여 단체의 공동생활을 영위해 나가지만, 인간의 욕망으로 인하여 공동생활 안에서 다툼과 충돌이 필연적으로 발생하게 된다. 이러한 충돌과 다툼을 해소하기 위해 인간의 사회생활 안에는 일정한 행위의 법칙과 규칙이 존재한다.

사회적 동물로 태어난 인간은 지구상에서 누구나 인간 행동의 철학과 가치를 배우면서 살아간다. 인간이 살아가는 데 필요한 행동 가치에는 당위의 법칙(sollen)과 존재의 법칙(sein)이 있다. 당위의 법칙을 철학적 성격을 지닌 것이라고 한다면, 존재의 법칙은 과학적 성격을 지닌 것이라고 할 수 있다. 철학적 개념이 이상에 해당하는 것이라고 한다면 과학적 개념은 현실에 해당하는 일종의 관찰이라고 할 수 있다. 철학이 이상의 세계를 대상으로 인간의 이성의 작용에 의거하여 거시적 가치를 추구하는 데 반하여, 과학은 현실, 즉 실제의 세계를 대상으로 합리성과 실증성에 의하여 인과적인 미시적 가치를 추구한다고 볼 수 있다. 따라서 인간 행동 중에서 행동의 가치에 관한 문제라면 철학적인 문제가 될 것이고, 행동에 관한 문제라면 과학적인 문제라고 할 수 있다(김한곤, 1985). 즉, 인간의 사회생활의 법칙은 자연법칙 즉, 존재의 법칙(sein)이 아니라, 그의 자율성에 근원하여 합리적 목적을 규율하는 당위의 법칙(sollen)이 적용된다. 우리가 살아가는 사회에 존재하는 법은 조직적인 측면이 있을 뿐만 아니라 사회적으로 국가권력에 의해 준수할 것을 강제한다는 측면에서 사회규범과는 다른 특징이 있다.

일반적으로 인간의 가치란 '인간이 어떻게 살아가야 할 것인가?'라는 인간의 참된 행동, 즉 참된 생활을 영위하는 것과 관련이 있다. 인간이 그저 맹목적으로 행동하는 것이 아니라 어떻게 행동하여 나갈 때 올바른 행동인가의 문제이다. 따라서 '어떠한 행동이 진실 된 행동인가?', 또 '진실 된 행동을 영위하기 위하여 인간이 갖추어야 할 기준은 무엇인가?'와 같은 관점을 규명하고자 하는 것이 사회유형과 인간형과의 관계의 행동가치인 것이다.

국가가 있는 곳에는 사회가 있고, 사회가 있는 곳에는 인간이 존재한다. 즉, 인간의 인격은 타인과의 긴밀한 관계 속에서 또는 공동생활 속에서 발전되므로, 인긴이 인간으로서 대우 반기를 원한다면 인갸 모두는 서로 공동생활에 참여할 수 있도록 노력해야 한다. 인간은 행동 가치를 떠나 살 수 없는데, 인간이 좋은 사회를 만들기 위해서는 인간의 진실 된 행동이 있어야 한다. 왜냐하면 인간의 진실 된 행동을 기대할 수 없다면 아무리 좋은 사회를 만들어 놓고 기다린다 해도 이러한 인간들 속세에서는 사회 미래를 기대할 수 없기 때문이다. 인간은 자기의 행동을 훌륭하게 영위하기 위해서는 가치는 필연적으로 넓은 의미에서 인간의 행동에까지 확대되어야 한다. 인간의 행동은 필연적으로 행동 가치를 갖지 않으면 안 된다(김한곤, 1985). 사회의 모든 구성원들이 행동 가치에 적합한 행동으로 자기의 도리를 다할 때 그 사회는 평안과 질서를 보장받을 수 있게 된다.

2 인간의 삶의 목적과 가치

인간은 누구나 행복을 추구하며 살아간다. 일찍이 저명한 철학자 아리스토텔레스는 "행복이 최고의 선이다."라고 하였으며, 인간은 행복을 추구하며 살아간다고 하였다. 이는 모든 사람들이 삶에 있어서 행복을 추구하고 있다는 것을 의미한다.

하지만 행복이라는 의미는 일반적인 개념이 아니라 주관적인 것이다. 자신에 대해서 스스로가 왜 살아가는지에 대한 대답, 즉 살아가는 이유와 의미를 찾고자 자문한 것에 대한 대답이 삶의 목적이 될 것이고, 목적의 성취여부는 행복과 무관치 않을 것이다.

1) 삶의 목적

사람들이 살아가는 이유를 물으면 다양한 의견이 제기되지만, 가장 일반적인 대답은 행복을 추구하기 위해서라고 말한다. 하지만 행복은 개인에 따라 다르게 해석될 수 있는 것이어서 행복을 추구하는 방식도 사람마다 다를 수 있다. 하지만 사람들은 누구나 행복을 꿈꾸기 때문에 사람들이 하는 행동을 추적해 보면, 모든 행동이 행복에 대한 열망과 연계된다. 수고하고 힘든 일을 참아내는 것도 행복을 위한 것이고, 어려운 환경을 이겨내는 노력도 결국은 자신의 행복을 위한 것이다. 그렇기 때문에 인간의 삶의 의미 또한 행복의 의미와 매우 가깝다. 사람이 존재하는 이유가 어쩌면 행복을 얻기 위한 것이라고 해도 지나친 말이 아니다.

일찍이 아리스토텔레스는 사람이 세상을 살아가는 목적은 행복(幸福)에 있다고 하였다. 하지만 오늘날 세상을 살아가는 사람들은 자신의 삶에 대해 행복하다고 느끼며 사는 사람이 그리 많지 않다. 그렇다면 어떻게 하면 행복한 삶을 살 수 있을까? 행복을 만드는 가장 실용적이면서 효과적인 방법은 무엇이며, 행복의 조건은 무엇일까? 이러한 문제는 우리가 항상 고민을 하고 해결하고자 하는 것이면서도 쉽게 풀리지 않는 과제이다. 많은 사람들은 인간의 삶의 목적인 행복은 멀리 있는 것이 아니고 거창한 것에서 찾을 수 있는 것도 아니라고 한다. 삶의 목적인 행복은 지극히 사소하고 일상적인 조그마한 것에 있다고 한다. 아침 햇살이 빛나는 영롱한 이슬에도 행복은 깃들어 있고, 처마 밑에 활짝 핀 국화꽃 향기에서도 하루에 일용할 정신적인 양식을 얻을 수 있는 행복이 있다고 한다. 지극히 사소하고 일상적인 것에서도 행복의 씨앗을 찾을 수 있고, 지나친 욕심이 아닌 소박한 빈 마음으로 다가갈 때 행복은 느낄 수 있다고 한다. 그러면 어떻게 사는 것이 행복한 것일까? 독일의 관념철학자 칸트(Immanuel Kant)는 행복하기 위해서는 일, 사랑, 꿈이 있어야 한다고 주장했다. 또 폴란드의 시인 노르비트(Cyprian Kamil Norwid)는 행복하게 살기 위해서는 일이 있어야 하는데, 그 일은 첫째, 재미가 있어야 하고 둘째, 의미가 있어야 하며 셋째, 먹고사는 일이어야 한다고 강조하였다. 사람이 행복해지기 위해서는 일, 사랑, 꿈이 있어야 하되 그 세 가지가 의미와 가치를 지니고 있어야 한다고 보았다. 그렇다면 어떻게 사는 것이 행복이고 우리가 원하는 것일까? 만약 행복은 건강하고 잘 먹는 일이라고 생각한다면 그것은 러셀의 말처럼 동물들이 느끼는 행복의 수준을 넘지 못할 것이다. 물론, 원인이야 무엇이든지 간에 잘 먹지 못하고 건강에도 이상이 있는 사람이 있다면 그 사람에게는 잘 먹고 건강한 것이 가장 큰 행복임에는 틀림이 없다. 하지만 건강과 생계에 심각한 문제를 안고 있는 사람이 아니라면 무언가 동물과는 다른 인간다운 자신의 행복을 찾아야 한다. 칸트나 노르비트의 말처럼 의미 있고 가치 있는 일을 찾는 것도 행복과 깊은 관련이 있다. 많은 사람들은 행복과 관련하여 행복은 돈에 있는 것처럼 말한다. 대부분의 사람들은 돈이 자신에게 행복을 가져오고, 또 자신의 행복을 지켜 줄 것이라고 생각한다. 이런 이유로 많은 사람들은 자신의 인생을 바쳐서 돈을 벌려고 하고, 경우에 따라서는 돈 때문에 인생을 포기하기도 한다. 하지만 돈만으로 행복을 얻는다는 것은 불가능한 일이다. 많은 사람들은 돈을 통해 행복이 함께 올 것이라고 생각하지만 실제로는 돈을 얻어도 행복은 함께 오지 않는 경우가 많다. 돈으로 소비 욕구를 충족시키고 자신의 허영심을 채울 수는 있지만, 그것이 꼭 행복을 보장해 주는 것은 아니다. 자신에게 질문을 해보자. 나의 행복은 어디에 있는가? 나는 그것을 어떻게 얻을 것인가? 혹시 여러분 중에 이 질문에 명쾌한 대답을 내릴 수 있는 사람이 있다면 그 사람은 어쩌면 이미 행복한 사람인지도 모른다. 행복이라는 것은 주어지는 것이 아니라, 찾아야 하는 것이라면 우리는 자신의 행복을 찾기 위해 적극적으로 나서야 한다(이규은, 2019).

사람들이 살아가는 목적은 개인적인 신념과 가치관, 경험 등에 따라 다를 수 있고, 다양하게 해석될 수 있다. 하지만 대부분의 사람들은 행복하게 살기를 희망하며, 그런 희망이 삶의 목적이 될 수 있다. 행복은 각자 다른 요소에 의해 달성될 수 있지만, 대체로 가정, 친구, 사랑, 일, 취미, 삶의 목표에 대한 달성여부 등으로부터 비롯되며, 일부 사람들은 개인적 차원을 넘어 인류의 삶이나 진보문제, 종교나 철학문제 등에 대한 것을 삶의 목표에 포함하기도 한다.

결국 인간의 삶의 목적은 행복을 추구하는 데 있지만, 자신으로부터 행복을 발견하고, 행복을 얻기 위한 노력을 통해 성취하는 것은 개인의 몫이며 각자의 책임이다. 자신의 삶 속에서 신념과 가치, 경험 등에 따라 자신의 삶을 더욱 의미 있게 만드는 것도 삶의 목적과 관련이 있다.

2) 인간의 궁극적 가치

인간이 살아가는 삶의 가치는 자신이 어떤 일을 하고, 어떤 행동을 하며, 어떤 인간관계를 형성하느냐에 따라 다양하게 결정된다. 자신의 삶에 있어서 무엇을 중요하게 생각하느냐에 따라 삶의 가치는 달라질 수 있다. 인간의 삶에서 경제적인 측면을 중시하는 사람이 있는가 하면 어떤 부류의 사람들은 가족이나 사랑을 중시하는 사람들이 있고 또 다른 한 부류의 사람들은 자신의 역량을 높여 나가는 일을 중시하는 사람들도 있다. 즉, 삶의 가치를 어디에 두느냐에 관한 사람들의 유형은 다음과 같은 네 가지 측면에서 구분할 수 있다.

첫째, 성장과 발전의 가치이다. 전문적 역량강화에 가치의 중점을 두고 있는 사람들이다. 이 유형의 사람들은 자신의 삶에 있어서 전문적 역량을 강화하는 일에 중점을 두고 자신의 능력과 자신감을 향상하는 일에 높은 가치를 두고 살아가는 사람들이다.

둘째, 자아실현의 가치이다. 인생을 살아가면서 자신이 하고 싶은 일을 삶의 가장 높은 가치로 두고 자신의 삶의 목적을 달성하면서 자아실현을 이루어 내는 사람들이다. 이 유형의 사람들은 원만한 인간적 관계에도 높은 가치를 두어 다른 사람들과 깊은 관계를 형성하고, 가족과 친구들과의 소중한 인간관계를 유지, 발전시키기 위해 노력하는 사람들이다.

셋째, 기여와 사회적 가치이다. 다른 사람들을 위해 봉사하고 헌신하는 일에 가치의 중점을 두고 있는 사람들이다. 이 유형의 사람들은 자신이 가진 것을 나누고 공유하며 자신보다 어려운 이웃을 돕는 일에 높은 가치를 두고 살아가는 사람들로, 타인을 위해 기부하고 봉사하는 일을 통해서 삶의 의미와 목적을 찾아가는 사람들이다.

넷째, 만족과 행복의 가치이다. 만족감과 여유를 가진 자신의 삶 안에서 건강하고 균형 잡힌 삶을 살아가는 사람들이다. 이 유형의 사람들은 사회구조 속에서 발생하는 다양한 욕망을 줄이고 충분한 휴식과 여유를 가지며 육체적 · 정신적 건강과 안녕에 중요한 가치를 두고 살아가는 사람들이다. 이러한 삶의 균형은 욕망을 줄임으로써 찾게 되는 행복에 삶의 높은 가치를 두고 있는 사람들이다.

자신의 삶에서 궁극적인 가치를 어디에 두느냐의 문제는 중요하지 않다. 앞에서도 언급한 바와 같이 사람마다 모두 다른 특성을 지니고 있기 때문에 가치도 개인에 따라 차이가 나는 것은 당연한 이치이다. 하지만 자신의 가치가 어디에 있든지 간에 목표를 위해 삶을 살아가는 것은 자신의 삶에 의미를 더하는 일임은 물론이고, 나아가 사회나 인류에 기여할 수 있는 기회가 된다는 점에서 삶의 가치가 중요한 것이다. 개인의 삶의 목적을 달성하면서 다양한 가치도 창출해 낼 수 있기 때문이다.

이 밖에도 우리는 주변 사람들의 삶의 모습에서 가치라는 측면을 본질적인 측면과 도구적인 측면으로 구분할 수 있다. 본질적인 측면에서 본 가치의 유형은 아름답고 진실한 삶의 모습으로 자신을 헌신하며 다른 사람의 삶에 의미를 주는 참된 가치를 추구하는 것이고, 도구적인 측면에서 본 가치의 유형은 부끄러운 삶의 모습으로 참된 가치를 추구하지 않고 헛된 욕심에 빠져 있는 삶의 모습이다. 이러한 두 가지 가치 유형에서 오는 가치를 본래적 가치와 도구적 가치라고 한다.

본래적 가치란 다른 무엇을 얻기 위한 방편으로서 소중한 것이 아니라, 그 자체로서 귀중한 것이고, 그 자체가 목적으로서 추구되는 가치이다. 본래적 가치는 그것이 추구하고 있는 어떤 다른 것 때문에 가치를 가지는 것이 아니라, 그 자체가 스스로 가치를 지니고 있으며 이러한 본래적 가치는 도구적 가치의 근원이 된다. 이 밖에도 여러 가지 물질을 통해 유용한 가치를 느끼고 만족을 얻는 가치를 물질적 가치라 하고, 지적 가치나 도덕적 가치, 미적 가치, 종교적 가치 등과 같이 참된 것, 착한 것, 아름다운 것, 성스러움의 추구 등과 관련된 가치를 정신적 가치라고 한다.

도구적 가치는 어떤 목적이 되는 다른 가치를 성취하거나 획득하는 데 도움이 되는 수단으로서의 가치를 말한다. 따라서 이러한 도구적 가치는 다른 말로 수단적 가치라고도 한다. 학업을 통해 좋은 취업을 얻으려 한다거나, 자격증을 취득하려고 한다면 그것은 학업이라는 것을 통해 다른 가치를 이루고자 하는 수단으로 활용하고 있다고 볼 수 있으며, 이를 도구적 가치라고 한다. 물질을 얻음으로써 궁극적인 목적에 도달하고자 하는 경우라고 한다면, 이때 물질은 목적에 도달하기 위한 하나의 수단에 불과한 것으로, 물질적 가치는 도구적 가치의 일부에 해당된다.

가치는 우리가 추구하는 대상임과 동시에 우리가 좋아하는 것과 싫어하는 것의 기준이 된다. 이러한 가치의 기능은 우리가 행동함에 있어서 옳은 행동과 옳지 못한 행동의 준거가 되고 뜻있고 보람 있는 삶의 기준이 되며, 어떤 문제 상황에서 어떤 판단을 내리는 척도의 역할을 한다.

인간이 삶에 있어서 뜻있고 보람찬 삶을 살기 위해서 다른 어떤 가치보다 중요시하는 가치가 있는데, 이것을 가리켜 인간의 궁극적 가치라고 한다. 인간의 궁극적 가치는 가치 자체에 목적을 두고 추구하는 본래적 가치와 진리, 도덕적인 삶, 아름다움, 신앙 등과 같은 정신적 가치를 모두 포함한다. 사람들이 본래적 가치와 정신적 가치를 추구하면서 삶을 영위할 때 우리는 의미 있는 삶이라 말하는데, 그것은 인간이 추구하는 궁극적인 가치가 여기에 있기 때문이다. 더 중요한 것과 덜 중요한 것을 구분하여 제시하고, 본래적, 정신적 가치가 도구적, 물질적 가치보다 더 가치가 있다고 하는 것은 가치에도 우선순위가 있음을 말해 주는 것이다(이규은, 2019). 이러한 가치들은 삶의 목적을 달성하면서 자연스럽게 창출되는 경우도 있지만, 대부분의 경우에는 적극적인 노력과 실천이 있을 때 가능해진다.

3) 삶의 다양한 모습

사람들이 살아가는 모습은 다양하다. 사람들이 선택하는 삶의 방식이나 가치는 개인에 따라, 사회적 환경에 따라, 시대적 변화에 따라 각각 다르기 때문이다. 따라서 사람들이 선택하는 삶의 목적이나 방식 또한 반드시 일치하지 않는다.

사람들의 삶의 방향은 사회적 배경에 따른 가치관의 차이, 자신이 처한 개인적 성향, 자신이 소속된 집단이나 사회의 사회적 상황, 개인별 타고난 능력이나 교육 수준 등 여러 요소에 의해 다양하게 선택되고 결정된다. 이러한 다양한 삶의 방식은 사회의 다양화를 추구하고 삶의 다양성은 개인이나 사회 전체의 조화를 위해 필요하다. 따라서 다른 사람들이 선택한 가치를 존중해야 하며, 다른 사람의 삶의 의미나 목적에 대해서도 부당하게 간섭을 하거나 강요해서는 안 된다.

인간의 삶에 있어서 우리는 왜 살아가며, 삶은 우리에게 어떤 의미가 있는 것일까? 이는 인간으로서 삶을 영위하면서 삶의 목적이 무엇이며, 삶의 의미가 무엇인지에 대한 탐색을 전제로 한 질문이다.

인간이 동물과의 차이점을 비교해 보면 여러 가지 특성에 있어서 차이를 보이지만 삶의 목적이나 의미와 관련하여 큰 차이를 보인다. 삶에 있어서 의미와 목적을 갖는 것은 인간만이 할 수 있는 일이다. 인간만이 자기 자신을 의식하고 스스로 옳다고 판단하며, 가치 있는 일이라고 생각하는 대로 행동하며 살아간다. 자신의 의지에 따라 삶을 선택하고 자신의 삶의 방향과 의미를 결정하며, 나아가 한 사람의 결정은 주변의 다른 사람들에게도 영향을 끼친다. 자신의 현명한 판단이나 선택에 의해서 주변 사람들에게 기쁨과 행복의 결과를 가져다줄 수도 있지만, 경우에 따라서는 자신의 잘못된 판단이나 선택이 자신을 비롯한 주변 사람들에게 무의미하고 비참한 삶을 가져다주는 결과를 초래하기도 한다. 따라서 매사에 있어서 자신의 선택이나 판단이 삶에 어떤 의미를 지니고 있는지에 대해 신중하게 생각하고 사려 깊게 결정해야 한다.

개인의 욕구나 필요에 따라 삶의 목적이 다양하다고 하는 것이 삶을 무의미하게 살거나, 아무렇게나 살아도 된다는 의미는 아니다. 한 사람의 삶은 다른 사람들에게 직간접적으로 영향을 미치기 때문에 자신의 삶으로만 한정해서 생각하는 것은 잘못된 생각이다. 자신의 만족만 생각하고 남에게 고통을 주는 삶을 영위한다면 어떠한 결과를 가져오게 될 것이며, 다른 사람만을 의식해서 자신에게는 별다른 의미나 가치가 없는 삶을 영위한다면 궁극적으로 어떠한 결과에 봉착하게 될 것인지를 생각해 보아야 한다.

전통사회에서의 삶의 형태는 비교적 단순했다. 대부분의 사람들은 태어날 때부터 타고난 신분에 따라 자신의 삶이 결정되는 것이 일반적이었다. 부모나 혈족으로부터 물려받은 사회적 신분에 의해 자신의 노력이나 능력에 관계없이 정해진 신분에 따른 사회적 과업을 수행하면서 사는 것이 일반적인 삶의 형태였다. 그러나 오늘날과 같은 현대사회에서의 삶의 형태는 복잡화, 다변화되어 다양한 삶의 형태를 보이고 있다. 사회의 급속한 변화와 함께 산업이 발달하면서 직업의 종류가 다양화되고, 이에 따라 사람들의 삶의 형태도 다양화되었다. 뿐만 아니라 교통의 발달로 지역 간의 교류가 활발해지고 다양한 통신수단과 통신매체의 발달로 사람들의 삶의 형태는 특성화되고 개성화되는 양상을 보이고 있다. 최근에는 사회적으로나 경제적으로 일정한 수준을 유지하는 사람들의 집단으로부터 활발한 교류와 여행이 이루어지고, 여행을 통해 자기 삶의 모습을 폭넓게 설계할 수 있게 되면서 개인의 삶을 자신의 결정이나 판단에 따라 다양하게 유지·발전시키는 경향을 보이고 있다(이규은, 2019).

인간의 삶의 의미는 사람마다, 날마다, 그리고 시간마다 달라질 수 있다. 그렇기 때문에 인간의 삶에서 중요한 것은 주어진 순간에 그 사람의 삶에 있어서 특별한 의미는 무엇인가 하는 것이다. 삶에 대한 의미는 쓸모 있는 사람이 됨으로써 표출될 수 있고, 표출된 결과에 대해서는 책임을 져야 한다. 그 책임은 가치의 실현에 대한 책임이며, 삶의 의미를 발견하기 위한 방법으로 삶 속에서 가치를 실현하는 것이라고 말하고 있다. 인간이 삶의 의미와 목적을 상실하게 되면 고독감, 무력감, 불안감 등 심리적 고통을 겪을 수 있는데, 프랑클(V. E. Frankl)은 이러한 심리상태를 공허(existential vacuum)라고 불렀다(유순옥, 2005). 이러한 공허는 실질적으로는 마음의 질병이라기보다는 오히려 자신의 삶에서 의미를 찾으려는 인간만의 노력의 일환이라고 할 수 있다. 이는 자신의 성찰이나 쾌락을 통해서 극복할 수 있는 것이 아니라 오직 자신에게 의미를 채움으로써 극복되는 것이기 때문이다.

3 인간의 존엄성과 인간다운 삶

'인간은 사회적 동물이다.'라는 말에서처럼 사람은 사회를 떠나서 생존할 수 없다. 따라서 개인으로 구성된 사회적 관계 속에서 인간은 개개인이 지니고 있는 존엄하고 고유한 가치를 보장받아야 하며, 이를 인간의 존엄성이라고 한다. 유엔세계인권선언 제1조에서는 "모든 인간은 태어날 때부터 자유로우며 그 존엄과 권리에 있어 동등하다. 인간은 천부적으로 이성과 양심을 부여받았으며 서로 형제애의 정신으로 행동하여야 한다."라고 규정하고 있어 인간의 존엄성과 인권을 강조하고 있다.

1) 인간의 존엄성

인간의 여러 가지 권리는 인간이 태어나면서부터 가지고 있는 존엄성에서 유래한다.[2] 즉, 인간은 존엄한 존재이므로 인권을 가지며, 인간의 존엄성을 보장받기 위해서는 반드시 인권이 보장되어야 한다. 인간에게 권리가 없다는 것은 인간의 존엄성이 인정되지 않는다는 것이며, 이는 곧 동물과 같은 수준의 삶이라 해도 과언이 아닐 것이다. 예링(Rudolf von Jhering)은 인간의 존엄성에 대해 "인간에게 가장 중요한 것은 단순한 육체적 생존뿐만 아니라 동시에 정신적 생존인 것이며, 정신적인 생존 조건 중의 하나가 바로 권리의 주장이다. 인간은 권리 속에서 자신의 정신적 생존 조건을 보호하고 방어한다. 만약에 인간에게 권리가 없어진다면 인간의 존엄성은 동물과 같은 수준으로 떨어지게 된다."[3]라고 하였다.

그러나 인간의 존엄성에 대해 인권론자들은 "인간은 누구나 존엄하며, 권

---

2) 1966년 국제연합에서 채택한 「시민적·정치적 권리에 관한 국제협약」(B협약)의 전문의 내용이다.

3) 심윤종 외 역(1992). 권리를 위한 투쟁. 서울: 범우사. p. 31.

리를 지닌다."라고 주장을 하면서도 인간의 존엄성의 근거로 이성이나 양심과 같은 인간의 도덕적 능력을 전제조건으로 들고 있다. 칸트의 맥락에 따르면 사람은 누구나 인권을 지니고 태어난 것이지만, 인권을 누릴 자격은 정언명법을 준수하는 사람뿐인 것이다.[4] 이를 자유주의 일반론과 연결하여 설명한다면, 칸트의 정언명법 가운데 제1원칙은 공평원직에 해낭하고, 제2원칙은 무해원칙에 해당한다. 이러한 맥락에서, 자신과 남을 공평하게 배려하고, 남의 권익을 부당하게 침해하지 않는 사람만이 '사람다운 사람'으로서 인권을 누릴 자격이 있는 것이다. 이를 전통유교의 개념으로 설명하면, 충서(忠恕)[5]를 발휘하는 군자만이 '사람다운 사람'이요, 충서를 외면하는 소인은 오히려 '금수에 가까운 사람'이니, 소인의 경우에는 인권을 누릴 자격이 없는 것이라고 보았다(이상익, 2016). 뿐만 아니라, 인권의 구체적인 내용은 인륜을 해치지 않는 범위로 제한하는 것이 일반적이다. 공공질서를 유지하기 위해서 인권을 제한하는 것이나 남의 권리를 침해할 때에는 인권을 제한하는 것 등이 바로 그것이다.

인권은 존엄한 인간이 누려야 할 권리이다. 하지만 인륜을 전제하지 않고서는 인간의 존엄성뿐만 아니라 인권 자체도 그 정당한 근거를 확보하기 어렵다. 인간의 존엄성을 위해 필요한 인권을 보장받기 위해서는 다음과 같은 점이 인륜의 한계 내에서 전제되어야 할 것이다(이상익, 2016).

첫째, 인권은 '권리' 위주의 주장에서 벗어나 '의무'와 조화를 이루어야 한다. 우리는 흔히 권리에는 책임과 의무가 따른다고 말한다. 그런데 많은 이들은 인권을 보장받기 위해 책임을 말하면서도 책임을 등한시한 경우가 많았

4) 칸트는 『도덕형이상학』에서 "인격체로서의 인간만이, 즉 도덕적이고 실천적인 이성의 주체로서 고찰될 때의 인간만이 어느 무엇보다도 더 존귀한 것"이라고 하였다, 교육학에서는 "만일 음주에 탐닉하거나, 자연의 법칙에 어긋나는 범죄를 저지르거나, 무엇이든지 과도하게 되면, 이는 모두 인간을 동물 이하로 떨어뜨리는 것이요, 인간의 존엄성을 부인하는 것"이라 했고, 또 "어린이들은 일찍부터 인간의 권리에 대한 경외감과 존경심을 배워야 한다. 어른들은 어린이가 실제로 그것을 실천하는가를 주의 깊게 살펴보아야 한다."라고 하였다. 칸트는 "반도덕적(反道德的)인 사람은 인권을 누릴 자격이 없다."라고 보았기 때문에 '혹독한 응보형(應報刑)'을 주장한 사람이다.

5) 충직하고 동정심이 많음.

고, 인륜의 의무에 대해서는 더욱 소홀히 해 왔다. 각자의 권리를 주장하기 이전에 각자의 의무를 먼저 상기해야 할 것이다.

둘째, 인권을 말할 때 '객관적 진리'를 외면하고 '자유로운 의지'만을 강조해 왔는데, 완전한 인권을 보장받기 위해서는 '객관적 진리'를 아울러 고려해야 한다. 계약으로부터 도출된 규범은 때때로 객관적 진리와 어긋날 수 있다. 예를 들어, 동성결혼(同性結婚)을 허용하는 법률이 그것이다. 동성애는 개인의 성적 취향이므로 관용할 수 있다고 해도 동성 간의 결혼이라는 것은 결혼의 본래의 의미를 왜곡시키는 것이다. 이성 간의 결합을 통해 쾌락을 누리기도 하고 다음 세대를 낳기도 하는 것이 자연의 법칙이다. 그런데 동성결혼이란 이성 간의 결합도 아니요, 자녀를 낳을 수 있는 것도 아니지 않은가? 이처럼 개인적 차원에서 누리는 각종 자유도 객관적 진리에 어긋나는 경우가 많다. 예컨대 '내가 번 돈은 내 마음대로 쓸 수 있다'는 맥락에서 사치와 향락을 즐기는 경우가 그것이다.

셋째, 오늘날 인권론은 과도하게 정의를 내세우는 경향이 있는데, 다양한 정의관이 충돌하고 있다는 점을 고려하여야 한다. 오늘날 인권론자들의 정의관은 각자의 몫을 공평하게 보장해야 한다는 공정으로서의 정의관, 최대 다수의 최대 행복을 추구하는 공리주의 정의관, 소유권의 불가침성을 옹호하는 자유지상주의 정의관, 사회 약자를 우대해야 한다는 사회주의 정의관으로 대별할 수 있다. 그런데 인간의 삶의 양상은 실로 복잡다단하여 이 가운데 어느 하나만을 고집하기는 어려운 형편이다. 따라서 다양한 정의관을 조화시키려는 노력이 필요하다.

넷째, '상대방에 대한 호의적 경향'과 관련하여 오늘날의 인권론에서는 이러한 점이 매우 부족하다. 헤겔이 인간의 윤리를 논하면서 '정의'와 함께 '상대방에 대한 호의적 경향'을 거론한 것은 정의의 원칙만으로는 우리 사회가 제대로 운영될 수 없다. 오늘날 우리 사회에 존재하고 있는 정의관은 매우 다양하거니와, 정의관이 아무리 다양하다고 하더라도 정의란 기본적으로 '각자의 몫을 각자에게 돌려주자'는 것이다. 그런데 각자의 몫을 각자에게 돌려주기로 말하면, 약자나 소수자의 몫은 항상 적을 수밖에 없다. 그러므로 헤겔은 이를 보완하는 원리로 '상대방에 대한 호의적 경향'을 거론한 것이다. 즉, 정의에 '사랑'의 원칙이 보완되어야 한다는 것이다. 혹자는 자유주의의 무해원칙이나 공정원칙을 상대방에 대한 호의적 경향으로 해석하기도 한다. 그러나 '호의'는 배려나 사랑을 포함하는 것으로서 무해나 공정한 대우를 넘어서는 것이다. 우리는 상대방에 대해 해를 끼치지 않고 무관심하게 대할 수도 있고, 공정이라는 명목으로 때로는 상대방을 야박하게 대우할 수도 있다. 더군다나 자유주의 지론은 공정한 조건에서 상대방에게 해를 끼치지 않고 자유롭게 경쟁하는 것인바, 경쟁의 심리와 상대방에 대한 호의적 경향은 양립하기 어려운 것이 사실이다. 상대방에 대한 호의는 단순히 상대방의 권리를 보장함을 넘어서서 내가 먼저 상대방에 대해 실천하는 것이다.

2) 인간다운 삶

인간은 가치를 추구하는 존재이다. 인간은 일상생활에서도 자신의 가치관에 따라 보다 가치 있는 삶을 살기 위해 노력하고 그 결과에 비추어 자신의 삶을 평가하기도 한다. 따라서 행동의 옳고 그름을 판단하는 일상의 생활에서도 자신이 어떤 가치관을 가지고 있느냐에 따라 서로 다른 결정을 보인다. 무엇이 가치 있는 일이고 무엇이 가치 없는 일인가에 따라 각자의 판단이 달리 나타나며, 인간은 자신이 가치 있다고 생각하는 것에 궁극적인 삶의 지향점을 둔다.

그렇다면 무엇이 가치 있는 삶인가? 가치 있는 삶과 관련하여 갖추어야 할 조건으로 다음의 몇 가지를 제시할 수 있다(이규은, 2019).

첫째, 타인이나 사회 전체에 부당한 손해를 끼치지 않는 것이어야 한다. 자기 자신에게 의미 있는 삶이라고 하더라도, 그것이 다른 사람이나 사회 전체에 피해를 주거나 고통을 준다면 가치 있는 삶이라 할 수 없다.

둘째, 자신에게 보람과 의미가 있는 것이어야 한다. 다른 사람이나 사회 전체에 아무런 피해나 고통을 주지 않는 일이라고 해서 무조건적으로 가치 있는 것이라고 단언할 수 없다. 아무리 남에게 손해를 끼치지 않는다고 하더라도 자신에게 별다른 의미나 가치가 없다면 그러한 삶은 무의미한 삶이다.

셋째, 자신을 희생하더라도 다른 사람에게 이익을 주는 삶이어야 한다. 남에게 아무런 손해를 끼치지 않고 자신을 만족시키거나, 자신을 희생하면서 다른 사람에게 이익을 주는 삶은 가치 있는 삶이다.

넷째, 타인이나 민족을 위하여 봉사하고 헌신하는 삶이어야 한다. 자신의 만족을 위한 것이 아니라 다른 사람이나 민족을 위해 헌신하는 삶은 더욱 가치 있는 삶이며, 그 생명력 또한 길다. 도서 벽지에서 헌신적으로 학생들을 가르치시는 선생님이나 나라의 독립운동을 위해 일생을 바친 의사(義士)나 열사(烈士) 등과 같은 사람들이야말로 자신을 희생하면서 다른 사람에게 도움을 주는 가치 있는 삶을 실천한 사람들이다.

인간의 삶에 있어서 바람직한 가치를 추구하는 일이 가치 있는 삶이요, 도덕적인 일이라는 것을 알면서도 우리는 종종 주변에서 가치 없는 일로 신문지상이나 언론에서 언급되는 사례들을 접하게 된다. 이와 같은 일은 우리의 삶에 있어서 무엇이 가장 중요한 가치인지를 알지 못하거나 또는 알면서도 외면하는 현상에서 나타난 결과로 이를 가치 전도라고 한다. 가치 전도란 가치의 서열이 뒤바뀌어 있는 상태를 말하는 것으로, 돈 때문에 사람을 함부로 해치거나 종교를 돈벌이 수단으로 악용한다거나 하는 일들이 이에 해당된다.

4 인간의 사회화[6)]

인간은 사회 안에서 사회와 더불어 존재할 수 있다. 인간은 사회적 존재로 사회화를 거쳐 성장하기 때문이다. 인간은 태어나는 순간부터 사회 속에서

6) 정석용 · 이규은(2019). pp. 38-45 내용을 재구성한 것임

태어나며, 사회의 한 구성원으로서 다른 사람과의 상호작용을 통해 그 사회가 신봉하는 지식과 신념, 가치, 태도, 행동을 배우게 되는데, 이것을 사회화라고 한다. 인간은 사회화를 거치면서 사회 구성원이나 인간으로서 갖추어야 할 자질을 익히고 배우게 된다. 이런 점에서 인간과 사회는 분리해서 생각할 수 없다. 사회를 떠난 인간이란 개념적으로는 상상할 수 있으나 현실적으로는 존재할 수 없기 때문이다.

1) 사회화의 의미와 내용

인간은 사회 안에서 나 이외의 다른 사람들과 관계를 맺으며 성장한다. 성장하는 과정에서 인간이 다른 동물들과 다른 특성이 있다면 역사적 · 사회적으로 오랜 기간 동안에 축적해 온 '문화'라고 하는 삶의 방식을 따른다는 점이다. 인간은 오랜 기간에 걸쳐 터득한 사회적 삶을 영위하는 데 필요한 행동, 언어, 태도, 신념, 가치, 규범 등을 배워 나가게 되는데, 이 과정을 사회화(socialization)라고 한다.

사회화라고 하는 개념은 1890년대에 사용하기 시작했다. 지멜(G. Simmel)이 1895년 '사회학의 문제(The problem of sociology)'라는 그의 논문에서 '사회화'라는 용어를 사용하면서부터 시작되었다. 그러나 사회화의 의미는 여러 가지 측면에서 다양하게 찾을 수 있다. 예를 들면, 정신분석학에서는 사회화를 '인간의 욕망 조절 능력'에 초점을 맞춰 사회화를 설명하고 있고, 심리학에서는 '인간의 의지력 향상'에, 인류 문화학에서는 '문화화(enculturation)되어 가는 과정'에, 사회학에서는 '사회적 규범에 대한 훈련 과정'에 초점을 맞춰 사회화를 정의하고 있다.

사회화에 대한 몇몇 학자들의 정의를 살펴보면, 로스(W. Ross)는 '인간의 정서나 욕구를 집단적 필요에 적응시키는 과정이다.'라고 정의하고 있다. 이와는 달리 뒤르켐(E. Durkheim)은 '비사회적 존재인 개인이 집단의식을 내면화함으로써 사회적 존재가 되도록 하는 과정'이라고 규정하고 있다. 또한 프로이트(S. Freud)는 '인간의 충동에 대한 통제 능력을 형성하는 과정'이라고 보았고, 미드(M. Mead)는 '문화를 동질화하는 과정이 사회화이다.'라고 정의하였다.

사회화에 대한 학자들의 개념을 분석 정리해 보면 다음과 같다(장원동 · 최희숙, 2008: 105 재인용).

첫째, 문화의 관점에서 보면, 사회화란 소속 집단의 성원에게 문화를 전달하고 특정 생활양식에 적합하도록 하는 방법이다. 말하자면 사회화는 문화를 개인에게 내면화시키는 과정이다.

둘째, 집단의 관점에서 보면, 사회화란 집단적 규범을 개인에게 내면화시키는 과정이다. 즉, 사회화란 사회 집단이 정해 놓은 생활 습성을 배우고 사회적으로 시인된 태도, 관념, 행동 유형을 배우는 것이다.

셋째, 심리학적인 관점에서 보면, 사회화란 인간의 욕구를 길들이는 과정이고 자아를 형성시키는 과정이다. 사회화는 인격(personality)을 획득하는 과정이기도 하며, 따라서 사회화의 핵심은 자기 또는 자아의 생성과 그 점진적 발전에 있다.

넷째, 사회화는 사회의 성원으로서 적절한 역할을 수행하도록 하는 것이다. 즉, 사회화는 사회의 존속과 유지, 발전을 위해 사회 성원이 그에게 부과된 역할을 수행하는 데 필요한 문화적 가치, 규범, 행동 양식 등을 학습해 가는 과정이다.

다섯째, 사회화란 사회가 동물적 인간을 사회적 인간으로 길들이는 과정이다. 인간은 공동체 안에서의 삶을 통해서 사회화됨으로써 비로소 인간이 된다. 그러므로 사회화 과정을 통하지 않은 존재는 동물이거나 천사이지 인간은 아니다.

이와 같은 정의를 종합해 볼 때, 사회화란 인간 간의 상호작용을 통해 감정, 행동 양식, 사회적 가치 및 규범을 학습하고 각자의 개성과 특성을 형성하여 한 사회의 구성원이 되어 가는 과정이라 할 수 있다. 사회화의 내용으로는 문화도 사회화의 한 요소로 포함하며 사회의 모든 생활양식을 포함하는 넓은 의미를 지니고 있다.

이런 광범위한 문화적 내용 중에서 사회화를 통해서 반드시 전달하고자 하는 주요 내용으로는 가치관과 규범, 감정과 행동 양식, 상징과 언어 등을 들 수 있다.

인간은 태어나면 평생을 살아가면서 일반적으로 네 차례의 사회화 과정을 경험한다고 한다. 이러한 사회화 경험에서 주도적 역할을 하는 주체나 단체를 사회화 기관이라고도 한다.

인간이 사회화 과정에서 맨 처음 경험하게 되는 사회화 기관은 가정이며, 이를 통해 이루어지는 사회화를 제1차 사회화라고 한다.

제2차 사회화 기관은 학교로, 여기에는 유아교육기관은 물론 초·중·고등학교와 대학 교육까지를 포함한다.

제3차 사회화는 사회를 통해 형성된다. 학교교육을 마치고 직장, 즉 사회라고 하는 경험을 통해 사회화가 이루어진다.

제4차 사회화는 노년기를 말한다. 직장으로부터 은퇴하여 노년기의 시간을 보내는 시기에 경험하게 되는 것으로, 노년기를 어떻게 보내느냐에 따라 절망감을 느끼기도 하고, 성취감이나 자아 통일감(自我統一感)을 경험하기도 한다.

2) 사회화의 기능

개인이 한 사회의 구성원으로 성장해 나가는 과정이 사회화 과정이라고 한다면 그 과정에서 개인의 사회에 대한 구성원으로서 기여 활동이 기대된다고 할 것이다. 이와 같은 활동은 개인의 사회적 기능으로 설명될 수 있는데, 개인이 사회적 기능을 수행함으로써 사회에 미치는 영향으로 이해될 수 있다. 일반적으로 사회화의 사회적 기능은 다음과 같은 몇 가지로 구분된다.

첫째, 문화 전승의 기능이다. 사회화는 문화를 전수하고 전달하는 기능을 수행한다. 출생과 함께 무기력한 인간으로 태어난 개체에게 사회생활을 영위하는 데 필요한 선조로부터의 문화를 전수 받아 사회 구성원으로 성장해 나가며, 사회 구성원의 기대에 따라 문화를 변화, 발전시켜 후세에 다시 문화를 전달하는 기능을 수행하게 된다.

둘째, 사회 통합의 기능이다. 인간은 사회화를 통해서 사회 구성원으로서 정해진 규범에 따라 행동하고 활동하게 된다. 이러한 사회화의 활동 안에서 개인은 사회 구성원으로서 정해진 규범을 준수하여 바람직한 행동을 요구 받게 된다. 따라서 사회 구성원 간에는 동일한 행동 양식을 보이게 되며, 이와 같은 동일한 규범에 따른 동일한 행동 양식을 보이게 됨으로써 사회화를 통해 서로가 하나의 공동체라는 의식을 갖게 된다. 이러한 공동체 의식은 하나로 묶인 감정을 엮어 내기 때문에 사회를 하나로 통합하는 역할을 수행한다. 이 과정에서 사회는 분산적인 상태로부터 보다 결합적·단결적인 상태로 전환되어 가게 되는데, 이러한 변화는 동질적 민족애를 하나로 묶어 내고, 애국심을 발생시키며, 민족적 동지 의식을 형성하는 등의 통합적 기능을 수행하게 된다.

셋째, 사회 혁신의 기능이다. 사회 혁신의 기능은 사회화를 통해 새로운 문화를 창조하고 이를 더욱 발전시켜 나가는 것을 말한다. 사회화를 통해 전통문화를 전달하고 문화를 더욱 바람직한 방향으로 발전시켜 혁신적인 기능을 수행해 나간다는 것이다. 따라서 사회변화는 사회화를 통해서 개인의 사고 양식과 행동 양식을 변화시키게 되며, 이와 같은 사회변화가 사회 혁신을 촉진하는 것이다.

넷째, 사회 이동 기능이다. 사회 이동은 사회계층의 수직적 이동과 수평적 이동으로 구분한다. 수직적 이동은 상하 계층 간 이동하는 것으로 종적(縱的) 이동을 의미하고, 수평적 이동은 계층의 변동 없이, 단순히 직종이나 지역적으로만 이동하는 횡적(橫的)이동을 의미한다. 사회화 과정을 통해서 개인은 능력에 따라 사회 상승이나 이동을 촉진하여, 결과적으로 사회적 불평등을 완화할 수 있는 기회를 제공하는 기능을 수행한다.

다섯째, 사회 충원 기능이다. 사회에는 보다 중요한 일과 그렇지 못한 일이 있으며 각각의 일은 적절한 자질과 능력을 갖춘 사람들이 맡아 수행하게 된다. 이때 적절한 자질과 능력을 갖춘 사람들의 양성이나 배치와 관련한 일은 사회화를 통해서 이루어진다.

개인은 사회화를 통해 적절한 능력을 배양하게 되고, 그 능력에 적합한 사회 구성원으로 성장하며, 사회적 역할을 수행하게 된다. 따라서 사회화를 통해 사회가 유지되고 발전되며, 더 나아가 전문가 사회에서의 적응을 가능하게 해준다.

3) 사회화의 유형

사회화는 사회화가 이루어지는 방식에 따라 그 유형을 구분한다. 심윤기(2002)는 사회화의 유형으로 문화적 유형, 과정적 유형, 대인적 유형으로 구분하였다. 가장 일반적인 사회화 방식으로는 역할 사회화를 들 수 있고, 목적에 따른 사회화의 유형으로는 예기적 사회화, 재사회화, 탈사회화로 구분한다. 또한 내용에 따른 사회화로는 정치 사회화와 직업 사회화로 구분한다.

역할 사회화는 가장 일반적인 사회화 방식으로 특정한 역할에 필요한 가치, 규범, 태도 등을 사회화하는 것을 말한다. 개인이 사회적 삶을 영위하면서 주어지는 역할을 수행하면서 이루게 되는 것이 역할 사회화이다. 예를 들면, 가정에서 부모로서의 역할, 학교에서 학생으로서의 역할, 직장에서 직장인으로서의 역할, 동호인 단체에서의 회원으로서의 역할 등 주어진 지위에 따른 역할에서 그 역할에 요구되는 가치관, 규범, 태도, 행동 양식 등을 학습함으로써 역할을 원활히 수행해 나가게 되는 것을 역할 사회화라고 한다.

예기적 사회화는 현재 필요하기 때문에 학습하는 것이 아니라, 미래를 대비하여 그에 맞게 학습할 내용을 준비하거나 그에 필요한 생활 방식이나 가치관을 미리 사회화시키는 것이다. 예를 들어, 어린 아이들의 조기 영어 교육, 대학교 신입생 오리엔테이션, 군대에서의 신병 교육 훈련 등은 모두 예기적 사회화에 해당한다. 특히 가정에서 취학 전 어린이에 대한 사회화나 학교 교육을 통해 이루어지는 사회화는 예기적 사회화의 성격을 지니고 있다고 할 수 있다.

재사회화는 성인들이 새로운 환경에 적응하기 위해 여러 사회화 기관을 통하여 새로운 내용을 학습하는 것과 같이 이미 이루어진 사회화를 수정하거나 새롭게 하여 다시 사회화하는 것을 말한다. 생활환경의 변화가 일어나면 사람들은 새로운 환경에 적응하기 위해 그에 적합한 새로운 규범과 가치를 배우게 되는데, 이것이 재사회화이다. 예를 들면, 컴퓨터의 보급으로 정보 활용이 일반화되면서 정보교육을 받지 못한 기성세대들이 컴퓨터 학원을 다니면서 컴퓨터 활용 방법을 배우게 되는 것은 재사회화이다. 오랫동안 수감되었던 재소자가 출소한 후 변화에 맞는 환경을 익히는 것, 실직자가 전직을 위해 새로운 기술을 익히는 것 등은 재사회화라 할 수 있다.

탈사회화란 사회화 과정을 거친 사람이 새로운 환경에 접하거나 새로운 문화에 적응하기 위해 기존의 생활 방식이나 사고방식을 버리는 것을 말한다.

재사회화를 위해서는 우선적으로 탈사회화가 선행되어야 한다. 탈사회화가 이루어지지 않고서는 재사회화가 불가능하다. 예를 들어, 대학생이었던 신분에서 벗어나 군 입대를 통해 군인이 되었다고 할 때, 예전에 대학생이었다는 사실을 현재 버리지 않고서는 군인으로서의 새로운 행동 양식에 맞춰 나갈 수가 없을 것이다. 이때 대학생 신분이었다는 사실을 망각하는 것이 탈사회화이고, 군인으로서의 행동 양식에 맞추어 나가는 것이 바로 재사회화이다.

사회화의 내용에 따른 사회화 유형으로 정치 사회화와 직업 사회화를 들 수 있다. 정치 사회화란 사회 구성원들이 그 사회의 정치 문화에 대해 바람직한 정치적 가치, 태도, 행위가 무엇인지를 배우게 되는데, 이것을 정치 사회화라 한다. 또한 직업 사회화란 개인이 직업 세계에 대해 갖게 되는 직업적 가치와 태도, 지식과 기술 등을 습득함으로써 직업 세계에 적응해 나가게 되는데, 이를 직업 사회화라고 한다. 특히 직업 사회화는 직업을 갖기 위해 필요한 자격을 갖추는 과정과 직업을 수행하면서 새로운 지식이나 가치, 규범

등을 익히는 과정을 포함하며 오늘날 사회에서 개인에게 가장 큰 비중을 갖는 것이 직업 사회화이다.

4) 사회화 과정

인간은 사회 속에서 태어나서 사회 속에서 삶을 마감하는 존재이다. 따라서 인간은 인간들 사이에 있을 때 비로소 진정한 의미의 인간이라고 할 수 있다. 이러한 인간의 사회적 관계는 사회화를 통해 이루어지는데, 사회화 과정에는 다음과 같은 몇 가지 주요한 특징들이 있다(김병희 외, 2009: 79).

첫째, 사회화 과정은 한 개인의 일생 동안 지속된다. 개인이 한 사회의 구성원으로 성장해 가는 과정은 특정한 기간 동안 완성되는 것이 아니라, 일생을 통해 지속된다. 사회화 과정은 개인이 태어난 가정에서 시작하여 또래 집단, 학교, 직장, 각종 단체로 이어지며, 자신이 소속한 각각의 집단에서 자식, 형제, 친구, 학생, 직장인, 배우자, 부모로서의 역할에 대한 사회화가 이루어진다. 개인은 자신이 사회에서 소속하게 되는 집단, 사회적 환경, 개인적 욕구의 변화에 따라 일생 동안 사회화 과정을 거치게 된다.

둘째, 사회화 과정은 사회적 학습을 통해 이루어진다. 사회적 학습은 개인이 다른 사람들과 맺게 되는 사회적 관계를 통해 이루어지는 학습을 말한다. 사회적 학습의 주요 메커니즘(mechanism, 작용 원리)으로는 언어적 상호작용, 강화와 벌, 모방과 동일시를 들 수 있다. 언어적 상호작용은 초기 사회화 단계의 중요한 사회적 학습의 방식으로서 개인은 부모, 친구, 교사를 비롯한 타인과의 언어적 상호작용을 통해 지식과 규범을 습득하게 된다. 강화와 벌은 개인의 행위가 사회적으로 용인되는지의 여부에 대한 판단과 인식을 갖게 함으로써 바람직한 사회적 행동을 학습할 수 있도록 한다. 모방과 동일시는 다른 인물의 특정한 행동을 따라 하거나 태도나 가치관을 내면화함으로써 이루어지는 사회적 학습의 방식이다.

셋째, 사회화 과정은 개인의 인성의 형성 과정이다. 사회화 과정은 사회적 관점에서는 개인에게 자신이 속한 사회의 문화를 전수함으로써 사회의 구성원으로 형성해 가는 과정으로 설명될 수 있지만, 개인적 관점에서는 문화의 학습을 통해 각 개인이 자신의 인성을 형성해 가는 과정으로 설명될 수 있다. 이 과정에서 개인의 인성은 문화에 의해 일방적으로 형성되는 것이 아니라, 주체적이고 능동적인 작용이 함께 이루어짐으로써 자아 정체성과 함께 자신만의 개성을 형성해 나가게 된다.

5 인간과 사회변동[7)]

인간이 끊임없이 변화하고 있는 것과 마찬가지로 인간 사회도 과학기술의 발달과 더불어 다양한 양상으로 끊임없이 변화하고 있다. 특히 오늘날과 같이 급변하는 사회 환경에서는 우리가 변화를 원하느냐, 원하지 않느냐와 무관하게 우리에게 닥쳐오는 피할 수 없는 현상이 되었다.

문화적 또는 문명적 변화와는 다른 사회관계의 변화가 일어나는 것을 사회변동이라 하는데, 이러한 사회변동은 사회구조의 변화와 함께 인간소외, 가치갈등, 사회 부적응 등 다양한 문제점을 수반하기도 한다는 점에서 우리가 대비해야 할 과제이다.

1) 사회변동의 의미

사회변동(social change)이란 하나의 사회질서가 다른 사회질서로 바뀌어 가는 과정으로 도덕이나 법률, 사회제도와 같은 사회구조가 변하거나, 인간의 습관이나 태도, 신앙, 환경에 대응하는 방식 등이 변하는 것을 말한다. 그러

7) 정석용 · 이규은(2019). pp. 45-50 내용을 재구성한 것임

나 사회변동이라는 용어는 보편적으로 사용되고는 있지만 학자에 따라 그 개념에는 다소 차이가 있다.

무어(Moore)는 사회변동은 '인간의 보편적인 역사적 경험'이라고 정의하였고, 로즈(C. B. Rose)는 '사회구조의 변동으로 사회 속에 야기되는 행위 양식에 새로운 의미와 가치가 발생하는 과정'이라고 하였으며, 로우세크와 워렌(Roucek & Warren)은 '사회변동은 사회과정 혹은 사회구조에 있어서의 변동을 의미하며, 문화변동은 신념, 지식, 언어, 기술 등과 같은 문화면에 있어서의 변동을 포함할 보다 광범위한 뜻을 지니고 있다.'라고 정의하였다.

이러한 개념 규정을 보면 변화, 변동, 변천 등의 개념을 혼동해서 쓰기도 하는데, 이들은 엄격히 따지면 그 의미가 다르다. '변화'는 '어떠한 사실이나 현상 자체가 변질된 상태나 결과'를 나타내는 말이고, '변동'은 '어떠한 사실이나 현상이 달라져 가는 상태나 과정'을 설명하는 말이며, '변천'은 '어떠한 사실이나 현상이 시간적 차원에서 달라져 가는 과정'을 의미하는 말로 각각 의미의 차이를 나타내고 있다.

사회변동은 사회의 구조(social structure)와 사회관계(social relationship)가 변화해 가는 것을 말한다. 따라서 사회변동은 현존하는 사회의 질서, 체제, 관념, 가치의 내용 일부 또는 전체가 변하는 과정이요, 사회의 외모, 체제, 제도 등 외형적 변모뿐만 아니라 사회 성원 개개인의 인성 체제와 행동 체제까지도 변화하는 것을 의미하게 된다. 이러한 사회관계 혹은 사회구조는 사회를 구성하고 있는 다수의 요인들이 결합하여 이룩된 계급 구조, 권력 구조, 경제 구조, 가족구조 등으로 사회가 변화한다는 것은 결국 사회의 제 구조가 변화한다는 것이며, 이러한 사회변동의 모습들로는 출산율의 변화, 노사관계의 변화, 핵가족의 출현에 따른 남편과 아내의 지위와 역할의 변모, 생활양식의 변화 등을 들 수 있다(이위환 · 김용주, 2009: 39). 결국 사회변동이란 사회의 구조 혹은 체제에 변화가 일어나는 것을 의미하며, 궁극적으로는 '사회변동은 사회생활의 내용과 관련된 종합적 사회 형상(形狀)이나 문화의 변화를 의미한다.'고 할 수 있다.

2) 사회변동의 과정

사회변동이 발생하는 원인으로는 여러 가지가 있을 수 있으나 일반적으로 산업화와 정보화가 가장 큰 원인으로 설명된다. 대량 생산을 통해 물질적 풍요와 삶의 여유를 가져다준 산업화는 사람들의 인식과 가치의 변화를 가져오면서 사회적인 구조의 변화를 일으키는 원동력이 되었다. 또한 컴퓨터의 발달과 초고속 통신망의 보급으로 삶의 방식에 변화를 가져온 정보화도 사회변동의 한 원인이 되었다고 할 수 있다.

이러한 사회변동이 진행되는 과정으로는 학자에 따라 차이를 보이고 있다. 박용헌과 최정숙(1994)은 사회적 변동 과정으로 공존적 변화, 흡수적 변화, 소멸적 변화, 혼합적 변화의 형태를 거친다고 설명하고 있다. 머릴(F. E. Merrill)은 사회변동의 과정을 다음의 네 단계로 나누어 설명하고 있다(장원동 · 최희숙, 2008: 254-255 재인용).

(1) 테크놀로지

테크놀로지(technology)는 우리가 살고 있는 물리적 환경을 변경하여 결과적으로 사회변동에 영향을 끼치게 된다. 최근에 우리 주변에서 생활이 향상되고 개선되어 가고 있는 것은 주로 이 방면의 발명 혹은 발견에 힘입은 바 크다. 과학기술의 변동이 우리의 일상생활이나 인간의 행동에 많은 영향을 미치게 되고, 더 나아가 사회제도를 변동시키는 데에도 연쇄적으로 작용하게 되는 것이다.

(2) 경제 기관

테크놀로지를 가장 직접적으로 응용하는 분야는 산업 분야이다. 따라서 테크놀로지가 발달함에 따라 그 영향을 제일 먼저 받게 되는 것은 경제 기관이다. 경제 제도의 변동은 산업구조의 변혁을 가져오고, 이에 따라 극심한 인구 변동, 도시집중 현상, 계층 간 이동 등 역동적인 사회변동 현상을 유발하게 된다. 결과적으로 경제 기관은 과학기술적 변동에 의존하면서 연쇄적으로 사회 기관의 변동을 일으키게 된다.

(3) 사회 기관

사회 기관은 경제변동에 의해서 많은 영향을 받게 된다. 이를테면 산업구조가 농업에서 공업으로 변동됨에 따라 사회 기관의 인구 변동이 생기게 되고, 가족구조와 그 구성원들의 역할이 변화되며, 여성의 사회 진출 기회가 증가하게 된다.

(4) 사회적 가치

과학기술적 변동과 거기에 따른 경제적 · 사회적 기관의 구조 변동이 비교적 빠르게 일어나는 데 반해서, 사회적 가치의 변동은 사회변화 마지막 단계로 오는 것인데, 이렇게 사회적 가치의 변동이 늦어지는 이유는 사회를 구성하고 있는 각 사람의 가치관이 서서히 변모하기 때문이다.

3) 사회변동의 특징

사회변동이 지속적으로 발생하는 요인으로 앞에서 산업화와 정보화를 지적하였다. 그러나 사회변화의 요인으로는 산업화와 정보화처럼 긍정적인 변화 요인이 있는가 하면 부정적인 변화 요인도 존재한다. 긍정적인 요인으로는 산업화, 정보화 이외에도 인간의 욕구나 지도력, 정당화 등에 의해 변동이 촉진되기도 한다. 그러나 인간의 심리적 요인이나 습관적 요인, 문화적 고립과 이해관계 등은 사회변동을 오히려 저해하는 요인으로 작용한다. 이와 같은 복합적 요인에 의한 사회변동은 다음과 같은 몇 가지 특징을 지니고 있다.

첫째, 사회변동은 자연적이고 필연적이다. 인간사회의 경우, 체계가 어떤 방향으로 어느 정도 변화하고 있는지를 판단하려면 특정 기간 동안 기본 제도의 변화나 인간의 가치 변화를 분석해야 알 수 있는 것이지만, 인간사회의 사회변동에 대한 역사적, 신학적, 인류사적 연구 결과를 보면 인간사회는 일정한 방향으로 변동하고 있고, 이와 같은 사회변동은 인간의 삶과 함께 필연적으로 이루어진다.

둘째, 사회변동의 속도는 급속도로 빨라지고 있다. 사회변동의 변화 속도는 현대사회로 올수록 그 속도가 가속도가 붙은 것처럼 급속도로 빨라지고 있다.

셋째, 사회변동은 내재적이고 연속적이다. 사회변동의 요인은 그 정당성을 내포하고 있으며, 사회변동의 과정은 변화 시기에 있어서 지속적으로 이루어진다. 또한 변화의 방향을 보면 저급 상태에서 고급 상태로의 변화가 일반적이다.

넷째, 사회변동은 광범위한 영역에 걸쳐 이루어진다. 일반적으로 사회변동은 한 사회의 부분적인 변동에 그치지 않고 정치, 경제, 사회, 문화 등 사회 전반에 걸쳐 광범위하게 이루어진다.

다섯째, 사회변동으로 새로운 차원의 사이버 공간이 도입되었다. 사회변동에 있어서 최근에 보여주는 변화 형태가 사이버 공간의 도입이다. 이와 같은 사이버 공간은 가상 세계를 통한 새로운 인간관계를 형성해 나가는 '3차적 인간관계'를 갖는다는 것이 특징이다.

여섯째, 사회변동은 일률적이다. 시공의 차원을 넘어 존재하는 여러 사회 형태가 독자적인 변화를 이루면서도 하나의 획일화된 사회변동 형태를 되풀이하는 과정을 보인다. 즉, 사회변동은 선진사회의 변동을 모형으로 시공의 차원을 넘어 선진사회가 경험하고 겪은 변화 양상을 일률적으로 되풀이하는 과정을 겪는다.

06

CHAPTER

윤리와 윤리문제[1)]

1) 정석용 · 이규은(2019). pp. 141-156 내용을 제구성한 것임

06 CHAPTER

윤리와 윤리문제

인간은 왜 도덕적이며 윤리적인 삶을 살아야 하는가? 일상생활을 하면서 수없이 자신에게 던지는 질문이면서도 우리는 이 질문에 한마디로 대답하기가 어렵다. 그 이유는 이 질문에는 '우리의 삶에서 과연 도덕적인 것이 무엇이며, 윤리적인 삶이 어떻게 사는 것인가?'와 같은 도덕적이고 윤리적인 삶에 대한 근원적인 반성이 내포되어 있기 때문이다. 일상생활에서 우리 생활의 방향을 결정짓는 근본은 대부분 윤리와 가치에 관한 문제이다.

가치에 관한 문제, 그것은 말하자면 우리가 무엇을 하고, 무엇을 하려고 노력하며, 어떻게 행동하여야 하는가에 관한 물음으로 인간에 의해서, 그리고 인간에게 제기된 문제이다. 그것은 우리가 인생을 살아가는 데 그 방향을 제시해 주는 나침반에 관한 물음이다(김용준, 2005: 328). 윤리와 가치를 바탕으로 하는 인간의 도덕적 행동에 대해, 그리고 이에 바탕을 둔 윤리적 문제에 대한 올바른 이해가 필요하다. 어떤 학자는 "이 세상에 단 한 사람만이 남는다 해도, 그가 가야 할 윤리와 도덕이 있다."라고 했다. 이는 윤리에 대한 중요성을 인식시키는 말로 설명될 수 있다.

1 윤리의 개념

윤리(ethics)란 원래 관습을 의미하는 희랍어의 '에토스(ethos)'에서 온 말로 사회의 발전과 번영을 위해 요구되는 바람직한 행동 규범이 관습으로 정착된 것을 의미한다. 즉, 윤리라 함은 사람이 살아가는 데 지켜야 할 도리를 뜻하는 것이다.

윤리의 의미를 어원적으로 살펴보면 '윤리(倫理)'라는 한자어에서 '倫'자는 '사람'이라는 의미의 '人(인)'과 '뭉치'라는 뜻의 '侖(륜)'이 합하여 만들어진 글자로 '무리 윤(倫)'이라고 한다. 이는 '무리', '인간 집단' 등을 의미하는 글자이다.

윤리의 한자 '리(理)'는 '구슬(玉)을 다듬다.'는 뜻을 가지고 있는 말로, 이것은 이치, 법도, 도리를 뜻하는 말이다.[2] 즉, '윤리(倫理)'라 하는 것은 인간관계의 이법(理法)으로 사회적 관계 속에서 인간과 인간의 욕망에 의한 충돌이 발생하게 될 경우 '윤리'가 이를 해결하는 조정 역할을 하는 것을 말한다.

'윤리(倫理)'라고 하면 '사람과 사람 사이의 도리' 또는 '인간관계의 질서'를 의미한다. 한 마디로 윤리는 인륜의 도리이다. 즉, 인간관계를 성립시키는 도리이며 질서이다. 이는 사람이 사람으로서 살아가는 길로서 윤리를 배운다는 것은 바로 뭇 사람들 사이에서 사람으로서의 '살아가는 길'을 탐구하는 일이다. 이런 뜻에서 윤리학은 인간의 생존 방식 및 존재 방식에 대한 근본적인 반성의 학문이며 인간 존재의 자기 성찰(自己省察)이다(최용학, 1999: 16).

'윤리(ethics)', '에토스(ethos)'는 사회의 풍습, 습관을 의미한다. 즉, 인간사회에서 '반드시 실천되어야 할 인간 행위'를 뜻한다. 그렇다면 윤리와 도덕에는 어떤 차이가 있는가? 오늘날 우리들은 '윤리'라는 말과 '도덕'이라는 말을 큰 차이 없이 혼용해서 사용하고 있다. 그러나 윤리와 도덕에는 그 의미에 차이

---

2) 한자 '리(理)'는 음(音)을 나타내는 里(리)와 구슬(玉→王)을 닦아낸다는 뜻을 합(合)하여 '다스리다'를 뜻한다. 음(音)을 나타내는 里(리)는 길이 사방(가로, 세로)으로 통하고 사람이 살고 있는 마을을 나타낸다. 玉(옥)은 중국(中國)의 서북에서 나는 보석을 가리키는 말이다. 따라서 두 글자가 합해진 '理(리)'는 옥의 原石(원석) 속에 숨어 있는 고운 결을 갈아내는 일을 의미한다.

가 있다. 윤리는 자신의 행동을 자율적으로 규제해 나가는 특성이 있어서 관습에 비해 보다 효과적이다. 또한 윤리는 인간의 내면적 행위까지를 규제 대상으로 포함한다. 그러므로 윤리는 인간관계 속에 내재하는 규범적 질서를 존중하면서 스스로의 행위 규범을 발견하여 실천한다는 데 큰 의미가 있다. 윤리는 '바람직하다'는 내면적인 작용이며, 이론적인 면이 아니라 실천적인 면이 중시된다.

도덕은 '인간 도리의 실천'의 한 형태로 개인의 덕성, 또는 도덕적 인격에 관계되는 개념으로 옳고 그름에 대한 기준이다. 도덕과 윤리와의 관계에 있어서는 윤리가 도덕을 포괄한다.

도덕과 윤리 양자는 인간의 행위를 문제 삼고 올바른 기준을 제시한다는 점에서 구별되지 않는다. 그러나 그것을 사회적 범위와 관련하여 그 의미를 제시한다면 차이가 있다. 도덕적 행위가 주관적 양심으로부터 발로된 것이라고 한다면, 윤리는 도덕이 사회적으로 객관화된 것이라고 할 수 있다. 물론 도덕이 주관적인 양심의 소산이라고 해서 그 행위가 제멋대로의 행위를 가리키는 것은 아니다. 다만 주관적인 의식의 과정에서 비롯된다는 것일 뿐이다. 이에 대해 윤리는 도덕이 사회화된 것으로 사회적 합의를 함축한 기준이다(최병환, 2008: 16). 이 밖에도 윤리와 도덕의 차이로는 윤리가 적극적이라면 도덕은 소극적(반응적)이다. 윤리가 발전적이라면 도덕은 판단적인 성격을 지니고 있다. 윤리가 올바른 일의 행동에 초점을 둔다면 도덕은 나쁜 일을 피하는 데 초점을 두고 있다.

'윤리(ethics)'와 '도덕(moral)'은 서양의 어원에서 본 것처럼 대체로 습관 혹은 풍습의 뜻을 담고 있지만, 엄밀히 말해서 같은 뜻을 지닌 말은 아니다. 그러나 지금까지 우리가 살펴본 바와 같이 우리의 일상생활에서 이 두 말은 거의 같은 뜻으로 사용되고 있으며, 학자들조차 그 구별을 크게 문제 삼지 않는 경향이 있다. 다만 일반적으로 인간의 '사회 규범'을 의미할 때는 '윤리'라는 표현을 많이 쓰고, 윤리를 존중하는 '개개인의 심성 또는 덕행'을 가리킬 때는 '도덕'이라는 표현을 많이 사용한다(박찬구, 2006: 17). 도덕과 윤리의 구분에 있어서는 헤겔(G. W. F. Hegel)이 제시한 것처럼 도덕을 주관적인 양심에 따른 행위라 하고, 윤리를 도덕의 사회적 객관화라고 한 관점을 고려해 볼 필요가 있다.

2 개인윤리와 사회윤리

1) 사회윤리의 등장과 의미

개인적 삶을 중시하는 사회라고 하더라도 세상에는 개인적 차원에서 해결할 수 없는 부분이 많다. 설령 개인적 차원에서 해결할 수 있다 하더라도 그것이 공공의 선과 이익을 해치는 경우, 즉 사회윤리에 반하는 경우에는 또 다른 윤리적 문제를 야기하게 된다. 이와는 반대로 개인이 아무리 도덕적이고 윤리적으로 살려고 해도 그가 속한 사회가 구조적으로 잘못되어 있다면 개인이 아무리 노력을 해도 사회제도나 관행의 잘못으로 인하여 개인의 윤리적인 삶이 불가능할 수도 있다. 이러한 관점에서 개인과 사회의 윤리적 삶을 조화롭게 구성해 나가기 위한 윤리가 등장하게 되었는데, 이것이 사회윤리이다. 사회윤리란 인간의 사회생활을 규제하는 도덕적 규범을 이르는 말로, 도덕원칙을 개인 생활이 아니라 사회제도에 적용하였을 때의 윤리를 말한다. 사회윤리에 대한 관심은 1960년대 중반 이후 증가하게 되었는데, 사회윤리에 대한 관심이 증가하게 된 것에는 다음과 같은 몇 가지 이유가 있다(송재범 · 김현수, 2001: 101).

첫째, 산업사회의 본격적인 발달로 인한 사회구조의 복잡성이 개인의 삶과 사회 사이의 유기적 관계를 증대시켰기 때문이다.

둘째, 사회적 변화가 급속하게 이루어졌기 때문이다. 급변하는 사회변화 속에서 사회변화의 관계를 떠나서는 삶을 제대로 영위할 수 없다.

셋째, 윤리학이 도구로 사용할 수 있는 사회과학이 발달했기 때문이다. 다시 말해서 증대되는 사회적 복잡성과 거기에 대한 인간의 대처 능력 사이의 갭, 즉 '인간적 갭(the human gap)'을 극복하는 방안을 강구해 줄 수 있는 사회과학이 발달했기 때문이다.

사회윤리라고 하는 용어를 사용하는 사람들은 몇 가지 개념을 염두에 두고 자체에 대한 정의를 사용한다. 이에 대해 송재범과 김현수(2001)는 윤리의 독자성을 강조하면서 모든 윤리는 근본적으로 사회윤리라고 보는 시각과 개인윤리가 주로 개인의 양심에 토대를 둔 원리를 문제 삼는 데 비해 사회윤리는 사회질서를 문제 삼거나 근대 이후 부각된 집단이나 제도의 윤리성을 문제 삼는 관점과 사회나 집단의 독자성을 인정하는 바탕 위에서 공동선(共同善, the common good)의 추구가 사회윤리의 궁극적인 목표라고 주장하는 관점이 있다고 주장한다.

개인윤리와 사회윤리를 구분하여 정의하는 방법으로 다음과 같은 세 가지 관점이 있다.

첫째는 공간적, 지역적 범위를 기준으로 구분한다. 즉, 윤리가 적용되는 공간을 기준으로 구분할 때 개인윤리와 사회윤리가 성립한다. 이러한 개념 정의로 보면 사회윤리의 의미는 지역사회의 윤리라는 개념을 갖고 있거나, 아니면 개인윤리를 제외한 나머지 윤리를 통칭하는 말로 사회윤리라는 개념이 성립될 수 있다. 그러나 윤리라는 것은 인간과 인간의 사회관계에서 생겨나는 것이라는 점에 있어서 개인윤리는 존재가 불가능하다는 입장이 있을 수 있다. 이렇게 보면 개인윤리와 사회윤리를 대비시키는 것은 바람직하지 않고, 윤리가 적용되는 공간적, 지역적 범위에 따라 행해진 구분으로 이해해서는 안 될 것이다.

둘째는 윤리가 탐구, 혹은 지향하는 목표에 따라 구분되는 것으로 이해될 수 있다. 개인윤리는 개인적 차원의 선을 탐구하는 윤리이고 사회윤리는 공공의 선을 추구하는 공공적 차원의 윤리이다. 그러나 '개인적 차원의 선과 공공적 차원의 선의 구별이 가능한가?'라는 점에서 개인적 차원의 개인윤리와 공공적 차원의 사회윤리로 구분하기는 어렵다.

셋째는 방법론의 개념이다. 개인의 도덕성 문제에 치중하는 윤리가 개인윤리라고 한다면, 사회제도나 정책구조의 도덕성 문제에 치중하는 윤리를 사회윤리로 본다. 즉, 탐구 방법론적인 관점에서 대상이 개인의 도덕성이냐, 아니면 사회제도나 정책구조의 도덕성 문제냐에 따라 개인윤리와 사회윤리로 구분하여 정의하는 것이다.

2) 개인윤리와 사회윤리의 특징

윤리에 대한 탐색을 분석해 보면 동서양을 막론하고 개인윤리보다는 사회윤리에 중점을 두었고, 더 치중해 왔다. 이는 앞에서도 제시한 바와 같이 1960년대 중반까지만 하더라도 윤리가 인간 사이에서 발생하는 것이라는 점에서 개인보다는 사회적 윤리에 치중했다. 고범서(1993)는 1960년대 이전의 윤리학이 사회윤리에 관심을 두지 않았던 이유를 두 가지로 들고 있다(고범서, 1993: 38-39). 첫째는 전통사회가 갖고 있는 삶의 영역의 제한성과 구조와 조직의 단순성이다. 전통사회에서는 산업사회처럼 삶과 삶의 관계가 전사회적으로 복잡하고 상호 관련적이고 상호 의존적이 아니었다. 그래서 개인의 삶이 현저하게 개인의 영역에 국한되어 있었고, 따라서 개인의 윤리적 문제를 사회와 관계시켜 다루는 것이 절실한 것이 아니었다. 둘째는 사회가 본격적인 산업사회로 들어가면서 사회적 변화가 고속화되기 이전에는 윤리나 윤리학이 사회변화 또는 상황에 대해 관심을 갖지 않아도 무방했다.

윤리학에서 말하는 개인윤리적 접근 방식의 특징에 대해 송재범과 김현수(2001)는 세 가지를 제시하고 있는데, 첫째로는 도덕적 진리나 목적의 실현과 윤리적 문제의 해결을 개인의 도덕성, 곧 개인적인 의지의 자유와 결단에서 다룬다는 점, 둘째로는 윤리적 문제의 원인을 개인에게서 찾는다는 점, 셋째로는 개인 도덕성의 사회적 발현을 통해서 사회적 문제를 해결하려 한다는 점 등을 들었다.

개인윤리와 대비되는 사회윤리의 특징으로는 첫째, 현실적인 사회적 상황이나 결과를 문제 삼고 분석하려 한다는 점, 둘째, 윤리문제나 사회문제의 발생에 대하여 사회적 원인(social cause)을 강조한다는 점, 셋째, 사회적 문제의 해결을 위해 사회적 정책이나 제도, 그리고 체제 차원의 접근이 필요하다는 점, 넷째, 정치적 방법을 사용하여 윤리적 문제를 다루고 해결하려고 한다는 점 등을 들 수 있다.

3) 개인윤리와 사회윤리의 조화

사회집단의 윤리적인 문제에 있어서 집단적 이기주의가 작용하면 개인의 도덕성을 갖고 견제하기가 어렵다. 니버(Reinhold Niebuhr, 1932)는 개인윤리와 사회윤리를 구별해야 하는 필요성에 대해 집단적 이기주의는 너무나 집요한 것이어서 이성과 도덕성의 능력을 현저하게 떨어뜨리기 때문에 개인의 도덕성에만 의존하는 개인윤리적 접근 방식으로는 효과를 거두지 못한다고 주장한다. 이는 두 차원의 윤리, 즉 개인윤리와 사회윤리의 두 가지 차원의 접근이 함께 요구되기 때문이다. '성공을 위한 자기 계발의 세계'를 개인적 윤리라고 한다면, '공동체를 위한 정의로운 세계'는 사회적 윤리의 몫이다. 개인의 발전에 최선을 다하는 것이 개인적인 미덕이라고 한다면, 공동체에 헌신하는 것이 사회적인 미덕이다. 전자가 자유주의적이라고 한다면 후자는 사회주의적이라고 할 수 있다. 사회발전을 위한 개개인의 도덕성 수양이 우선되어야 한다는 것이 개인윤리라면, 사회제도나 구조의 개혁이 우선이라고 생각하는 것이 사회윤리이다. 개인윤리와 사회윤리가 배합된 조화로운 윤리의 실천, 즉 자기 계발을 하면서 공동체적 가치를 존중하는 두 개의 윤리를 적절하게 배합하며 흘러가는 삶이 필요하다. 결국 개인의 행위는 대부분 직접·간접적으로 다른 개인들과 연결되어 있으므로 결과가 개인에게 귀속되어도 그것은 사회적이다. 그래서 개인적인 문제로 보이는 것도 결국은 사회구조나 제도와 관련되어 있는 경우가 대부분이다.

개인윤리와 사회윤리의 조화는 개인 이익과 공공 이익의 조화와도 깊은 관련성을 갖는다. 17세기 후반부터 18세기에 걸쳐 서양철학의 중심이었던 계몽주의 사상에 의하면 인간은 '계몽(enlightenment)'을 통해서 개인 이익과 공공 이익의 조화를 이룰 수 있는 가치의식을 가질 수 있다고 한다. 인간은 배움을 통해서 어둠 속에서 빛을 찾을 수 있고, 깨달음을 얻을 수 있으며, 나아가 세상을 바꿀 수 있다고 보았다.

프랑스의 정치가 알렉시스 드 토크빌(Alexis de Tocqueville)에 의하면 '계몽된 자기 이익(enlightenment self-interest)'을 통해서 개인 이익과 공공 이익의 바른 이해가 이루어지고, 이를 통해 개인윤리와 사회윤리가 조화를 이룰 수 있다고 한다. 즉, 계몽을 통해 올바른 윤리 의식을 갖고 사회구조적 변화를 인식할 수 있도록 이해시키는 것이 개인윤리와 사회윤리의 조화를 위해 선행되어야 한다는 것이다. 또한, 그는 모든 개인들이 이기심으로 가득 찬 미국이라는 강대국에서 민주주의가 정착할 수 있었던 것도 개인윤리와 사회윤리의 조화에서 온다고 보고, 그 요인으로 미국 사람들의 다음과 같은 특성을 지적하였다.3)

첫째, 모든 인간이 자기 자신의 이익에 따라 행동하는 것을 부정하지 않는다. 그러나 공공 이익과 개인 이익이 서로 일치하는 점에 다다르면 거기에 열심히 주의를 기울인다. 즉, 개인 이익과 공공 이익의 조화를 추구한다.

둘째, 윤리적 행동에 있어서 감정에 굴복하지 않고 오로지 정직을 원리로 행동한다.

셋째, 동료를 섬기는 것이 자기 자신을 섬기는 것으로 생각한다.

---

3) 토크빌은 1831~32년의 9개월 동안 미국에 체재했고, 방문 이후 『미국의 민주주의(De la démocratie 4권, 1835~40)』라는 책이 나왔다. 토크빌은 『미국의 민주주의』의 첫 부분에서 자기 자신의 관찰, 여러 가지 자료의 섭렵, 여러 저명한 미국 사람들과의 토론을 바탕으로 미국 사회의 본질에 접근하려 했고, 자신의 철학에도 잘 맞는 미국 사회의 특징인 '조건의 균등'이라는 측면을 강조하려 했다. 토크빌의 저작은 미국 민주주의의 생명력, 지나친 점, 미래의 잠재력을 분석한 것이다. 무엇보다도 그의 저작에는 어떤 사회든지 적절하게 조직되면 민주적 사회체제 내에서 자유를 누릴 수 있다는 토크빌의 신념이 잘 드러나 있다.

넷째, 개인적 이익과 일반적 선, 즉 공공 이익이 충돌할 때에는 언제나 일반적 선을 우선시한다.

다섯째, 자기희생이라는 위대한 행동을 불러일으키지는 않지만, 매일 자기 절제라는 작은 행동을 유발한다.

여섯째, 행동 선택에 있어서 자유나 공공 안녕 및 사회질서가 개인 이익보다 앞선다.

개인윤리와 사회윤리의 조화를 위해서는 개인적 차원의 윤리와 사회적 차원의 윤리가 상호보완적인 방법을 통해 접근한다면 문제 해결에 있어서 상호 대비적인 차원이 아니라 목적 달성을 위한 공동의 노력이라는 점으로 접근할 수 있다. 따라서 개인윤리와 사회윤리의 상호보완적 차원의 조화로운 배합이 필요하다.

3 윤리성 발달의 저해 요인

'사람으로서 마땅히 따라야 하는 행동의 규범을 지닌 성질'을 윤리성이라고 한다. 윤리성의 정의에 나타난 것처럼 인간이 사회적 집단을 이루어 살아가기 위해서는 윤리성의 발달을 통한 윤리적 행동의 실현이 중요하다. 인간의 삶에 있어서 윤리성의 문제는 단순히 인간을 바라보는 관점의 차이로 받아들이는 성선(性善)과 성악(性惡)의 문제가 아니다. 예방적 차원의 교육을 통해 인간의 윤리성을 발달시키고 이를 실현할 수 있도록 하는 일이 중요하다. 하지만 인간의 윤리성 발달을 방해함으로써 사회적 문제로 대두되는 경우를 종종 볼 수 있는데, 인간의 윤리성 발달의 저해 요인으로는 다음과 같은 점을 들 수 있다(권기선, 2018).

1) 비인격적 환경으로부터의 경험

피아제는 인간의 윤리성은 점차 발전적이고 실용적이며 자율적인 측면으로 발달해 간다고 보았다. 하지만 이와 같은 긍정적이고 발전적인 방향성을 지니고 있다고 하더라도 윤리성 발달을 저해하는 요인은 존재한다. 무조건 복종을 강요당할 경우 복종만 할 수 있는 타율적 단계의 윤리 의식을 갖게 되고, 어른들로부터 부당한 대우가 반복되면 보편적인 정의를 불신하게 된다. 또한 아동이 의도에 따라 행동을 판단하는 성숙한 단계로 발달하기 위해서는 가족이나 학교에서도 유사한 경험이 이루어져야 하는데, 만약 가족이나 학교가 의도는 묻지 않고 결과만 고려한다고 여겨지면 아동은 반항하게 된다. 이처럼 비인격적 환경으로부터의 경험은 개인의 윤리성 발달에 장애요인이 된다.

2) 인지 왜곡

윤리적 판단과 행동의 관계가 자연적일 경우 윤리성은 탈자기중심성을 가지게 된다. 그러나 자기중심적 사고에 함몰되어 자신의 잘못으로 인해 발생한 타인의 고통과 손실에 대해서조차 희생자를 비난하거나 책임을 전가하는 경우를 인지왜곡에 의한 현상으로 본다. 이처럼 인지왜곡은 자기중심적 편파성으로 인해 발생한 개인의 사회에 대한 허위적 행동이나 신념들을 의미한다. 이러한 현상은 아동이 공정성이라는 윤리적 정의 개념을 자신에게서 욕구 중심적으로 적용해 실제로는 정의롭지 못한 판단을 내리게 한다. 인지왜곡은 청소년기에도 나타나는데, 청소년기의 신체, 독립심, 성충동, 자아능력 등이 강해지는 것을 고려할 때 반사회적 행동으로 연결될 가능성이 높다. 뿐만 아니라 인지왜곡을 가져온 자아 중심적 편파성은 성숙한 도덕성 발달 단계에서도 나타날 수 있는데, 이 경우에도 반사회적 행동을 한다. 인지왜곡은 타인에 대한 적대감의 원인조차 왜곡되고 근거가 없는 것이기 때문에 윤리성 발달을 위해서라면 교육을 통해 윤리적 판단을 촉진하도록 할 뿐만 아니라 인지적 왜곡을 정정하는 일에도 책임감 있게 참여해야 한다.

3) 부정적인 정서 발달

윤리적 행동에 영향을 주는 죄책감, 공감, 수치심과 같은 정서는 물론 공포, 불안, 분노의 감정도 윤리적 행동에 영향을 미친다. 부모로부터 긍정적 정서 경험을 많이 가진 아동이 감정조절을 수월하게 함으로써 높은 윤리성을 가지는 반면, 아동이 경험한 부정적인 정서는 인지적 분별력을 떨어뜨려 자기조절력과 친사회적 행동을 방해한다. 자기조절능력이 있는 경우 주어진 지시에 따르거나 유혹에 저항하는 행동을 잘할 수 있지만, 부정적인 정서 경험이 많은 아동은 자기조절력이 떨어지고 규칙을 어기는 행동을 빈번하게 한다.

이처럼 이동의 윤리성이 여러 요인들에 의해 발달하더라도 정서지능과의 관계에서 가정은 중요한 요소로 작용한다. 따라서 아동기의 윤리성 발달은 부모의 따뜻한 태도는 물론 부모의 처벌이나 적개심과 상관있으며, 어머니와 자녀 사이에 있는 안정된 애착 경험과 아동의 욕구에 대한 어머니의 반응성이 아동의 양심, 죄책감, 공감능력의 수준에 영향을 미친다.

4 한국 사회의 윤리문제

'한국인으로서 내가 어떻게 살아야 할까?'라는 말은 한국인으로서의 바람직한 윤리 또는 가치관과 관련된 것이다. 이는 한국인으로서 스스로에게 '어떤 윤리적 가치를 가지고 살아야 하는가?'와 같이 자문하는 것으로 한국인의 윤리적 기본 원칙에 대한 문제이다. 그렇다면 오늘날 한국 사회에서 나타나고 있는 윤리적 문제와 그 원인은 무엇인가? 이는 윤리라고 하는 일반적 가치에 한국인, 한국 사회라고 하는 특수 사정을 반영한 한국인의 윤리를 구상해야 한다.

박이문(2005: 129)은 인간이 사는 곳에 도덕적 규범이 존재하지 않는 곳은 없고, 그러한 도덕적 규범을 부단히 가르치고 강요하지 않는 경우는 찾아볼 수 없다고 하였다. 인간은 사회 속에서만 인간으로서 살아갈 수 있고, 사회 안의 인간들 간의 이해관계는 불가피하게 갈등을 일으키고, 사회가 유지되기 위해서는 질서가 서야 하며, 질서가 잡히기 위해서는 인간들 간의 갈등을 없애야 하고, 그런 갈등을 없애기 위해서는 인간관계를 규정하는 여러 가지 행동 규범이 불가피하다고 주장하였다. 그렇다면 한국 사회에서의 도덕적 규범, 즉 한국 사회의 윤리문제로는 어떠한 것들이 제기될 수 있을까?

오늘날 한국 사회 안에서 미래를 향해 살아가는 우리에게 새로운 도덕의식으로의 변혁과 건전한 가치관의 정립이 가능하도록 하기 위해서는 먼저 그러한 변혁과 가치관의 밑바탕이 되는 인간과 윤리의 본질에 대한 이해가 선행되지 않으면 안 된다. 이는 인간 삶의 새로운 방향으로의 변화에는 그것을 정당화하는 철학적 근거가 해명되지 않으면 안 되기 때문이다(한국국민윤리학회, 2002: 35). 한국 사회의 윤리적 문제로 물질 만능주의, 이기주의, 정실주의, 도덕적 삶에 대한 관심 부족, 사회제도의 구조와 비도덕성 등을 들 수 있다.

1) 물질 만능주의

오늘날 한국 사회는 해방 이후 수많은 좌절과 고통을 극복하고 산업화에 성공한 데 이어 민주화에 대한 열망마저 성취하는 결과를 얻었지만 그 이후, 여러 가지 새로운 윤리적 문제에서 충돌이 일어나고 있다. 그중 하나가 '물질 만능주의'에 대한 가치관이다. 물질은 문명이 발달하기 위한 기초적 여건을 제공한다는 점에서는 매우 필요하고 중요한 것이다. 그러나 물질이 필요 이상으로 허락되면 상대적으로 정신적인 면이 열악해진다는 측면에서 여러 가지 윤리적 문제가 발생한다. 이러한 윤리적 문제는 물질적 풍요와 정신적 빈곤으로 인한 불균형이 그 원인인데, 물질적 풍요가 정신적 풍요와 함께 병행되어 성취되어야 하는데, 정신적 풍요 없이 물질적 풍요만이 확대되기 때문에 발생하는 것이다.

한국인에게 물질적 풍요는 그동안 '한국인'이라는 자부심을 갖게 하고, 물질적 풍요를 통한 풍요로움을 만끽할 수 있는 기회는 부여되었지만, 윤리적 · 정신적인 성숙이 이루어지지 못해 사회 전반에 걸쳐 부정적인 모습과 가치관의 혼란만을 가중시키는 결과를 초래하였다. 이와 함께 등장한 것이 '물질 만능주의' 가치관이다.

'물질 만능주의' 가치관은 경제적 수준의 향상에 따른 물질적 풍요와 정신적 가치에 따른 윤리적 풍요와의 불균형에서 발생하는 부정적 모습으로 지나치게 물질적 욕구만을 추구하는 것이다. 이러한 물질적 욕구 중심의 가치 추구는 물질문화와 정신문화의 괴리로 인한 가치관의 혼란 상태에 빠지게 한다. 따라서 이러한 사회적 가치의 혼란을 막기 위해서는 정신 가치와 물질 가치의 균형을 위한 다각적인 교육과 인식 전환을 위한 노력이 필요하다.

일과 휴식의 관계처럼 정신과 물질도 상호 적당한 분배와 소비가 효율적이어야 한다. 물질 만능주의의 문제점을 해결하기 위해서는 내면적 정신 가치의 소중함과 공동체에 대한 배려의 문화를 실천할 수 있도록 하는 것이 중요하다. 물질 만능주의가 물질문화와 정신문화의 괴리에서 오는 가치관의 혼란 상태이므로, 내면적 정신 가치의 소중함에 대한 인식을 가질 수 있도록 하는 것이 필요하다.

2) 이기주의

이기주의는 자기 자신의 이익만을 꾀하고, 사회 일반의 이익은 염두에 두지 않으려는 태도로, 개인주의와 그 의미와 개념이 다르다.

개인주의라고 함은 개인이 전체를 구성하는 한 구성 요소가 된다거나 전체를 위한 희생물이 되는 것을 배격하고 자기 존재의 진리와 가치를 자기 속에서 발견하고, 그것을 스스로 긍정하고 선택하는 자율성을 가진 개인이 되려는 것이다. 최근의 이기주의는 개인적 이기주의를 넘어 다양한 집단 이기주의로 표출되고 있어, 국가적 측면에서 사회 통합과 국민 통합을 이루려는 의도에 걸림돌 역할을 하고 있다.

사람이라면 누구나 이기심을 가지고 있다. 그러나 이기심은 사회적 배경 안에서 어느 정도 변화가 가능하다. 즉, 사회적 배경 속에서 이기심의 정도가 변화되고 통제가 가능해진다. 그러나 개인적 이기심이 통제가 되지 않고 사회적 상황에 무관하게 아무렇게나 표출될 때, 병폐가 생기고 그것이 전체적으로 확산되는 효과를 나타내 사회 전반에 걸쳐 비윤리적인 행동이 표출된다. 특히, 이기심이 무방비로 표출될 때에는 대부분 물질 만능주의와 치열한 경쟁을 벌이게 되는 주된 요인이 되며, 이러한 상황은 사회의 비윤리적 행동을 확산시키는 결과를 초래한다.

이기심이 확산되는 것을 방지하기 위해서는 불법화한 이기주의 행태나 행동에 대한 처벌을 통해 비윤리적인 면을 견제해 나가야 한다. 또한 교육과 사회문화적인 사회화를 통해 관습화하는 것이 필요하고, 엄격한 제도적 장치를 통해 공개된 투명화를 실현하는 것이 필수적이다.

3) 정실주의

정실주의(情實主義, patronage)란 사람을 선발하고 임용함에 있어서 실적 이외의 요인, 즉 정치적 요인이나 그 사람과의 혈연, 지연, 학연 등 개인적인 친분과 온정 관계 등을 기준으로 행하는 것을 말한다. 이는 한국인에게서 흔하게 찾아볼 수 있는 가치관 중의 하나로 한국 사회에 뿌리 깊이 남아 있는 심각한 또 하나의 잘못된 가치관이다. 특히 오늘날의 사회변화를 보면 세계화의 시대를 맞이하여 개인의 개성을 중시하고 다양한 가치를 추구하는 다원화 사회로 변화하고 있는데, 사회변화에 역행하는 정실주의는 반드시 극복해야 할 과제이다. 한국 사회의 정실주의는 기회균등과 능력 중시라는 민주주의의 보편적 가치를 외면하고 사회발전을 저해하며 국민 갈등을 증폭시키는 원인이 된다.

정실주의가 전혀 없는 나라나 사회는 없을 것이다. 그러나 한국인은 유별나게 정실주의가 강하다. 이러한 정실주의는 어느 정도 높은 자리에 있는 사람이라면 누구나 청탁에 시달려야 하는 결과를 가져오고, 이러한 결과는 능력과 실적, 공정성, 정당성을 무시한 채 선발하게 되고, 이러한 선발 방식은 개인의 의욕과 사기를 저하시키고 단결과 협동을 약화시켜 사회적 능률을 저하시키는 원인이 된다. 이렇게 볼 때 정실주의는 망국병이다. 따라서 이 병을 극복하기 위해서 가능한 모든 노력을 다하여야 한다(한국국민윤리학회, 1999: 80). 정실주의가 가져오는 문제점으로 다음과 같은 점을 제기할 수 있다.

첫째, 지연(地緣), 학연(學緣), 혈연(血緣) 중심의 의식이 가져오는 역기능의 문제이다. 어떻게 생각하면 같은 고향 사람끼리, 같은 동문끼리, 같은 집안끼리, 서로 어울리고 협력하는 것이 무엇이 잘못되었느냐고 반문할지 모르지만 그렇지 않다. 오히려 그것이 결속하고 합세하여 공정성과 형평성을 무시하는 것과 같은 역기능을 수행하게 된다.

둘째, 지역감정이다. 어느 나라, 어느 지역이든 자연환경이 다르고, 문화적 차이가 있기 때문에 지역의 특성과 지역의 특유한 생활적 습성이 존재하는 것이 사실이다. 교통과 통신이 발달되기 전에는 오늘날보다 더 현저한 지역 차를 나타냈다. 그러나 같은 지역의 출신을 만나 친근감을 느끼고 호감을 느끼는 수준을 넘어서 인사나 업적보다 지역을 먼저 고려하고 맹목적으로 지지하는 형태는 지역감정의 대표적인 사례이다. 이는 국가와 민족의 앞날을 위해 전혀 도움이 되지 않는 일이다. 오히려 현재의 한국 사회에서 보이는 지역감정의 수준은 도움이 안 되는 단계를 넘어서 국가와 민족의 앞날이 걱정될 지경에 이르렀다. 지역감정은 우리 민족을 위협하는 또 다른 형태의 망국병이며, 현대의 한국 사회에서 시급히 해결해 나가야 할 시급한 당면 과제이기도 하다.

셋째, 공동체 의식의 결여이다. 정실주의를 공동체 의식으로 착각해서는 안 된다. 정실주의는 공동체가 아니라 집단 이기주의의 표출 방식이다. 공동체란 독립성을 가진 개인이 이성과 정의와 발전을 위해 협동하고 협력함으로써 공동의 선을 추구하는 과업 활동이나 과업 활동의 집단을 말한다. 이러한 공동체의 발전을 추구하는 한국인의 의식, 즉 정실주의의 한계를 넘는 공동체 의식의 함양이 필요하다.

4) 도덕적 삶에 대한 관심 부족

인간은 누구나 도덕적 의식을 갖고 도덕적 행위를 실천하면서 도덕적인 삶을 살아가기를 희망한다. 그러나 최근에 와서 현대인들에게 도덕의식이 약화되었다는 비판이 대두되고 있다. 이러한 도덕의식의 약화는 그동안 공업화와 산업화를 이루어 내는 과정에서 인간소외와 아노미 현상[4]을 경험하고 확대되면서 현대사회의 문제로 제기되었다. 현대인의 도덕의식의 약화는 그것으로 끝나는 것이 아니라, 인간성 상실의 원인이 된다는 데 더 큰 문제가 있다.

현대인들은 도덕적인 삶보다는 물질적으로 향상된 삶에 높은 관심을 보이고 있으며, 이를 성취하기 위해 경쟁하고 있다. 따라서 급변하는 사회 속에서 치열한 생존 경쟁에서 살아남기 위한 노력에만 치중했지 무엇이 도덕적이고

4) 아노미(Anomie) 현상이란 사회적 혼란으로 인해 규범이 사라지고 가치관이 붕괴되면서 나타나는 사회적, 개인적 불안정 상태를 뜻하는 말로, 삶의 가치와 목적의식을 상실하고 심한 무력감과 자포자기에 빠지는 현상으로 심하면 자살에 이르기도 한다.

올바른 삶이며 가치 있는 것인가에 대한 인식은 부족하다. 이러한 현대인의 사고방식은 정신적인 허영심이나 현실 회피로 인식되어 부각되는 경우도 흔히 볼 수 있다.

도덕적 삶을 위해서는 도덕적 상황이나 행위에 대해 깊이 생각하고 판단하며 자신의 행동에 대해 책임질 줄 아는 자세가 필요하다. 이를 위해서는 스스로 옳고 그름을 정확히 판단하여, 바람직한 행위를 선택하고 결정하는 것이 중요하며 이를 실천하기까지의 일련의 노력이 필요하다. 그러나 현대인들에게는 이러한 도덕적 삶을 위한 노력이 부족하다. 도덕적인 행위를 위한 노력보다는 당장 편안하고 지금 자신에게 이익이 되는 행동을 우선적으로 선택하고 결정한다. 윤리의 본질적인 측면보다는 이기적인 측면이 더 강하게 나타난다. 그런 결과로 현대인은 비도덕적인 행위를 하면서도 비도덕적이라는 것을 알지 못하며, 양심이 마비되어 죄의식을 느끼지 못한다. 현대사회의 도덕적 무질서와 타락 현상은 이러한 도덕의식의 약화와 인간성 상실에서 오는 것으로 도덕적 삶에 대한 관심 부족이 그 원인이다.

도덕적 삶의 실천은 국가의 장래와 연결된다는 점에서 그 중요성을 인식하지 않으면 안 된다. 역사적으로 보더라도 도덕적 삶에 관심이 부족했던 국가는 정치, 경제, 군사적 기반이 건실하다 할지라도 오래 가지 못한 채 역사 속에서 사라졌다. 이와는 반대로 정신적, 도덕적으로 무장된 국가는 물질적으로는 풍요롭지 못했어도 강인한 생명력을 유지해 왔던 사례를 볼 수 있다. 결국 도덕적 삶에 대한 관심 여부는 국가 발전 및 생존의 측면과 깊은 관계를 맺고 있다는 점에서 현대인들이 도덕적 삶을 중시해야 하는 이유이다.

도덕적인 삶을 위해서는 올바른 가치관 정립과 도덕성 회복을 위한 노력이 무엇보다 중요하다. 그동안 산업화 과정을 겪으면서 물질적으로는 풍요로워졌지만, 바람직한 인간성 형성을 위한 노력은 상대적으로 부족했다. 물질적으로 보다 나은 삶을 살기 위한 노력 못지않게 올바른 가치관 정립이나 도덕성 회복을 위한 사회의 전반적인 노력이 필요하다.

5) 사회제도의 구조와 비도덕성

현대사회의 발전적 방향으로 전통 윤리 사상의 재인식을 통한 전통적 가치와 근대성의 부조화를 해소하고, 사회발전에 대한 사상적 갈등을 다양한 의견수렴을 통해 해결할 것을 제시한다. 그러나 현실적으로는 사회제도의 구조적 문제로 인해 다양한 비도덕적 사태들이 전통 가치를 상실케 하고 있고, 소통보다는 대립과 갈등으로 많은 에너지를 낭비하게 하고 있다. 또한 전통적 가치에 대한 인식 부재로 한국인으로서의 윤리 의식도 부족하다.

현대사회의 구조적 문제로 등장하는 비도덕성과 관련하여 부정부패 현상이나, 앞에서도 제기되었던 정실주의(연고주의)와 파벌 의식도 문제지만 현대사회에서 시급한 문제로 대두된 것이 계층 간의 단절과 분열의 문제이다. 사회구조에 있어서 계층 간에 서로 다른 성향을 보이는 것은 당연한 이치이다. 보수와 진보로 대변되는 사회의 성향도 서로 다른 특성을 보인다. 보수는 전통적인 것을 옹호하고 사회 안정을 최우선으로 하는 성향을 보이지만, 진보는 사회의 변화와 발전을 통해 목적을 성취하고자 하는 성향을 나타낸다. 따라서 두 세력은 충돌이 일어날 수밖에 없는 세력이다. 그러나 사회구조에서 계층 간의 양보와 배려를 통한 타협으로 서로를 동반자(파트너)로 여기고 상호보완적 관계를 통해 발전의 밑거름으로 삼아야 할 것이다. 우리 사회는 보수와 진보 간의 갈등이 심화되고 서로 배척하는 형태의 양상을 보임으로써 사회 구성원들의 불안을 확산시키고 있다. 보수와 진보의 지루한 갈등은 국력의 낭비를 불러오고 사회 혼란을 초래한다. 따라서 이러한 사회구조적 제도의 개선을 위한 개인적 노력과 함께 사회윤리적 관점에서의 접근이 필요하다. 또한 전통적 가치에 대한 새로운 인식이 필요하다. 한국 사회의 전통에 대한 올바른 이해가 있어야 우리 현실에 맞는 윤리나 사상을 창출해 나갈 수 있다.

07

CHAPTER

실천적 윤리의 이해[1)]

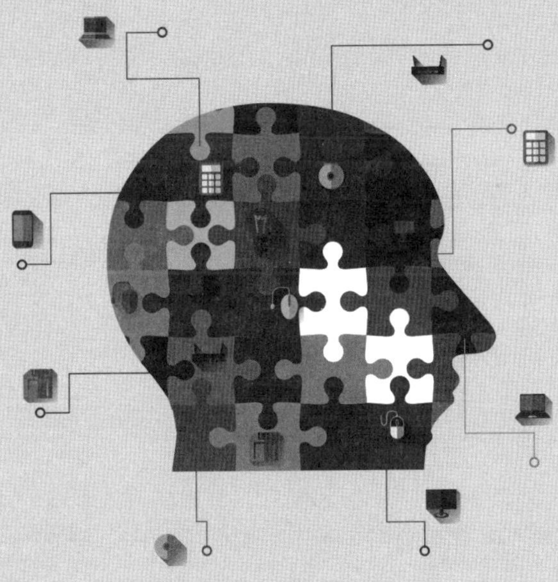

1) 정석용 · 이규은(2019). pp. 159-180 내용을 재구성한 것임

07

CHAPTER

실천적 윤리의 이해

에토스에 관한 학문적 윤리는 다양한 견해가 있음에도 불구하고 시대와 장소를 초월한 보편적이고 절대적인 무엇인가가 있다고 확신한다. 그것은 개인이 양심에 따라 그 시대나 장소에 부합되지 않는 것을 행할 때 분명하게 드러난다.

앞 장에서도 살펴본 바와 같이 '윤리(ethics)'라는 말은 '에토스(ethos)'라는 그리스어에서 유래된 말로 인간에게 익숙해진 장소를 말하며, 이 장소에서 나타나는 모든 풍속과 관습, 습관, 관례를 모두 포함하는 말이다. 에토스는 개인적인 행동의 특성을 의미하다가 그 범위가 확대되어 개인의 삶을 포괄하는 집단 혹은 민족 전체의 전형적인 예의 규범을 의미하게 되었다. 다시 말하면 에토스는 법률과 규범을 모아 놓은 것과 같은 행동 규약이다. 이 행동 규약은 직접적인 풍속과 관습들에서 비롯하여 특정한 불문법으로 정착되고, 더 나아가 개별 인간의 생각과 느낌, 의지, 행동을 규정한다. 에토스는 도덕이라고도 불리며, 도덕은 도리, 예절을 뜻하는 라틴어 '좋은 풍속(mores)'에서 온 말이다(문은숙 역, 2008: 91).

현대를 살고 있는 우리는 도덕적으로 매우 불확실한 시대에 놓여 있나. 도덕이라고 하는 것은 사회 여건이나 집단 구조, 역사적 상황 등에 따라 두루 사용되는 절대적인 구조물을 이루고 있는 것이 아니기 때문이다. 도덕은 '어떠어떠하다'라는 사실적인 표현을 요구하는 것이 아니라, '어떠어떠해야만 한다'라는 것을 요구한다.

이 장에서는 이러한 절대적인 존재로서의 사실 탐색보다는 자기 양심에 따라 그 시대에 부합되는 행동을 하고, 윤리적 판단의 근거를 이해하기 위해 기초 능력을 기르기 위한 실천윤리에 대해 살펴보고자 한다. 톨스토이의 사상에서 윤리를 이해했던 바탕을 개괄적으로 살펴보고, 실천윤리와 규범윤리의 차이, 도덕윤리의 실천 단계, 도덕 원리의 평가 기준, 올바른 판단에 이르는 방법 등에 대해 살펴봄으로써 실천적 윤리를 이해하는 데 도움이 되는 기초적 이론을 파악하고, 이를 바탕으로 실천윤리의 실행을 위한 밑거름을 마련하고자 하는 것이 본 장의 도입 배경이다.

1 톨스토이의 인간적 삶

톨스토이(Lev Nikloaevich Tolstoi)는 러시아 출생으로 소설가이자 시인, 개혁가, 사상가로 러시아 문학과 정치에 지대한 영향을 끼쳤다. 『전쟁과 평화』, 『안나 카레니나』 등의 장편 소설과 『이반 일리치의 죽음』, 『바보 이반』 등의 중편 소설로 잘 알려진 그는 도스토예프스키(Fyodor Mikhailovich Dostoevskii)와 함께 19세기 러시아 문학을 대표하는 세계적 문호임과 동시에 문명 비평가, 사상가로도 유명하다. 어려서 부모를 잃고 친척집에서 자란 그는 1847년 인간의 자유롭고 창의적인 생각을 억압하는 대학의 교육 방식에 실망을 느껴 카잔대학을 중퇴하였다. 그 후 톨스토이는 향리로 돌아가 지주로서 영지 내의 농민 생활을 개선하고자 노력하였으나, 그의 이상주의는 실패로 끝나고 잠시 방탕한 생활에 빠지기도 하였다.

톨스토이는 그의 작품을 통해 삶과 죽음, 육체와 정신, 사랑과 진리에 대한 관념들을 일반적 · 보편적 형상으로 표현하려고 노력하였으며, 이를 통해 인류에게 해답을 제시하고자 하였다. 특히 톨스토이는 인생의 허무함을 삶과 죽음에 대한 통찰을 통해 해결하고자 하였고, 이러한 관념의 실천을 통하여 절대적 지각자로서의 자기완성을 성취하고, 자기 구원과 인간 구원에 도달하고자 하였다. 사랑, 결혼, 종교, 윤리, 예술, 삶, 죽음에 관한 그의 이야기는 자신의 생각뿐 아니라 모든 생활을 도덕에 결부시키고 실행하려 하였다.

특히 톨스토이는 인생의 허무함을 삶과 죽음에 대한 통찰을 통해 해답을 찾고자 하였다. 그의 이러한 고민은 죽음에 대해 평생을 고민하고 해결하고자 노력했던 그의 작품에 잘 나타나 있다. 이러한 고민을 통해 그가 찾은 결론은 인간의 도덕적인 삶이었다. 오직 인간의 도덕적이고 윤리적인 삶, 즉 이성에 의해 살아가는 인간적인 삶이 행복한 삶을 영위할 수 있도록 한다는 것이다. 인간의 이기적이고 끝없는 욕망으로 인한 동물적 생활 속에서도 이성에 의해서 살아 나가는 것이 올바른 인간 생활이라는 것이다. 그러나 이러한 이성에 의한 생활은 이론이나 이상에 있는 것이 아니라 현재에 있어서의 활동, 즉 실행과 실천을 통해서 성취된다는 것이다. 그래서 그는 미래의 행복을 약속하는 불합리한 것보다는 현재의 활동을 중시하는 실행을 강조하였던 것이다. 결국 그는 현재의 도덕적이고 이성적인 삶만이 행복한 삶을 가져다주는 것이며, 인간의 삶에서 도덕과 윤리가 강조되어야 하는 것도 이러한 이유로 보았다. 그는 사랑에 대해서도 '사랑은 미래의 것이 아니라 현재에 있어서의 활동이므로, 현재의 활동에 있어서 사랑을 표시 못하는 것은 사랑이 아니다'라고 보았을 만큼 현재의 생활을 무시하고 미래의 행복을 약속하는 것에 대한 불합리성을 제기하였다.

톨스토이는 종교에 대해서도 탐색하였다. 모든 종교로부터 깨달음을 추구하면서 종교의 문제점을 탐색하였으며, 그 결과 그는 종교에 있어서 '위선'의 문제점을 제기하였다. 인생이란 궁극적으로 선(善)에 대한 희구이며, 이러한 목적에서 벗어난 사상은 일고의 가치가 없다고 단정하였다. 따라서 인생의 목적이나 의의를 그릇되게 해석하는 허위의 과학이나 사이비 종교는 비난받아야 한다고 주장하였다. 특히, 그는 민중들에게 무관심한 당시의 러시아 정교회를 비판하여 교회로부터 미움을 받기도 하였다. 그 결과 그는 1901년 러시아 정교회의 교리 감독 기관인 종무원으로부터 '지적 교만'이라는 죄목으로 러시아 정교회[2])에서 파문을 당하였다. 이는 당시의 톨스토이의 사상이 러시아 정교회를 향한 도전으로 인식되었기 때문이었다.

톨스토이는 이러한 러시아 정교회의 행위에 굴하지 않고 자신이 탐색한 여러 종교들의 장점을 추출하여 새로운 종교 사상인 '톨스토이주의'를 탄생시켰다.[3])

톨스토이 주의는 종교에서 '내세'와 '신비'에 대한 인식을 제거한 일종의 종교적 사상으로 '선하게 사는 삶', '이웃을 사랑하는 삶', '죽음을 기억하며 사는 삶'을 강조하였다. 이는 죽음이 인간에게 겸손, 선행을 가르친다고 보았기 때문이다. 즉, 삶의 의미는 도덕이나 윤리로 귀착된다고 보았다. 이러한 그의 사상은 오늘날의 타락한 그리스도교를 배제하고 본래의 그리스도교 사상에 입각하여 자연과 더불어 살며 근로, 채식, 금주, 금연을 표방하는 검소한 생활을 실천하고 자기완성을 신조로 하는 사랑의 정신을 실현하는 것을 지향하였다.

톨스토이는 도덕과 윤리를 강조하였던 것처럼 스스로 옳다고 생각하는 일에 대해서는 몸으로 실천하였다. 그는 1860년 고향으로 돌아가 농민 학교를 운영하면서 학생들에게 인간다운 삶의 면모를 보여주고자 노력하였다.

'인간이 어떻게 살아야 참된 삶을 사는 것인가?'에 대해 그는 인간은 자기만을 위해서 살아서는 안 되며, 남을 위해서, 인류 전체의 행복을 생각하면서 살아가야 한다는 점을 강조하였다. 인간이 자기 행복만 생각하고 살면 그 희망이 욕망으로 변형되어 서로 충돌하기 때문에 행복해질 수 없다는 것이다. 즉, 인간 삶의 중심인 도덕과 윤리에 바탕을 둔 삶으로 가장 이성적인 사랑을

---

2) 러시아 정교회(러시아어: Русская Православная церковь)는 기독교의 하나의 교파로 여러 종파가 있으며, 대표적인 종파가 시노드파, 몰로칸교이다.

3) 1862년 궁정 시의(侍醫)의 딸인 소피아와 결혼하고 문학에 전념하여 나폴레옹의 모스크바 침입을 중심으로 한 러시아 사회를 그린 불후의 명작 『전쟁과 평화(Voina i mir)』(1864~1869), 『안나 카레니나(Anna Karenina)』(1873~1876) 등을 발표하였다. 그러나 그 무렵부터 죽음에 대한 공포와 삶에 대한 무상(無常)에 대해 심한 정신적 동요를 일으켜, 과학 · 철학 · 예술 등에서 그 해답을 구하려 하였으나 얻지 못하고 마침내 종교에 의탁하였다. 이때가 그의 전향기로서 『교의신학비판(教義神學批判)』(1880), 『요약 복음서』(1881), 『참회록(Ispoved)』(1882), 『교회와 국가』(1882), 『나의 신앙(V chem moya vera?)』(1884) 등을 통하여 그의 사상이 체계화되어 갔다. 이 전향 후의 사상을 보통 '톨스토이주의'라고 한다.

가지고 보편적인 선을 위해 살아가는 것이 인생 최고의 목적이며 그 가운데 진정한 행복이 존재한다는 것이다. 톨스토이는 진정한 행복을 위한 인간의 삶의 지침으로 다음의 열 가지를 제시하고 있다.

첫째, 결혼을 하지 말아야 한다.

둘째, 모든 사람을 형제처럼 사랑해야 한다.

셋째, 남을 위해 살아야 한다.

넷째, 환락의 도시를 떠나 시골로 가야 한다.

다섯째, 자신이 먹을 것은 자신이 해결해야 한다.

여섯째, 곡물과 채소만 먹어야 한다.

일곱째, 금주, 금연을 통해 정신 건강을 유지해야 한다.

여덟째, 거짓말을 하지 말아야 한다.

아홉째, 어렵고 복잡한 예술은 다 버려야 한다.

열째, 항상 죽음을 생각하며 겸허하게 살아야 한다.

톨스토이의 이러한 사상은 인간의 삶에서 도덕적인 삶이 얼마나 중요한 것인가에 대한 인식의 변화를 촉구하고 있다. 평생을 죽음에 대한 통찰과 탐색을 통해 찾아낸 '도덕'이라는 가치는 그가 전 생애(全生涯)를 통해 추구했던 가치이다. 올바른 도덕적 의미를 이해하기 위해서는 인간을 성자(聖者)가 아닌 역동성을 지닌 개체라는 점에서 인간의 내재적 의미, 내면의 진정성을 이해할 수 있어야 한다. 인간의 도덕적 본질은 내면에 있기 때문이다. 또한 톨스토이가 강조했던 것처럼 도덕이나 윤리는 이론이나 이상에 있는 것이 아니라 현실 속에 존재하며, 도덕이나 윤리를 통해 진정한 행복이 있다는 것을 이해하고 실천적인 도덕과 실제적인 윤리가 되도록 해야 한다는 것이 그가 우리에게 주는 메시지라고 할 것이다. '죽음을 기억하라'는 그의 명제처럼 죽음을 잊지 않는 삶 속에서 인간은 자기완성을 위한 중단 없는 노력을 통해 진정으로 행복한 삶을 실현할 수 있을 것이다.

2 실천적 윤리의 도입

윤리학은 고대 이래로 항상 도덕적 감각과 판단을 체계적으로 정립하고자 하였다. 따라서 윤리학은 처음부터 도덕적 판단의 근거와 도덕적 판단의 옳고 그름을 가늠할 수 있는 기준에 대해 탐구하였다. 다시 말해서 도덕적 실천은 한편으로는 일반적인 도덕 법칙의 적용이지만, 다른 한편으로는 이런 법칙의 이론적 정당화이기도 하다. 우리가 어떤 행위를 보고 옳다고 판단한다면, 우리는 동시에 '그것이 왜 옳은가?'라는 물음에 대답할 수 있어야 한다. 윤리적 실천은 이렇게 도덕법칙의 정립과 적용이라는 양 측면을 가지고 있다. 그런데 초월적인 절대자 신에 대한 믿음이 희박해지는 근대에 들어와서는 그렇게 하게 된 원인이나 이유 등과 같은 근거에 대한 요청, 즉 정당화에 대한 요청이 한층 더 강화되었다. 오늘날 사람들은 모든 것을 정당화하라고 요구한다. 국민에 대해 국가는 자신의 권력을 정당화해야 하고, 모든 개인은 타인에 대해 자신의 경제행위에 대해 정당화해야 하고, 사랑하는 사람은 사랑받는 사람에 대해 자신의 사랑을 정당화해야 한다. 그것으로 그치지 않는다. 인류의 존재를 수백 번 파괴할 수 있는 원자폭탄 앞에서 인간은 이제 자신이 '왜 존재해야 하는가?'를 정당화해야 할 처지에 놓여 있다. 사람들은 모든 행위의 원리를 근거 지울 수 있는 보편적 원칙을 요구한다(이진우, 1997: 154). 이러한 보편적 원칙으로의 실천도 윤리학의 한 분야이다. 즉, 사람들에게 보편적인 기준이나 원리들을 제시하고자 하는 것이 바로 윤리학의 목적이기 때문이다.

1) 규범적 윤리와 실천적 윤리

규범적 윤리는 인간에게 타당한 도덕규범의 일관된 체계를 구성하는 것을 목적으로 한다. 도덕규범에서는 사실보다는 당위에 초점을 두며 기본적인 도덕 기준을 어떻게 찾아내고 정당화할지를 결정하는 일에 중점을 둔다. 즉, 모든 인류에게 적용되는 도덕규범의 체계를 정당화하고 이를 위한 합리적 근거와 규범의 체계를 구성하는 일을 연구 대상으로 한다. 일반적으로 규범적 윤리에서는 '행위를 평가하고 지침이 되는 일반적인 도덕적 규범들 중에서 우리가 받아들일 수 있는 것은 무엇이며, 그 까닭은 무엇인가?'에 대한 답을 찾기 위한 연구 활동을 주 내용으로 한다. 따라서 규범적 윤리에서는 선과 악의 구분 문제, 의무와 책임, 권리에 관련된 문제 등을 다루며, 이들의 관련 규범을 확인하고 정당화한다.

규범적 윤리와는 달리 실천적 윤리는 윤리학의 한 분야로 도덕 원리를 응용하고 실천하는 일을 주로 연구하는 학문이다. 응용윤리(applied ethics)라고도 불리는 실천적 윤리(practical ethics)는 구체적인 문제와 실제 상황에서 일반적인 규범과 이론을 실행(implement)하는 일에 초점을 두고 관련된 이론, 제도, 정책에서 도덕적 문제, 실천, 정책을 분석하기 위해서 사용하는 것을 의미한다. 윤리에 있어서 이론과 원리는 단지 시작점이고 합당한 행위의 규범들의 발전과 실행을 위한 일반적 지침이라고 할 수 있다. 이러한 지침은 올바른 행동과 경험, 모범 사례(paradigm cases) 등에 의해서 보완된다.

실천 철학의 독립적인 학문 분과이자 '문제 지향적 윤리학'을 가리켜 '실천적 윤리' 또는 '응용윤리'라고 한다. 실천적 윤리(practical ethics)란 인간 삶의 도덕적 차원이 갖는 성격과 정당성에 이론적 노력을 기울이는 이론 윤리학(theoretical ethics)의 원리들을 특수한 분야에 적용하여 파생된 문제를 해결해 나가는 학문 분야이다. 따라서 실천적 윤리는 오늘날 삶에 있어서 직간접으로 관계된 도덕적 딜레마의 윤리적 해결책을 모색하는 학문 분야라고 정의할 수 있다. 실천적 윤리는 일반적으로 정보윤리, 생명윤리, 환경윤리, 안전윤리, 성윤리, 공학윤리, 스포츠 윤리, 예술윤리, 국제윤리 등과 같이 주제에 따라 명명되고, 특정한 도덕적 문제들을 해결하는 것을 그 과제로 삼고 있다. 따라서 실천적 윤리에서는 '임신중절(abortion)은 도덕적으로 정당화될 수 있는가?', '정당화된다면, 어떠한 조건들하에서 그렇게 되는가?' 등과 같이 상황적 여건에 따른 해결책을 모색해 나간다는 점에서 규범윤리와 대조를 이룬다.

실천적 윤리는 오늘날 많은 사람들이 인간의 삶에 있어서 도덕적 문제들에 대해 그들의 신념을 제대로 적용하는 방식을 모르고 있다는 문제의식에서 출발한다. 즉, 도덕적 딜레마가 상황의 문제로 대두된다. 이러한 도덕적 딜레마는 오늘날 빠르게 변화하는 사회 현상과 과학적 기술의 급속한 발달로 인해 발생하게 된다. 개발과 환경의 파괴로 인한 비인간화 현상의 대두는 실천적 윤리를 통해 해결해야 하는 하나의 예이다.

실천적 윤리의 일차적 과제는 도덕적 문제의 해결이다. 실천적 윤리는 규범윤리에서 제기된 도덕적 의무에 대한 이론적 정당성, 즉 실제적인 도덕 문제를 해결하는 데 있어서 규범윤리가 제기했던 규범 이론들을 발전, 적용함으로써 문제 사태를 해결해 나가는 것이다. 규범적 윤리에서는 어떤 특정 행위가 '도덕적으로 옳은가, 아니면 그른가?', '그것이 도덕적으로 정당화될 수 있는가?'에 초점을 둔다면 실천적 윤리에서는 어떤 도덕관들이 정당화되는가를 증명하는 데 있으며, 기본적으로는 규범윤리학의 가치관을 따르는 것이 일반적이다. 따라서 실천적 윤리에 대한 논의의 성격에 있어서는 규범적이라 할 수 있다.

실천적 윤리에 있어서 도덕적 상대주의를 지지하는 관점에 대해 해리스(C. E. Harris)는 다음과 같은 세 가지 관점을 제시하고 있다(김학택 · 박우현 역, 1994: 41-44).

첫째, 어떤 사람에게 옳은 행위가 항상 다른 사람들에게도 옳은 것은 아니다. 서로 다른 환경과 조건이 때로는 서로 다른 행위를 요구한다는 명제로 이는 윤리적 상대주의를 지지하는 미약한 논증이다. 실제로 우리가 관심을 두고 있는 도덕적 상대주의의 본질적인 조건 중의 하나는 두 사람이 도덕 원리에 일치할 필요가 없다는 것이지 그러한 원리에 따르는 합당한 행위에 일치하지 않아야 한다는 것을 의미하는 것은 아니다.

둘째, 사람들은 도덕 원리에 관해 일치하지 않는다. 도덕 원리에 대한 불일치를 가장 극적으로 설명한 것들 중의 몇 가지는 다른 문화에 대한 연구에서 발견된다. 동물이 겪는 고통에 관한 다양한 문화적 태도들은 도덕 원리에 대한 근본적인 불일치를 반영한다. 남미에서는 많은 수분을 맛볼 수 있다는 생각에서 닭을 산 채로 먹는다. 호피(Hopi) 인디언은 아이들이 새 다리에 끈을 묶어 장난하는 것을 조금도 반대하지 않는다. 그러한 장난이 종종 다리를 부러뜨리고 날개를 찢어서 결국에는 새를 죽게 하는 경우라고 해도 역시 마찬가지이다. 어떤 호피 인디언이 표현한 '때때로 새들은 지쳐서 죽게 된다'는 말처럼 우리는 도덕 원리에 관한 명백한 불일치에 대해서 서로 다른 많은 예를 볼 수 있다. 로마인은 유아 살해를 인정하지만 우리는 그렇지 않다. 사람들은 간통, 혼전 성관계, 재산권, 폭력, 욕설 그리고 많은 문제에 대한 태도에서 심한 차이를 드러낸다. 그러나 도덕 원리에 관한 불일치라는 단순한 사실이 도덕적 상대주의의 진리를 입증하는 것은 아니다. 많은 경우의 사례를 자세히 관찰해 보면, 도덕 원리에 관한 불일치가 실제로는 사실에 관한 불일치인 경우가 많다. 부모가 노쇠하기 전에 매장하는 풍속은 사람이 죽는 그 당시의 조건에서 사후의 삶을 살게 된다는 믿음에서 기인한다. 그들이 좋은 이유라고 믿는 것 때문에 부모의 생명을 빼앗는다는 말이다. 사실에 대한 불일치가 상대주의 역시 사실적 신념에 적용된다는 사실을 보여주는 것에 불과하듯이 도덕적 불일치가 존재한다는 단순한 사실이 도덕적 상대주의가 진리라는 것을 입증하는 것은 아니다. 만일 내가 화성에 생명체가 있다고 믿고 당신이 그렇지 않다고 믿는다고 해도 나의 신념은 나에게 '참'이고 당신의 신념은 당신에게 '참'이라고 말할 수는 없다. 두 사람 중 한 사람은 잘못 알고 있는 것이기 때문이다.

셋째, 개인들은 때때로 상충되는 도덕 판단을 함에 있어 동등하게 정당화된다. 사람들이 상충되는 신념을 옹호하기 위해 동등하게 좋은 이유를 가지고 있는 상황은 윤리학에만 있는 것이 아니다. 과학자 A는 질병의 기원에 관해서 하나의 가설을 주장하고, 과학자 B는 그와 양립 불가능한 다른 가설을 주장한다고 해보자. 두 과학자는 각자의 관점에 관해서 동등하게 좋은 증거를 가지고 있다. 그러나 과학자 A의 가설은 A에게 참이고, B의 가설은 B에게 참이라고 말할 수는 없다. 오히려 그 증거가 결정적이지 않은 것이라고 말할 수 있다. 왜냐하면 우리는 그 가설들 중에 적어도 하나는 잘못된 것임을 알고 있기 때문이다. 윤리학에서도 마찬가지이다. 사람들이 서로 다른 윤리적 신념에 대해서 동등하게 좋은 이유를 가지고 있을 때 그들 중 적어도 한 사람의 주장은 그른 것일 수 있다.

이상의 내용을 종합해 보면, 실천적 윤리에 있어서의 도덕적 판단은 앞의 해리스(C. E. Harris)가 제시한 세 가지 관점에서처럼 어떤 행위로 나타나는 결과에 대한 윤리적 판단은 주어진 상황과 여건, 장소와 시대의 변화 등에 적합한 규범적 판단을 필요로 한다.

2) 도덕 원칙의 실천 단계

도덕적 실천을 추구하는 실천적 윤리에서는 개념적 추론을 통해 정립된 도덕법칙을 현실의 개별적인 상황에 적용하는 것만을 전제로 하는 것이 아니다. 오늘날과 같이 복잡해진 현대사회에서 자신의 삶과 행위에 있어서 무엇이 올바른 것인지에 대한 방향을 탐구하기 위한 것으로 자신의 현실적 삶에 대한 성찰을 통해 객관적인 타당성을 가질 수 있는 도덕적 규범을 만들어 가는 것이다.

전통 윤리에서는 도덕적 이론을 근거로 고전적 문제를 넘어 항상 실천적 문제에 관심을 기울여 왔다. 따라서 실천적 윤리는 윤리학의 새로운 분야가 아니라, 현실에 대한 자신의 성찰 활동을 통해 정립된 실천 철학의 회복을 추구하는 학문 분야라고 할 수 있다.

도덕적 원칙의 실천을 위해서는 인간 행위의 합리성과 그에 따른 도덕 원칙이 구성되어야 하고, 이를 바탕으로 한 원칙의 일상성과 실천적 지혜가 전제되어야 한다. 이러한 도덕 원칙의 실천 과정으로 이진우(1997: 156)는 다음과 같은 네 단계를 제시하고 있다.

첫째, 도덕적 판단의 단계이다. 이 단계는 초보적인 단계로 개별적인 도덕 판단이 이루어진다. 교통질서를 파괴하는 운전 행위를 보고 '저렇게 해서는 안 된다'고 말할 때, 우리는 이미 '특정한 운전 행위는 비도덕적이다'라고 판단을 한 것이다.

둘째, 일반적 규칙의 서술 단계이다. 이 단계는 둘째 단계로 도덕적 판단의 근거가 되는 일반적인 규칙을 서술한다. 예를 들면, 통상적인 도덕 판단으로부터 우리는 '다른 운전자를 위험에 처하게 하는 것은 비도덕적인 일이다'라는 일반적인 규칙을 도출하게 된다.

셋째, 도덕 원칙의 정형화 단계이다. 이 단계에서는 포괄적이고 기초적인 도덕 원칙들을 정형화한다. 황금률의 원칙, 즉 '네 스스로가 원하는 것을 남에게 행하여라' 또는 '네 스스로가 원하지 않는 것을 남에게 행하지 말라'는 명제가 이에 해당된다.

넷째, 윤리적 이론 형성의 단계이다. 이 단계에서는 도덕적 원칙들을 정당화하는 윤리적 이론을 형성한다. 사람들은 흔히 특정한 맥락에 처해 있는 '개별적인 경우'에 도덕 규칙을 적용한다고 말한다. 그러나 이미 결정된 도덕규범을 현실에 저울질하는 것은 삶의 모든 영역이 원칙으로 적용된다는 획일적 사고를 전제로 한다. 도덕 규칙은 획일적인 적용만은 아니다. 상황이나 문제 사태에 따라 실천적 윤리에 있어서도 다양성이 주어질 수 있다는 점을 간과해서는 안 된다. 이러한 점에서 실천적 윤리는 구체적인 삶 속에서 도덕적인 문제로 파악되는 사안에 대해 도덕 원칙을 적용하는 문제 지향적 윤리라고 할 수 있다.

3) 실천적 윤리의 영역

인간이 생활 영역에서 적용되는 윤리로는 크게 자기 스스로에 대한 윤리, 타인과의 관계에서의 윤리로 구분된다. 자기 스스로에 대한 윤리적 행위를 개인윤리라고 하는데, 개인윤리는 사회윤리와 함께 병립되어 나타나는 것이 일반적이다.

이와는 달리 타인과의 관계에서 나타나는 윤리적 행위를 사회윤리라고 하는데, 사회윤리는 가정, 학교, 회사, 국가 등의 여러 기구를 통해 실현된다. 최근 들어 사회윤리는 전 세계적 관계로 확대되면서 국제윤리가 등장하게 되었는데, 불공정한 국가 간 경제문제, 기아, 전쟁, 소수민족의 박해 등이 이에 해당된다. 사회윤리는 공동체의 안녕과 사회정의를 위해 모두가 실현해야 할 가치이다.

실천적 윤리는 사회적 상황에 따라 문제 사태를 해결해 나가는 데 있어서 어떠한 관계적 상황에 중점을 두는가에 따라 통합 정치 영역, 인간과 자연과의 관계 영역, 인간관계 영역으로 구분한다. 오늘날과 같이 복잡해진 현대사회의 도덕적 문제에 대해 이진우(1997: 169-170)는 공적인 관점에 따라 실천적 윤리의 영역을 다음과 같이 세 가지 영역으로 분류하고 있다.

첫째, 실천적 윤리의 영역으로 기능화된 사회의 영역들을 통합하는 통합 정치 영역을 들 수 있다. 좁은 의미의 정치와 관련된 실천적 윤리는 개인과 국가의 관계를 규범적으로 규정함으로써 개인이 국가에 대해 어떤 권리를, 어떤 범위에서 요구할 수 있는가를 밝혀 주고, 동시에 국가는 개인에 대해 어떤 의무를, 어떤 수단을 통해 요구할 수 있는가를 제시한다. 넓은 의미의 정치는 인간 상호 간의 모든 관계를 규정할 수 있는 규범적 장치를 의미한다. 특히 이기주의적인 인간의 경제행위를 어떻게 규제할 수 있는가 하는 문제는 자본주의가 해결해야 할 가장 근본적인 문제이다.

둘째, 실천적 윤리 영역의 문제 영역은 인간과 자연과의 관계 영역이다. 기술의 발전과 더불어 인간은 자연에 대한 인간의 지배를 무한히 확장해 왔다. 이제 인간의 생존 조건마저도 파괴할 수 있는 기술의 발전은 인간과 자연의 관계를 윤리적인 문제로 만들고 있다.

셋째, 실천적 윤리의 영역도 역시 현대 기술의 발전과 더불어 야기되었지만, 근본적으로 자기 자신에 대한 인간관계 영역이 가장 큰 윤리 영역으로 등장한다. 전통 윤리학에서도 역시 도덕적 문제가 되었던 생명과 죽음의 문제는 복제기술의 발전과 더불어 오늘날에 이르러 더욱 심각한 문제로 대두되었다. 생명을 기술적으로 연장할 수 있는 현대 의학은 안락사의 문제를 야기하였고, 유전자 조작을 통해 생명을 인위적으로 복제할 수 있는 생명공학은 전통 윤리학으로 해결할 수 없는 도덕적 문제를 함축하고 있다. 진리를 추구하고 실행하는 학문과 기술은 어느 정도까지 허용될 수 있는가 하는 점은 궁극적으로 인간이 자기 자신과의 관계를 어떻게 설정하느냐에 달려 있는 것이다. 이렇게 실천적 윤리는 인간에 있어서 제기되는 근본적인 세 관계, 즉 자기 자신과의 관계, 다른 인간과의 관계, 자연과의 관계를 중심으로 어디에 전통 윤리학의 한계가 있고, 어디서부터 특정한 행위가 개인적인 영역과 공적인 영역으로 구별되며, 언제 현대 기술은 도덕적 문제를 야기하는가를 보여주어야 한다. 이런 점에서 실천적 윤리에서는 인간 상호 간의 문제뿐만 아니라 자기 자신과의 관계, 다른 인간과의 관계, 자연과의 관계를 중심으로 하는 인간관계를 한 영역으로 구성하고 있다.

3 도덕 이론의 평가 기준

일상생활에서 지나친 자기주장으로 인하여 갈등이나 고통을 겪게 될 때 우리는 흔히 '상식이 통하는 사회'라는 말을 인용하여 사용한다. 이는 일반적으로 '사람들이 흔히 하는 방식으로 생각하고 판단하고 실천하는 것이 통하는 사회'라는 의미를 지니고 있다. 즉, 주어진 상황에서 내가 한 행위나 다른 사람이 한 행위에 차이가 없는 것이 바로 상식이다. 이러한 사회에서는 나 대신 다른 누구와도 대체가 가능하며, 누구도 자기 자신으로 존재하는 것이 아니라 오로지 사회의 규범에 의해 조직된 사회만이 존재하는 사회이다. 어떻게 보면 장점이 많은 것처럼 보이지만 그 사회 나름대로의 문제점을 지니고 있다. 이러한 상식이 통하는 사회에서는 개인이 없는 사회이며 개인의 자리가 철저하게 상대화된 사회라고 할 수 있다.

'상식이 통하는 사회'라고 하는 것에는 도덕적 규범의 평가 기준을 어디에 두느냐에 대한 문제도 있지만, 평가의 준거가 언제나 동일한 규범이라고 하는 하나의 잣대만이 존재한다는 의미도 담고 있다. 앞에서도 언급한 바와 같이 도덕적 규범이란 획일적 사고나 정형화된 틀에 의한다기보다는 상황적 여건에 따른 다양성을 갖고 있다는 점을 이해해야 한다. 따라서 상황적 판단에 의한 도덕적 이론의 평가는 사회적 여건을 바르게 인식하고 변화하는 윤리나 도덕적 규범에 대한 수용 능력을 향상시킨다는 점에서 바르게 이해할 필요가 있다. 그렇다면 도덕적 이론의 평가는 어떠한 준거에 따라 결정되어야 하는 것인가? 학자에 따라 다양한 의견을 제시하고 있으나, 도덕 이론의 평가 기준에 대해 해리스(C. E. Harris)는 다음과 같은 네 가지 관점을 제시하고 있다(김학택 · 박우현 역, 1994: 70-74).

1) 일관성 : 그 이론은 일관적인가?

합리적으로 받아들일 수 있는 이론은 언제나 일관적이어야 한다. 즉, 이론 내의 명제는 그 이론 내의 다른 명제들과 모순되지 않아야 한다는 것이다. 일관되지 못한 과학적 이론은 실험 테스트 이전에 심각한 의문이 제기되었거나 심지어는 포기되기도 한다. 만일 질병의 기원에 관한 어떤 이론에서 질병은 박테리아에 의해 발생된다는 주장과 바이러스에 의해 발생된다는 주장을 동시에 주장한다면, 과학자들은 그 이론을 실험해 보지도 않는다. 사실 그 이론은 테스트하기가 어렵다. 왜냐하면 서로 다른 많은 결과들이 그 이론과 양립이 가능하기 때문이다.

윤리적 이론은 다른 몇 가지 방식에 있어서 비일관성을 갖고 있을 수 있다. 예를 들어, 이기주의는 흔히 도덕 규준 그 자체 내에 있는 내적 비일관성 때문에 비판을 받는다. 그 도덕 규준은 한편으로는 자기 이익을 가져오는 것을 하도록 지시하고 또 다른 한편으로는 다른 사람들에게도 이기주의자가 되라고 가르친다. 그러나 그 도덕 규준은 타인들의 이익 추구는 자신의 이익과 상충되므로 타인들이 이기주의자가 되는 것을 원하지 않아야 하며, 실제로도 타인들이 자기 이익을 추구하지 못하도록 해야 한다. 이러한 이기주의의 내적 비일관성으로 인하여 이기주의는 많은 비판을 받는다. 자연법 윤리학이 도덕 규준을 충족시키는 데 사용되는 두 원리, 즉 상실의 원리(principle of forfeiture)와 이중 효과의 원리(principle of double effect)의 상충으로 인해 비판받는 것처럼 이러한 비일관성은 도덕 규준 그 자체 내에 존재하는 것이 아니라 그 규준을 적용하는 데 사용되는 두 원리에 존재한다.

도덕 이론 내에 비일관성이 있다고 해서 그것이 곧 그 도덕 이론을 모두 포기해야 한다는 것을 의미하는 것은 아니다. 어떠한 도덕 이론도 완전하게 일관적일 수는 없으며, 아마도 인간이 단일한 도덕 이론을 일관되게 주장한다는 것도 불가능할 것이다. 그러나 일관성이라는 개념은 합리성 그 자체의 개념에 있어서 필수적인 개념이다. 따라서 도덕 이론의 내적 일관성은 도덕 이론에서 반드시 준수되어야 한다.

2) 신빙성 : 그 도덕 이론은 우리가 이미 가지고 있는 도덕적 신념과 일치하는 도덕 판단을 산출하는가?

도덕 이론을 평가하는 다른 하나의 방법은 구체적인 도덕 문제에 관하여 그 이론이 함축하는 바를 끌어내고, 그다음에 이러한 함축을 우리들 대부분이 강력하게 지지하고 있는 도덕적 신념들과 비교하는 것이다. 예를 들어, 무고한 인간의 생명을 직접 빼앗는 것은 항상 그르다고 주장하는 자연법과 같은 도덕 이론을 고려해 보자. 이 원리가 함축하는 것 중의 하나는 자신의 불행을 종결시켜 줄 것을 요구하는 치유 불가능한 암 환자의 생명을 끊기 위해 극약을 투여하는 행위는 부도덕하다는 것이다. 그러나 어떤 사람은 그러한 행위가 부도덕하지 않으며 더 나아가 자비로운 행위라고 믿을지도 모른다. 만일 그렇다면 자연법 도덕 이론과 그 사람이 이미 가지고 있는 도덕적 신념 간에는 상충이 있다고 할 것이다. 그러한 상충에 직면해서 그 사람은 다음의 네 가지 가운데 하나를 선택할 수 있다.

첫째, 그는 안락사가 때때로 도덕적으로 허용될 수 있다는 자신의 신념을 포기할 수 있다.

둘째, 그는 자연법 도덕 이론을 전체적으로 거부할 수 있다.

셋째, 자연법 도덕 이론이 실제로는 안락사를 비난하지 않는다는 것을 보여주려고 시도할 수 있다.

넷째, 그는 이러한 경우에 자신의 도덕 이론과 도덕적 신념이 상충한다는 것을 인정할 수 있다.

만일 어떤 사람들이 자연법 도덕 이론을 강력하게 지지한다면 - 예를 들어 그들이 보수적인 로마 가톨릭 교인들이라면 - 첫 번째 또는 세 번째와 네 번째 중에서 하나를 선택할지도 모른다. 만일 누군가가 자연법 도덕 이론에 강력한 근거를 가지고 의문을 제기한다면, 그는 두 번째 안을 선택할 것이다. 이와 같이 이미 가지고 있는 도덕적 신념과의 일치가 도덕 이론의 타당성에 대한 절대적인 테스트는 아니라는 것을 명심해야 한다. 만일 어떤 도덕 이론이 이미 가지고 있는 도덕적 신념과 상충한다면 그 이론은 이론이라기보다 그른 도덕적 신념일 수 있다. 이러한 성격의 상충은 적어도 어떤 것이 그르다는 것을 알려 주어야 한다.

3) 유용성 : 그 이론은 도덕적 딜레마를 해결하는 데 유용한가?

도덕 이론이 우리들의 사고 내에서든 우리들과 타인들 사이에서든 도덕적 상충을 해결하는 데 도움이 될 수 없다면 실질적인 용도는 거의 없는 셈이다. 우리가 이러한 목적을 이루는데 도덕 이론이 도움이 되지 못하는 경우는 세 가지가 있다.

첫째, 도덕 이론에서의 중요한 용어가 너무 모호해서 실제적인 도덕 문제에 관해 함축하고 있는 것이거나 명백하지 못한 경우이다. 예를 들어, '자연적 경험'에 대한 정의는 자연법 윤리학자들에게 문제를 제시하지만, 자연법 윤리설이 가지는 도덕적 함축은 직접적으로 이러한 용어에 대한 해석에 의존한다.

둘째, 이론 그 자체만으로는 상충되는 도덕적 가르침들을 중재할 수 있는 어떤 지침도 제공하지 못하는 경우이다. 예를 들면, 도덕의 일차적인 기능 중의 하나는 개인들 간의 논쟁을 해결함에 있어서 평화적인 수단을 제공하는 것이다. 그러나 이기주의자들은 오직 각 개인에게 이익이 되는 것을 하도록 권한다. 이러한 충고는 이해의 상충을 해결하는 데 도움이 되는 것이 아니라 오히려 상충을 격화시키기 때문에 윤리학적 이기주의는 유용성의 기준에 적합하지 않다. 인간 존중의 윤리학도 의무 간의 상충에 대해 해결 방식을 항상 제공하는 것은 아니기 때문에 유용성의 기준과 일치시키기에는 어려움이 많다.

셋째, 도덕 철학은 어려운 도덕적 문제를 해결하기 위해 정보를 요구할 수 있으나 그런 정보를 얻기란 어려운 일이라는 점에서 유용성에 문제가 된다. 이 문제는 특히 두 결과주의 도덕 철학, 즉 이기주의와 공리주의에서 심각하다. 결과주의에 대한 비판에 의하면 이기주의자는 흔히 자신의 장기적인 이익을 가져오게 될 행위가 무엇인지를 알기 위한 사실에 관한 충분한 지식을 가지고 있지 않고, 공리주의자는 일반적 복지를 가져오게 될 행위가 무엇인지를 알기 위한 사실에 관한 충분한 지식을 가지고 있지 않다. 예를 들어, 공리주의자는 만연된 혼외정사가 사회에 미치는 장기적인 영향을 충분히 알 수 있는가? 혼외정사는 결혼을 더욱 안정시킨다고 보는가 아니면 불안정하게 만든다고 보는가? 이 문제에 대한 대답 없이는 공리주의의 관점으로서는 혼전 성관계의 도덕성을 결정할 수 없다.

4) 정당성 : 그 도덕 규준은 얼마나 잘 정당화될 수 있는가?

모든 도덕 이론가들은 다른 사람의 도덕 규준보다 자신의 도덕 규준이 받아들여지도록 하기 위해 어떤 근거를 마련한다. 많은 이들은 종교나 도덕적 직관에 호소함으로써 도덕 규준을 옹호하는 가장 평범한 방식을 택하기도 한다. 많은 도덕 철학자들은 이러한 방법들이 불완전하다고 믿는다. 그러나 도덕 규준을 받아들이도록 하기 위한 다른 많은 방법들이 있다. 도덕 규준을 옹호하는 방법은 하나의 도덕 이론 내에 있는 도덕 규칙들이나 도덕 판단들을 옹호하는 방법과 근본적으로 달라야 한다는 것을 주목해야 한다. 도덕 규칙들과 도덕 판단들은 도덕 규준과 관련하여 변호될 수 있지만, 도덕 규준은 더 고차적인 도덕 규준을 언급함으로써 변호될 수 없다. 따라서 도덕 규준의 엄격한 증명은 불가능하다. 기껏해야 도덕 철학자는 다른 도덕 규준을 받아들이는 것보다 왜 이 도덕 규준을 받아들이는 것이 그럴듯한지 그 이유를 보여줄 수 있을 뿐이다.

4 윤리적 선택과 판단

1) 수인의 딜레마

수인(囚人)의 딜레마(prisoner's dilemma)는 두 명의 공범이 각각 분리되어 경찰관의 취조를 당할 경우 끝까지 범행을 부인하지도 또 자백하지도 못하는 심리적인 모순 상태에 빠지는 것을 보여주는 사례로, 협력을 통해 서로 이익이 되는 상황이 아닌 더욱 불리한 상황을 선택하는 문제가 발생되는 것을 보여주는 것으로 다음의 내용으로 구성되어 있다.

당신과 당신의 파트너가 어떤 범죄로 용의 선상에 올랐고 당신들은 범인(공범)이며, 당신들이 저지른 죄가 아주 무겁다고 가정하자. 경찰은 수사상의 실수와 당신들의 완벽한 범행으로 인해, 당신들을 구속시킬 결정적 증거를 잡지 못했다. 따라서 경찰은 당신들의 자백에 큰 부분을 의존할 수밖에 없는 상황이다. 그러나 당신들은 이러한 사실에 큰 불안을 느끼고 있다. 왜냐하면 경찰의 수사에 어떻게 반응하느냐에 따라 당신들에 대한 형사처벌 내용이 달라지기 때문이다.

당신과 당신의 파트너가 경찰서에 출두하게 되었다. 수사관은 당신과 당신의 파트너를 각기 다른 취조실에 들어가도록 하였으며, 당신과 당신의 파트너는 단지 범죄를 위해 만났을 뿐, 서로에 대한 신뢰는 전혀 없으며, 자신의 이익을 위해서는 상대방의 이익을 희생할 수 있는 이기적 인간이라고 가정하자. 이제 당신 앞에 선 냉정한 표정의 수사관이 당신에게 이런 말을 한다.

> 만약 옆방에 있는 친구인 공범이 자백을 했는데, 자네가 아무런 말도 하지 않으면, 친구가 자백한 말이 자네에게 매우 불리하게 되어 친구는 석방이 되고 자네는 10년 동안 감방에서 지내게 될 걸세. 만약 공범인 친구가 자백을 했는데, 자네도 자백을 하게 되면 두 사람은 각각 5년간 감방에서 생활하게 될 걸세. 또한 공범인 친구가 아무 말도 안 하는데, 자네가 자백을 하면 자네는 석방이 되고 공범인 친구는 10년을 복역하게 되네. 하지만 둘 다 입을 안 열고 자백을 하지 않는다면, 자네들은 각각 6개월씩 감방에서 생활하게 될 걸세. 빨리 자백을 하게. 공범인 친구가 자백해 버리기 전에 말일세. 사실 옆방에 있는 자네의 친구도 지금 똑같은 제안을 받고 있네. 빨리 자백하는 사람이 이기는 거야.

당신과 당신의 파트너는 어떤 선택을 하게 될까. 끝까지 부인하자니 다른 공범의 자백에 자신이 더 큰 피해를 당할까 두렵고 그렇다고 죄를 인정하는 자백을 할 수도 없기 때문에 당신은 아주 난처한 입장에 처하게 된다. 이들은 자백 여부에 따라 다음의 선택이 가능하다.

[선택1] 둘 중 하나가 배신하여 죄를 자백하면 자백한 사람은 즉시 풀어 주고 나머지 한 명이 10년을 복역해야 한다.

[선택2] 둘 모두 서로를 배신하여 죄를 자백하면 둘 모두 각각 5년을 복역해야 한다.

[선택3] 둘 모두 죄를 자백하지 않으면 둘 모두 각각 6개월을 복역해야 한다.

<표 7-1> 범인의 선택에 따른 처벌 사례

<table>
<tr><th colspan="2" rowspan="2">구분</th><th colspan="2">범인 B의 선택</th></tr>
<tr><th>침묵</th><th>자백</th></tr>
<tr><td rowspan="2">범인 A의 선택</td><td>침묵</td><td>범인 A, B 각자 6개월씩 복역</td><td>범인 A 10년 복역
범인 B 석방</td></tr>
<tr><td>자백</td><td>범인 A 석방
범인 B 10년 복역</td><td>범인 A, B 각자 5년씩 복역</td></tr>
</table>

수인의 딜레마에서는 상대방의 결과는 고려하지 않고 자신의 이익만을 최대화한다는 가정하에 움직이게 된다. 이러한 딜레마 상황에서 사람들은 보통 침묵보다는 자백을 통해서 자신이 더 많은 이익을 얻을 수 있게 되므로 침묵보다는 자백을 택하는 경우가 많다. 이러한 선택은 결국 둘 모두 5년을 복역하게 하는 것이고, 이는 둘 모두가 자백하지 않고 6개월을 복역하는 것보다 나쁜 결과를 가져오게 된다. 즉, 각 개인이 자기 이득만을 노리고 의사 결정을 할 때, 사회 전체에 손실을 야기할 수 있다는 것이다. 그러므로 자신의 이기적인 행위보다는 이타적인 행위를 모든 구성원들이 행한다면 더 좋은 결과를 낳을 수 있다는 것이 설명되는 부분이다. 그러나 여기에도 한계가 있다. 사회 구성원이 모두 이타적인 선택을 한다고 가정하더라도 단 한 명의 이기적인 선택이 발생한다면 그로 인해 이기적인 한 명의 사람을 제외한 모든 사회 구성원들이 더 큰 피해를 받게 된다는 것을 시사하고 있다.

2) 올바른 판단에 이르는 방법

도덕적 판단이나 행위에는 반드시 근거가 있다. 따라서 우리가 자신의 도덕적 입장을 분명히 하고, 다른 사람들의 일반적인 행위 안에 내재된 도덕 규준을 명료하게 한다면 어떤 도덕적인 행위에 대해서도 분명하게 판단할 수 있다. 윤리학에 반성적 시각이 도입되는 것도 이런 맥락에서이다. 잘 안다는 것과 올바로 실천한다는 것은 별개의 문제라고 할 수 있지만 명료하게 보고 확실하게 판단하는 사람이 올바르게 실천할 수 있는 것은 분명하다(김학택 · 박우현 역, 1994: 7). 자신의 도덕적 관점과 시각을 어떠한 단계와 절차에 의해 판단하고 실천하는가와 관련된 문제는 이러한 의미에서 올바르게 인식할 필요가 있다. 위르겐 슈바르츠(Uergen Schwarz)는 윤리적 상황에서의 올바른 선택과 판단에 이르는 방법으로 다음과 같은 단계 과정과 문제 제기 방법을 제시하고 있다(문은숙 역, 2008: 88-89).

(1) 문제 제기

- 판단을 내려야 하는 경우 근본적인 문제는 무엇인가?
- 자신이 직접 관련된 경우인가?
- 자신의 이해관계나 필요에 영향을 주는가?

(2) 상황 분석

- 문제가 되는 사안이 정치, 사회, 심리적으로 어떻게 관련되어 있는가?
- 다른 어떤 요소들이 영향을 미치는가?

(3) 행동 가능성

- 어떤 종류의 행동 모델과 판단 모델이 존재하며, 어떤 모델들을 고려해

야 할까?

- 어떤 결과를 예상할 수 있는가?

(4) 기본 원칙

- 내게 최상의 도덕적 원칙은 무엇인가?

예 이웃사랑

- 규범이 되는 가치는 무엇인가?

예 정의, 안녕

(5) 계획

- 문제를 어떻게 해결할 수 있을까?
- 문제가 되는 경우에 내 기본 원칙과 가치를 적용하기 위해서는 어떤 행동이나 조치를 취해야 할까?

(6) 해결책에 대한 점검

- 나의 '해결책'이 문제 해결에 정말 적합한가?
- 모든 사안을 올바르게 고려했는가?
- 어떤 비판을 예상할 수 있을까?
- 비판에 대해 어떻게 대응할 수 있을까?

08

CHAPTER

윤리성의 개인적 발달[1)]

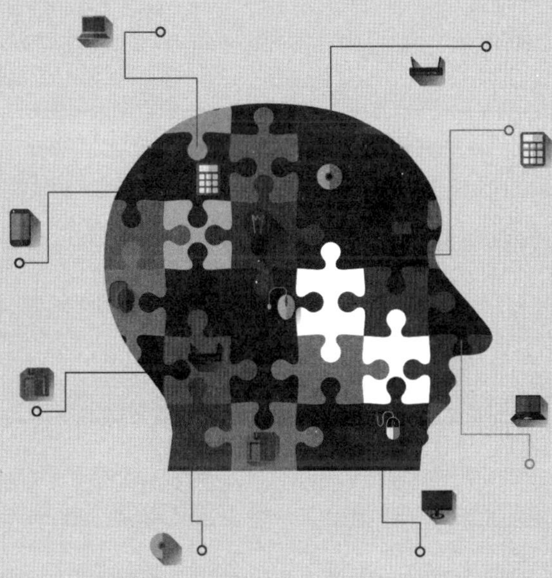

1) 정석용 · 이규은(2019). pp. 183-197 내용을 재구성한 것임

08

CHAPTER

윤리성의 개인적 발달

도덕성에 대한 이론을 통해 하나의 통일된 견해를 찾기란 쉽지 않다. 도덕성에 대한 정의나 개념은 행동주의 사회심리학이나 정신분석학, 인지발달 이론 등 다양한 학문적 배경이나 입장에 따라 다소 차이가 있다. 일반적으로 도덕성이라고 하면 어떤 사회의 관습적, 전통적, 문화적 규범을 그 사회에 소속된 개인이 내면화시킨 후, 이 내면화된 규범에 따라 자신의 행위를 자율적으로 통제하는 인지 · 태도 · 행동을 말한다. 도덕성 발달 이론 가운데 가장 널리 알려진 이론으로 콜버그(Kohlberg)와 피아제(Piaget), 리코나(Lickona) 등이 있다. 이들은 도덕성의 모든 특성은 한꺼번에 발달하는 것이 아니라 단계에 따라 발달한다고 보았다. 따라서 이 장에서는 개인윤리에 대한 기본 개념으로 윤리 지능에 관한 내용을 개괄적으로 살펴보고, 이를 바탕으로 단계별 도덕성 발달 이론을 제시한 학자들의 다양한 도덕성 발달 이론을 살펴보고자 한다. 도덕성 발달 이론이 지닌 인간의 윤리성 발견과 이를 통한 도덕성의 회복과 윤리적 사회의 구현에 대해서 생각해 보자.

1 윤리 지능

인간의 지능에 대해 미국 하버드대의 하워드 가드너(Howard Gardner, 1973)는 다중 지능(Multiple Intelligence) 이론을 제창하였다. 가드너는 인간의 지능을 '문제 해결 능력, 또는 가치 있게 여기는 어떤 결과를 만들어 내는 능력'으로 정의하고, 지능이 단일한 능력이 아니라 다수의 능력이 인간의 지능을 구성한다고 보았다. 뿐만 아니라, 다수의 능력들은 상대적으로 동일한 중요성을 지닌다고 보았다. 이러한 인간 지능에 대한 인식은 단일한 일반 지능으로 인식한 것이 아니라, 지능을 다면적, 복합적 측면으로 인식하였다는 점에서 당시 지능에 대한 인식의 전환을 갖게 하는 새로운 이론으로 지능에 대한 전통적인 정의·이해 방식과는 큰 차이를 보였다(박효정 외, 2006: 50).

다중 지능의 등장과 함께 최근 미국의 조지타운대학 생명윤리학 교수인 브루스 와인스타인(Bruce Weinstein)은 그의 저서에서 인간의 새로운 지능 영역으로 '윤리 지능(Ethical Intelligence)'을 주장하였다. 그가 말하는 윤리 지능이란 '애매한 상황에서 상대와 나에게 상처를 주지도, 받지도 않으며 올바른 삶을 살아가는 데 필요한 능력'으로 인간의 삶에서 상황이 복잡해졌을 때, 어떻게 행동해야 할지 막막할 때, 선택의 기로에 섰을 때, 원칙이 흔들릴 때, 이때 올바른 행동을 할 수 있도록 돕는 능력이 바로 '윤리 지능'이라고 설명하고 있다(송기동 역, 2012). 브루스 와인스타인 교수는 인간의 윤리 지능을 감성 지능과 상대적으로 차이가 있음을 지적하고 있는데, 감성 지능이 상대방의 감정 상태를 이해할 수 있도록 도와주는 것이라면, 윤리 지능은 상대방의 감정 상태를 이해할 뿐만 아니라 이해를 바탕으로 어떻게 대처해야 할지를 알려준다는 점에서 큰 차이가 있음을 지적하고 있다. 윤리 지능이 자신과 상대방에게 서로 상처를 받거나 주지 않고 올바른 삶을 살기 위해 윤리적으로 어떻게 해야 하는지를 인식시켜 주고, 그것을 실천할 수 있도록 용기를 준다는 것이다. 즉, 상대에게 어떻게 배려하고 존중하는가에 대해 초점을 두고 판단하며 행동하게 한다. 윤리 지능은 급변하는 오늘을 사는 현대인들에게 삶의 잣대가 되어 불안한 시대를 현명하게 사는 방법을 제시해 준다. 따라서 브루스 와인스타인은 사회가 복잡하고 상황이 꼬여서 가치판단이 혼란스러울 때일수록 현명한 선택과 행동을 하게 해주는 윤리 지능이 꼭 필요하며, 이러한 윤리 지능은 감성 지능과 함께 인간의 올바른 인성 형성에 절대적으로 필요하다고 역설하고 있다.

삶에 있어서 인간은 완벽한 존재가 아니므로 실수를 하기도 하고, 문제를 일으키기도 한다. 그러나 이럴 때마다 반응을 보이는 인간의 행동은 천차만별이다. 이와 같은 인간 행동의 차이는 사람마다 지니고 있는 '양심'이라고 하는 윤리적 기준이 다르기 때문이다. 심리학자들은 이러한 인간 행동의 차이에 대해 양심뿐만 아니라 학습에 의한 유리적 뷰별력의 차이 때무이라고 섬명하는데, 이와 같은 윤리적 분별력이 바로 '윤리 지능(Ethical Intelligence)'이다. 일반적인 인간의 행동을 보면 양심적인 사람이라고 하더라도 자신의 잘못이 드러나지 않을 것이라고 인식하게 되면 사실을 말하지 않게 되고, 양심이 다소 부족한 사람이라 하더라도 자신의 잘못이 드러날 것이라고 인식하게 되면 자신의 잘못을 솔직하게 말하게 된다는 것이다.

브루스 와인스타인(Bruce Weinstein)은 윤리 지능의 실천 방법으로 다음과 같은 다섯 가지 원칙을 제시하였다.

첫째, 남에게 해를 끼치지 말라. 이는 자제의 원칙으로 다른 사람에게 해가 되는 행동을 하지 말고 자제해야 한다는 것이다. 따라서 다른 사람에게 해가 되는 행동을 사전에 예방하여 해를 끼치지 않도록 하고, 그럼에도 불구하고 불가피하게 해를 끼치는 일이 발생하게 된다면 그것을 최소화해야 한다.

둘째, 상황을 개선하라. 이는 운명 개선의 원칙으로 주어진 자신의 삶에 대한 문제를 주어진 운명이나 숙명으로 받아들이기보다는 이를 개선하여 보다 나은 상황으로 발전시켜 나가라는 것이다. 이는 자신의 문제만이 아니라 자신을 둘러싼 주변인들과도 협력하여 이루어 나가도록 해야 하는 것으로 주변 사람들에 대한 책임과도 연관성이 있다.

셋째, 다른 사람을 존중하라. 이는 존중의 원칙으로 내가 다른 사람으로부터 존중받기 위해서는 타인을 존중해야 한다는 원칙이다. 따라서 어떠한 경우에도 상대방을 자신의 목적을 이루기 위한 수단으로 인식해서는 안 되며, 목적은 목적 그 자체로 인식해야 한다. 이러한 존중의 원칙을 준수하기 위해서는 비밀유지하기, 솔직하게 말하기, 약속 지키기 등의 실천방법이 필요하다.

넷째, 공정하라. 이는 공정의 원칙으로 항상 모든 상황 판단에서 공정성을 잃어서는 안 된다는 원칙이다. 감정적이거나 편파적인 판단은 윤리적인 행동이 아니다. 사람을 훈육한다는 것은 보다 나은 인격을 갖추게 하는 데 그 목표가 있다. 그러나 훈육에 있어서 불공정한 상황을 반복적으로 연출한다면 그것은 목표와 전혀 다른 결과를 만들어 낼 수 있다. 따라서 항상 공정성을 지켜 부당한 행동을 바로 잡을 수 있도록 한다.

다섯째, 사랑하라. 이는 사랑의 원칙으로 사회적 삶에서 타인을 사랑으로 대하라는 원칙이다. 사랑은 인간관계에서 윤활제와 같은 것이다. 사랑은 절대적으로 필요한 것도 아니고, 또 쓰지 않는다고 해서 비난을 받는 것도 아니지만, 사랑은 인간관계를 부드럽게 하고 관계를 개선해 주고 발전시켜 주는 데 기여한다. 친절, 배려, 인정을 실천하는 것이 사랑이다.

이 밖에도 일상에서 비윤리적 행동을 하는 원인을 분석해 보면, 대부분 학습에 의해 형성된 윤리적 분별력, 즉 양심이 부족한 것이 대부분이다. 따라서 윤리적 행동이 실천될 수 있는 사회를 형성하기 위해서는 비양심적이고 부도덕한 양상으로부터 벗어나야 하며, 이를 위해서는 양심에 의한 행동을 할 수 있도록 윤리 지능을 높이고 엄격한 윤리적 태도를 실천해 나가야 할 것이다.

2 피아제(Piaget)의 도덕성 발달 이론

피아제(Jean Piaget)는 스위스의 철학자이자, 자연과학자이며 발달심리학자이다. 피아제는 도덕성 발달이 인지발달의 순서에 병행하여 발달한다고 보았다. 그는 아동의 공기놀이를 관찰하여 아동들이 인식하고 있는 도덕적 규칙을 파악하고 규칙을 지키는 양상을 이해함으로써 도덕성 발달에 대한 연구를 시작하였다. 피아제는 아동들이 공기놀이에서 규칙을 어떻게 인식하고 있는가를 알아보기 위해 아동들에게 '게임의 규칙을 누가 만들었을까?', '모든 사람이 이 규칙을 꼭 지켜야 하는가?', '이 규칙은 바꿀 수 없을까?'와 같은 질문하였으며, 이를 통해 아동들의 도덕성 발달과정을 이해하고자 하였다. 또한 어떤 것이 옳은 것인가에 대한 아동의 생각을 밝혀내기 위해 도덕적 갈등 상황에 대한 이야기를 들려주고 '누가 더 나쁘다고 생각하는가?', '왜 그렇게 생각하는가?', '그 나쁜 아동은 어떤 벌을 받아야 할까?' 등을 질문하여 아동의 반응을 분석하였다. 피아제의 분석결과에 의하면 게임의 규칙에 대한 아동의 이해, 도덕적 판단, 정의감 등에 있어서 아동의 도덕성은 타율적 도덕성에서 자율적 도덕성으로 발달해 간다고 보았다.

피아제는 도덕성 발달 단계는 3단계로 구성됨을 밝히고, 구체적인 발달 단계로 전도덕성 단계(pre-moral stage), 타율적 도덕성 단계(heteronomous morality stage), 자율적 도덕성 단계(autonomous morality stage)를 제시하였다. 피아제의 단계별 도덕적 발달 내용은 다음과 같다.

1) 1단계 : 전도덕성 단계

도덕성 발달 단계의 첫 단계인 전도덕성 단계는 4세 이전 시기의 아동들에게 해당된다. 이 시기의 아동들은 규칙에 별로 관심이 없다. 관심이 없다기보다는 이 시기에는 규칙을 이해하지 못하고 규칙을 따라야 한다는 생각이 거의 없는 단계의 이동들이다. 인지발달이 이루어지지 않아 규칙을 이해하지 못하므로 도덕적인 판단이 불가능한 시기이다. 다만 이 시기의 아동들은 도덕성에 대한 관심보다는 그저 단순한 놀이 활동이 재미있고, 흥미로워서 하는 것일 뿐, 규칙을 따르면서 체계적으로 놀이를 하려는 시도는 하지 않는다는 것이다. 옳고 그름을 판단하는 데 있어서도 이들은 일관된 기준을 적용하지 않는다. 이 시기의 아동들은 옳고 그름을 구분하지 못한다고 보는 것이 합리적이다.

2) 2단계 : 타율적 도덕성 단계

타율적 도덕성 단계에 해당되는 아동들은 4~9세 시기이다. 이 시기의 아동들은 인지발달 이론에 의하면 전조작기에 해당되는 아동들인데, 대부분 규칙에 대해 강한 존중을 보인다는 점이 특징이다. 이 시기의 아동들은 규칙은 신이나 부모와 같은 강력한 권위자에 의해 만들어진 것이므로 반드시 지켜야 하는 것이고, 절대로 바꿀 수 없는 불변의 것이라고 생각한다. 피아제는 이처럼 불변이라고 생각하는 절대주의적인 도덕적 사고를 도덕적 실재론이라고 명명하였는데, 아동들은 규칙은 모든 사람이 지켜야 하는 원칙일 뿐만 아니라 결코 변할 수 없는 것이라고 인식하는 것이 대표적인 예이다. 또한 이 시기의 아동들은 도덕적 사태에 대해서도 항상 옳은 쪽과 나쁜 쪽이 있다고 생각하고, 규칙을 따르는 행위는 항상 옳은 것이고 규칙을 위반하는 행위는 나쁜 것으로 인식한다.

이 시기의 아동들의 또 다른 특성은 행동에 대한 선악의 기준이다. 행동에 대한 선악을 판단함에 있어서 이 시기의 아동들은 행동의 의도보다 결과에 따라 선악을 판단한다. 행동의 의도와는 무관하게 결과적으로 크게 잘못한 경우가 더 큰 잘못이라고 판단한다. 또한, 규칙과 질서를 절대적인 것으로 인식하기 때문에 규칙을 어기면 반드시 처벌을 받아야 한다고 생각한다. 즉, 이 단계의 아동들은 규칙의 절대성을 믿기 때문에 사회규칙을 어기게 되면 반드시 처벌을 받게 된다는 내재적 정의를 믿고 있다. 예를 들어, 친구들이 놀고 있는 고무줄을 끊고 도망가다가 넘어지게 되면 그것은 자신의 잘못된 행위에 대한 처벌이라고 생각한다.

3) 3단계 : 자율적 도덕성 단계

자율적 도덕성 단계에 해당되는 아동들은 10세 이후의 시기이다. 이 시기의 아동들은 규칙과 질서는 권위자에 의해 만들어지는 것이 아니라 다른 사람과의 협의에 의해 결정되는 것이리는 것을 이해하게 된다. 따라서 규칙은 가변적인 것이라는 것을 알게 되고, 규칙은 집단 내의 화목한 관계를 유지하기 위해 필수적으로 지켜야 하고 상황에 따라 규칙은 바뀔 수 있다는 점을 인식하기 시작한다. 즉, 더 이상 규칙을 신성불가침한 것으로 생각하지 않고, 모든 사람이 동의하면 규칙은 변화될 수도 있다는 것을 인식한다. 피아제는 이와 같은 도덕적 사고를 도덕적 상대론이라고 명명하였다.

이 시기의 아동들은 인지발달 이론에 의하면 구체적 조작기 이후의 아동들이다. 따라서 타인과의 상호작용을 중시하는 경향성이 나타나고, 행동의 옳고 그름을 판단하는 데 있어서도 결과보다 의도를 파악하여 판단하는 경향을 보인다. 단순히 행동의 결과가 아닌 행위자의 의도나 동기를 고려하여 행동의 옳고 그름을 판단한다. 뿐만 아니라 잘못된 행동에 대한 처벌의 양을 결정할 때에도 정상참작이 가능한 시기이다. 이 시기에는 공정성과 협력에 대한 이해를 통해서도 도덕성이 발달한다. 즉, 상호보상에 대한 이해가 수용되는 시기로 누군가가 나를 도와주면 나도 상대를 도와준다는 식의 갚기보다는 대접하는 것에 대한 이상적 상호 보상의 원칙을 이해하게 된다.

자율적 도덕성 단계의 아동들은 경우에 따라 규칙을 지키지 않을 수도 있다는 상황적 요인을 고려할 수 있다. 예를 들면, 위급한 환자를 응급실로 데려가기 위해 도로를 과속하여 질주하는 운전자를 처벌해야 한다고 생각하지 않는다. 결과가 아닌 동기나 의도를 기초로 아동들은 도덕적 사고가 가능하기 때문이다.

자율적 도덕성 단계에 도달하기 위해서는 아동의 인지적 성숙과 사회적 경험이 매우 중요하다. 아동이 인지적으로 성숙하기 위해서는 자기중심적 사고를 줄여야 하고 다양한 유형의 도덕적 사태를 다양한 관점에서 조망할 수 있게 해주어야 한다. 아동들은 이러한 상황적 수용의 경험을 통해 역할 수용능력을 익혀가게 된다. 또한 도덕성 발달에 필요한 사회적 경험은 동등한 지위에 있는 또래와의 상호작용이 매우 중요하다. 아동은 또래와 접촉하는 가운데 협동하여 노는 것과 또래 집단의 공동목표를 달성하기 위해 타인과의 갈등을 해결하는 것을 배우게 된다. 이처럼 대등한 입장에 있는 또래 간의 접촉은 아동이 보다 융통성 있고 자율적인 도덕성에 도달하도록 하는 데 도움을 준다. 아동이 부모나 교사와 같은 성인이 정한 사회 규칙이나 자신에 대해 무조건 시키는 대로만 하면 된다는 식으로 아동에게 절대복종을 강요하게 되면 아동들은 규칙은 항상 절대적인 것에 해당된다고 생각하는 타율적 도덕성 단계에서 벗어나기 어렵다.

<표 8-1> 피아제의 도덕성 발달 단계와 특성

단계	시기	특성
전도덕성 단계	0~4세	• 규칙에 대해 관심이나 이해가 없음 • 옳고 그름의 차이를 알지 못함 • 옳고 그름에 대한 훈육이 필요한 시기 • 규칙 자체를 지각하지 못함
타율적 도덕성 단계	4~9세	• 규칙과 신념에 대한 강한 존중감이 존재하고 그것에 항상 복종해야만 한다고 생각함 • 규칙이란 권위적 인물이 일방적으로 부과하며 매우 신성하고 결코 변경될 수 없다고 봄 • 만약 위급한 환자를 병원으로 데려가는 중에 '도로규칙'을 위반했을 때에도 아동들은 그 행동이 벌을 받아야 한다고 생각할 수도 있음 • 타율적 도덕단계의 아동들은 규칙을 절대시 여김 • 이때 아동들은 행위자의 의도보다는 행위의 객관적 결과를 가지고 옳고 그름을 판단함 • 예를 들어, 우연히 컵 15개를 깨뜨린 아이가 잼을 훔치려다 컵 한 개를 깬 아이보다 더 나쁘다고 생각함 즉, 자신이 나쁜 행동을 하면 당연히 벌을 받아야 한다고 생각 함
자율적 도덕성 단계	10세 이후	• 사회규칙은 변경될 수 있으며, 규칙이 사람들의 동의여하에 따라 바뀔 수도 있는 임의적 합의라는 사실을 깨달음 • 규칙이란 사람들의 욕구에 따라 위배될 수도 있는 것이라고 느끼게 됨 • 행동 자체의 객관적 결과보다는 의도에 의해 옳고 그른 것을 판단할 수 있다는 것을 알게 됨 • 인지구조는 고정된 것이 아니라 타율적인 것에서 자율적인 것으로 발달해 간다고 봄 • 성숙되고 자율적인 정의에 대한 개념을 가지게 되는 것은 주로 협동과 상호자용의 산물이며 또 개인차의 인식에서 오는 것임 • 아동들에게 판단의 개인차는 학교교육, 가정생활 및 기타 환경적 요인은 물론 또래 간의 협동의 기회, 호혜적인 상호관계의 경험 등에서 오는 것임

3 콜버그(Kohlberg)의 도덕성 발달 이론

콜버그(Lawrence Kohlberg)는 아동의 인지구조 변화에 따라 도덕적 사고가 이동한다고 보았다. 따라서 사회적 관습이나 인습을 획득하느냐에 대한 여부를 기준으로 하여 인습 이전 수준, 인습 수준, 인습 이후 수준의 세 수준으로 도덕 발달 단계를 구분하였다. 그리고 각 단계별로 두 개의 하위 단계로 분리하여 총 3수준 6단계의 도덕 발달 단계를 제시하였다.

1) 자기 중심의 단계(2~6세) : 인습 이전 수준(pre-conventional level)

인습 이전 수준에서는 아동들이 외적 요인에 의해 행위를 결정한다. 즉, 도덕성 행동 원인의 선악보다는 행동의 결과에 의해 결정된다.

- 1단계 : 타율적 도덕 단계 – 복종과 처벌 지향 단계이다.

도덕성 발달의 1단계에서는 아동의 행위 결과가 벌 또는 칭찬, 행위 강요자의 여부와 누구인지 등이 선악을 판별하는 주요 준거가 된다. 이 단계의 아동들은 벌을 피한다든지 권력에 무조건적으로 복종한다든지 하는 그 자체가 가치 있는 것으로 판단하며, 이 단계의 아동들은 규칙을 따른 결과가 긍정적인 것을 얻을 수 있는지도 고려한다.

- 2단계 : 개인주의적 단계 – 상대적 쾌락주의의 단계이다.

이 단계에서는 옳은 것은 자신의 필요와 욕구 또는 다른 사람의 필요나 욕구를 충족시켜 주는 행위로 보고 구체적인 교환에 의해 공정한 거래를 하는 일종의 교환관계의 인간관계를 유지하려 한다. 예를 들어, 내가 하나 주면 상대방도 하나를 주어야 한다는 식의 관점으로, 이 단계에서는 규칙을 지키는 것이 누군가의 직접적인 이익과 관련될 때 지킨다.

2) 사회 중심의 단계(6~12세) : 인습 수준(conventional level)

인습 수준에서는 도덕성 발달의 이전 단계인 인습 이전 수준을 통해 성장한 아동으로 타인에 대한 판단을 할 때 '관심'이나 '고려'가 증가한다. 이 수준에서는 도덕을 착한 행동을 하는 것과 전통적이고 인습적인 사회질서를 유지하는 것으로 정의한다.

- **3단계 : 대인관계 조화 단계 – 착한 어린이 지향 단계이다.**

이 단계의 사람들은 자신이 속한 집단의 이익을 고려하는 사회적 관점을 취한다. 대부분의 사람들에게서 흔히 나타나는 도덕적 수준으로 사회적 합의에 의해 도덕 판단이 수행된다. 다른 사람들이 좋아하는 행위를 하면 다른 사람들이 나를 인정해 줄 것이고 그런 행동은 착하고 좋은 일이라고 판단하는 단계이다.

- **4단계 : 법과 질서의 단계 – 사회질서와 권위 지향의 단계이다.**

법과 사회질서 유지에 우선권을 두고 행동하며 보편적인 사회적 요구에 의거하여 선악이 판단된다고 보는 단계이다. 이 단계에서는 사회적 관점을 취하며 체제 내에서의 의무와 관련해서 개인의 관계를 고려한다.

3) 양심 중심의 단계(12~20세) : 인습 이후 수준(pre-conventional level)

인습 이후 수준에 이르러서는 공통적인 기준이나 권리, 의무에 따라 행동한다. 이 수준에서 개인은 구체적인 규칙을 따르는 것을 넘어서 규칙의 뒤에 숨은 원리에 초점을 두기 시작한다.

• 5단계 : 사회 계약 단계 – 민주적 법률의 수용 단계이다.

법적 관점이 중시되지만, 이 단계에서는 정의와 공동선의 원리에 기초하여 서로 동의하는 규칙을 개념화시킨다. 법의 사회적 유용성에 대한 합리적인 고려에 따라 법이 바뀔 수도 있다는 것을 중시하고, 법이 도덕적인 것이 아니라 공동선을 반영하기 때문에 도덕적이라는 것이다. 옳은 것에 대한 생각이 집단 간에 다를 수도 있다고 보고, 이 단계의 사람들은 법이나 규칙에 내재된 보다 더 보편적 원리가 있을 수 있다고 생각한다.

• 6단계 : 보편적 원리 지향 단계 – 개인의 양심에 따른 보편 지향 단계이다.

이 단계의 사람들은 사회법칙을 넘어서는 보편적, 추상적 원리의 도덕성을 발휘한다. 즉, 스스로 선택한 도덕원리에 따른 양심적인 행위가 곧 올바른 행위이다. 콜버그는 극소수의 사람만이 이 6단계의 도덕성 발달에 도달한다고 보고, 주로 5단계의 도덕성 발달에 중점을 두고 연구하였다(Kohlberg, 1984).

<표 8-2> 콜버그의 도덕성 발달 단계

수준 및 단계		기본 특성	도덕적 행위의 동기 및 태도
인습 이전 수준	1단계	복종과 처벌 지향	• 벌을 피하기 위해 규율에만 복종 • 삶의 가치와 신체적 가치의 혼란
	2단계	상대적 쾌락주의	• 반환되는 이익이나 보상을 받는 데 동조 • 인생의 가치는 욕구 만족으로 여김
인습 수준	3단계	착한 어린이 지향	• 타인의 불인정이나 과오를 피하는 데 동조 • 인생의 가치는 가족의 애정과 연민에 기초
	4단계	사회질서와 권위 지향	• 법적 권위에 따른 죄책감에 의해 책망되는 것을 피함 • 인생은 그가 처한 도덕적 질서라고 여김

수준 및 단계		기본 특성	도덕적 행위의 동기 및 태도
인습 이후 수준	5단계	민주적 법률의 수용 단계	• 공명정대한 의견의 존중과 유지에 동조 • 인생의 가치는 공동사회 복지 및 보편적 인간의 권리로 봄
	6단계	보편적 원리 지향	• 자기의 비난을 받지 않는 것에 동조 • 개인을 존중하는 보편적 인간 가치에 대한 희생의 신념

4 리코나(Lickona)의 도덕성 발달 이론

리코나(Thomas Lickona)는 콜버그의 인지적 도덕 발달론에 입각하여 행동주의와 정신분석학적 도덕심리학의 여러 성과를 통합한 토대 위에서 자신의 도덕성 발달 이론 및 도덕 교육론을 전개한 사람이다. 리코나는 콜버그의 도덕성 발달에 대해 20여 년 간의 종단연구를 통해 콜버그가 제시한 3수준 6단계에서 6단계에 이르는 사람을 경험적으로 거의 찾아보기 어렵다는 사실이 밝혀지자, 0단계부터 5단계까지 모두 6단계로 이루어진 자신만의 독특한 도덕적 추론의 발달 단계를 제시하였다(이자혜, 2005). 또한 청소년들의 도덕성 쇠퇴 현상이 심화되는 현실에서는 지금까지 도덕교육의 핵심이었던 인지발달론이나 가치명료화 접근법으로는 한계가 있다고 보았다. 따라서 도덕성을 함양하기 위한 교육은 존중과 책임이라는 가치를 중심으로 학생들의 훌륭한 인격 형성을 지향해야 한다고 주장하였다. 리코나의 도덕성 발달 단계는 0단계부터 5단계에 이르기까지 6개의 단계로 이루어져 있는 점이 특징이다. 리코나의 도덕성 발달 단계의 구체적인 내용을 살펴보면 다음과 같다.

리코나가 제시한 가장 낮은 단계의 도덕성 발달 단계는 0단계이다. 0단계는 자기중심적 추리의 단계로서, 일반적으로 4세의 아동들이 갖는 도덕성 단계이다. 이 시기의 아이들은 비록 기저귀에 싸여 있고 말도 잘 못하지만 아이들은 그들 나름의 경험을 통하여 도덕적 성장을 하게 된다. 이 시기의 아이들은 본질적으로 자기중심적인 특성을 가지고, 자기 생각대로 하고 원하는 것을 얻는 것이 옳음의 기준으로 삼는다. 아이들이 선하게 행동하는 이유는 보상을 받고 벌을 피하기 위해서이다.

다음으로 1단계는 5세까지의 아동들로, 무조건적 복종 단계이다. 이 단계의 특징은 어른을 도덕성의 근원으로 생각하고 있다는 점이다. 그래서 어른을 무조건적으로 옳은 것으로 생각하고, 의심 없이 복종하며 그것이 옳음의 기준이라고 생각한다. 이 단계의 아동들이 선하게 행동하는 이유는 처벌이나 괴로움을 당하지 않기 위해서이다.

2단계는 이기적 공정성 단계로 초등학교 저학년 나이의 아이들이 이에 해당된다. 이 시기의 아이들은 어른들처럼 자신도 나름의 권리를 가지며 도덕적으로 평등하다고 생각하여, 어른의 명령에 무조건적으로 복종하지 않는 성향을 보인다. 또 내가 남에게 무엇인가를 주면 남도 나에게 무엇인가를 주어야 하는 것, 즉 '맞받아치기'를 공정성이라고 생각하고 중요하게 여긴다. 옳음의 기준도 자신의 이익을 도모하기 위함이거나, 아니면 나에게 공정하게 대하는 사람에게는 나도 공정하게 대해야 하는 것이 옳다고 생각한다. 이 단계의 아이들이 선하게 행동하는 이유는 자기 이익을 획득하기 위한 이기적 마음에서 오는 것으로 본다.

3단계는 타인과의 일치 단계로 인간관계의 중요성이 부각되는 단계이다. 초등학교 중학년에서부터 중학교 학생의 시기로 일반적으로 10대 나이 초기와 중기에 해당되는 아이들의 발달 단계이다. 3단계 아이들의 특징은 타인과의 일치에 초점을 둔다는 점이다. 착한 사람이 되어 타인을 기쁘게 해주고 그들의 기대에 부응하며 살아가는 것을 중요하게 생각한다. 이 시기 아이들에게 옳음의 기준은 내가 착한 사람이 되어야 한다는 것, 그리고 내가 알고 관심 갖는 사람들의 기대에 부응해야 한다는 것이다. 다른 사람이 나를 알아주어야 한다는 사회적 안정과 나 자신도 나를 좋게 생각해야 한다는 자기 존중이 중요하게 부각되는 시기이고, 그런 생각이 선한 행동을 하는 이유로 작용한다.

4단계는 사회체제에 대한 책임 단계로, 고등학교 시기와 10대 말기의 청소년이 해당된다. 그들은 자신이 속해 있는 사회 체제 속에서의 책임을 이행하려는 경향을 가지고 있으며, 도덕적 문제에 있어서 '모두가 그렇게 한다면 사회가 어떻게 될까?'라는 점을 심각하게 고려한다. 그래서 자신만은 사회에 가치체계에 맞게 책임을 다해야 한다는 생각을 갖게 되는 시기이다. 즉, 도덕성을 민주 사회의 필수적인 기초로 여기는 시기이다. 옳음의 기준은 사회 체제에 대해 책임을 다해야 하는 일이고, 이 단계의 아동들이 선하게 행동하는 이유는 체제의 붕괴를 막고 자기 존중감도 유지하기 위해서이다.

5단계는 원리화 된 양심 단계로 젊은 성인들이 가지는 도덕성 단계이다. 이 단계의 특징은 모든 개인의 권리와 권위를 최대한 존중하고 인권을 보호하는 체제를 지지해야 한다는 생각을 중요하게 여기는 것이다. 그러한 생각을 실천하는 방법으로 법에 대한 최고의 존중심을 나타내고, 법이 인권 보장에 미흡할 경우 실정법보다 양심의 명령을 더 중요하게 여긴다. 이 시기의 젊은 성인들에게 옳음의 기준은 개인의 권리와 존엄성에 대한 존경과 인권을 보호하는 것이다. 그들이 선하게 행동하는 이유는 모든 인간에 대한 존중의 원리에 맞추어 행동해야 할 양심의 의무감에 충실하기 위해서이다.

<표 8-3> 리코나의 도덕성 추리 단계

단계	시기	옳은 기준	선(善)해야 할 이유
0단계 자기중심적 추리	4세 정도의 학령 전 나이	나는 반드시 나 좋은 대로 한다.	상을 받고 벌을 피하기 위해서
1단계 무조건적 복종	5세-유치원 시기의 나이	나는 하라는 대로 해야 한다.	치벌이나 괴로움을 당하지 않기 위해서
2단계 이기적 공정성	초등학교 저학년 나이	나의 이익을 챙겨야 하지만, 나에게 공정하게 대하는 사람에게는 공정하게 대해야 한다.	나에게 유리한 것이 무엇이냐?(이기적 자세)

단계	시기	옳은 기준	선(善)해야 할 이유
3단계 타인과의 일치	초등학교 중학년~중학교 시기(10대 초기 및 중기)	나는 근사한 사람이 되어야 하고 내가 알고 관심을 갖는 사람의 기대에 부응해야 한다.	다른 사람이 나를 알아주어야 하고(사회적 안정) 나 자신도 나를 좋게 생각해야 한다.(자기 존중)
4단계 사회체제에 대한 책임	고등학교 시기와 10대 말기	나는 사회에 가치체계에 맞게 책임을 다해야 한다.	체제의 붕괴를 막아야 하고 자기 존중감도 유지하기 위해서
5단계 원리화 된 양심	젊은 성인 시기	나는 모든 개인의 권리와 권위를 최대한 존중해야 하고 인권을 보호하는 체제를 지지해야 한다.	모든 인간에 대한 존중의 원리에 맞추어 행동해야 할 양심의 의무

출처: 허남결(2006). 윤리적 삶의 이해. 서울: 인간사랑.

리코나는 도덕 발달 단계를 각 단계마다 옳고 그름에 관한 이론과 선해야만 하는 이유로 규정하고 있다. 각 단계들은 무엇이 옳은 것인가, 그리고 왜 선해야만 하는가에 대해서 각기 상이한 관념들을 지니고 있다. 이러한 단계의 발달에 영향을 미치는 요인들로서 부모, 아동의 일반적 지능, 우정 및 집단에의 참여와 같은 사회적 상호작용들의 양과 다양성을 언급하고 있다. 리코나는 그의 단계 발달이 이러한 사회적 환경과의 상호작용을 통해서 이루어진다는 입장을 표명하고 있는데, 특히, 그는 가정을 넘어서는 사회적·지적 경험들이 4단계와 5단계의 부분을 이루고 있는 범사회적인 커다란 심상을 형성하는 데 있어서 매우 중요한 것임을 밝히고 있다. 리코나는 콜버그처럼 도덕성 발달에 관한 단계론을 전개하지만, 사람의 도덕성이 발달해 감에 있어 0단계에서 5단계까지의 수직적 발달만이 있는 것이 아니라 수평적 발달이 있음을 지적하고 있다. 수평적 발달이란 하나의 새로운 단계를 보다 광범위한 삶의 경험들 속으로 확장시켜 나가는 것, 일상생활에 적응시키는 것이다. 즉, 어떤 단계에 진입한 사람이 그 단계에서의 도덕적 추론과 사고·판단 그리고 행위능력을 보다 성숙하고 완전하게 이루어 나가게 됨을 의미하는 것이다. 이것은 한 단계를 개인의 도덕적 행동의 일부분으로 만드는 것이라 할 수 있으며, 그 단계에 따른 행위 자체를 할 수 있는 경향성이 높아진다는 것을 의미한다. 그러므로 리코나는 아동의 도덕성 발달을 도와주는 방법들을 단순히 수직적 발달 단계로만 제한해서는 안 되며, 수평적 발달 개념을 함께 조장할 수 있어야 한다고 주장하였다(진기화, 2006). 리코나는 도덕성의 발달은 출생에서부터 성인까지 지속적으로 발달하며 도덕성 발달의 핵심요소는 존중(respect)이라고 보았다. 존경받는 경험으로 하여금 성인에 대한 존중은 자연스럽게 생겨나며 도덕적 교훈의 가르침이 수용되고 도덕성이 발달한다고 보았다.

리코나는 도덕성 교육과 관련하여 도덕성 발달이론에 입각한 교육이 학생들의 도덕적 행동에서 구체적인 변화를 이끌어 내지 못한다는 문제점을 지적하면서, 학생들의 사고, 감정, 행동을 통합한 통합적 인격교육이 필요하다고 주장하였다. 이러한 리코나의 도덕성 발달 이론은 콜버그의 도덕적 추론 근거와 도덕적 행동을 촉진할 수 있는 구체적 지침을 제공했다는 점에서 의미가 있다 할 것이다.

5 길리건(Gilligan)의 도덕성 발달 이론

길리건(Carol Gilligan)은 콜버그의 추상적 도덕 원리를 강조하는 정의 지향적 도덕성에 반대하였다. 그는 여성의 도덕성에 관한 콜버그의 연구를 일반화시키는 데 의문을 제기하고 남성에게나 적당한 것이라고 주장하였다. 길리건은 콜버그의 이론이 남성 피험자만을 연구 대상으로 하였고, 콜버그가 사용한 도덕적 딜레마 상황은 가설적이기 때문에 실제 생활에서의 도덕적 행동과 차이가 있으며, 도덕적 딜레마 상황의 주인공들은 모두 남성이기 때문에 소년과 남성들에게 더 친근하다는 문제점을 제시하였다. 그는 1982년 그의 저서 『다른 목소리(In a different voice)』에서 남성과 여성은 차이가 있고, 남성적 관점이 아닌 여성적 관점에서 이론을 재구성할 필요가 있다고 주장하였다. 길리건은 낙태에 대한 대학생들의 반응, 여성들이 임신중절 딜레마를 구성하는 양상을 살펴보면서 남성과 여성의 도덕 개념은 서로 다르다고 주장하고, 여성의 도덕적 발달 과정은 상황 의존적이라는 것을 찾아냈다. 또한 여성은 도덕적 추리력이 권력투쟁보다는 의무나 책임에 대한 갈등을 통해 획득되는 경향이 있다는 것을 알게 되었다.

콜버그의 도덕적 결정에 대한 주제는 도덕적 정의에 기초하였으나, 길리건은 여성의 도덕적 결정은 배려의 윤리(ethics of caring)에 기초하고 있다고 주장하였다. 길리건과 콜버그는 여성이 자기만족에 기초하여 도덕적 사고를 하는 초기 단계에 대해서는 의견이 일치한다. 하지만 길리건의 경우, 여성이 자기만족에서부터 구체적 인간관계로 중점을 옮겨간다고 역설하고, 또한 최고의 도덕성은 모든 사람에 대한 책임과 관심의 원리에 기초한다고 보았다. 콜버그에 비해 길리건의 관점은 확실히 정의에 대한 보편적 원리를 강조하고 있다. 그는 여성은 관계성의 질적인 관점에서 도덕성을 추구하고, 남성은 정의를 유지하려는 관점에서 도덕성을 확립하는 경향이 있다고 밝혔다. 예를 들어, 두 학생이 협동 학습을 하면서 다른 학생이 결석을 했을 경우 도움을 주기로 했다고 해보자. 길리건의 이론에 따르면 이때 남학생과 여학생은 자신들의 판단에 대해 상당히 다르게 정당화하는 경향이 있다. 예를 들어, 남학생은 '다른 사람의 배울 권리를 침해해서는 안 된다.'라고 합리화한다. 반면, 여학생은 '동료의 요구에 따라야 한다.'고 결정하는 경우가 많다(구광현 외, 2009: 79-80). 길리건은 연구방법에 있어서도 실험이나 통계적 조사와 같은 남성적인 방법 대신 면담이라는 다분히 여성주의적인 연구 방법을 통해 이론을 '다른 목소리로' 구성하였다.

<표 8-4> 길리건의 도덕성 발달

단계	핵심	개요
1단계	개인의 생존 지향	• 자기중심적이고 실용적 관점에서 도덕적 문제 해결 • 자신의 생존을 확보하기 위하여 자신만을 보살피는 단계
제1과도기	이기심에서 책임감으로	• 생존 위주의 판단이 이기적이라고 자기를 비판하기 시작 • 자아와 타인의 관계에 대한 새로운 이해가 형성
2단계	자기희생의 선 지향	• 자신에게 의존하는 사람과 자신보다 열등한 사람을 돌보고자 하는 모성적 도덕과 결합되어 타인에 대한 책임을 인식하고 타인을 돌보고 보호하려 함 • 타인에 대한 지나친 강조가 중요시되며, 자신을 돌본다는 것은 위험한 것으로 판단
제2과도기	미덕에서 진실로	• 보살핌을 순응과 동일시하고 인간관계에 있어서 타아와 자아 사이의 불평등을 순순히 받아들였던 자기희생과 보살핌의 혼동에서 벗어나기 위해 인간관계를 새롭게 함
3단계	비폭력의 도덕성 지향	• 인간관계가 상호적이라는 것을 인식하게 되며 자신과 타인 양자에게 최선이 될 수 있는 방법을 모색

길리건의 도덕성 발달 과정을 보면 세 수준과 두 개의 전환기(과도기)로 구분하였다. 제1수준에서는 여성들이 자기중심적이고 실용적 관점에서 도덕적 문제를 해결하려 한다고 보았다. 즉, 길리건의 질문에 대해 '내가 원하니까', '내가 필요로 하니까', '아기를 낳거나 낙태시키겠다'는 등의 응답을 하였다. 반면 제2수준의 여성들은 타인에 대한 책임을 인식하고 타인을 돌보고 보호하려고 한다. 자신을 돌보는 것은 타인에게 피해가 될 수 있고 비난의 대상이 될 수 있으므로 위험하다고 지적한다. 대조적으로 제3수준에 도달한 여성들은 자신과 타인 양자에게 최선이 될 수 있는 방법을 모색한다. 자기희생에 의해서가 아니라 자신과 타인 양자에 대한 보살핌이 균형을 이룸으로써 자신의 욕구와 타인의 욕구 사이의 갈등을 해결한다.

6 윤리성의 발견과 회복

오늘날 우리 문명은 심각한 위기를 맞이하고 있다. 이러한 위기의 근원은 그동안 과학기술의 발달이 가져다준 물질적 성과에 대해서 지나치게 높이 평가하는 데 근본 원인이 있다. 또한 삶에 있어서 정신적 요소가 가지는 중요성에 대해 소홀한 것도 또 하나의 요인이다. 슈바이처(Albert Schweitzer)는 현대 문명 위기의 근원적 원인이 물질적인 면의 발전에 보조를 맞추어서 정신적인 면, 다시 말해서 윤리가 발달하지 못한 데 그 원인이 있다고 진단하였다. 슈바이처의 진단에 의하면 우리 사회가 위기를 맞이하고 있는 것은 잘못된 윤리로부터 오는 우리 사회의 '총체적 위기(總體的危機)'로 설명할 수 있다.

우리에게 지금 절실하게 요청되는 것은 윤리성의 회복과 윤리적 성숙이다. 윤리적 판단은 논리적인 영역에만 의존하는 것이 아니다. 윤리적 판단은 역할 수행(role taking)과 관련된다. 윤리성 회복을 위한 윤리 의식의 제고와 실용적 교육 방법으로는 양심 가책법과 역지사지(易地思之), 자연성의 회복 등을 들 수 있으며, 그 구체적인 내용은 다음과 같다(임도빈, 2008: 290-292).

1) 양심 가책법

(1) 내용

윤리의 문제에 대하여 흔히 사용되는 것은 그날 다리 쭉 뻗고 잠을 잘 잘 수 있는지(sleep test ethics)의 여부로 판단한다. 이러한 수면 검사(sleep test)에 의한 윤리적 행동이란 신중한 계산과 반성의 결과물이 아니라 직관적이고 자연스러운 것이다. 이것은 '자기 자신을 믿어라(trust thyself)'라는 논리에 의한 윤리의 기준, 즉 개인화된 윤리 기준을 가정하는 것으로 이는 '나 중심주의(Me-ism)'와 일맥상통한다. 이러한 개인화된 윤리 기준을 양심 가책법이라 하는데, 이것은 전통적 종교 훈련을 받지 않은 개인이 자신 스스로 일종의 종교를 만드는 것과 같다. 그러므로 이기주의(selfishness)와는 다른 것이다. 이러한 양심 가책 방법은 다음과 같은 특성을 가진다.

첫째, 지극히 개인적이다. 일반화되고 추상적인 원칙이라기보다는 살아 숨쉬는 개인적 윤리이며 개인적 진리이다.

둘째, 이것의 매력은 낙천주의에 있다. '사람들은 도덕적으로 옳은 행동을 하면 다른 사람과 자연에 대해 편안함을 느낀다.' 양심의 법칙은 스스로 자신에 대해 기쁨을 갖는다.

셋째, 실용적이며 매우 강렬하게 작용한다. 양심의 법칙은 생활과 밀접한 관련성을 가지고 있어 실용적이다. 또한 양심 법칙에 의한 것은 동물적인 본능에서 기인하는 것처럼 매우 열정적이고 강렬하다.

넷째, 양심 법칙의 강력함은 문화적인 것이다. 개인주의적인 성향은 미국 문화에서 점점 확산되어 가고 있다. 양심의 법칙에 의한 것은 개인적인 것이기 때문에 개인의 문화적 성향에 따라 영향을 받는다.

흄(D. Hume)은 철학적 사고에 있어 곤란한 상태에 빠져들게 될 경우 그에 대한 적절한 대책은 집에 가서 깨끗이 몸을 씻고 근사한 저녁을 먹고 철학에 관하여 잊어버리는 것이라고 하였다. 이는 그가 '나 중심주의'를 긍정적으로 수용한 것이라고 볼 수 있다.

(2) 한계

하지만 양심 가책법은 매우 위험할 수도 있다. 왜냐하면 윤리적으로 엄청난 일을 저질러 놓고도 잠을 편히 잘 수 있는 사람들이 어디나 있기 때문이다. 제2차 세계대전 때 유대인 강제수용소에서 학살을 한 날, 의사들은 즐겁게 가족 식사를 즐겼다. 반대로 윤리적으로 옳은 일을 하고도 밤새 잠을 설치기도 한다. 히틀러는 잠을 편히 잘 수 있었던 반면, 테레사 수녀는 잠을 설치기도 하였던 것이다. 그러므로 양심의 법칙은 불완전하다. 반면 아리스토텔레스(Aristoteles)는 수면 검사(sleep test)를 전제로 하는 '나 중심주의'에 대하여 불편함을 호소하였다. 그는 인간의 네 가지 덕으로 용기, 정의, 신중, 절제를 말하였다. 아리스토텔레스는 인간의 감정, 걱정, 경험의 프리즘을 통해서 직관을 세련화(정화)하는 방법을 제시하였다. 즉, 그는 도덕적 인성을 발전시킴으로써 도덕적 반성을 할 수 있도록 꾀하였던 것이다.

그러나 현실에서 다리 쭉 뻗고 잠을 잘 잘 수 있는(sleep test ethics) 메커니즘을 간과할 수 없다. 왜냐하면 인간이라는 존재는 어려운 결정에 직면할 때는 그들의 직관에 불가피하게 의존할 수밖에 없기 때문이다. 인간은 기계가 아니라 살과 피, 영혼과 감정의 존재이다. 윤리적 대원칙은 이러한 감정, 본능, 직관을 길러 낸다. 그러나 직관은 문제를 해결할 때 귀중한 역할을 한다. 이 문제는 감정과 인격적인 차원의 문제이다.

2) 역지사지(易地思之)

역지사지(易地思之)라는 말은 『맹자(孟子)』의 「이루(離婁)」에 나오는 '역지즉개연(易地則皆然)'에서 유래한 말이다. 역지즉개연은 '처지나 경우를 바꾼다 하더라도 하는 것은 결국 같다'라는 뜻을 지닌 말이다.

중국의 전설적인 성인(聖人)인 하우(夏禹)와 후직(后稷)은 태평한 세상에 자기 집 문 앞을 세 번씩 지나치면서도 집에 들어가지 않아서 공자(孔子)가 이들을 매우 훌륭하게 생각하고 칭찬하였다고 한다. 또한 공자(孔子)의 제자 안회(顔回)는 어지러운 세상에 누추한 골목에서 물 한 바가지와 밥 한 그릇으로만 궁핍하게 살았는데, 이를 본 공자(孔子)는 빈곤한 생활을 이겨내고 도(道)를 즐긴 안회(顔回)를 매우 칭찬하였다고 한다.

맹자(孟子)는 "하우(夏禹)와 후직(后稷)과 안회(顔回)는 같은 뜻을 가진 사람"이라고 평가하였는데, 하우(夏禹)는 물에 빠진 백성이 있으면 자신이 치수(治

水)를 잘못하여 그들을 빠지게 하였다고 여겼고, 후직(后稷)은 굶주리는 사람이 있으면 자신이 일을 잘못하여 백성을 굶주리게 하였다고 생각하였다. 이런 하우(夏禹)와 후직(后稷)과 안회(顔回)에 대해 맹자는 "이 세 사람은 서로 처지를 바꾸어도 모두 그렇게 하였을 것이다[禹稷顔子易地則皆然]."라고 하였는데, 여기에서 역지사지(易地思之)라고 하는 말이 유래되었다.

역지사지(易地思之)라는 말은 사전적인 의미로 보면 '남의 처지를 바꾸어 생각함', '남의 입장에서 생각함'이라고 풀이한다. 단어의 의미를 직역한다면 '처지를 바꾸어서 그것을 생각하라', '다른 사람의 입장에서 헤아려 보라'는 말이다. 자신의 입장에서만 다른 사람의 상황을 판단하고 인식하지 말라는 것이다. 인디언 속담에 "그 사람의 신발을 신고 1마일을 걸어 보기 전까지는 그 사람을 비판하지 말라"는 말이 있다. 이처럼 상대방의 입장이 되어 보지 않고서는 그 사람의 생각과 고충을 알지 못한다. 이런 의미로 쓰이는 말이 역지사지이다. 사람이 어리석어서 자신의 입장에서 생각하고 자신의 경험에 비추어 판단하고 결론을 내리는 경우에 대한 비판의 말이다.

역지사지는 한국에서 통용되는 말로 윤리적 감수성을 일깨워 주는 방법을 담고 있는 말이다. 이는 특히 체면을 중시하는 사회에서 자기 자신이 가진 솔직한 이기심이나 야수성에 타인의 그것을 비춰 보게 한다는 점에서 실용적인 의미를 지니고 있다. 역지사지의 상황에서 상대방에게 지나친 희생을 요구하는 것인지 여부를 알지 못할 경우 그것이 나 자신, 혹은 가족의 일이라고 유추하면 윤리적인 행동에 대한 판단이 훨씬 쉬워진다. 또한 이것은 한국인이 일차집단과 이차집단 간에는 매우 상이한 잣대로 생각하는 경향이 있다는 것을 활용하는 것이기도 하다. 이와 같은 역지사지에 의한 윤리성 제고 방법은 서양 학자들의 윤리와도 일맥상통하는데, 칸트의 주장, 콜버그의 6단계에 해당하는 이상적 역할 획득(ideal role-taking)이 이에 해당된다. 역지사지를 통해 다양한 상황에 있는 각각의 입장에서 보고, 그러한 위치에서 내릴 수 있는 모든 주장을 고려하여 가역적인 주장에 따라 판단하고 행동하는 것이 윤리성을 회복할 수 있는 방법이다.

3) 자연성(自然性)의 회복

최근 각종 시민 단체를 비롯한 사회 구성원들의 협의회 등 사회 전반에서 인간다운 삶을 영위하기 위한 인간성 회복 운동이 전개되고 있다. 인간성 회복 운동이란 인간이 인간답게 살기를 바라는 의미를 담고 있는 운동으로 인간이 지닌 본질적인 인간성을 회복하자는 것이며, 이는 인류의 마비된 양심을 일깨우고 인간의 자존심을 회복하자는 것이다. 인간성 회복 운동과 같은 개념으로 등장한 것이 인간의 자연성 회복이다.

인간의 자연성 회복은 휴머니즘으로 인간이 가져야 할 가장 기본적인 삶의 도리, 자연의 순리를 회복하자는 것이다. 따라서 자연성 회복은 사람들끼리의 반목과 갈등을 극복하는 데 그 일차적 목표가 있으며, 궁극적으로는 인간의 본질이며 모태인 자연성을 회복하자는 것으로, 우리 인류가 추구해야 할 궁극적인 목표이다. 자연 생태계 안에서 하나의 구성원으로 존재하는 인간의 오늘날 삶의 양상은 이기주의의 한 단면일 수 있다. 타인에게 피해를 주더라도 자신의 이익을 추구하고, 비윤리적인 일이라 하더라도 거리낌 없이 자신의 이익을 우선시하는 반자연적 행위로부터 인간이 거듭나지 않는다면 이기주의적 삶으로부터 벗어날 수 없다. 인간의 이러한 거듭나기가 바로 자연적 본성의 회복, 그것이 바로 자연성의 회복이다.

인간의 욕망에 부합하여 자연을 파괴하고 소멸시키며, 개발이라는 명목 아래 이루어지는 행위는 단지 인간만을 위한 목적 행위에 불과하며 이러한 목적적 행위는 자연성을 상실해 가는 단편적 사례이다. 자연과의 공생을 저버리고 인간만의 독자적이고 배타적인 삶에 길들여지는 오늘날의 사회 안에서 윤리적인 삶이란 불가능하다. 오직 인간적 욕망과 이기주의에 의해 자연성의 상실과 함께 인간성마저 잃어버리고 있다. 불합리하고 반자연적인 인간의 모순을 극복하기 위해서는 자연성 회복이 절실히 요구되며 자연성의 회복이 곧 윤리적인 삶으로의 회복을 의미한다. 즉, 인간에 대한 자연성의 회복은 곧 인간에 대한 윤리성의 회복이다.

생명체의 입장에서 배려할 줄 아는 정신, 생태계의 순환을 받아들이는 태도, 자연의 순리에 순응할 줄 아는 삶의 자세가 자연성의 회복에 이르는 길이다. 모든 생명체들을 삶에서 함께 가는 동반자로 인식하고 깨닫는 데서 인간의 자연성은 되찾을 수 있다.

인간의 모순과 불합리성, 인간의 윤리적 태도에 반하는 비윤리성, 타인에 대한 배려는 없이 자신만을 위하는 이기주의적 행동을 타파하고 자연 생태계 전체가 공생할 수 있도록 하는 자연성의 회복은 인류의 윤리성을 회복하게 한다. 자연의 일부인 인간과 자연 본래의 자연성을 회복시키는 길은 인간의 욕망을 절제하고, 인간과 자연이 동등한 자격과 권리로 공존·공생하며 융합하는 것, 즉 '숙명적인 삶'이 윤리성을 회복하는 길이다. 인간은 자연물의 권리를 인정해야 하며(Christopher, 1992), 더 나아가 자연물은 후견인을 통해서 자기의 권리를 가질 수 있다는 말처럼, 인간이 향유하고 있는 권리까지도 자연에게 부여할 필요가 있다.

인류는 자연의 가치 회복, 인간과 자연의 조화로운 공존·공생이라는 명제 앞에 겸허한 자세로 윤리적인 생활을 실천해야 한다. 인간이 자연에게 자행한 횡포를 돌이켜보고, 자연에 대한 보상과 치유를 마련하는 일이 자연성을 회복하는 길이며, 이러한 회복이 인간의 윤리성을 회복시켜 준다.

03

PART

실천적 윤리

09

CHAPTER

정보윤리와 인터넷 윤리

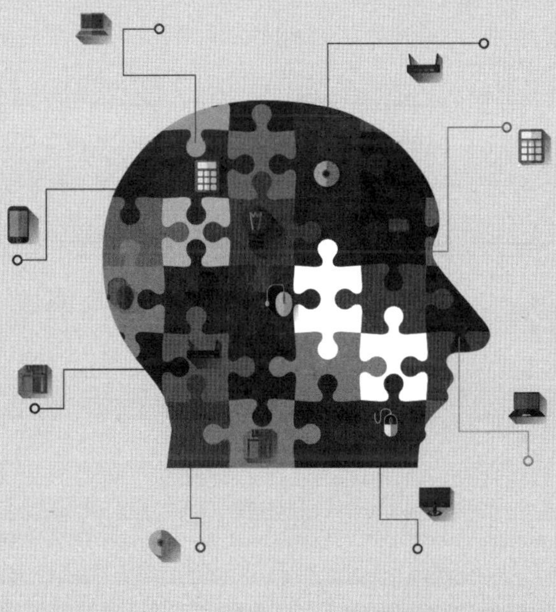

09

CHAPTER

정보윤리와 인터넷 윤리

정보통신기술의 발달과 컴퓨터의 일상화는 우리의 생활양식에 커다란 변화를 가져왔다. 뿐만 아니라 삶의 질적 향상에도 큰 역할을 하였으며, 자유로운 정보의 교환과 사이버 공간에서의 자유와 평등을 보장해 주었다. 컴퓨터라는 새로운 미디어는 현실세계와 사이버 세계의 경계를 무너뜨리고 있으며, 더 나아가 사이버 세계가 현실세계를 지배하는 새로운 변화를 가져왔다(손주은, 2011). 하지만 이러한 정보기술의 변화 속도에 비해 윤리적인 인간 양성과 의식함양에는 부족한 면이 없지 않다. 오늘날 정보통신기술 사회에서 발생하는 윤리적인 문제들을 현명하게 해결할 수 있는 시민 양성과 바람직한 사회가 될 수 있도록 정보통신기술과 관련한 수준 높은 윤리 의식을 지닐 수 있는 시민교육이 필요한 과제로 등장하였다.

정보윤리와 인터넷 윤리라는 용어는 같은 의미로 혼용하여 사용하고 있다. 두 용어는 같은 개념으로 사용하여도 무리가 되지는 않는다고 본다. 하지만 엄밀히 말하자면, '인터넷'이라는 용어는 '정보' 분야의 한 영역에 해당한다. 따라서 여기서는 인터넷 윤리를 정보윤리의 한 분야로 보고, 정보윤리에서는 보다 광범위한 측면에서 정보윤리라는 측면을 살펴보고, 인터넷 윤리에서는 인터넷 분야의 구체적이고 세밀한 부분의 윤리에 대해 알아보고자 하는 의도에서 두 영역의 윤리를 구분해 놓았다.

1 정보사회와 정보윤리[1)]

정보윤리는 정보를 윤리적 방식으로 잘 다루는 방법과 판단기준을 마련하고자 하는 활동과 이론을 지칭하는 말이다. 정보가 생성되는 단계에서 지켜져야 할 윤리적 원칙들이 있을 것이고, 정보가 유통되고 소비되는 단계에서도 특별히 강조되어야 할 가치나 덕목이 있을 것이다. 물론 정보를 폐기하는 단계에서도 사람들이 서로 조심하고 지켜주어야 하는 방식과 도리가 있다. 다시 말해 '정보의 일생사' 전 과정에 걸쳐 정보를 다루는 방식이 어떻게 되어야 올바른 가치를 창조하는 것인가에 대한 것이 정보윤리이다(한국보안윤리학회, 2017). 이러한 정보윤리는 우리 사회가 빠른 속도로 정보사회로 전환되면서 정보윤리의 중요성이 대두되었다.

1) 정보사회의 의미

현대사회는 자본과 자원이 중시되던 산업사회를 지나, 지식과 정보의 가치가 그 어느 때보다 중요시되는 정보사회로 전환하고 있으며, 이는 앨빈 토플러(Alvin Toffler)가 말하는 제2의 물결이 끝나 가고 새로운 문명인 제3의 물결이 밀려오고 있음을 의미한다. 정보사회란 물질적 가치가 아니라 정보 가치의 축척에 따라 움직이는 사회로, 풍요로운 물질적 소비가 특징을 이루던 산업사회에 비해 개인의 지적 독창성이 발휘되는 사회이며, 지구의 모든 사람들이 자신의 미래를 최대한으로 실현시키기 위해 노력하는 미래지향적 사회를 말한다.

정보사회에 대한 최초의 개념화는 1960년대 일본의 학자들에 의해 이루어졌다. 1968년 도쿄에서 개최된 미국과 일본의 미래학자 심포지엄에서 후기 산업

1) 정석용・이규은(2019). pp. 200-216 내용을 재구성한 것임

사회를 가리켜 '정보화 사회'라고 부르자는 일본 측 학자들의 제안에 의해 채택된 이후, 지금까지 세계적으로 통용되고 있다(Hartley et al., 1985: 273). 최근에는 정보사회를 설명하면서 '유비컴(Ubicom)'이라는 말로 설명하기도 한다. 유비컴(Ubicom)이란 '언제 어디에나 존재한다.'는 의미의 유비쿼터스(Ubiquitous)와 컴퓨터(Computer)를 합성하여 만들어진 용어로 정보사회에는 '우리 생활의 모든 시간, 장소에 구애받지 않고 컴퓨터를 이용하여 언제든지 접근하고 활용할 수 있는 사회'라는 것을 설명하는 말이다. 정보사회는 산업사회와 달리 다음과 같은 점에서 근본적인 차이를 보인다(정국환, 1996: 5).

첫째, 정보사회는 사회의 외연적 · 내포적 확장에 따른 복잡성과 변화로 인한 불확실성을 극복하기 위하여 정보 수요가 급격히 증가하고, 이에 따라 정보의 생산과 유통이 기하급수적으로 증가하면서, 이들을 수용하기 위한 새로운 매체와 정보기술이 빠르게 발달, 확산되는 사회이다.

둘째, 정보사회는 정보재의 고생산성과 저비용성으로 말미암아 사회적 가치의 총량이 눈에 띄게 증가하고, 정보의 가치와 비중이 상대적으로 커지는 사회이다. 이러한 변화에 따라 정보산업 또는 지식산업 비중의 증가와 같은 산업 및 취업 구조상의 변화가 수반되며, 궁극적으로 정보가 토지, 노동, 자본이라는 산업사회의 3대 생산요소에 앞서는 가장 중요한 생산요소로 등장하게 된다. 나아가 이러한 정보 가치의 종식과 정보기술의 사회적 확산은 사회를 이끌어 오던 기존의 원리들을 전면적으로 수정하게 되어, 새로운 사회적 특징과 원리들이 출현하게 된다.

셋째, 정보사회는 이러한 전면적인 변화에도 불구하고 사회적 가치의 생산과 분배를 둘러싼 사회적 관계의 성격은 기본적으로 크게 변화하지 않으며, 오히려 사회시스템의 통합과 외연적 · 내포적 확장으로 말미암아 가치의 배분 및 재배분을 둘러싼 국가 간 · 계층 간 갈등과 경쟁은 오히려 더욱 심화되는 사회이다. 즉, 갈등과 경쟁의 주체, 방법과 성격 등은 달라지지만 그 자체가 사라지거나 완전히 다른 모습으로 변화하지는 않는다는 것이다.

넷째, 정보사회는 산업사회와 기축적 재화의 성격이 근본적으로 다르다. 정보재가 물질적 재화와 달리 무한한 재생산성을 가지며, 생산 및 유통 과정에서 에너지 소비와 환경 파괴를 불러일으키지 않는다는 등의 장점에 착안하여 이러한 재화가 사회의 주된 물적 기반을 형성하게 되는 정보사회는 물질 재화가 주된 물적 기반을 이루는 산업사회와 근본적으로 달라진다.

다섯째, 정보기술이 기존의 산업 기술과는 근본적으로 다른 특징을 지니고 있다. 과거 산업사회의 기술은 물리적 노동력을 확장하거나 대체하는 것임에 반해 정보기술은 정신적 노동력을 확장, 대체해 준다.

여섯째, 사회를 지배하는 원리가 달라진다. 토플러(Toffler, 1980)는 산업사회의 지배 원리가 표준화, 집중화, 집권화, 동시화, 대형화였다면, 정보사회의 지배 원리는 다양화, 탈대중화, 분산화, 분권화, 소규모화 등으로 완전히 상반된다고 주장한다. 벨(Bell, 1973)도 후기 산업사회가 자연의 통제와 관리보다는 인간 간의 관계를 관리하는 데 더 비중을 두는 사회이므로 산업사회의 '경제화 원리(economizing)'보다는 '사회화 원리(sociologizing mode)'가 중요하게 된다고 주장한 바 있다.

2) 정보사회의 특징

정보사회는 대면적인 의사소통의 기회가 감소하고 인터넷이나 휴대폰, PDA 등과 같은 정보 매체를 매개로 하는 대인관계가 확대되는 사회이다. 정보기술의 발달로 컴퓨터를 매체로 하는 화상통신이나 화상회의 등과 같은 의사소통 유형이 확대되는 것도 대면적인 인간관계의 기회를 감소시키는 원인이 된다. 이러한 의사소통 방식은 산업사회에서 보였던 TV나 라디오, 신문 등과 같은 일방적 의사 전달 방식이 아닌 쌍방적 의사소통 방식이 확대된다는 것이 특징이다. 정보사회에 나타나는 사회적 변화와 관련한 사회변화의 특징으로 다음과 같은 변화를 들 수 있다(정국환, 1996: 66-76).

(1) 양(量)의 사회에서 질(質)의 사회로

정보사회는 노동량이 가치를 결정하는 시대에서 노동의 질이 가치를 결정하는 시대로 변화한다. 양(量)으로부터 질(質)로의 전환 과정은 정보사회가 촉진될수록 더욱 가속화될 것이다. 양적으로 많은 것을 추구하던 산업사회와는 달리 정보사회에서는 소량이라 하더라도 질적인 면에서 우수한 제품과 생산성을 추구하는 사회로 변화하게 된다. 양(量)은 포화상태가 존재하지만, 질(質)은 포화상태가 존재하지 않는다. 따라서 포화상태에 다다른 산업사회가 앞으로도 지속적으로 발전하기 위해서는 양적인 확대보다는 질적인 혁신을 거듭할 수밖에 없다.

(2) 거리의 소멸

정보사회에는 거리가 없어진다. 여기서 거리라 함은 물리적인 거리나 시간적 개념으로 산업사회에서 보였던 거리의 개념이 대부분 축소되거나 소멸되는 현상이 나타난다. 거리의 소멸 현상은 대략 다음과 같은 세 가지 차원에서 일어난다.

첫째, 공간적 차원의 거리 소멸이다. 산업사회에서 자동차나 항공기와 같은 교통수단의 발달은 지역 간, 국가 간의 거리를 대폭 단축시켰다. 그러나 정보통신 수단의 발달로 인한 거리의 소멸은 이보다 훨씬 광범위하고 강력하게 일어난다. 세계 어느 곳과도 실시간으로 접촉할 수 있을 뿐만 아니라, 광대역통신망과 멀티미디어 덕분에 접촉의 깊이와 폭도 크게 향상된다.

둘째, 시간적 차원에서도 거리의 소멸이 일어난다. 이는 정보사회가 '탈(脫)역사성의 사회(post-historic society)'가 됨을 의미한다. 정보사회로 접어들면서 시간 개념은 바뀌고 있다. 역사가 진보한다거나 과거와 현재, 미래가 인과관계의 선으로 연결되어 있다는 생각은 점차 희미해지고 있다. 시간적 선후 관계도 뒤바뀔 수 있다. 현재의 결과가 과거의 원인과 아무런 관계도 맺지 않을 수도 있다. 이러한 의미에서 정보사회는 '점의 사회'라고 할 수 있다. 점은 위치일 뿐 연장(延長, 거리)이 없다. 이러한 사회에서는 역사의 의미도 희석된다.

셋째, 인식적 차원에서도 거리의 소멸 현상은 나타난다. 인식 대상과 인식 주체 사이에는 일정한 거리가 존재한다. 그러나 정보사회에서는 멀티미디어, 심지어 가상현실까지 동원됨으로써 매체가 주는 이미지가 직접적으로 들어온다. 이러한 인식 과정에서 주체는 적극적으로 개입을 하지 못하고 소극적 수용자로 전락한다. 즉, 인식 주체 사이에는 거리가 소멸되고 인식 대상이 주체 안으로 그대로 밀고 들어오게 된다.

(3) 경계의 모호화

정보사회는 사회 전반에 걸쳐서 영역 간 경계가 모호해지는 '무경계 사회(borderless society or fuzzy society)'가 된다. 일차적으로 경계란 지리적 이격으로부터 생겨나는 것이므로 거리의 소멸과 함께 지리적 경계의 개념도 모호해진다. 과거에는 지역 간에도 교류가 적었기 때문에 문화와 풍습, 언어, 제도 등이 상이하게 발전하였으며 국가 간에도 물론 이러한 차이가 뚜렷했다. 그러나 오늘날에 와서는 교통과 통신의 발달로 지리상 이격으로 인한 거리는 큰 의미를 갖지 못한다. 인터넷을 통한 국제적 정보 유통은 국가의 정보 및 통신 규제를 무력화시킨다. 인식에 있어서도 경계의 모호성이 발생한다. 경직되고 폐쇄된 사고로부터 유연하고 개방적인 사고로의 전환이 그동안 엄격히 구분되던 영역 간의 공통성을 발전하게 만들고, 이에 의해 영역 간 구분을 해체시키게 만드는 것이다. 따라서 무경계 사회에서 적응하고 생존하기 위해서는 우리 자신의 관점과 태도를 끊임없이 개방화시킬 필요가 있다.

(4) 소프트화

정보사회는 소프트화 된 사회이다. 소프트화란 고정되어 있지 않음을 의미한다. 우선 시간적으로 변화가 빠르게 일어나기 때문에 과거의 모든 것이 달라진다. 예컨대 정보와 지식의 평균수명은 70~80년대의 5년에서, 90년대는 3

년으로, 2000년대 와서는 2년으로 단축되었으며, 앞으로는 그 이하로 단축될 전망이다. 산업구조에서도 물리적 재화의 생산업보다는 정보산업이 차지하는 비중이 늘어나고, 제조업이든 정보산업이든 간에 그 내부에서 일어나는 활동 중에서 정보활동이 차지하는 비중은 크게 늘어난다. 개인의 생애에 있어서 교육을 받는 시간도 늘어날 뿐 아니라 일상적인 삶에 있어서도 정보활동의 비중은 크게 늘어난다. 앞으로 우리 사회의 조직구조는 딱딱한 위계체계나 폐쇄체계에서 평범한 개방체계로 바뀌며, 더 나아가서는 스스로의 정체성이나 모습을 수시로 바꾸는 혁신체제로 탈바꿈할 것이다. 이와 같이 소프트화는 고정된 사회가 아니라 변화하면서 '흘러가는' 사회를 만들어 갈 것이다.

(5) 네트워크화

정보사회는 네트워크 사회이다. 네트워크 사회란 네트워크의 규모가 확장되는 사회를 의미하며, 보다 엄밀하게 말하면 각종 네트워크를 타고 흐르는 정보의 통합이 이루어지는 현상을 뜻한다. 이러한 네트워크 사회는 분산처리의 사회, 조직 구성원이 정체성을 상실하는 사회, 커다란 외부경제 효과를 갖는 사회 등의 특성을 갖는다. 정보사회에서는 네트워크의 확장이 필수적이다. 기업이나 상업에 종사하는 사람은 물론 개인적인 사회적 관계에 있어서도 넓은 네트워크를 가지고 있는 사람들이 더 높은 효용성을 발휘할 수 있는 사회가 된다. 네트워크의 확장은 정보의 공유 가능성의 확장이고 정보는 비소모성과 누적 효과성을 갖는 공공재이므로 공유할수록 높은 부가가치를 창출하게 된다.

(6) 자동화

정보사회에서의 자동화는 산업사회에서의 자동화와 근본적으로 다른 의미를 가지고 있다. 정보사회의 자동화는 산업사회의 자동화에 비해 자동화 수준의 변화와 함께 자동화의 적용 범위 역시 기하급수적으로 확산된다. 이미 정보기술을 이용한 사무자동화, 공장자동화, 금융자동화, 예약 및 거래의 자동화 등은 보편화되어 있으며 자동운전, 가사의 자동화, 인공지능 로봇 등도 보편화되고 있다. 심지어 미국은 이미 컴퓨터와 전산망의 교란을 통해 적군의 전쟁 수행 능력을 마비시키는 한편, 아군의 전산망에 대한 적의 침투를 막기 위한 '사이버 전사' 계획을 수립, 연구를 진행하고 있다. 이와 같이 정보사회는 사회의 어느 곳에서나 컴퓨터와 통신을 이용한 자동화가 이루어지며 과거 어느 때보다 자동화에 대한 의존도가 심화되는 사회가 될 것이다. 이러한 예상에 따라 앞으로는 분야별 자동화뿐만 아니라, 사회 전체가 하나의 전산망으로 연결되어 자동으로 돌아가는 사회자동화(Social Automation, SA)라는 개념이 등장하게 될 것이다.

3) 정보사회의 정보윤리 문제

정보사회는 정보 관련 기술의 발달에 의해 시작되었고, 그 기술 혁신의 속도는 빠르게 진행되고 있다. 정보윤리는 정보기술 자체에 대한 것이라기보다는 정보기술을 사용하는 인간의 행위와 관련된 것이다.

정보윤리는 정보사회에서 인간이 갖추어야 할 윤리적 덕목 또는 원리가 무엇인지, 정보기술을 어떻게 올바르고 선하게 사용해야 하는지에 관한 규정이다(김영인 외, 2008: 105). 따라서 정보사회가 산업사회와 다른 모습으로 변화한다고 한다면 정보윤리도 기존의 산업사회의 모습으로부터 벗어나 새로운 양태로 정립되어야 한다.

정보윤리는 정보가 가지고 있는 속성, 즉 정보의 특수성이 반영된 윤리를 필요로 한다. 일반적으로 정보는 다음과 같은 속성을 지니고 있다(김기태, 2008: 212).

첫째, 정보 가치의 주관성 문제를 들 수 있다. 정보는 그 자체만으로 가치를 가지고 있으나, 그 가치는 누구에게나 공통적으로 인정되는 것은 아니다. 정보를 요구하고 활용하는 사람에 따라 그 유용성의 차이가 생긴다. 즉, 정보를 맡은 사람의 주관적 판단과 가치관 및 그의 관점 등이 정보의 신뢰성, 정확성, 공정성 등에 영향을 미치게 된다. 따라서 정보의 가치를 획일적으로 판단하는 것은 바람직하지 않으며, 정보 가치의 다양성에 대해서도 올바르게 인식할 필요가 있다.

둘째, 정보는 복제가 용이하다. 하나의 정보는 복제를 통해 얼마든지 전이가 가능하고 정보의 특성상 정보는 확산될수록 그 가치가 떨어진다. 무단 복제를 통해 적절한 대가를 지불하지 않고 정보를 활용하는 것도 문제가 있지만, 복제를 통한 정보의 확산을 통해 정보의 가치를 떨어뜨리는 것은 더 큰 문제가 아닐 수 없다. 앞으로 무단 복제나 저작권 침해의 문제가 우리 사회의 큰 이슈가 될 것으로 예상된다. 이와 함께 잘못된 정보를 복제하여 전파시키는 경우 그로 인한 위험성과 책무성에 대한 논란도 사회의 이슈로 제기될 것이다.

셋째, 정보는 일단 기억, 등재, 기록된 경우에는 반영구적으로 보존된다. 따라서 잘못 수록된 정보는 반영구적으로 잘못 이용될 수 있다. 정보의 가치는 신뢰성과 정확성을 전제로 한다. 정보의 가치를 높이기 위해서도 필요한 일이지만, 하루에도 수없이 많은 정보가 쏟아져 나오는 정보사회에서 잘못된 정보의 폐해가 매우 크다는 점을 고려할 때 정확한 정보의 생산과 보급은 필수적이다.

넷째, 일단 전파된 정보는 회수하기가 힘들다. 한 번 엎지른 물은 다시 담기가 불가능한 것처럼 정보의 특성상 한 번 전파된 정보는 회수가 불가능하다. 잘못 전파된 정보에 대한 대응 방안이라고 한다면 정보를 수정하는 것인데, 이것 또한 정보가 갖는 빠른 전파성 때문에 어려운 일이다. 따라서 정보는 정확성과 신뢰도가 보장될 수 있어야 한다.

다섯째, 정보는 확산되는 속성을 가지고 있다. '발 없는 말이 천리 간다'는 속담처럼 정보는 그 확산 속도가 매우 빠르다. 이러한 정보의 빠른 속도는 사회가 변화해 가면서 가속도를 낼 것으로 보인다. 특히 정보의 전파 범위가 한 사회에서만 전파되는 것이 아니라 국경을 넘어 전 세계적으로 전파된다는 점에서 정보의 확산에 대한 올바른 인식이 필요하다.

지금까지 살펴본 정보의 특수성을 바탕으로 다가올 정보사회의 원활한 소통을 위해 지켜져야 할 정보윤리 문제로 컴퓨터 익명성과 범죄, 사생활 침해, 지적재산권 보호, 정보의 격차 등을 들 수 있다.

(1) 컴퓨터 익명성과 범죄

익명성(anonymity)의 특성을 이용한 각종 컴퓨터 범죄와 가상공간의 일탈 행위가 윤리적 문제로 대두되고 있다. 최첨단화된 컴퓨터를 이용한 컴퓨터 범죄행위 유형이 갈수록 다양화되고 있고, 그 수법도 점차 첨단화되고 있다. 뿐만 아니라, 컴퓨터 바이러스 유포, 컴퓨터와 인터넷을 통한 사기 범죄, 해킹, 사이버 테러, 각종 음란물 유포, 스팸 메일, 컴퓨터 중독 등 사이버 공간에서의 다양한 일탈 행위가 윤리적 문제로 부각되고 있다.

익명성이란 자신의 정체를 알리거나 밝히지 않는 것으로 어떤 행위를 한 사람이 누구인지 드러나지 않는 특성이 있다. 이러한 익명성은 인터넷 등에서 개인의 인권을 보호할 수 있다는 장점이 있지만, 자신에 대한 정보를 아는 사람이 없다는 점을 악용해 욕설이나 비방, 악플, 바이러스나 악성 코드 파일의 전파 등 비윤리적 행위를 과감하게 행동으로 옮긴다는 문제점을 야기하기도 한다. 익명성은 사람들에게 면식 있는 집단의 구속에서 벗어났다는 해방감을 주게 되고, 개인의 행동을 감출 수 있으며, 자신의 행동에 대한 개인적인 책임을 피할 수 있다는 안정감을 부여한다. 익명성의 이러한 점을 악용하여 불특정 다수인들에게 다양한 유형의 비윤리적 행동에 과감해지는 현상들을 가상공간에서 흔히 볼 수 있다.

컴퓨터 바이러스는 인류의 최대 위협인 사이버 테러로 인식될 만큼 심각한 수준이다. 컴퓨터 바이러스 하나로 군사위성, 공항 관제탑, 사회 기간망을 마비시킬 수 있어 컴퓨터 바이러스의 유포는 개인의 악취미 단계를 넘어선 비도덕적이며 범법적인 행위이다. 1990년대 200여 종에 불과하던 컴퓨터 바이러스가 현재 4만여 종을 넘어 정보화 관련 산업에 심각한 타격을 주고 있다. 특히 국산 바이러스는 최근 650종으로 늘어나 이미 미국, 동유럽권과 함께 세계 3대 바이러스 생산국 중의 하나로 악명을 떨치고 있는 상황이다(이관춘, 2009: 302).

컴퓨터와 인터넷을 통한 사기 범죄도 가상공간을 통해 흔히 발생하는 일이다. 사이버 쇼핑몰이나 사이버 부동산, 사이버 증권 등을 통해 각종 사기 행각이 발생하고 있으며, 스캐너를 이용한 위조지폐 제조 등 인터넷을 통한 범죄행위는 확산되고 있다.

해킹(hacking)은 다른 사람의 컴퓨터 시스템에 허락 없이 침입하여 타인의 정보나 프로그램을 훔치거나 유출 또는 파괴하는 행위를 말한다. 해킹(hacking)이라는 용어는 원래 '해크(hack)'라는 말에서 유래되었다. 헤크는 '작업 과정 그 자체에서 느껴지는 순수한 즐거움'이란 뜻이다. 해킹은 원래 순수하게 작업 과정 자체의 즐거움에 탐닉하는 컴퓨터 전문가들이 자신의 기술을 검증하기 위해 다른 사람의 컴퓨터 시스템이나 정보에 피해를 주지 않고 컴퓨터 시스템에 침입하는 것을 의미하는 것이었으나, 컴퓨터가 일반화되면서 점차 나쁜 의미로 변질되었다. 해킹을 통해 다른 사람의 컴퓨터에 침입하여 정보를 빼내고 파일을 없애거나 파괴하며 심지어는 전산망을 마비시키는 등의 악의적 행위가 빈발하고 있다. 이러한 파괴적 행위를 하는 자들은 크래커(cracker)라고 해서 해커와 구별하기도 한다.

가상공간에서의 각종 음란물의 유포도 큰 문제이다. 온라인 섹스 산업 인터넷 웹사이트의 60%가 포르노이고, 모든 전자 상거래의 80%가 성인 잡지나 라이브 쇼, 섹스 용구 판매이며, 변태적인 음란 사이트에 중독된 우리나라 중·고교생이 10만여 명에 이른다고 한다(이관춘, 2009: 303). 이러한 인터넷을 통한 음란물의 유포는 사회의 건전한 문화를 해치고 청소년들의 정체성에 혼란을 야기한다는 점에서 사회문제가 되고 있다.

인터넷을 통한 각종 스팸 메일의 발송도 문제이다. 일명 '전자우편 폭탄'이라 불리는 스팸 발송, 즉 수만 통의 전자우편을 발송하여 시스템을 다운시키는 등의 비윤리적 행위가 가상공간을 통해 나타나고 있다.

컴퓨터의 보급이 확대되고 생활화되면서 컴퓨터 없이는 정상적인 생활이 불가능한 컴퓨터 중독 현상이 심각하게 나타나고 있다. 이와 같은 컴퓨터 중독 현상은 컴퓨터게임이나 오락 프로그램에서 많이 나타나는데, 컴퓨터 중독에 빠지게 되면 일상생활이 정상적으로 이루어지지 못한다는 데 문제의 심각성이 있다. 따라서 이를 예방하기 위한 불법 유해정보의 차단과 윤리 강령의 제정 등 건전한 정보 제공을 위한 노력이 있어야 할 것이다.

(2) 사생활 침해

사생활 침해(invasion of privacy)란 성별, 주소, 나이, 재산 정도, 학력, 취미 등 개인과 관련된 여러 가지 정보가 다른 사람에게 노출되거나 악용되는 것을 말한다. 다른 사람의 집안을 도청하거나, 무단으로 침입한다든지, 망원경으로 남의 집안을 관찰하거나 촬영한다든지 하는 것 등이 사생활 침해에 해당된다. 따라서 사생활의 보호라고 함은 개인과 관련된 여러 가지 정보를 통제하고 개인의 사적인 생활을 보호받는 것을 말한다. 그러나 정보사회에 와서는 컴퓨터, 인터넷과 같은 다양한 정보기술이 발달하면서 이를 활용한 개인정보가 쉽게 수집되고, 가공, 유통되면서 이로 인한 개인의 삶에 대해 보호를 받지 못하게 되었다. 즉, 자신에 대한 정보를 통제하거나 보호받을 수 없게 되었다. 따라서 개인의 정보가 권력기관이나 타인에게 노출되어 불법적으로 사용되는가 하면 개인의 사생활이 유출되어 인터넷을 통해 마구잡이로 공개되기도 한다. 뿐만 아니라, 개인의 명의를 도용하는 사례나 명예를 훼손하는 일, 인터넷을 통해 다른 사람을 공개적으로 비방하는 글을 올리는 일, 초상권을 침해하는 일 등도 개인의 사생활을 침해하는 일이다. 개인정보의 불법 공개나 불법 유통, 불법 양도 등도 문제지만, 개인정보를 가공하여 사실과 다른 내용을 공개한다든지, 개인정보의 남용이나 저장 등도 흔히 발생하는 사례이다. 이는 개인의 자율성이나 존엄성, 행복 추구권에 대한 침해가 아닐 수 없다.

이러한 사례를 방지하기 위해 우리나라에서는 1995년 「개인정보 보호법」을 제정하였다. 이 법에 따르면 모든 공공 기관과 민간 기업은 물론 국회, 법원 등 헌법기관과 동창회, 친목회 등 비영리 단체도 개인정보를 함부로 수집하거나 이용할 수 없도록 하고 있다. 그럼에도 불구하고 오늘날 우리 사회에서는 심각한 사생활 침해 사건이 빈번하게 일어나 정보사회의 윤리문제로 부각되었다.

(3) 지적재산권 보호

지적재산권(Intellectual Property Rights, IPR)은 지적 창작물에 부여된 재산권에 준하는 권리로 인간의 정신적 창작물인 저작물, 소프트웨어, 음악, 영화, 비디오 등과 같이 물질적 형태를 취하지 않은 지적 활동의 산출물에 대한 권리를 말한다. 우리나라는 지적재산권을 보호하기 위해 저작권 보호법, 사업 비밀에 관한 보호법, 발명 특허에 관한 보호법, 상표권 보호법 등의 법적 장치를 마련하여 지적 소유권을 보호하고 있다. 그러나 법률에 의해 보호받도록 되어 있음에도 불구하고 지적재산권을 침해하는 일은 빈번히 일어나고 있다. 지적재산권은 일반적인 재산권과 마찬가지로 사용, 수익, 처분 권한이 부여되고 경제적 가치가 높아 국가산업 발전과 기업의 경쟁력을 결정짓는 요소로서 정보화 사회에서는 경제적, 사회적 권력에 영향을 미친다. 이는 물질 뿐만 아니라 인간으로부터 창출된 지식의 소유권을 인정하는 것이다. 지적재산권에는 책, 음악, 영화, 게임 타이틀 등과 같은 저작권, 특허권, 상표, 의장등록, 인터넷 도메인 이름 등이 있다.

세계인권선언 제27조 제2항은 "모든 사람은 자신이 창조한 모든 과학적, 문학적, 예술적 창작물에서 생기는 정신적, 물질적 이익을 보호받을 권리를 가진다."라고 규정하여 지적재산권에 관한 권리를 선언하고 있으며, 지적재산권의 보호에 대한 국제적 규범의 내용은 우리 국내법에 대부분 반영되어 있다.

지적재산권의 보호에 관한 국내법으로는 특허법, 저작권법 등 다수의 법률이 존재한다. 예를 들어, 저작자의 권리와 이에 인접하는 권리를 보호하고 저작물의 공정한 이용을 도모함으로써 문화의 발전에 이바지함을 목적으로 「저작권법」이 제정되었다. 저작권 침해라는 것은 이용자가 저작물의 출처를 밝히지 않고 무단으로 사용하거나, 저작물을 사용하는 것에 대한 대가를 원저자에게 지불하지 않고 이용하는 것으로, 엄격한 의미에서는 저작물에 대한 저작자의 재산권을 침해하는 행위이다. 소프트웨어를 불법복제하거나 전송하는 경우, 이를 불법으로 매매하는 경우, 이를 인터넷상으로 저작자의 허락 없이 업로드하거나 다운로드하여 사용하는 경우가 이에 해당된다(손주은, 2011). 정보와 지식의 양이 폭발적으로 증가하고 있는 오늘날에 와서는 지적재산권의 중요성이 더욱더 강조되고 있다.

이와 같은 현상은 지적재산권을 가볍게 여기는 우리 사회의 풍토와 지적재산권을 복제할 수 있는 기술이 발달되어 쉽게 이용할 수 있다는 것이 가장 큰 원인으로 지적되고 있다. 특히 컴퓨터 소프트웨어의 경우에는 생산자와 사용자 간의 정당한 대가 부여에 대한 이해 부족으로 무단 복제 문제가 상습적으로 발생하고 있다.

이 밖에도 지적재산권을 침해하는 일을 보면 저작권자의 승인 없이 프로그램을 사용하거나 복제, 배포하는 행위로 이는 위법 행위이다. 지적재산권은 힘든 노동의 결과로 산출된 생산물이니만큼 그 권리를 보장해야 한다. 따라서 지적재산권을 보호하기 위해서는 노동 가치에 대한 유용성을 인정하여 정품 소프트웨어를 구입하여 사용하는 것이 바람직하다.

오늘날 정보사회에서는 활발한 정보의 유통만큼이나 지적 창작물은 매우 중요하다. 지적 창작물은 내재적 가치를 지닌 유용한 창작물이기 때문이다. 그러나 우리 사회의 실생활에서는 지적 창작물에 대한 지적재산권 침해가 빈번하게 발생하고 있어, 이에 따른 윤리적 문제가 사회적으로 크게 부각되고 있다.

(4) 정보의 격차

정보의 빈부 격차는 정보 불평등과 관련된 문제로 정보와 지식에 대한 소유, 접근, 활용 능력의 차이를 말한다. 정보의 빈부 격차는 기술적인 문제가 아닌 사회적인 문제로 사회적, 정치적, 경제적 능력의 차이에 따라 생산력의 격차가 발생하여 정보에의 접근을 불평등하게 할 가능성이 있으며, 이는 빈부 격차로 연결될 가능성이 높다.

'정보 격차'라고 하는 용어는 1990년대 중반 미국에서 처음 사용한 용어로, 디지털 정보 시대에 '정보 접근'과 '정보 이용'이 가능한 자와 그렇지 못한 자 사이에 경제적, 사회적 불균형이 발생할 것으로 보고, 이를 강조한 개념으로 사용되었다. 즉, 정보사회에서 비용, 직업, 연령, 지역, 성별 등을 이유로 차별을 받아 필요한 정보를 얻지 못했을 때 정보를 접하고 활용하는 데 서로 다른 차이가 발생한다는 것이다.

이와 같은 정보 격차의 원인으로는 사회·경제적 차이, 이용 능력의 차이, 정보 상품의 집중화, 커뮤니케이션 기술의 영향, 정보 추구 욕구의 차이, 노년층의 정보기술 능력 활용 미숙 등을 들 수 있다.

사회·경제적 차이는 대부분의 정보 서비스가 정보 활용에 대한 비용을 이용자 부담 원칙에 의해 운용하기 때문에 경제적인 능력의 차이로 인해 정보 격차가 발생하게 된다. 이용 능력의 차이는 관련 정보를 이용하는 데 필요한 커뮤니케이션 능력의 부족을 그 원인으로 보고 있고, 정보 상품의 집중화는 대부분의 정보기술이 소비 수요가 높은 지역에 집중하는 경향이 있어 소비 수요에 따라 정보 격차를 가져오게 된다.

새로운 커뮤니케이션 기법과 기술의 영향에서 오는 정보 격차는 나중에 그 변화를 채택하는 사람보다 커뮤니케이션 정보를 얻기가 더 쉬운 사람에게 먼저 나타난다는 것이며, 정보 추구 욕구의 차이는 이미 정보를 많이 가지고 있는 사람이 덜 가지고 있는 사람보다 추가적인 정보를 더 찾고자 하는 경향성을 가지고 있다는 점에서 정보의 격차를 발생시키는 원인이 된다고 본다. 노년층의 정보기술 능력 활용 미숙은 정보기술 습득 능력이 부족한 노년층에서 상대적으로 정보 격차를 가져오게 된다고 보고 있다. 따라서 누구나 쉽게 정보에 접근할 수 있는 제도적 장치가 마련되어야 한다. 정보사회에서 정보에 대한 접근이 용이하지 않을 경우 정보 분배의 불균형이 심화되고 그에 따른 정보의 빈부 격차는 사회적 갈등을 발생시켜 사회문제화 될 수 있다. 따라서 누구에게나 고르게 분배되는 정보 이용의 대중화가 실현되어야 하고 노년층에 대한 정보기술 활용 능력 제고를 위한 교육 및 시설 투자 등 제도적 방안이 마련되어야 한다.

4) 정보윤리의 쟁점 사례

인터넷 중독 원인과 부모의 역할

인터넷이 만들어 내는 가상공간에서는 끊임없는 재미와 호기심을 충족시킬 수 있는 다양한 경우의 수가 존재한다. 그리고 현실공간에서 느낄 수 있는 유사한 현실감까지 존재하고, 쉽게 접근할 수 있으며, 현실에서의 문제를 잊게 해주는 힘을 가지고 있다. 또한 가상공간에서는 익명성이라는 인터넷 고유의 특성이 있어 행동 가능성이 무한하며 다양한 역할과 모습을 가질 수 있기 때문에 그만큼 재미가 있고 흡입력이 높아 중독의 가능성이 커진다.

자녀의 인터넷 중독 시 고려할 내용으로는 어린 시절부터 지금까지의 발달 내력과 전에 상담이나 치료를 받은 적이 있는가? 가족들의 병력과 가족 구성원 간의 응집력, 형제와의 관계는 어떠한가? 인터넷을 과다 사용하면서의 발생할 결과와 대인관계 문제 등을 살펴보아야 할 것이다.

특히 자녀의 유형에 따른 대처가 필요한데, 첫 번째, 성취형은 게임의 레벨이 올라가거나 배틀넷 등의 순위가 올라가는 것에 대해 굉장히 민감해하고 거기서 만족을 얻는 유형이므로 성취 목표를 전환해 준다.

두 번째, 분노-공격형은 슈팅 게임을 즐겨하거나 게임에서 지는 것에 굉장히 분해하며, 상대방이 맘에 안 들면 욕설하거나 중간에 나가거나 컴퓨터를 꺼버리거나 로그아웃을 하기도 한다. 이런 유형은 속에 있는 분노나 적개심을 상담을 통해 풀어주고 분노조절 방법을 훈련시켜 준다.

세 번째, 관계형은 게임을 하면서 사람들을 만나고 교제하는 것을 선호하는 유형, 게임에 있는 채팅창 기능을 활용하고 게임동호회(길드) 등을 통한 만남 자체를 게임보다 선호하는 유형이다. 대인관계에 문제가 있어 인터넷에 몰입하기에 대인관계 훈련을 통해 대인관계 증진을 조력한다.

다음으로 인터넷 사용 패턴 변화를 통한 자기통제력, 자기조절능력 향상시키는 방법으로 인터넷을 밤이 아닌 낮에만 사용하도록 하고 주중에 매일 인터넷을 사용한다면 주말에 특정 시간을 정해서 그때만 하도록 한다. 또한 실제 생활에서 직접 할 수 있는 일이라면 인터넷을 사용하지 않고 직접 하도록 한다. 그리고 주간 인터넷 사용 시간을 줄여나가는 것으로 목표에 도달할 때까지 서서히 인터넷 주량 시간을 줄여나가는 방법을 사용하는 것이 좋다.

이때 일일 계획표(보상, 처벌), 인터넷 사용일지(시간, 내용, 횟수 기록), 자명종, 컴퓨터 사용 시간 설정 프로그램 등을 활용하여 성취감을 획득하도록 조력한다. 또한 인터넷 휴요일 만들기로 1주일 중 하루나 이틀 정도 인터넷을 이용하지 않는 날을 정하여 인터넷 사용을 절제하고 사용 시간을 조절하여 사용조절 능력을 키우는 것이다.

마지막으로 대안 활동 탐색으로 새로운 활동은 결코 컴퓨터나 인터넷과 관련이 없어야 하며 대뇌를 사용해야 하는 인터넷과는 달리 신체를 사용하는 활동적인 것을 하는 것이 좋다. 또한 새로운 취미나 활동을 친구나 가족과 함께 함으로써 이전에 인터넷에서 충족시켰던 사회적 욕구를 채울 수 있다면 더욱 좋을 것이다. 즉, 현실세계에서 새로운 친구관계를 형성한다면 인터넷이 주지 못하는 친밀감과 정서적인 지지를 느낄 수 있을 것이다.

중독 행동은 신경전달물질인 도파민의 변화와 관련이 있는데 운동을 하면 도파민 수치가 높아지고, 도파민이 증가하면 기분이 좋아지고 스트레스도 적어지기에 인터넷 중독 예방에 도움이 된다.

그럼에도 불구하고 중독적인 행동을 혼자 해결하기에는 매우 힘들기에 상담으로 충분하지 않을 때에는 약물처방이 도움이 된다. 항우울제의 종류인 SSRI(선택적 세로토닌 흡수 억제제)는 뇌의 세로토닌 이용도를 증가시켜서 기분을 고양시키고, 강박적인 행동을 감소시키며, 중독적인 과정을 깨뜨리는 기능을 한다.

자녀의 인터넷 중독이 남의 일이 아님을 인시하고 학부모님의 관심이 절실한 시점이다. 중독이 자칫 도박으로 발전하고 있기 때문이다.

출처: 박주정(2023). 인터넷 중독 원인과 부모의 역할. 남도일보(http://www.namdonews.com). (2023. 2. 3.)

2 인터넷 시대의 인터넷 윤리

사람들이 일상생활을 하는 과정에서 서로에게 지켜야 할 도리와 규범, 서로에게 피해를 주지 않기 위한 규칙들이 있다. 원래 윤리란 자연에 순응하고 집단과 더불어서 생활하는 동안 만들어진 습관과 방식 속에서 자연스럽게 발생한 것이다. 다시 말해서 사람들이 함께 생활하기 위해 집단의 질서나 규칙을 정하고 규범을 만드는 과정에서 윤리란 새로운 개념들이 만들어지고 탄생한 것이다(박상호, 2013).

인터넷 윤리란 인터넷상에서 삶의 질적인 향상을 위해 지켜야 할 윤리적 규범을 말하는 것인데, 인터넷의 이용이 증가하면서 사이버 공간에서의 윤리적 문제가 중요하게 부각되고 있다. 인터넷상에서 나타나는 악성 댓글, 폭로성 정보로 인한 사이버 협박 등 인터넷으로 인한 폐해가 심화되고 있기 때문이다. 건전하고 안전한 인터넷 이용을 위해서는 무엇보다도 인터넷 윤리의 실천이 이루어져야 한다.

1) 인터넷 윤리의 정의

윤리란 사람과 사람 사이의 관계, 즉 인간관계에 따른 규범이라고 할 수 있다. 인간의 삶은 집단생활을 통해 이루어지기 때문에 사회적으로 승인된 믿음과 약속, 즉 규범체계가 필요하다. 한 사람 혹은 사회집단이 다른 사람이나 집단에 대해 직간접적으로 해를 끼치지 않도록 스스로 행동을 규제하는 데 필요한 것이 윤리이다. 우리가 윤리적으로 살아야 하는 이유는 윤리적으로 사는 것이 개인의 행복과 사회의 질서유지에 도움이 되기 때문이다. 인터넷이 만들어 낸 사이버 공간은 현실공간보다 훨씬 강한 윤리 의식과 자기 통제력이 필요한 공간이다. 그러나 사이버 공간은 현실세계와는 달리 일상의 도덕적인 자기규제가 사실상 어려운 실정이다. 그리하여 인터넷을 통한 악성댓글, 사생활 침해, 저작권 문제, 사이버 폭력, 불건전 정보의 유통 등과 같은 여러 문제가 발생함으로써 새로운 윤리적 문제들이 대두되고 있고, 익명성과 같은 사이버 공간의 특성에 부합하는 윤리 규범의 제정과 실천이 절실하게 요구되고 있다(고은희, 2014).

인터넷 윤리란 정보통신기술을 다루는 데 있어서 나타나는 순기능은 물론이고 그 역기능적인 후유증에 대해 바른 윤리적인 개념들을 심어줌으로써 옳고 그름, 바름과 바르지 못함, 나쁨과 좋음, 윤리적인 것과 비윤리적인 것을 판단하고 행동하도록 하는 것이다. 즉, 인터넷 윤리란 정보화 기술이 발달한 현 상황에서 정보화 기술에 의해 야기되는 여러 가지 윤리적인 문제를 해결하기 위해 만들어진 규범이라고 정의할 수 있다. 이러한 개념은 인터넷을 윤리적으로 사용하는 방식에 관한 담론과 실천을 지칭하는 말이라고 할 수 있다. 언젠가는 인터넷 윤리라는 표현도 정보윤리처럼 학문적으로 보편화된 개념이 될 수 있겠지만, 현재 수준에서 볼 때에 인터넷 윤리는 정보윤리의 하위분과 내지는 부분적 특징을 강조한 별칭 정도로 보는 것이 타당할 것이다.

모바일 기기의 보급에 따른 새로운 윤리적 이슈 등장을 강조한 '모바일 윤리'나 사이버 공간에서의 윤리적 이슈들과 현실공간에서의 이슈들을 비교하여 강조한 '사이버 윤리' 등의 여러 가지 표현들이 새롭게 등장한 바 있다. 모바일이나 사이버, 인터넷 모두 정보통신기술의 급속한 발달에 따라 등장한 새로운 양상과 국면들일 뿐, 궁극적인 본질은 각각의 환경 속에서 우리가 정보를 인간다운 방식으로 잘 다루어야 한다는 주장을 담고 있는 것이다(한국보안윤리학회, 2017). 이런 까닭에 인터넷 시대의 정보윤리라는 표현을 함축적으로 사용한 것이 인터넷 윤리이며, 문맥과 상황에 따라 인터넷 윤리, 정보윤리, 정보통신 윤리, 사이버 윤리, 그리고 온라인 윤리 등과 혼용하여 사용하기도 한다.

2) 인터넷 윤리의 특징

인터넷을 기반으로 하는 정보통신기술의 발전은 쉬운 정보획득과 교환을 가능하게 하고 다양한 인간관계를 형성해 주며, 노동의 변화와 여가 증대로 생활의 풍요와 삶의 여유를 가져다주었다. 그러나 모든 기술의 발달이 혜택뿐만 아니라, 이로 인한 위험을 초래하는 양면성을 가진 것처럼 인터넷의 발달도 순기능 이외에 역기능으로 인한 많은 폐해를 낳고 있다. 특히 우리나라는 정보통신 분야 최상위권 국가의 위상을 차지하고 있는 반면, 인터넷 역기능으로 인한 폐해 또한 가장 빈번히 발생하고 있으며 이로 인한 사회적 혼란 및 피해가 심각한 수준에 있는 상황이다. 인터넷 발달에 따른 역기능의 피해가 심각한 수준에 다다르자 이에 대한 우려의 목소리가 높아지면서 인터넷 윤리에 대한 관심도 고조되기 시작하였다. 역기능으로 인한 피해를 사전에 예방하고 대응하고자 하는 제도적, 법적, 교육적 해결책 등이 나오기 시작하였으며, 무엇보다도 사용자의 윤리 의식의 중요성이 강조되기 시작하였다(강성희, 2013).

인터넷 윤리는 정보통신기술이 수반되는 모든 문제들에 대한 윤리적 탐구를 목표로 하는 규범윤리학의 한 분야로서 다음과 같은 특징을 지닌다.[2)]

첫째, 인터넷 윤리는 처방윤리(prescriptive ethics)이다. 인터넷 윤리는 처방윤리로서 정보사회에서 우리가 해야 할 것과 해서는 안 되는 것을 분명하게 규정해 주어야 한다.

둘째, 인터넷 윤리는 예방윤리(preventive ethics)이다. 인터넷 윤리는 예방윤리로서 향후 정보통신기술의 발전이 수반하게 될 제반 윤리의 문제들에 대해 우리가 사전에 숙고하고 예방하도록 도와주어야 한다.

셋째, 인터넷 윤리는 변형윤리(transformative ethics)이다. 인터넷 윤리는 변형윤리로서 정보화의 역기능, 특히 사이버 공간의 무질서와 혼란에 대한 하나

2) 손주은(2011). 인터넷 윤리실천협의회·한국정보처리학회(2009)의 내용을 중심으로 재구성하였음.

의 반응으로서 출현한 것이기에 인간의 경험이나 제도·정책의 변형의 필요성을 강조해야 한다.

넷째, 인터넷 윤리는 세계윤리(global ethics)이다. 인터넷 윤리는 세계윤리로서 국지적 윤리가 아닌 세계 보편윤리가 되어야 한다.

다섯째, 인터넷 윤리는 책임윤리(responsibility ethics)이다. 인터넷 윤리는 책임윤리로서 인터넷과 관련된 인간의 책임을 강조한다. 책임윤리에 따라 행동한다는 것은 행위의 실현 가능성을 수단과 목적의 관점에서 추론하고, 예측할 수 있는 자기 행동의 결과를 설명하고, 수단을 목적에 비추어 그리고 목적을 부수적 결과 및 다른 모든 가능한 목적들과 비교하여 합리적으로 숙고하여 행위를 하는 것이다.

여섯째, 인터넷 윤리는 종합윤리(comprehensive ethics)이다. 인터넷 윤리는 인터넷을 통해 야기되는 여러 가지 도덕적 문제들의 해결에 직간접적으로 도움을 줄 수 있는 여러 윤리학 이론들을 종합하여 활용하여야 한다. 왜냐하면 인터넷의 특성상 어느 한 가지의 배타적인 이론만으로 온라인에서 발생하는 복잡한 문제들의 본질을 이해하고 도덕적 판단이나 평가를 내린다는 것은 쉬운 일이 아니기 때문이다.

3) 인터넷 윤리의 원리

인터넷 공간은 이용하는 많은 이들에게 유익한 정보를 제공하고 새로운 관계를 형성할 수 있게 하는 등 매우 긍정적인 모습으로 발전해 왔다. 그러나 한편으로 인터넷을 이용하는 사람들의 잘못된 윤리 의식으로 인해 올바른 인터넷 이용을 저해하고 여러 가지 역기능을 낳은 것 또한 사실이다(김택헌, 2013). 따라서 인터넷을 사용하기에 앞서 올바른 윤리 의식을 심어주기 위한 다양한 노력이 전개되어야 할 것이다. 인터넷 윤리 의식을 함양하기 위해서는 몇 가지 원리에 따른 인터넷 윤리 교육이 필요한데, 일반적으로 인터넷 윤리의 원리로는 다음과 같은 점을 제시하고 있다(인터넷 윤리실천협의회 · 한국정보처리학회, 2009).

첫째, 존중의 원리이다. 존중은 사람이나 사물이 지닌 고귀한 가치에 대해서 경의를 표하는 것을 뜻한다. 존중은 먼저 자신에 대한 존중을 의미하는 것이며, 자신에 대한 존중은 우리 자신의 생명과 몸을 소중한 것으로 대우할 것을 요구한다. 따라서 사이버 공간에만 지나치게 빠져서 자신의 몸과 마음을 제대로 돌보지 않아 건강을 잃는 것은 바로 자기 자신을 존중하지 않는 것이다. 또한 존중은 다른 사람에 대한 존중을 의미한다. 특히, 다른 사람에 대한 존중은 다른 사람의 지적 재산권, 사생활, 다양성을 인정하고 존중하는 것을 뜻한다. 다른 사람에 대한 존중은 모든 사람들을 우리 자신과 똑같이 소중한 사람으로 대우할 것을 요구한다. 사이버 공간에서는 상대방이 내 눈에 보이지 않는 가운데 많은 행동이 일어나므로, 상대방의 존재를 적극적으로 인정하려는 존중의 원리가 절대적으로 필요하다.

둘째, 책임의 원리이다. 책임이란 자기에게 주어진 일을 다 하는 것을 뜻한다. 또한 책임은 다른 사람을 피하지 않고 그들에게 향하는 것, 그리고 그들에게 관심을 기울이는 것을 뜻한다. 그러므로 책임은 서로를 보살피고 관심을 가져야 할 우리의 적극적인 행동을 강조하고 있다. 사이버 공간에서는 통일적 정체감의 상실, 역할의 상실에 따른 책임회피가 쉽게 일어날 수 있으므로 현실공간에 비해 더욱 수준 높은 책임의식이 요구된다. 현실세계에서는 나의 행동으로 인해 피해를 입은 사람이 적지만, 사이버 공간에서는 그 수를 헤아릴 수 없는 많은 사람들이 피해를 받을 수 있다.

셋째, 정의의 원리이다. 정의는 크게 보아 세 가지 의미를 담고 있다. 첫째는 공정한 것 자체를 추구하려는 것이다. 즉, 동일한 경우는 동일한 방법으로 다루려고 하는 것이다. 둘째는 함께 살아가는 다른 사람들을 위해 주는 이타적인 삶을 뜻한다. 셋째는 정해진 삶과 규칙과 법을 준수하지만, 때에 따라서는 옳지 못한 규칙이나 법에 저항하는 것을 뜻한다. 정보사회에서 우리는 정의의 원리에 따라 참되고 공정한 정보를 교환해야 하고, 정보화의 혜택이 고르게 보편적으로 돌아갈 수 있게 해야 하며, 타인의 권리를 함부로 침해해서는 안 된다. 또한, 인간의 자유를 구속하려는 옳지 못한 법이나 규칙에 대해서는 적극적으로 대응을 해 나가야 한다.

넷째, 해악금지의 원리이다. 해악금지란 남에게 피해를 주지 않는 것을 뜻한다. 그러므로 사이버 공간에서 다른 사람에게 폭력을 행사하는 것, 해킹을 하거나 바이러스를 퍼뜨리는 것, 타인을 비방하거나 욕설을 일삼는 것과 같은 행동들은 남에게 해로움을 주는 것이므로 당연히 해서는 안 되는 것이다.

그러므로 우리는 인터넷 시대에서 이러한 네 가지 기본 원리에 입각하여 신중하게 윤리적으로 생각하고 판단한 후에 그 판단에 따라 행동하려는 자세를 가져야 한다.

4) 인터넷의 윤리적 문제[3)]

인터넷 이용에 따른 역기능으로 개인정보 침해, 상업적 오남용, 인터넷 중독, 유해정보 유통, 저작권 침해, 사이버 범죄 및 보안 문제에 이르기까지 그 부작용이 급속도로 증가하고 있다. 그리고 이러한 인터넷의 역기능 문제는 인터넷을 이용하는 모든 사람들이 한번 이상은 경험했을 정도로 그 피해가 보편적이고 피해정도가 급속도로 커지고 있다.

(1) 개인정보의 상업적 오남용

정보화 사회에서는 개인정보의 경제적 가치가 급등하게 되는데, 고객의 취향, 구매 성향, 구매 잠재력, 연락처 등의 개인정보가 기업의 경제활동에 있어서 중요한 요소가 되기 때문이다. 아울러 센서, 카메라, 장소인식 전화 등 개인의 확인 또는 추적에 이용될 수 있는 기술의 발달로 개인의 사생활이 침

3) 인터넷 윤리실천협의회・한국정보처리학회(2009). U시대의 인터넷 윤리. 경기: 이한출판사. pp. 10-12.

해될 가능성도 커지고 있다. 정보사회에 있어서 개인정보 보호의 중요성이 그만큼 커지고 있는 셈이다.

정보사회에서 개인정보의 누출은 다양한 방식으로 이루어진다. 본인의 동의를 얻어 수집된 개인정보의 경우, 담당자가 관련 기관에 의한 목적 이외에 이를 사용하거나 과실에 의해 정보를 누출시키거나 관련 업체에 정보를 매각할 가능성이 항상 존재하고 있다. 또한 본인의 동의 없이 각종 추적기술을 이용해 개인과 관련된 정보가 누출될 수 있다.

(2) 감시사회

수집된 개인정보는 스토킹, 타인정보의 불법 사용 등의 가능성과 함께, 감시사회로 발전될 가능성을 던져주고 있다. 감시는 정보사회의 일상 현상이 되고 있는데, 건물 내외, 길거리, 상점, 일반가정, 개인의 휴대전화 등 우리가 일상적으로 접하는 장소에서 각종 감시 장치를 발견하는 것은 어려운 일이 아니다.

감시라는 개념을 중립적으로 정의한다면 감시활동의 증대는 반드시 부정적인 것으로 간주되어서는 안 된다. 일반가정이나 상점 등에서와 같이 개인의 안락한 삶 또는 재산권 보호 또는 생산성의 증대, 도로의 경우 교통안전 확보 및 개인생명의 보호 그리고 국가적 손실 예방, 유아를 둔 보모의 자녀안전 확인, 치매노인의 위치 파악 등 감시 장치의 편익은 매우 많다. 전자적 감시의 이러한 순기능적 측면에도 불구하고 감시란 부정적인 측면이 더 강조되고 있다. 전통적으로 감시사회에 대한 일반인의 생각은 국가에 의한 감시에 초점이 맞추어져 있다. 전자주민카드, 휴대전화 도청, 계좌추적 등 관련 논쟁에서도 역시 개인정보를 통한 국가 감시 가능성이 커다란 쟁점이 되고 있다.

(3) 정보의 범람과 한계적 선택

정보사회에서는 많은 정보의 이용이 가능하다. 기존 오프라인 인쇄물에 더

하여 온라인화 된 정보의 공급량은 수요를 능가하고 있다. 정보의 대규모성과 다양성은 이용자의 욕구에 부합하는 정보에 대한 접근성을 높여준다. 기존 오프라인상에서 확인 또는 접근하기 어려웠던 정보에 대한 접근이 가능해졌으며, 특정한 사안에 대한 다양한 견해를 쉽게 획득할 수 있게 되었다.

한편, 정보의 양적 증대는 이용자들에게 자신에 맞는 정보를 선택하는 데 많은 어려움을 안겨 주고 있다. 자신이 알고자 하는 정보가 어디에 있는지, 자신이 검색한 정보가운데 어떤 것이 신뢰할 수 있는 것인지, 정보를 검색하는 도중 자신이 어디에 놓여 있는지 등 이용자에게 혼란을 유발할 가능성 역시 높아지고 있다.

(4) 유해정보에 대한 접근성 증가

정보통신기술 발전에 따라 인터넷 또는 휴대전화상에서 불법 · 유해정보의 양적 비중이 증대되고 있을 뿐만 아니라, 불법 · 유해 내용물의 양적 증대 현상은 내용물의 상업적 가능성에 의해 더욱 확산되고 있다. 정보통신기술에 의해 가능해진 공간에서 발견되는 불법 · 유해정보 가운데서도 현재까지 가장 확산 속도가 큰 것은 음란물 정보이며, 매년 빠르게 증가하고 있다. 유해정보 문제의 심각성은 불법 · 유해정보의 양적 규모 그 자체라기보다는 정보통신기술에 의해 이러한 정보에 대한 접근이 이전보다 훨씬 더 용이해지고 있다는 데 있다. 정보량의 증대, 정보에 대한 접근 수단의 다양화, 최신 정보통신기술을 이용한 정보의 제공 확대 등으로 인해 정보사회에서 정보에 대한 접근성은 획기적으로 증대되고 있다.

(5) 사이버 폭력

인터넷 매체의 발달로 생활에 많은 변화를 가져왔지만, 사이버 공간상에서 타인에 대한 악의적인 행위로 인해 다양한 사회적 문제들이 발생하고 있다. 예를 들어, 타인을 협박하거나 혹은 매도하는 행위를 하거나 기업의 중요 정보를 훔쳐가기도 한다. 이렇게 작게는 개인에서, 크게는 단체나 국가 단위로 이어지는 여러 행위들 중 의도적인 악의를 가지고 시행되는 인터넷상의 행위들을 사이버 범죄라고 한다. 엄밀히 따지면, 사이버 범죄, 사이버 폭력, 사이버 테러라는 용어는 다른 의미를 갖기도 하지만 넓은 의미에서는 일반적으로 유사한 의미로 혼용하여 사용하고 있다. 따라서 사이버 폭력이라는 용어도 '사이버 공간에서 정보통신망을 통하여 부호, 음향, 화상 등을 이용하여 타인을 모욕하거나 명예 또는 권익을 침해하는 온갖 형태의 폭력적인 표현과 행위'라고 정의할 수 있다. 이러한 개념 정의에 기초하여 사이버 폭력의 일반적 사례를 유형별로 보면, 특정인에 대한 허위의 글이나 명예에 관한 사실을 인터넷에 게시하여 불특정 다수인에게 공개하는 '사이버 명예훼손', 인터넷상에서 특정인에 대하여 모욕적인 언사나 욕설 등을 행하는 '사이버 모욕', 정보통신망을 이용하여 특정인에게 원하지 않는 접근을 지속적으로 시도하거나 성적 괴롭힘을 행사하는 '사이버 스토킹', 인터넷상에서 음란한 대화를 강요하거나 성적 수치심을 주는 대화로 상대방에게 정신적 피해를 주는 '사이버 성폭력', 몰래 카메라 촬영물 등 음란물을 유통시키는 '사이버 성착취물' 등이 이에 해당된다(인터넷 윤리실천협의회·한국정보처리학회, 2009). 이러한 사이버 폭력은 피해 확산이 빠르고, 집단적 양성을 띠며, 가해자를 찾기가 어렵고, 가해자를 찾는다고 하더라도 매번 찾아서 처벌하는 문제에도 어려움이 많다. 또한 자신도 모르는 사이에 피해가 발생하고, 한 번 발생한 피해는 원상복귀가 힘들며, 현실생활 속에서 2차 피해가 발생할 가능성이 높다는 특징을 가지고 있다.

(6) 해킹과 바이러스 유포

해킹(hacking)이란 뛰어난 컴퓨터 실력을 갖춘 아들이 실력을 이용하여 타인이나 기관의 정보 시스템에 불법으로 침입하여 그 속에 축적된 각종 귀중한 데이터를 훔치거나 파괴시키는 행위 일체를 말한다. 오늘날 이와 같은 해킹은 전 세계를 하나로 연결하는 인터넷의 발달과 더불어 사이버 세계를 어지럽히고 혼란스러운 범죄로서 사회적 문제가 되고 있다. 해킹으로 인한 위법 활동은 매우 광범위하고 신종 범죄로 사회에 적지 않은 물의를 일으키고 있다. 해킹은 컴퓨터 시스템의 취약점을 이용하거나 기존에 알려진 공격 방법을 활용하여 컴퓨터 시스템에 해를 끼치는 새로운 기능을 만들어 내는 행위를 말한다. 뿐만 아니라 접근을 허가받지 않은 컴퓨터 시스템에 불법으로 침입하거나 허가받지 않은 권한을 불법으로 갖는 행위 등도 여기에 포함된다.

컴퓨터 바이러스(computer virus)란 우리가 흔히 알고 있는 생물학적 바이러스와는 달리 컴퓨터상에서 바이러스처럼 작동하는 프로그램이라고 할 수 있다. 즉, 컴퓨터 바이러스는 일반적인 프로그램과 동일한 형태를 가지고 있지만, 컴퓨터 사용 목적에 반하여 작동하는 한마디로 나쁜 프로그램이다. 은폐나 자기증식 기능 등의 특징이 생물학적 바이러스와 비슷하다고 해서 컴퓨터 바이러스라는 이름이 붙었다. 컴퓨터 바이러스는 컴퓨터 시스템 내에서 동작을 하는 프로그램이며, 자료를 손상하거나 다른 프로그램을 파괴하여 정상적인 작업을 방해하는 프로그램이다.

5) 인터넷 윤리의 쟁점 사례

인터넷·게임 의존 - 인터넷에서 스마트폰까지 -

중국과학원 소속 우한물리수학연구소 레이하오 교수팀은 충격적인 연구결과를 발표했다. 인터넷 의존 증상을 보이는 청년층 18명과 그렇지 않은 17명의 뇌를 '확산강조영상'으로 촬영한 영상자료를 분석한 결과를 발표한 것인데 그 내용이 충격적이다.

확산강조영상은 자기공명영상(MRI)을 응용해 신경섬유의 주행을 조사할 수 있는 획기적인 검사법인데, 그동안 표현하기 어려웠던 대뇌백질 같은 신경섬유 다발을 한 가닥 한 가닥씩 마치 실의 주행을 쫓듯이 영상화할 수 있는 방법이다.

결과는 놀라웠다. 인터넷에 의존하는 증상이 있는 대상자들은 정상 대조군에 비해 안와전두엽, 전대상회, 외포, 뇌들보 등의 대뇌백질에서 신경 네트워크의 통합성 저하가 증가되어 있었기 때문이다. 이는 코카인, 대마, 각성제, 헤로인 등을 복용한 마약중독 환자에게서나 볼 수 있는 상태와 같았다. 이 연구결과는 인터넷·게임 등에 대한 의존으로 뇌가 망가질 수 있다는 가능성을 강하게 시사했다.

오카다 다카시 박사(정신과 전문의·야마가타대학 객원교수)가 쓴 〈인터넷·게임 의존〉이 출간됐다.

한국에서 중독은 질병이 아닌 일부 부도덕한 특정인에게만 발생하는 윤리적 문제로 간주되곤 한다. 잘못된 인식 때문에 중독질환자는 치료가 아닌 비난의 대상이 되고, 의지와 책임감이 없거나 범죄자로 낙인찍히기도 한다. 이렇다 보니 중독질환이 발생한 초기에 질병임을 인식하고 치료를 받으러 오는 비율은 극히 낮다. 이런 상황이지만 아직 중독문제를 포괄적으로 관리하고, 교육하고, 예방하는 시스템은 전무하다. 다행히 몇몇 선도적인 학자들의 헌신으로 인터넷·의존 문제를 집요하게 제기하면서 일부 제도적인 정비가 마련됐지만 아직 갈 길은 멀다.

이미 인터넷·게임 의존은 구석구석 퍼졌다. 스마트폰, 전자패드 등 최신 디지털 디바이스의 확산이 큰 영향을 미쳤다. 무엇보다 우려스러운 것은 너무 어린 나이부터, 너무나 많이 디지털 환경에 노출된다는 점이다.

이 책은 중독이 일으키는 디지털 디바이스의 사용이 유발하는 뇌의 변화들과 인터넷·게임 의존이 발생하는 개념들을 쉽게 설명하고 있다. 다양한 사례도 함께 제시해 이해를 돕고 있다.

별 생각 없이 사용하는 스마트폰이, 시간을 때우기 위한 인터넷 게임이 뇌에는 알코올은 물론 마약성물질보다 더 심각한 변화를 일으킬 수 있다는 경각심을 불러일으킨다.

각성제나 마약에 대한 의존이 이어지면 무기력하고 무관심하게 되며 어떤 일에서나 무책임하고 인격적으로도 황폐해지게 되는데, 인터넷·게임에 장기간 의존이 지속되면 같은 위험에 맞닥뜨리게 된다는 경고다.

저자는 인터넷·게임 의존은 '21세기 역병'을 넘어서 '현대판 아편'이라고 단언한다. 일단 빠져들어 중독 상태가 되면 평생 동안 이어지게 되고 인생을 지속적으로 갉아먹기 때문이다.

이 책은 인터넷·게임 의존을 이해하는 데 필요한 기본 지식부터 최신 전문 지식과 견문까지 최대한 쉽게 전달하고, 의존에 빠지지 않게끔 사전에 예방하는 방법, 의존을 치료하고 극복하는 방법 등에 대해 저자의 임상경험을 토대로 기록했다.

저자는 "인터넷·게임 의존으로부터 자신을 지키는 첫걸음은 위험을 인식하는 데서부터 출발한다."라며 "비록 몸이 오싹해지는 일이거나 전혀 보고 싶지 않은 황당한 사실일지라도 정확히 파악한 후 주위에 알리는 것이 자신과 아이들, 사회와 국가를 지키는 백신이 될 것"이라고 당부했다.

출처: 의협신문(http://www.doctorsnews.co.kr). (2023. 3. 8.)

10

CHAPTER

생명윤리와 성윤리

10

CHAPTER

생명윤리와 성윤리

생명현상은 내적이고 일회적인 것이며, 정신과 영혼 그리고 이성을 지닌 소중한 가치를 지닌 것이다. 하지만 최근 들어 생물학이나 의학이 발전함에 따라 생명을 어디까지 물질로 취급해야 하며, 생과 사의 경계는 어디에 두어야 하는가와 같은 어려운 문제에 부딪히고 있다. 이처럼 생명현상과 관련된 문제를 과학, 종교, 법률, 심리학, 윤리학, 철학 등 넓은 입장에서 바라보는 관점의 하나가 생명윤리이다. 즉, 생명현상을 윤리적인 측면에서 바라보는 것이다.

성윤리란 남녀 사이의 성적인 문제에 있어서 마땅히 행하거나 지켜야 할 도리를 말하는데, 최근 들어 각종 정보통신기술의 발달과 함께 우리 사회 여러 분야에서 다양한 성문제들이 표출되고 있다.

이 장에서는 이러한 생명윤리와 성윤리에 대한 이해와 우리사회의 문제, 그리고 윤리적 쟁점 사례에 대해 살펴보고자 한다.

1 생명공학의 발전과 생명윤리[1)]

1) 인간 생명에 관한 정의

생명이라는 개념을 정의하기에는 너무나 복잡하고 범위가 넓다. 그래서 생명이 무엇인지에 대한 정의를 내린다는 것은 결코 쉬운 일이 아니다. 이는 생명계와 무생명계의 명확한 경계가 결정되지 않고 있기 때문이기도 하다. 물론 오늘날의 과학이 생명이 무엇으로 이루어져 있고, 생명을 어떻게 해야 만들 수 있는지에 대한 준거를 제시했다고는 하지만 여전히 생명에 대한 불분명한 측면을 남겨 두고 있다. 이러한 요인으로 생명에 대한 정의를 내릴 때 생물과 무생물의 다른 성질을 구분함으로써 역으로 생명에 대한 정의를 찾기도 한다. 인간은 생명의 근원이 무엇이며, 생명이 어디서 왔고, 또 어디로 가는지 등에 대한 불확실한 측면을 아직도 많이 남겨 두고 있다. 그렇기 때문에 인간의 생명에 대한 신비로움은 더해 간다.

지금까지 내려진 생명에 관한 정의를 몇 가지 살펴보면, 생물학의 발달과 더불어 생물의 특성으로 열거되어 온 것은 유기물질을 바탕으로 구성된 생체유기물질(生體有機物質)의 생산, 하나의 세포로부터 시작되는 성장·구성·조절성·자극 반응성 물질대사·증식 등 여러 가지가 있는데, 이들 중 한 가지 또는 몇 가지를 가지고 생명을 정의해 보려는 시도가 있었다. 그러나 자연계에 존재하는 무생물에서도 앞에 든 것과 유사한 현상이 발견된다든지, 이러한 생물의 특성을 기계적인 현상으로 설명할 수 있는 경우가 있기 때문에 생명을 엄밀히 정의하기는 지극히 곤란하였다. 그렇지만 상당히 널리 보급된 정의가 없는 것도 아니다.

엥겔스(F. Engels)에 의한 "생명이란 단백질의 존재 양식이다."라는 정의가 그것인데, 이 정의는 물질대사를 생명현상의 기본으로 간주한다. 이 정의는 생

1) 정석용·이규은(2019). pp. 223-237 내용을 재구성한 것임

물체 내에서 일어나는 모든 물질대사는 효소라는 단백질이 주체가 된다는 사실을 암시하는 것이기도 하다. 물질대사에 대해 주목한 것은 생물체가 끊임없이 물질의 출입과 변화, 그리고 이에 수반되는 에너지의 전환 및 출입을 경험하면서 일정한 평형을 유지하고 있는 점에 주목한 것과도 연관이 있다. 생체론(生體論)에서는 이러한 동적 평형(動的平衡)과 위의 계층구조(階層構造)를 생명현상의 두 가지 특징으로 들고 있다. 그런데 동적 평형이 뜻하는 것은 생명이 유지되기 위해서는 끊임없이 붕괴(崩壞), 즉 죽음이 존재한다는 사실인데, 생(生)과 사(死)는 표리일체의 관계에 있음을 나타내는 것으로도 볼 수 있다(두산백과 EnCyber & EnCyber.com: 2010. 11. 20).

생명에 대한 정의는 내리기 힘들지만, 생물들이 지니고 있는 생명현상에서는 몇 가지 공통점을 찾을 수 있다. 공통적인 생명현상으로는 첫째, 조직화된 체제를 이루고 있고 둘째, 생명체는 재생산을 하며 셋째, 대사 활동을 하고 넷째, 성장을 하며 다섯째, 반응을 하고 여섯째, 환경에 적응하며 일곱째, 운동을 하고 여덟째, 항상성을 유지한다는 점 등이다. 또한 생명현상은 생기, 숨, 피, 영·혼·육신, 의식 또는 정신적 기능, 신체적 운동, 맥박, 뇌파의 활동 등으로 생명의 구성 요소로 설명한다. 그러나 생명의 구성 요소 자체가 생명일 수는 없다. 즉, 생명 요소를 가지고 있는 사실만으로는 생명이 될 수 없고 생명 요소가 정상적으로 작동되어야 생명의 역할을 할 수 있다. 물론 현대 의학에서는 뇌의 활동을 생명의 기준으로 삼기 때문에, 뇌사한 사람의 장기 이식을 하기도 한다.

통상적으로 생명에 대해 형이상학적 생명과 물리적 생명으로 구분한다. 따라서 생명에 대한 이해도 형이상학적 이해와 물리적 이해로 나누어 생각한다. 생명에 대한 전자의 이해 방식은 일반적으로 생명은 영혼과 육체로 이루어졌다고 보는 입장이고, 후자의 이해 방식은 생명은 육체로만 이루어졌다고 보는 방식이다. 그러므로 전자의 경우는 인간의 죽음을 육체로부터 영혼이 분리되는 순간으로 파악한다면, 후자의 경우는 육체의 기능이 멈추는 순간으로 파악한다(박종대 외, 2008: 81).

생명문제는 우리의 삶의 방식, 사고방식 또는 세계관 등을 결정짓는 밑거름이 되는 윤리적, 철학적, 정신적 문제이다. 따라서 전 생명체적 생존과 더불어 서로 의존하고 살아가는 생명 공동체에 관한 윤리적 책임을 소홀히 해서는 안 된다.

2) 생명공학 시대의 특징

우리는 '생명공학'이라는 말을 들으면, '높은 과학적 가치가 담겨 있는 말로 우리의 삶을 윤택하게 해 주는 것'이라는 의미를 갖는다. 이런 생각을 먼저 떠올리게 되는 것은 우리가 그동안 생명공학에 대한 반론에 너무 소홀히 했기 때문이다. 과연 생명공학이 우리의 삶에 긍정적인 영향만을 주는 것일까?

생명공학이란 생명과학의 과학적 발견에 기반을 두고 응용 기술을 창출하여 산업에 적용하는 분야를 말한다. 생명공학에서는 조직배양, 꽃가루 배양, 세포융합, 수정란 이식, 핵 치환법, 유전자 재조합2) 등에 관심을 기울인다. 따라서 생명공학의 발전은 각종 의약품 개발을 통하여 각종 질병을 치료하거나 예방하고, 유전적 질병을 치료할 수 있으며, 유용한 효소를 개발하여 우리 생활에 유용하게 활용할 수 있도록 한다. 또한 인공 장기를 생산하여 장애를 극복할 수 있도록 하고, 대체 에너지를 개발하며, 환경오염 문제를 해결하고 녹색 혁명과 식량 증산에 이바지할 수 있도록 하는 등의 변화를 가져오게 한다. 그러나 이러한 생명공학의 발전은 우리 사회에 질병이나 감염 등의 위험을 초래하게 하고, 생태계를 파괴할 수 있으며 사회적, 윤리적 문제를 일으킬 수 있다는 등의 또 다른 문제를 야기하는 시대를 맞이하게 한다. 생명공학 시대의 특징에 대해 김영인 외(2008)는 다음과 같은 점을 제시하고 있다.

첫째, 생명공학이 사회발전의 주도적인 동력으로 부상한다. 생명공학이 식품, 의료, 농산물, 축산, 양식업, 환경 등에 활용되어 사회와 경제 발전 전반

2) 하나의 동식물을 다른 동식물 세포에 삽입하여 새로운 유전자 조합을 가진 개체를 만드는 기술을 말한다.

을 주도하는 중요한 요소가 된다. 이에 따라 생명공학 기술의 경제적 가치가 높아지고 이를 통해서 국가 경쟁력을 강화하려는 노력이 증가한다.

둘째, 생명공학이 윤리학, 철학, 종교학 등의 인문학의 발전에 지대한 영향을 미친다. 전통적으로 윤리, 철학, 종교학 등이 과학 발전의 지향점을 제시했지만, 이제는 생명공학이 급속히 발전함에 따라 윤리학, 철학, 종교학의 근본 문제인 생명과 죽음에 대해 새로운 지평을 열어 간다.

셋째, 가치관의 혼란이 증대된다. 대리모, 인공수정, 인간 복제, 뇌사 등 전통적인 가치관으로는 판단하기 어려운 새로운 문제들이 등장함으로써 가치관의 혼란 현상, 즉 아노미(anomie) 현상이 나타난다. 생명과 죽음, 부모와 자식, 가족 관계 등의 본질은 무엇인가와 같은 근본적인 질문이 던져지고, 이에 대한 전통적인 인식과 가치관의 수정이 요구된다. 하지만 생명공학의 급속한 발전에 상응하는 새로운 인식과 가치관이 정립되지 않아 아노미 현상이 지속될 개연성은 높아진다.

넷째, 생명현상에 대한 인위적인 조작과 개입이 증대하고 이에 따라 음식 문화, 의료 문화, 가족 문화 등 삶의 문화가 전반적으로 변화될 가능성이 높다. 유전자 조작 식품의 증가는 식생활 문화를 변화시킬 것이며, 유전자 정보를 토대로 한 맞춤 약품과 장기의 개발은 의료 문화를 변화시킬 것이다.

다섯째, 생명 연구에 대한 학제 간, 산학 간 협력이 증대된다. 생명 연구는 하나의 학문이나 기술로는 불가능하기 때문에 다양한 학문과 기술의 융합과 협력에 따라서 진행된다. 또한 이에 필요한 막대한 자금을 지원받기 위해서 산학 간 협력이 증대되고 생명 연구의 상품화, 시장화가 가속화될 가능성이 높다.

지금 우리가 살아가고 있는 시대는 생명공학에 의해 물질적, 정신적으로 큰 변화를 맞고 있다. 따라서 생명공학에 대한 바른 이해와 인식의 전환이 필요하다. 생물의 이용에 대한 인식과 이해는 과학자나 비과학자 모두에게 중요한 문제이다.

3) 생명공학의 윤리적 문제

과학기술의 발달로 생명의 경계에 대한 모호성이 증가하고 있다. 이러한 문제를 해결하고자 1970년경 미국을 중심으로 새롭게 등장한 학문 분야가 생명윤리이다. 생명윤리는 인간의 생명을 과학, 종교, 법률, 심리학, 윤리학, 철학 등 넓은 입장에서 생각하려는 학문 분야이다. 생명윤리의 등장은 유전자의 조작으로 하여금 다른 생명체의 기본이 되는 생명을 희생시켜야 한다는 것이 그 원인이다. 자연적으로 대를 이어오던 생명체가 인위적인 조작으로 인하여 단절 현상을 초래하게 된다는 것이 근본적인 윤리문제로 대두되었다.

(1) 임신중절

인간의 생명을 인위적으로 조작하는 일은 비윤리적이다. 태아를 마음대로 낙태시키는 임신중절은 대표적인 인간 생명의 인위적 조작 행위이다. 태아를 마음대로 낙태시킬 수 있다고 한다면 그것은 원하지 않는 임신으로 태어난 영아를 살해하는 행위와도 같은 논리이다.

출생은 인간의 생명이 성립되는 가장 일상적인 기준이다. 이것은 출생해야 구체적인 인간의 모습을 갖는다는 데 근거하고 있다. 또한 출생을 인간 생명의 기준으로 삼고자 하는 것은 출생하지 않은 인간은 한 번도 대면한 적이 없기 때문에 죽여도 부담이 되지 않지만 태어난 인간은 직접 대면함으로 인하여 죽여도 부담이 된다는 데 근거하고 있다. 그러나 이런 논리는 위험하다. 왜냐하면 이것을 확대시키면 친숙한 존재는 죽이면 안 되지만, 낯선 존재는 죽여도 된다는 논리로 확장되기 때문이다. 그러나 사람의 생명을 친소(親疎)에 근거하여 처리할 수는 없다. 다른 한편으로는 의술의 발전과 함께 인간 생명의 기준을 체외 생존 가능성에서 찾으려는 입장이 대두되기도 하였다. 이것은 인간 생명의 기준을 자궁 바깥에서 태아가 살아갈 수 있는 시기를 기준으로 삼자는 논리이다. 이 경우는 출생에서 문제될 수 있는 조산아의 문제를 극복할 수 있기 때문이다. 왜냐하면 조산아 역시 체외 생존 가능성의 범주에 포함시킬 수 있기 때문이다. 그러나 이 경우에도 문제가 된다. 왜냐하면 이 경우의 기준 역시 출생의 경우처럼 그 기준이 상대적일 수 있기 때문이다. 즉, 의학 기술의 발달로 조산아의 생존 가능성이 달라지기 때문이다. 이러한 사실에 입각한다면 인간 생명의 기준이 시대마다 달라지고, 의술의 발달 정도에 따라 달라지며, 결국 귀중한 인간의 생명이 상대적 기준에 맡겨지는 꼴이 된다.

모든 생명 중에서 가장 소중하게 취급되고 있는 인간의 생명이 이런 상대적 기준에 맡겨지게 되면 인간 생명의 질서는 엄청난 위기를 맞이하게 된다. 또한 태동의 경우도 마찬가지이다. 태동은 산모가 태아의 움직임을 느끼는 때와 관련되어 있다. 이 태동이 인간 생명의 기준으로 주장된 주요인은 가톨릭에서 태아가 움직이는 순간이 비로소 영혼이 육신에 스며드는 순간으로 보았던 경향 때문이다. 이 주장 역시 인간을 영혼과 육체의 합성된 존재로 보고, 아직 영혼이 스며들지 않은 육체는 다른 동물적 존재와 구별할 수 없기 때문에, 영혼이 들어오는 순간부터 인간의 자격을 갖춘다는 것으로 전통적 생명관에 기초한 것이다. 또한 태동의 시기도 사람마다 차이를 보이기 때문에 태동을 인간 생명의 기준으로 삼는다는 것은 설득력이 없다. 마지막으로 의식을 생명의 기준으로 삼으려는 입장이 있다. 인간이 다른 존재와 차이가 있다면 의식 작용이 일어나고 있다는 점이다. 그러나 이 의식을 통하여 임신중절 찬반 논쟁을 벌이는 것은 바람직하지 못하다. 왜냐하면 의식이 존재한다는 것은 운동이 일어나고 있다는 것을 근거로 하며, 이 운동은 6주만 되어도 일어나고 있고, 7주째에는 두뇌 활동이 발견된다는 연구 결과가 나오기 때문이다. 그러므로 임신중절 찬성론자들은 이것을 근거로 임신중절을 주장하기는 어렵다. 그래서 임신중절 반대론자들조차도 의식의 유무로 임신중절을 정당화하려는 것을 거부한다(박종대 외, 2008: 84-86). 우리나라 산모 중 2005년 전국 201개 병 · 의원을 대상으로 조사한 결과 연간 34만여 건의 임신중절 시술이 이뤄지고 있는 것으로 나타났다. 이 중 약 4.4%인 1만 5천여 건만이 법적으로 허용된 임신중절이라고 한다.[3] 이러한 우리나라의 실태를 볼 때 생명의식에 대한 윤리적 전환이 필요하다.

(2) 인공수정

인간은 누구나 본능적으로 생식의 욕구를 가지고 있다. 이러한 생식의 욕구는 대부분 결혼이라고 하는 사회적 관계와 성관계를 통해서 성취한다. 그러나 신체적 결함에 의해 수정이 이루어지지 않고 그 결과 생식의 욕구를 충족하지 못하게 되는 경우가 있다. 이러한 경우에 전통적으로는 씨받이 방식을 이용하여 문제를 해결해 왔다. 그러나 최근에는 생명과학의 발달로 인공수정이라는 과학적 방법을 통해 해결할 수 있게 되었다.

인공수정이란 신체적으로 성관계를 통해서 임신할 수 없는 부인을 임신시키는 데 유용한 기술로 인위적인 조작을 통해서 정자와 난자를 결합시키는 것이다. 이는 생명공학의 발전에 따른 변화로 임신에 상당히 성공적이지만 윤리적인 문제가 발생한다. 물론 신체적인 결함에 의한 부부의 절박함을 해결하기 위한 수단으로 불임치료의 성격을 띤 인공수정이라면 비윤리적이라고 할 수 없겠으나, 불임치료의 성격을 넘어 질 좋은 유전인자를 가진 정자와 난자를 판매하는 회사의 등장을 부추기는 등의 비윤리적 행위로 전락할 수 있다. 또한 혼인 관계에 있는 사람이 아니더라도 단지 아이만을 갖기 위해 인공수정을 하게 될 수도 있고, 동성연애자들의 자녀 출산으로 악용될 수도 있으며, 부부 관계가 아니더라도 자녀를 가질 수 있는 수단으로 변질될 수도 있어 이는 생명윤리에 대한 문제와 함께 또 다른 가정 파괴의 한 요인이 될 수 있다.

무분별한 성감별 역시 윤리적 문제가 제기된다. 우리나라의 경우 출생 성비[4]가 81년 107.1에서 90년에는 190.8로 높아졌고, 넷째 아이 이상의 성비는 같은 기간 112.9에서 214.1로 성비 불균형의 정점을 이뤘던 사례가 있다.[5] 이

---

3) 출처: http://www.koreahealthlog.com/1274 (2010. 11. 11.)
4) 여자 1백 명당 태어난 남자 수를 말한다.
5) 동아일보(1997. 1. 8).

에 따라 유네스코는 인위적인 성감별로 인한 여러 가지 사회적 문제를 관찰하는 모니터 대상 국가로 우리나라를 선정하고 예의주시했던 사례도 있다.

이처럼 인공수정이나 성감별과 같은 문제의 윤리적 정당성은 무엇이 옳고 무엇이 그르다고 단정 지어서 말하기 어렵다. 다만 어떠한 경우에도 인공수정이나 성감별은 인간의 존엄성과 여성의 인권 보장, 사녀 출산과 관련한 당사자들 간의 동의를 전제로 하여 예외적인 수단으로 사용되어야지 무차별적인 확산은 사회에 또 다른 윤리문제를 제기하게 된다.

(3) 생명 복제

생명 복제는 생명체의 기본이 되는 하나의 배아 세포를 이용하여 또 다른 생명체의 복제물을 만들어 인위적으로 탄생시키는 것이다. 생명 복제는 복제 대상에 따라 식물 복제, 동물 복제, 인간 복제로 나누며, 동물 복제에 관한 연구는 이미 현실화되었다. 생명 복제의 연구는 동물 복제에서 그치는 것이 아니라 앞으로 인간 복제로 연결된다는 데 윤리문제의 심각성이 있다. 생명 복제는 복제 과정에서 수십에서 수백 개의 배아 세포가 희생된다는 점에 생명윤리의 문제가 대두되고 있으며, 인간 복제의 경우에는 인간 복제의 상업화로 인간 생산 공장의 출현, 맞춤 인간의 탄생 등으로 이어질 가능성이 있다는 점에서 생명 경시의 문제와 함께 사회적 윤리문제가 대두되고 있다. 이뿐만 아니라 생명 복제는 사회적으로도 적지 않은 부작용이 일어날 것으로 예측된다. 복제 인간이 탄생하여 사회 안에서 공동생활을 해 나간다면 지금의 나라와 나라, 민족과 민족, 흑과 백 등의 사회적 갈등에 자연인과 복제인이라고 하는 또 하나의 갈등 요인이 추가되어 사회적으로 혼란이 더욱 가중될 것이다. 생명 복제는 생명과학의 발달로 생명체가 지닌 유전자들이 모두 재생 활용이 가능해진다는 점에서는 바람직하다고 할 수 있으나, 앞에서 지적한 바와 같이 생명 복제는 개인의 가치를 떨어뜨리고 인간적인 삶의 존엄성을 훼손할 수 있다는 것에 문제점이 있다.

생명 복제에 대해서는 다양한 의견이 있을 수 있다. 그중 생명 복제에 관한 찬반 의견에 대한 입장을 요약하여 기술하면 다음과 같다(최병환, 2008: 112-113).

먼저 생명 복제를 찬성하는 입장은 불치병의 치료를 위해 생명 복제는 반드시 이루어져야 한다는 주장이다. 우선 동식물 복제를 통해 기대되는 효과는 대체로 다음과 같다. 질병 퇴치를 위한 약학적 연구가 이루어짐으로써 질병 퇴치에 크게 기여할 것이며, 유전적으로 동일한 개체를 확보할 수 있고, 이종이식을 위한 장기 자원을 확보하고, 불임 치료 연구에도 응용될 것이다. 그 다음으로 인간 복제를 통해 얻을 수 있는 기대 효과로는 노화 및 질병을 예방하고, 장기이식에도 큰 도움을 주며, 인간의 자녀 출산을 보충해 줄 수 있고, 사회적 유익을 도모할 수 있다는 점에서 생명 복제는 우리들에게 많은 이익을 가져다준다는 것이다. 그러나 그러한 장점이 있기는 하지만 그것은 인간의 정체성에 대한 윤리적인 물음이 제기되는 정황과 부딪히게 된다. 이 같은 상황은 전통적인 가족 관계 안에서는 이해될 수 없는 새로운 관계와 구조가 형성되어 사회 전반에 미칠 윤리적 혼란이 크게 나타날 것이 틀림없다. 이와 같이 예상되는 혼란은 생명 복제를 통해 얻는 이익을 압도할 수 있을 것이므로 심각하게 고려되어야 할 문제라고 본다.

생명 복제를 반대하는 입장은 대체로 형이상학적이고, 윤리적 입장을 취하는 사람들이다. 우선 생명 복제는 인위적인 생명 창조로서 비자연적 행위이며, 인간 생명을 조작하는 것으로 인간의 존엄성이 위협받을 수 있고, 하나의 실험을 성공시키기 위해서는 무수한 생명을 희생시켜야 하므로 본질적으로는 생명에 대한 모독이다. 또한 생명 복제는 인간 개체성을 파괴시키는 행위로 해석될 수 있고, 법률적 혼란을 야기할 수 있으며, 사회심리학적으로도 위험을 내포하고 있고, 생명 복제 자체가 완전한 안정성을 확보하고 있는 것도 아니라는 점에서 문제가 있다고 보고, 이를 반대한다. 이들의 입장에서 보면 생명 자체는 내재적인 가치를 갖고 있으므로, 어떠한 방법으로도 이를 조작하거나 쉽게 희생시키는 행위는 용납할 수 없다는 것이다.

이상의 내용을 통해 보면 생명 복제의 필요성을 논하기 전에 생명 복제는 인간의 존엄성을 파괴하고 사회적 혼란을 야기할 것이라는 생각에는 이견이 없을 것이다. 따라서 생명 복제의 허용은 치료나 연구 목적과 같은 반드시 필요한 것이라 할지라도 신중한 판단과 합법적인 절차에 의한 시행이어야 할 것이다.

(4) 안락사, 뇌사, 장기이식

안락사(euthanasia)의 어원은 그리스어의 'eu(well)'와 'thanatos(death)'에서 유래되었다. 즉, 안락사는 'good death(좋은 죽음)'란 뜻으로, 환자가 고통에서 벗어나 편안하게 죽음을 맞이하는 것을 말한다. 일반적으로 안락사는 존엄사라고도 하는데, '회복의 가능성이 없는 말기 환자가 죽음 이외에는 고통을 이겨낼 방법이 없을 경우'를 전제로 하고 있으며, 불치의 중병 등의 이유로 치료 및 생명 유지가 무의미하다고 판단되는 경우에 고통 없이 죽음에 이르게 하는 것을 말한다.

과거 독일에서는 '안락사'라는 이름 아래 '사회적으로 무가치한 생명의 말살'을 자행한 사례가 있어 '안락사'라는 말에 불신을 갖게 하는 원인이 되기도 하였다. 과거에는 인위적인 생명의 연장이라는 것은 불가능한 일이었기에 사회적 문제가 되지 않았으나, 최근에는 의학의 발달로 많은 식물인간을 낳게 되었으며, 이와 관련하여 많은 윤리적 문제를 야기하게 되었다.

안락사의 사회문제는 환자의 인권문제와 연계하여 고통스런 삶보다는 '무의미한 연명의 거부', '인간답게 살려는 욕망' 등의 요구가 나오면서 인간의 생명이 불가역적인 죽음의 단계로 판단되었을 때는 생명을 인위적으로 단축하여 환자의 고통을 줄여주는 것이 더 바람직하다는 입장이 대두되게 되면서 시작되었다. 그러나 자살이나 타살이 정당화될 수 없듯이 안락사에 대한 문제도 쉽게 정당화될 수 없다는 점에서 찬성과 반대의 의견이 대립되는 사회적 문제가 되었다.

안락사를 찬성하는 사람들은 환자의 인권 보호와 환자 가족들이 겪게 되는 정신적 폐해를 들어 안락사의 필요성을 제기한다. 불의의 사고로 식물인간이 된 사람이나 기계적 장치에 의한 일시적인 생명의 연장일 뿐 생존 가능성이 없는 사람, 현대 의학으로는 치료가 불가능한 사람들은 죽음만을 기다리고 있는데, 이들이 죽음을 기다리면서 겪게 되는 고통을 방치하는 것이 과연 인권을 진정으로 존중해 주는 것인지에 대한 의문을 제기한다. 또한 환자의 가족들은 오랜 투병 생활을 함께해야 하는 고통과 환자 치료에 소요되는 막대한 병원비를 감당해야 하는 재정적 부담이 과연 환자와 가족을 위한 것인지에 대해 의문을 제기한다. 따라서 환자와 환자의 가족을 위해서는 치유될 수 없는 질병으로부터 편안하고 수월하게 죽을 수 있도록 도와주는 것이 필요하며, 그러기 위해서는 안락사가 필요하다는 입장이다.

이와는 달리 가톨릭교회는 안락사를 거부한다. 인간은 자신의 생명을 관리할 자유를 부여받았지만, 생명을 인위적으로 종식시킬 권한까지 부여받은 것은 아니라는 입장이다. 따라서 생명을 인위적으로 단축시키는 일은 어떠한 경우도 불가하다는 입장이다. 소극적인 안락사로서 결코 생존의 가능성이 없거나, 환자의 자유를 존중해 주는 불가피한 경우를 제외하고는 안락사는 있어서는 안 된다는 입장이다. 이 밖에도 안락사를 반대하는 사람들은 안락사의 허용은 생명을 경시하는 풍조를 만들게 되며, 안락사를 찬성하는 사람들은 촉탁과 승낙에 의한 살인죄라고 주장한다. 안락사를 허용함으로써 발생하는 오용과 남용은 사회적 혼란을 야기하는 중대한 문제라고 지적한다. 인간의 생명은 어떤 상태에 있든지 관계없이 그 자체로 무한한 가치가 있으며, 절대적 존엄성을 지닌 인간의 생명은 보호되어야 한다는 것이 그들의 주장이다.

안락사의 허용에 대한 세계적인 추세는 네덜란드는 법적으로 안락사를 허용하고 있으며[6], 미국[7], 영국[8], 벨기에, 스위스, 콜롬비아, 프랑스[9]에서는 일부

---

6) 네덜란드는 2001년 안락사 법안을 통과시켜 세계 최초로 안락사를 법적으로 허용하는 나라가 되었다.

7) 미국은 주별로 약간의 차이가 있으나 소극적 안락사의 경우에는 대체로 인정하는 편이다. 그러나 극약 처방에 의해 불치병 환자의 죽음을 앞당기는 적극적인 안락사는 현재 오리건

안락사를 허용하고 있고, 독일, 일본10)은 전면적으로 금지하고 있다.

안락사에 대한 사회적 문제를 잠식시키기 위해서는 우리들 스스로가 죽음에 대비하는 자세가 필요하다. 소극적 안락사는 언제든지 우리에게 닥칠 수 있다는 생각으로 평소에 치료 가능성이 더 이상 없을 경우에는 연명치료를 거부하고 죽음을 편안히 수용한다는 자기 의사를 분명히 밝히고 이에 대비하는 것이 필요하다. 또한 외국에서처럼 호스피스 활동을 활성화하여 죽음을 맞이하는 환자와 가족들을 도와 환자와 가족이 고통을 극복하고 편안한 죽음을 맞이할 수 있도록 하는 등의 대비책이 마련되어야 한다.

뇌사의 경우는 안락사와 차이가 있다. 뇌사는 일반적인 죽음의 기준인 심폐사와 다른 기준에 의해 판정된다. 사람의 뇌는 크게 대뇌, 소뇌, 뇌간의 세 부분으로 나뉘어 있다. 대뇌는 운동감각을 지배할 뿐 아니라 중요한 기억이나 사고, 의지, 정서, 언어 등 정신활동의 중심이다. 소뇌에는 운동 조절 중추가 있어서 몸의 평형을 유지하고 운동을 원활하게 하는 기능이 있다. 반면 뇌간은 인체 모든 장기의 기능을 통합, 조절, 유지하는 신경중추와 반사중추가 있다. 특히 생명을 유지하는 데 가장 중요한 호흡기능의 중추가 여기에 있다. 따라서 뇌가 외상이나 질환으로 손상되면 대개 의식을 잃어 혼수에 빠지게 되며, 자발적인 운동이나 움직임이 불가능해지고, 나중에 호흡과 심장이 멈추게 된다. 즉, 사람은 뇌간의 호흡중추 파괴로 스스로 호흡할 수 있는 능력을 상실하여 호흡이 정지 상태에 이르게 되는 것이다. 그러나 심장에는 심장 자체의 자동 능력이 있어 서둘러 인공호흡기를 부착하여 호흡을 유지하면서 산소를 공급하면 심장박동이 유지된다. 이 경우가 바로 뇌사 상태이다. 뇌사 상태에 이르면 소뇌는 물론, 뇌간까지 완전히 망가져 정신활동이나 운동은 물

(Oregon)주만이 허용할 뿐 다른 주에서는 대부분 금지되어 있다.

8) 영국에서는 환자들이 소송을 통해 안락사 허용 여부에 대해 사안별로 법적인 판단을 구하고 있다.

9) 프랑스에서는 2004년 하원에서 환자가 치료 중단을 요청할 수 있는 '인생의 마지막에 대한 법'을 통과시켰다.

10) 일본에서는 현재까지 안락사에 관한 관련법이 없다. 다만 안락사 행위의 유죄 여부에 관한 95년 요코하마 법원의 판례가 안락사에 관한 준거의 틀을 제공하고 있을 뿐이다.

론 의식도 상실하게 되고 깊은 혼수상태에 빠지게 된다(박종대 외, 2008: 105). 이와 같이 다른 기능이 정지되었다고 해도 인공호흡기를 이용하여 일시적으로나마 생명을 유지할 수는 있다. 그러나 뇌기능이 정지되면 곧 죽음에 이르게 되는데, 일반적으로 성인의 경우에는 뇌사 판정이 있은 후 2일 안에, 어린이의 경우에는 뇌사 판정 후 2주일 안에 심폐기능도 정지되어 완전한 죽음에 이르게 된다.

장기이식은 뇌사와 밀접한 관계에 있다. 뇌사 상태에 빠진 환자들이 소생 가능성이 없기 때문에 사망하기 전에 장기를 기증받아 다른 사람의 생명을 구하고자 하는 것이 장기이식이다. 이처럼 장기이식은 뇌사의 경우에는 인간의 생사 여부가 비교적 명확하게 드러나기 때문에 장기를 다른 사람에게 제공하여 새로운 생명을 살리자는 것으로 매우 가치 있는 일이다. 그러나 장기이식 또한 사회적으로 여러 가지 윤리적인 문제를 제기한다. 장기기증의 효율성을 높이기 위해 뇌사 판정을 무리하게 확산시킬 수 있다는 문제점과 뇌사 판정이 전문가에 의하지 않고는 심폐사처럼 쉽게 판정할 수 있는 것이 아니기 때문에 전문가들이 상업성을 노려 무리하게 뇌사 판정을 확산시킬 우려가 있다는 점이다. 이렇게 되면 귀중한 인간의 신체 기관이 상품화되고, 더 나아가 인간의 생명이 상품화될 수 있다는 점을 우려하는 것이다. 따라서 뇌사를 인정하기 이전에 생명윤리를 지키기 위한 노력과 함께 인간의 생명에 대한 소중함과 인체의 신체 기관에 대한 존엄성을 침해하는 일을 막을 수 있는 철저한 대책이 수립되어야 할 것이다.

4) 생명윤리의 쟁점 사례

태아가 사람이 되는 시기

분만 진통이 시작되기 전의 태아는 법적으로 독립된 '사람'도 아니며 '임산부 신체의 일부'로도 볼 수 없어 의료진의 실수로 태아가 숨졌더라도 처벌할 수 없다는 대법원 판결이 나왔다.

대법원 제2부(주심 박시환 대법관)는 태아를 숨지게 한 혐의(업무상과실치사 등)로 기소된 조산원 원장 서○○(58·여) 씨에 대한 상고심에서 무죄를 선고한 원심을 확정 판결하였다.

산모 A(37) 씨는 임신 5개월이던 2001년 4월 서 씨의 조산원에 들러 자연분만을 의뢰하고 상담했다. 한 달 뒤 A 씨는 내학병원에서 "당뇨 증상이 있으니, 입원 치료를 하라."는 진단을 받았으나, 서 씨는 "별 문제없다."며 이 씨를 산부인과 전문 병원으로 옮기지 않았다. 더욱이 서 씨는 이 씨가 7월 28일 출산 예정일을 넘겼는데도 자연분만을 이유로 "더 기다려 보자."고만 권유했고, 예정일을 2주나 넘기는 동안 태아는 거대아로 성장했으나 조산원 측은 몰랐다. 결국 산모는 임신 42주째인 8월 11일 조산원에 들렀는데, 불행히도 태아는 이미 저산소성 뇌출혈로 숨진 것이었다. 뒤늦게 산모는 사망한 태아를 반출하기 위한 제왕절개 수술을 받았다. 이에 검찰은 서 씨에 대한 업무상 과실치상 혐의로 기소했고, 항소심에서는 태아에 대한 업무상 과실치사 혐의가 추가됐다. 하지만 대법원의 판단은 달랐다. 무죄로 판결한 것이다.

재판부는 판결문에서 "형법상 규칙적인 진통을 동반하면서 분만이 개시된 때가 '사람'의 시기라고 봄이 타당하다는 것이 대법원의 견해"라며 "산모에게 분만의 개시라고 할 수 있는 규칙적인 진통이 시작된 바 없었으므로 태아는 아직 업무상 과실치사죄의 객체인 '사람'이 됐다고 볼 수 없어 무죄를 선고한 것은 정당하다."고 밝혔다. 또 "태아를 사망에 이르게 한 행위가 임산부 신체의 일부를 훼손하는 것이라거나, 태아의 사망으로 인해 태아를 양육, 출산하는 임산부의 생리적 기능이 침해돼 임산부에 대한 상해가 된다고 볼 수는 없다."고 설명했다. 이어 "우리 형법은 태아를 임산부 신체의 일부로 보거나, 낙태 행위가 임산부의 태아 양육, 출산 기능의 침해라는 측면에서 낙태죄와는 별개로 임산부에 대한 상해죄를 구성하는 것으로 보지는 않는다고 해석된다."고 덧붙였다.

태아가 사람으로 되는 시기에 대한 통설에는 규칙적인 진통을 수반하는 분만이 개시될 때라는 진통설과 태아 신체의 일부가 모체에서 노출된 시기인 일부 노출설, 태아가 모체에서 완전히 분리된 시기인 전부 노출설, 모체에서 완전 분리되고 독립 호흡을 할 때 사람이 된다고 보는 독립 호흡설 등이 있다.

우리나라 법원 판례는 현재까지 형법상으로는 진통설을, 유산상속 등 민법상으로는 전부 노출설을 따라 태아가 법적으로 사람이 된 시기를 나누고 있다.

출처: www.lawissue.co.kr (2007. 7. 9)

2 성과 성윤리[11)]

1) 성윤리의 의미

성이란 유사 이래 인간의 본능적 욕구로서 누구도 부인할 수 없는 관심사 중의 하나였다. 성은 인간의 근본적인 삶의 존재 방식으로 성문화, 성윤리 등과 함께 우리의 삶과 밀접한 관련을 맺고 있다.

오늘날 우리 사회에서 성적 이탈 현상은 사회 전체를 도덕적으로 병들게 할 만큼 심각한 수준에 이르렀다. 그러나 이러한 성문란 현상에 대해서는 다양한 반응이 나타나고 있다. 전통적 성윤리를 내세우는 사람들은 이러한 성문란의 원인으로 무분별한 성 개방 풍조와 서구의 성혁명의 영향을 지적하면서, 전통적 성도덕을 강화할 것을 주장한다. 이에 반해 성적 자유의 확대를 주장하는 자유주의자들은 현재의 성문란을 그동안 억압되었던 성이 해방되고 성적 자유가 확대되는 과정에서 나타난 부작용쯤으로 생각한다. 이들은 자유로운 성을 통해 보다 많은 성적 즐거움을 향유할 것을 주장한다. 나아가 일부 극단적인 급진주의자들은 도덕으로부터 성의 완전한 해방을 외친다. 이들에 따르면 성적인 문제는 도덕적 문제가 아니라, 성은 사적인 문제이기 때문에 도덕적 규범의 제재를 받을 필요가 없다는 것이다. 이렇게 볼 때 우리 사회의 성도덕의 위기를 극복하기 위해서는 개개인이 건전한 성 의식을 가지고 도덕적으로 행동하고자 노력하는 것이 중요하며, 그보다 더 중요한 것은 개개인의 성 의식과 성적 활동을 올바른 방향으로 성가치관과 성윤리를 정립하는 일이다(이광희, 2008: 2).

일반적으로 성에 대해 구분할 때 그 유형으로 자연적 성, 문화적 성, 사회적 성으로 구분한다. 자연적 성이란 남녀의 생물학적 성차(性差)를 나타내는 개념으로 흔히 생식기능, 성행위, 성적 쾌락 등을 함축하는 말로 사용한다.

11) 정석용 · 이규은(2019). pp. 273-283 내용을 재구성한 것임

문화적 성이란 인간의 성행동 이외에 성에 대해서 갖는 태도, 감정, 가치관 등을 말한다. 즉, 문화적 성이란 생물학적 성을 문화적으로 표현한 것이라 할 수 있다. 사회적 성은 남녀의 성차에 의한 사회적 역할을 구분한 것을 말한다. 즉, 남녀 사회에 특성화된 역할이나 사회적으로 용인되는 성격 및 신체적 특성 등이 여기에 속한다.

우리 사회의 성은 공동체의 기초가 되므로 인간의 성과 관련하여 일정한 질서가 요구된다. 이러한 성질서는 성규범에 의해 규율된 성도덕, 즉 성윤리에 의해서 규율된다. 이러한 성윤리는 성가치관과 연결되어 성문제와 관련된 도덕과 윤리적 차원의 문제이다. 성규범에는 성도덕, 성윤리, 성법률 등이 포함된다. 성과 관련한 다양한 문제들은 표출된 성행위에 의해 규제를 받으며, 이러한 다양한 행동은 시대와 문화에 따라 다를 수 있다. 인간의 사랑은 타 인격의 가치를 긍정하고 존중하는 데서 시작해서, 타 인격을 위해 헌신하는 데서 완성되는 것이다. 따라서 사랑 있는 성을 실현하기 위해서는 인격 존중의 의무와 자기 헌신 및 희생의 덕이 필요하다. 사랑 있는 성, 인간다운 성관계는 상대방을 하나의 인격으로 존중하는 데 그 기초를 두고 있다. 상대방도 나와 마찬가지로 이성과 의지 그리고 욕구와 감정을 지니고 존엄한 가치를 지닌 하나의 인격임을 인정하는 데서 사랑은 시작되는 것이다. 칸트는 인격들 간의 상호 존중의 규범을 '너 자신과 다른 모든 인격을 언제나 동시에 목적으로 대우하고, 단순한 수단으로 대우하지 말라.'는 명법으로 표현했다. 즉, 우리는 성관계에서 상대방을 나의 성욕을 충족시키기 위한 단순한 수단으로 대해서는 안 되며, 언제나 동시에 나와 마찬가지의 인격으로 존중해야 한다. 성관계에 있어서 상호 인격 존중은 사랑 있는 성의 필요조건일 뿐, 충분조건은 아니다. 서로의 인격을 존중하는 것은 사랑하지 않는 사람들의 성관계에서도 얼마든지 가능한 일이다. 사랑은 단순히 인격 존중을 넘어서 상대의 선을 위해 헌신하고, 때로는 희생할 것을 요구한다. 자기 헌신과 희생의 덕이 동반하지 않는다면, 비록 서로의 인격을 존중하는 성관계라 할지라도 그러한 성은 상호 존중을 바탕으로 한 성적 거래나 계약적 성관계에 머물 수도 있다.

사랑 있는 성은 상호 존중의 의무에 기초하여 서로의 성을 위해 헌신하고 희생하는 덕에 의해 완성되는 것이다. 그러므로 성의 인격 가치는 성관계에서 일차적으로 상대방을 단순히 수단으로 이용하지 않고 목적으로 대하는 가운데 이를 바탕으로 상대방의 성을 위해 헌신하면서 상대방과 일체감을 느끼는 사람의 관계로 나아갈 때 비로소 온전히 실현될 수 있는 것이다(이광희, 2008: 17).

2) 성윤리의 세 가지 입장

사회의 변화에 맞춰 현대사회의 도덕성도 점차 약화되어 가고 있다. 인간의 생물학적 욕구의 표현이 성이라고 하는데, 이러한 도덕성의 약화는 성윤리의 붕괴를 가져올 수 있다. 일반적으로 성윤리를 어떠한 관점으로 볼 것인가와 관련하여 성윤리의 입장은 다음과 같이 세 가지로 구분된다(박범혁 외, 2009: 18-21).

(1) 보수주의

전통을 벗어난 어떤 형태의 성적 결합도 비도덕적인 것으로 간주하는 보수주의자들은 성을 혼인과 같은 제도, 관습의 틀 내로 한정함으로써 사회적 혼란, 혼전 성(premarital sex), 혼외 성(extramarital sex), 성매매, 미혼모의 증가, 성의 상품화, 성병의 증가를 막을 수 있다고 본다. 이들은 성의 안정성(stability)의 유지를 중요시한다. 이는 성의 가치를 성 그 자체를 위한 쾌락 추구(recreation)보다 종족보존(procreation)이라고 볼 때, 성행위의 자연적 결과인 생식에 대해 도덕적으로, 그리고 온전히 안정적으로 책임을 질 수 있기 때문이다. 그들에게 있어 결혼이야말로 부모로서의 양육과 역할에 대한 책임 있는 성의 안정성을 보장해 줄 것이라고 믿고 있다. 그들의 성 관념이 최선의 성인가 혹은 이상적인 성인가에 대한 문제는 충분히 검토되어야 할 것으로 보인다. 특히 현대의 다양한 시대 변화를 고려한다면 보수주의적 성윤리가 적절한 통제성을 갖기에는 설득력이 약해 보인다. 성을 즐기려는 사람들에게 결혼과 출산은 성의 굴레일 수 있다. 따라서 변화된 시대 상황에 맞게 포괄적 이해, 즉 성의 다양한 측면의 고려와 합리적 성윤리 기준이 요구된다 하겠다.

(2) 자유주의

성(性) 그 자체를 위한 성을 즐기려는 자유주의자들은 성적 자기표현과 자기 충족을 강조한다. 최대한의 성적 자유, 성적 환희를 추구하는 이들은 성에 사랑은 있어도 그만, 없어도 상관이 없다고 생각하며, 책임 부담이 없는 자유로운 성을 주장한다. 보수주의자들이 제기하는 결혼, 사랑, 생식의 규제 아래 있는 성만이 더 좋은 성이라고 말할 수 있을지는 또 다른 문제라고 비판한다. 그들은 연인 간이나 부부간의 판에 박힌 듯 진부함이나 지루한 성관계보다 낯선 이와의 성관계는 모험과 환희의 감정, 성적 쾌락을 강화하기 위한 새로운 가능성을 갖는다는 점에서 더 좋은 성, 훌륭한 성을 위해 반드시 사랑이 전제되어야 한다는 것은 아니라고 주장한다. 따라서 이들은 성 그 자체로서의 즐거움의 추구는 좋은 것이고 타당한 근거 없이 통제되는 것은 옳지 않다고 본다.

자유주의에 있어서 성은 다른 사람에게 피해를 주지 않는 한 최대의 성적 자유를 갈망하며, 다른 사람의 자유를 존중하는 자율성의 원리를 강조한다. 따라서 타인에 대한 자율성의 존중을 인간에 대한 존중으로 강화시키고, 타인뿐 아니라 자신의 행위에 대한 유용한 결과를 산출할 수 있도록 책임을 확대 강조함으로써 적절한 성윤리 기준을 발견할 수 있다.

(3) 사랑주의

우리의 전통적인 성에 대한 관행은 주로 양쪽의 극단적인 입장을 취하면서 사랑이 있는 성은 옳고 사랑이 없는 성은 부도덕하다고 보는 이원론적인 바탕에 근거되는 경향을 보인다. 사랑이 있는 성만이 성의 고유 가치요, 인간의 존엄한 가치와 도덕성을 실현시켜 줄 수 있는 것처럼 묘사한다. 이러한 양극단적인 입장을 일직선상에 놓고 볼 때, 수많은 스펙트럼 지대가 존재한다고 본다. 예를 들어, 성관계는 사랑이라는 지속적이고 깊은 애착과 헌신의 관계에서뿐 아니라 성에 대한 단순한 애착 내지는 관심, 우정, 열정, 호감을 갖는 사람들 사이에서도 있을 수 있는 성적 표현일 수 있으며, 상호 동의된 신체적 욕구의 반응일 수 있다. 이렇게 볼 때 성이 반드시 사랑과 결부된 것일 필요가 있을까? 오히려 사랑과 무관한 성의 자유로움을 느낄 수 있을 것이며, 새로움에 대한 가능성과 다양성, 성적 환희를 더욱 맛볼 수 있을 것이다. 더욱이 사랑의 굴레로부터 빚어지는 좌절과 불행, 서로를 만족시켜야 한다는 부담감 내지는 의무감에서 해방될 수 있지 않을까? 더구나 사랑과 무관한 성적 행위에 대해 시저(Caesar)는 자위행위나 대체물을 통한 성적 욕구의 만족은 외로울 때나 힘들 때 그리고 나이가 들었을 때, 무엇보다도 좋은 벗이 될 수 있음을 지적한다. 이 입장에서 사랑과 성이 전제되지 않으면 그것은 성매매요, 방탕이다.

인간의 성과 사랑은 우리가 지녀야 할 보편적인 의무라기보다는 이상(ideal)으로 남겨 두어야 할 것으로 보인다. 그리고 무엇보다 성과 사랑을 내세우기보다 사랑의 기본 바탕이 되는 인간에 대한 존중을 전제로 요구하는 일이 선결 요건이 되어야 할 것이다. 다원성을 보이고 있는 시대적 요구에 부응하기 위해서는 수용 가능한 다양한 삶의 방식이 존재하고 있으므로 이에 대한 유연적인 의식이 필요하다.

3) 성 의식과 성윤리의 문제

최근 들어 별거 가정과 이혼 가정이 증가하면서 가정 파괴 현상이 사회적 문제로 대두되고 있다. 가정 파괴는 당사자들의 문제만이 아니라 성장기에 있는 자녀들의 삶에까지 직접적인 영향을 미치게 된다는 점에서 그 심각성이 크다. 대부분의 가정 파괴의 원인을 분석해 보면, 가정과 사랑에 대한 의식 부족 때문이다. 즉, 가정에 대한 몰이해와 성에 대한 올바른 의식을 가지지 못한 데 그 원인이 있다.

(1) 혼전 성관계

오늘날 혼전 교제에서 성관계에 대한 허용적인 태도와 실제로 성관계를 갖는 커플들이 증가하고 있다. 이는 자기 자신의 성에 대한 가치관을 명확히 정립하여 성행동에 대한 충동적이고 애매모호한 상황에서도 올바른 의사 결정을 할 수 있는 것은 매우 중요하다. 또한 두 사람은 서로를 충분히 수용할 수 있는 인격적인 사랑의 관계로 일치할 수 있을 때에 서로가 성적인 상호작용을 어떻게 조절하고 한계를 설정할 것인가에 대한 세심한 노력이 요구되고 있다. 혼전 성행동과 관련된 문제로 죄의식, 성병, 혼전 임신의 가능성을 들 수 있다. 이러한 문제의식에서 양심의 가책과 죄의식은 자신의 성 규준(norms)을 위반했을 때 느끼기 쉬운데, 미래의 결혼 생활에 부정적인 영향을 줄 수 있다. 혼전의 성경험으로 인해 죄책감이나 불안이 컸던 경우, 결혼 관계에서 불감증이나 성적 즐거움을 누리는 데 어려움을 느끼기도 한다. 혼전 성행동에 대한 사회적 억압이 남자보다 여자에게 심하기 때문에 이로 인한 죄책감도 여자에게 크게 느껴진다(박범혁 외, 2009: 200). 성관계에 있어서도 인간은 인격을 가진 존재라는 점을 잊어서는 안 되며, 성의 교환에 있어서도 상대방에 대한 인격적 배려가 있어야 한다.

(2) 동성애

이성 간의 사랑이 아닌 동성 간에 이루어지는 사랑을 동성애 또는 동성연애라고 한다. 이러한 동성애는 각 시대나 문화에 따라 묵인하거나 허용되기도, 때로는 금지하기도 하였다. 그 결과 동성애는 대부분 음성적으로 이루어져 왔고, 사회적으로 공개되지 않았으나 최근에는 동성애자들의 자유로운 표출과 이들을 위한 인권을 주장하면서 사회문제로 대두되기 시작하였다.

19세기부터 20세기에는 동성애를 일종의 정신질환으로 다루었다. 따라서 많은 심리학자들은 동성애의 기원에 대해 여러 가지 이론을 제시해 왔는데, 몇몇 심리학자들은 동성애가 유전에서 오는 것으로 보았다. 그러나 프로이트(Freud)는 동성애를 이성의 부모를 자신과 동일시하는 것을 비롯하여 성 심리(性 心理) 발달에서 일어나는 갈등의 결과로 나타나는 것이 동성애라고 보았다. 또한 사회적인 영향이 동성애의 원인이라고 주장하는 사람들도 있다. 1970년대 초까지만 해도 미국 정신의학협회는 동성애를 정신질환의 일종으로 간주했다. 그러나 동성애자들의 행동이 반사회적이거나 폭력적인 것이 아니라, 성적인 기호(嗜好)가 다른 사람들이라는 점에서 이들에 대한 사회 인식이 변화하고 있다. 동성애자들의 행태에 대해서는 정신의학 전문가들조차도 그들의 행태가 정상적인 성행위인가, 아니면 변형된 일탈행동인가에 대해서 아직도 분명한 정의를 내리지 못하고 있다.

수십 년 간에 걸쳐 인간의 성행위에 대한 연구를 해 온 미국 인디애나 대학교 킨지(Alfred Charles Kinsey) 교수는 인간의 행태는 전적으로 동성애적이라거나 전적으로 이성애적이라고 보기는 어려우며, 두 가지 형태를 사람마다 달리 소유한 각각의 행태를 갖는다고 설명하고 있다. 그에 따르면 동성애적 행동은 성적 욕구를 이성 간의 사랑으로 풀 수 없는 환경에서 더 많이 발생하고, 양성(兩性)에 대해 모두 성적으로 반응하는 양성애자도 존재한다고 설명한다.

동성애는 1960년대 이후 곳곳에서 동성애 권리 운동이 일어나면서 정치적 쟁점이 되기도 하였다. 최근에는 사회계층의 소수자를 위한 다양한 정책과 제도가 만들어지면서 동성애자들을 위한 고용이나 주택, 정책 등에서 동등한 대우를 받도록 하는 정책이 도입되기도 한다.

(3) 동거

최근 들어 젊은이들 사이에 동거에 대한 개방적인 인식이 확산되고 있다. 이들은 동거생활이 서로에게 알지 못했던 가려진 부분에 대한 장단점을 확인

할 수 있는 기회가 되고 생활 습관이나 패턴을 알게 되는 기회가 된다고 한다. 또한 동거를 통해 생활에 필요한 경제적인 부담을 줄일 수 있고, 함께하는 시간을 많이 가질 수 있으며, 성적 욕구를 충족시키는 등 여러 가지 장점을 가지고 있다고 한다.

동거란 결혼식 유무에 관계없이 법적으로 혼인신고를 하지 않은 상태에서 두 사람이 함께 거주하며 사실상의 부부 관계 형태를 유지하는 것을 말한다. 즉, 결혼이나 혈연관계로 연결되지 않기도 하지만 이성 및 동성 간에 공동 기거, 공동 취사, 성욕 충족 및 경제적 협력의 기능을 수행하는 것으로, 때때로 동거는 구혼 과정 중의 한 부분으로서 시험결혼의 성격을 구성하기도 한다(박범혁 외, 2009: 210). 하지만 동거는 장점만을 지니고 있는 것은 물론 아니다. 동거를 하다 보면 동거에 대해 부정적인 인식을 가지고 있는 부모님이나 주변 사람들과 자주 부딪치며 싸우게 되고, 그러다 보면 대인관계가 소홀해지고 학업에 집중하지 못하는 등 여러 가지 문제를 야기하게 된다. 더구나 동거한 사람과 결혼을 하지 않게 된다면 주변 사람은 물론이고 사회의 인식에 있어서도 수용하기가 쉽지 않을 수 있다.

이 밖에도 동거로 인한 임신과 출산의 문제, 결혼에 대한 의식 약화 문제, 이별로 인한 심리적 충격 등 여러 가지 문제가 뒤따른다. 따라서 동거에 앞서 책임 의식이 동반된 인격적인 상호관계를 유지할 수 있는 다양한 대안들을 고려해야 할 것이다.

(4) 낙태

낙태란 태아를 자연 분만기 이전에 생존이 가능한 발육 과정에서 임신 중인 태아를 자궁에서 제거하거나 모체 외로 배출하는 행위로, 자연적 낙태와 치료적 낙태, 그리고 유발적 낙태로 구분한다. 낙태와 유사한 개념으로 인공유산, 인공임신중절이 있는데, 인공유산은 주로 의학적 용어로, 인공임신중절은 법학적 용어로 많이 쓰인다.

오늘날 낙태는 전 세계적으로 너무나 자연스러운 일로 되어 있다. 낙태는 두 가지 입장에서 살펴보면, 하나는 인간 권리의 존중으로 생명이 수태되는 순간부터 법적이고 도덕적인 인간으로 인정하여 낙태를 반대하는 입장이고, 다른 하나는 배아기가 끝나고 태아기가 되는 9주가 되어야 인간의 모습으로 생명이 시작된다는 입장으로, 임신한 여성이 자신의 신체에 대한 결정권과 삶의 선택이라는 입장에서 선택의 자유를 보장해야 한다는 입장에서 낙태를 찬성하는 입장이다.

원하지 않는 임신은 여성과 남성 그리고 아기에게 모두 부담을 주고 이로 인한 어려움을 겪게 된다. 대부분 원하지 않는 임신은 피임을 준비하지 못했거나 실패의 원인으로 나타나며, 그 결과는 낙태로 발생한다. 따라서 임신중절수술을 결정했다면 하루라도 빠르게 실시하는 것이 바람직하고, 이를 또다시 반복하는 일이 없도록 사전에 세심한 주의와 예방에 노력을 기울여야 한다. 소중한 생명을 존중하고 자신의 신체를 건강하고 소중하게 유지하기 위해 자신의 성에 대한 윤리적이고 도덕적인 의식을 확고히 형성하는 일이 중요하다.

4) 성윤리의 쟁점 사례

법률상 혼인관계인 부부 사이 강간죄, 찬반 의견은?

법률상 혼인관계가 유효한 상태에서의 부부간 강제적 성관계에 대해 죄를 물어 처벌할 수 있는지 여부를 두고 논란이 뜨겁다.

결혼해 두 명의 자녀를 두고 비교적 순탄하게 살았던 A씨와 B씨는 아내의 늦은 귀가를 두고 부부싸움이 잦아졌다. 결국 A씨는 아내 B씨와의 말다툼 끝에 흉기로 B씨를 위협하며 강제로 성관계를 가졌고 A씨의 이런 행동은 그 후에도 몇 차례 반복됐다. 검찰은 A씨를 특수강간죄로 기소했고 1심 법원은 부부 사이에도 강간죄가 성립한다고 보고 징역 6년을 선고했다. 2심 법원도 유죄는 인정했으나 형량은 3년 6개월로 낮췄지만 A씨는 지금까지 법원이 정상적인 부부 간의 강간을 죄로 인정한 적이 없었음을 강조하며 무죄를 주장했다. 법원은 60년 이상 부부 강간죄를 인정하지 않았고 부부 강간죄는 실체적 진실 발견이 어려운 만큼 이를 인정한다면 대부분의 이혼 사건에서 부부 강간이 주장되는 등 악용 가능성이 클 수 있으며 부부 강간까지 인정하는 것은 형법의 보충성을 벗어나는 판결이라는 주장이다.

종전 대법원 판결(2008도8601)에 따르면 이혼의사의 합치가 있는 등 실질적인 부부관계가 인정될 수 없는 경우에는 배우자에 대한 강간을 인정한 사례가 있으나, 혼인관계가 정상적으로 유지되는 상태에서의 부부강간죄 인정여부에 대한 판례는 아직 없었기 때문에 대법원은 강간죄 처벌 여부를 두고 공개변론을 실시했다.

배우자 강간죄의 성립을 긍정하는 입장은 "혼인으로 인해 배우자의 성적 자기결정권이 포기된 것이 아니고 현대사회에서의 변화된 성 관념과 배우자 간 성윤리, 특히 남성중심적 성문화 및 전통적 가족관계의 변화, 여성의 지위 향상 등에 비추어 강간죄가 인정되어야 하며 이를 통해 가정은 '애정과 의지의 결합'으로서 개인의 권리를 존중하는 공동체 관계가 되어 궁극적으로 양성평등과 가정의 평화 유지에 기여하게 되기 때문"이라고 주장했다. 반면 부정하는 측은 "혼인의 프라이버시 보호를 위해 국가형벌권의 개입은 자제될 필요가 있고 배우자 강간을 이유로 한 고소가 감정적 보복 수단이나 이혼 및 재산분할에서의 유리한 위치를 점하기 위한 수단으로 악용될 우려가 있으므로 강간죄를 인정하게 되면 가정 붕괴를 가속화시키고 부부간 신뢰관계를 파괴하여 부부 갈등이 조장될 우려가 있다"는 주장이었다.

대법원은 "국민생활에 커다란 영향을 미치는 사회적 쟁점에 대한 각계의 다양한 의견을 경청하고 올바른 사법적 해법(解法)과 보편타당한 결론을 제시하기 위함"이라며 "사법부와 국민 사이의 소통을 강화하고 궁극적으로는 대법원이 우리 사회의 갈등을 조율하면서 보다 발전된 형태의 통합을 이루는 기능을 충실히 발휘할 수 있도록 하는 계기가 될 것"이라며 공개변론의 취지를 밝혔다. 강제로 행해지는 성행위, 부부간의 신뢰를 깨뜨려! 동의 없이 강제로 행해지는 성행위는 오히려 부부간 신뢰관계를 깨뜨린다는 의견도 적지 않다. 한국가정법률상담소에 따르면 가정폭력 등으로 불화를 겪는 가정에서 남편이 아내를 상대로 폭력을 행사하며 성관계를 맺는 경우가 많은 것으로 나타났다. 상담소를 찾은 L씨(여, 35세)의 경우 '남편의 폭행으로 별거하다가 다시 합친 후 부부관계를 거부하자 남편이 이혼소송을 운운하며 폭력을 휘둘러 일방적으로 관계를 맺었다.'고 털어놓았다.

"폭력이 수반된 성관계를 경험한 아내들은 하나같이 남편과의 성관계를 부부 사이에 이뤄지는 정상적인 애정관계로 받아들이는 대신 '강간 같았다', '인간 대접을 못 받은 기분'이라고 표현하는 경우가 많으며 최근에는 부부 사이에서도 강간죄의 보호법익인 '성적 자기결정권'은 보호돼야 한다는 취지에서 부부 사이에 강간죄를 인정한 하급심 판례도 속속 등장하고 있다."는 것이 이인철 가사법 이혼전문변호사의 말이다.

부부강간죄에 대한 판결은 외국 판례도 나라마다 달라 미국 영국 독일 등 서양권에서는 부부간 성 폭행죄를 인정하고 있는 추세인 반면 중국이나 일본 등은 부부 강간죄를 대체로 부정하고 있다.

출처: 매일경제(2013. 5. 29.).

11

CHAPTER

환경윤리와 동물윤리

11

CHAPTER

환경윤리와 동물윤리

사람이 어떤 일을 할 때 스스로 환경을 파괴하지 않도록 배려하는 도리나 규범을 환경윤리라고 하는데, 이러한 환경윤리는 인간이 그동안 환경파괴로 인해 발생한 환경문제를 해결하기 위한 대안으로 등장한 것이다. 환경오염, 지구 온난화, 생태계 파괴 등 우리 사회 전반에 걸쳐 시급하게 해결해야 할 환경윤리의 문제는 매우 다양하고 시급하다.

동물윤리는 인간과 동물의 관계, 동물에 대한 도덕적 고려, 인간이 아닌 동물을 어떻게 다루는 것이 윤리적인 것인가와 관련된 것으로 동물도 도덕적 고려의 대상이며, 인간과 마찬가지로 부당하게 고통을 받아서는 안 된다는 생각으로 등장한 윤리 의식이다. 이러한 동물윤리는 도덕적인 배려의 대상을 인간만이 아니라 고통을 느낄 수 있는 동물에까지 확대했다는 점에서 그 의미가 매우 크다 할 것이다. 따라서 이 장에서는 이러한 환경윤리와 동물윤리에 대한 이해와 우리사회의 문제, 그리고 윤리적 쟁점 사례에 대해 살펴보고자 한다.

1 생태계 파괴와 환경윤리[1)]

1) 인간생활과 생태계

자연을 두려워했던 과거와 달리 인류는 무분별하고 무차별적인 생태계의 파괴를 자행하고 있다. 이러한 인류의 행각이 언제까지 계속될지 모르지만, 그동안 인류가 자행한 무분별한 생태계 파괴 행위의 결과로 오늘날 지구촌 곳곳에서는 갖가지 자연 재앙이 발생하고 있다. 따라서 환경문제는 현대를 사는 인류가 그 무엇보다도 가장 시급하게 해결해야 할 과제이자 난제로 등장하였다.

생태계(ecosystem)라는 용어는 영국의 식물학자 탠슬리(A. Tansley)가 최초로 사용한 말로 인간, 동물, 식물, 미생물 등과 같은 생물적 요소와 공기, 물, 빛, 흙, 온도 등과 같은 비생물적 요소가 하나의 상호의존적인 그물망으로 연결되어 있는 전체를 의미한다(김영인 외, 2008: 138). 생태계와 유사한 말로 환경(environment)이라는 용어를 흔히 사용한다. 환경은 우주를 형성하고 있는 요소들의 실체 또는 어떤 주체로 둘러싸여 있는 유형·무형의 객체를 말하는 것으로, 생태계와는 개념상 그 의미에 약간 차이가 있다. 그러나 오늘날과 같은 생태학적 파괴 현상을 나타내는 말로 '환경오염'이라는 용어를 널리 사용하고 있다.

생태계에 생존하는 모든 생물은 주위 환경(環境)으로부터 스스로의 생존에 필요한 에너지를 얻기도 하고, 내놓기도 하면서 생명 활동을 유지해 간다. 또한 생물이 속한 환경 속에서 살아남기 위해 생존에 필요한 형태로 환경에 적응하면서 오랜 세월에 걸쳐 생존해 오고 있다. 그런데 어느 날 갑자기 생물이 처한 환경을 생물이 적응하기에 어려울 정도로 급격하게 환경을 변화시킨다면 그것은 생물에게는 치명적(致命的)인 위협이 된다. 이러한 인간의 파괴 현

1) 정석용·이규은(2019). pp. 241-254 내용을 재구성한 것임

상이 생태계에서 '개발'이라는 명목하에 수없이 이루어져 왔다. 특히 산업화와 도시화를 이루면서 이러한 형태의 개발은 급속히 확산되었고, 이 와중에 수많은 자연환경의 파괴를 초래하여 생태계의 근본적인 변화를 일으켰다. 그 대가로 인류에게는 숨 쉴 공기, 마실 물, 먹을 음식 등 삶에 필요한 필수 물질에 대한 자연으로부터의 공급을 중단 받게 되었고, 근본적인 인류의 삶의 터전이 사라져 가고 있다. 이로 인해 생태계의 자연스러운 정화 능력과 순환은 상실되고 생태계의 재생 능력은 무너지기 시작했다. 이른바 생태학적 위기(ecological crisis)가 닥쳐오고 있는 것이다. 이러한 인류의 생태학적 위기는 인류의 절박한 생존 문제로 대두되고 있다.

생태계의 붕괴로 인한 환경오염 문제는 다음과 같은 특징으로 인해 우리가 문제의 절박함을 잘 이해하지 못하고 있다는 데 더 큰 문제가 있으며, 그 심각성이 더해 가고 있다(김기태, 2008: 216).

첫째, 피해 정도를 정확하게 파악하기가 어렵다는 점이다. 즉, 발생 원인들이 매우 복잡하고 다양하게 얽혀 있어 정확하게 피해 정도를 알기가 어렵다. 뿐만 아니라 일단 오염이 되면 원상을 회복하는 데 많은 시간이 걸리며, 이를 위해서는 정치, 경제, 사회, 문화 등 총체적 방법이 강구되어야 한다. 따라서 사전에 예방하는 것이 가장 효과적인 대책이다.

둘째, 자각증상이 전혀 없다. 오염은 은밀히 진행되다가 일정한 수준에 도달한 다음에서야 갑자기 드러난다. 미리 위험한 상황에 이르렀다는 것을 예고해 주는 증상이 없이 진행되며, 가시적으로 드러난 상태에서는 이미 어떠한 대처 방안을 강구해도 별다른 효과를 얻을 수 없다. 따라서 각종 오염에 대한 정확한 기초 지식과 경계심이 필요하다.

셋째, 피해 범위가 매우 광범위하다. 오염의 피해는 그 발생 지역에 그치지 않고 주변 지역뿐만 아니라 지구 전체에 영향을 미친다. 중국에서 생성된 대기오염은 바람을 타고 우리나라로 건너와 산성비를 촉진하고, 러시아나 일본이 동해에 쏟아 부은 핵폐기물은 우리나라의 해양자원에 심각한 타격을 준다.

넷째, 경제적 약자가 우선적으로 크게 피해를 받는다. 공해를 유발하는 생산 시설은 경제 논리에 의해 점차 저개발 국가로 이전되고, 같은 사회에서도 빈곤층은 부유층보다 더 피해를 받는다. 식수원이 심각하게 오염되었을 경우, 부유층은 생수를 사 먹지만, 빈곤층은 수돗물을 마실 수밖에 없다. 더구나 환경 보존에 투자할 경제력이 미약한 저개발 국가일수록 환경오염에 대해 속수무책이다.

인간은 그동안 자신들이 필요로 하는 욕구에 맞춰 자연을 이용하면서 생태계를 파괴하였으며, 그 결과로 오늘날과 같은 인간의 편리성을 얻었다. 그러나 한편으로는 생태계의 파괴로 인하여 인간의 삶에 근본적인 위협을 받고 있다는 점을 간과해서는 안 된다. 오늘날 지구의 위기는 인간의 지혜로 풀어 나가야 한다. 지금이야말로 인류가 이를 위한 해결에 전력을 다해야 할 때이다.

2) 생태계 파괴의 원인

오늘날 인류가 직면하고 있는 환경으로부터의 위협은 매우 다양하다. 이러한 생태계의 파괴 원인은 무엇일까? 이러한 환경 위협을 가져오게 된 원인을 철학적, 정치적, 경제적, 사회적, 문화적 측면으로 구분하여 설명할 수 있다. 생태계 파괴에 대한 원인을 김영인 외(2008)는 다음과 같이 설명하고 있다.

철학적 차원의 원인으로는 인간중심적 환경 인식과 과학기술에 대한 과도한 낙관론을 들 수 있다. 인간중심적인 환경 인식은 인간과 생태계를 이분법적으로 구분하여 인간이 주체이고 중심 목적이며, 생태계는 대상이고 주변 수단이라고 인식한다. 이러한 인식은 필연적으로 인간의 생태계에 대한 과도한 개입을 낳게 하여 생태계를 파괴한다.

정치적 차원의 원인으로 성장 중심의 개발 정책을 들 수 있다. 산업혁명 이후 서구의 지속적인 개발 정책과 20세기 중반 이후의 개발도상국가의 경제 성장 정책으로 인해 생태계는 무절제하게 파괴되고 오염되었다. 자원 고갈과 대기, 수질, 토양 등의 오염은 개발 정책의 필연적인 부산물이다.

경제적 차원의 원인으로는 이윤 추구 논리에 지배당하는 기업의 경제활동을 들 수 있다. 자본주의 사회에서 기업의 이윤 추구는 정당한 활동으로 여겨진다. 그러나 기업이 이윤 추구를 지나치게 우선시하면 생태계에 큰 피해를 입히게 된다. 이윤을 모든 가치의 척도로 삼으면 생태계 파괴와 약탈은 필연적인 부산물로 나타나게 된다.

사회적 차원의 원인으로는 인구 증가와 사회의 관계를 들 수 있다. 과도한 인구 증가는 인간 상호 간의 관계에서 많은 사회적인 문제를 일으킬 뿐만 아니라 자연과의 관계에서도 생태계 위기를 초래하는 주요 원인이 된다.

문화적 차원의 원인으로는 편리함을 추구하는 소비문화적 생활방식을 들 수 있다. 인간은 생존 이외의 욕망을 충족시키고자 많은 물자를 소비한다.

이러한 생태계 파괴의 원인을 구체적인 요인으로 구분해 보면, 인간의 무분별한 욕망에서 시작된다. 무한한 인간의 욕망을 채우기 위한 인간의 탐욕스런 과소비와 낭비가 생태계의 위기를 불러오고 있다. '지구에는 단 한 가지 오염만이 있다. 그것은 바로 인간이다.'라는 말처럼 인간의 욕망에 의한 인간 자체가 생태계 파괴의 원인이다. 인간에 의한 생태계 파괴의 원인으로는 인구 증가, 대기오염, 수질오염, 토양오염, 소음공해 등이 있다.

(1) 인구 증가

세계 인구가 2000년 60억 명을 돌파했다. 약 2000년 전인 기원 초기에 불과 2억 5천만 명에 불과하던 인구가 10억이 된 것은 1810년경이었다. 이는 인구가 5만 년 전에 지구에 모습을 드러낸 이래 10억의 인구가 되기까지 약 5만 년이 걸린 것이다. 그 이후 세계 인구가 20억이 된 것은 1925년으로 두 배로 인구가 증가하는 데 115년이 소요되었으나, 1960년 30억 명을 돌파한 지 40년 만에 두 배인 60억 명으로 증가했다. 이와 같은 인구 증가 추세로 간다면 세계 인구는 2050년 100억 명을 넘어설 것으로 전망된다. 가히 인구의 폭발적 증가이다. 인간의 평균수명 증가로 노인이 증가하고 유아 사망률이 저하된 것이 인구 증가의 한 원인이라고 하지만 이러한 인구 증가는 인류의 미래를 위협하는 경고로 다가오고 있다. 인구 증가로 식량문제, 주택문제, 공업화 문제, 환경오염 문제, 빈곤과 범죄 문제 등이 발생하고 인구 증가에 따른 에너지 소비, 산업 자원의 고갈, 물 부족 등으로 인류의 생존을 위협받게 되며, 이는 인류의 현실로 다가오고 있다. 특히 인구 증가와 관련하여 인구와 환경 사이의 가장 큰 문제는 식량 부족과 생태계 파괴 문제이다.

헤르비히 비르그(Herwig Birg)는 '인구의 증가는 지구를 위협하는 가장 심각한 문제가 되기에 전혀 부족함이 없다.'라고 말하고 있어 인구 증가가 다각적인 사회문제와 함께 인류의 생존을 위협하는 문제로 작용하고 있음을 경고하고 있다. 이제 인구문제는 지구상에 존재하는 모든 문제의 근원으로 전 인류적 공동 과제로 대두되었다.

(2) 대기오염

보통 사람들은 하루에 1인당 1.4kg의 음식을 섭취하고, 2.3kg의 물을 마시고, 15kg의 공기를 들이마신다. 전문가들에 의하면 인간의 생존을 위해서는 의학적으로 공기가 음식보다 더 중요하다고 한다. 인간이 약 5분 동안만 호흡을 하지 않는다면, 뇌에 치명적인 손상을 입어 생명이 위태롭다고 한다.

미국 의과대학 알레르기 연구소의 발표에 의하면, 모든 질병의 50% 이상은 실내 공기오염이 그 원인이라고 한다. 특히, 어린이들의 경우에는 성인보다 더 심각하여 실내 공기오염에 의해 어린이들이 각종 질병으로부터 큰 위협을 받고 있다고 한다. 공기오염은 어린이의 폐 성장을 10% 이상 낮추고, 만성 호흡기 질환을 유발하여 아토피 피부염과 천식 질환에 직접적인 영향을 주는 것은 나쁜 실내 공기가 주요 원인이라고 한다(서던캘리포니아대학, 2004)[2].

2) 미국 Southern California 대학 환경 연구 팀에서는 Southern California 12개 지역에서 1,700여 명의 어린이를 대상으로 '대기오염이 어린이 건강에 미치는 영향'에 대한 장기 연구 결과를 저널 'The New England Journal of Medicine'에 2004년 발표하였다. 이 연구는 동일 종류의 연구들 중에서 가장 규모가 큰 것으로, 8년에 걸쳐 Southern California 12개 지역에서 1,700여 명의 어린이를 대상으로 다양한 오염물질의 체내 축적에 따른 영향을 조사하였다.

1987년 2월 멕시코의 수도 멕시코시티에서는 수많은 새가 갑자기 떼죽음을 당하는 사건이 일어났다. 이러한 새들의 떼죽음에 대한 원인을 조사한 결과, 새들의 폐와 간 등에서 엄청난 양의 납, 카드뮴, 수은 등과 같은 중금속이 검출되어 세계인들을 놀라게 하였다. 새들의 떼죽음의 원인은 멕시코시티의 대기오염인 것으로 밝혀졌다. 그 당시 오염된 멕시코시티의 공기의 폐해는 보통 사람이 하루에 담배 두 갑을 피우는 것과 같은 효과인 것으로 나타났다.

대기오염이란 인위적 발생원에서 배출된 물질이 생물이나 기물에 직접적으로 해를 끼칠 만큼 다량으로 대기 중에 존재하는 상태를 말하는데, 이는 인위적인 행위에 의해 발생된 오염물질이 사람, 동식물의 생명에 해가 될 정도로 피해를 준다는 데 그 문제의 심각성이 있다. 대기오염은 호흡기 질환, 암, 폐 질환 등을 포함하여 인간의 건강문제와 직접적인 연관이 있다. 그렇다면 이러한 대기오염은 왜 발생하게 된 것일까?

1960년대 이후 대기오염의 주요 원인은 자동차 사용의 증가에서 찾을 수 있다. 자동차에서 배출되는 가스는 전 세계적으로 상당히 광범위하게 분포되어 있어 환경오염의 주범으로 지목되고 있다. 전 세계적으로 자동차 사용이 급증하면서 자동차에서 나오는 배출가스로부터의 환경오염은 심각한 수준에 이르렀다. 자동차에서 내뿜는 매연으로 대기오염이 증가하는 것은 물론이고, 일부 지역에서는 스모그(smog) 현상이 발생하기도 한다. 이 스모그 현상은 햇빛을 차단하여 일조량을 감소시키는 등 인간에게 또 다른 피해를 발생시키고 있다.

대기오염의 또 다른 원인으로 급격한 산업화 과정에서 발생한 것으로, 공장에서 배출되는 유해가스의 증가가 그 원인이다. 산업혁명 이후 대부분의 공장에서는 화석(化石) 연료를 주요한 동력자원으로 사용하였다. 화석연료는 연소 과정에서 유해가스를 배출하게 되고, 이 유해가스 증가가 공기오염의 주범이다. 특히 최근에는 개발도상국에서의 대기오염이 급속히 증가하고 있다. 많은 개발도상국에서는 이미 산업국가에서 사용이 금지된 가솔린을 아직도 경제적이라는 이유로 사용하고 있기 때문이다.

오늘날과 같은 대기오염이 지속된다면 인류는 엄청난 환경적 재앙을 맞게 될 것이다. 대기오염으로 인해 대기의 온도가 점점 높아지는 지구 온난화 현상이 일어나고, 가정에서 사용하는 프레온 가스로 인해 오존층이 점점 파괴되어 오존층에 구멍이 뚫리게 된다면 인류에게는 상상할 수 없는 환경 재앙이 닥치게 될 것이다. 지구 온난화는 빙하를 무서운 속도로 녹여 이상기후의 원인이 될 것이고, 또한 대기오염의 증가로 생성되는 산성비는 인류에게 막대한 피해를 줄 것이다. 특히 산성비는 그 근원과 결과가 국경을 초월하여 발생하기 때문에 대처하기가 매우 곤란하다. 따라서 전 지구적 과제로 환경보호를 위한 대책이 수립되고 시행되어야 할 것이며, 환경보호를 위한 태양열이나 풍력 에너지 같은 대체에너지의 개발, 석유 소비량의 감축 등이 하루 빨리 이루어져야 할 것이다.

(3) 수질오염

수질오염이란 생물체에게 해로운 영향을 줄 수 있어 각종 용수로 사용할 수 없게 되거나 생물의 서식에 심각한 피해를 줄 정도로 수질이 나빠지는 것을 말한다. 수질오염의 가장 큰 문제는 오염물질의 양이 과다하여 하천의 자정능력을 상실하는 것이다. 또한 사람들이 오염된 물을 통해서 각종 전염병에 감염되거나 피부염을 앓는 등 심각한 피해를 입는다.

수질오염의 원인은 생활하수, 공장폐수, 농·축산 폐수, 가축의 분뇨 등이 있는데, 이 중에서도 가장 큰 비중을 차지하는 것이 생활하수이다. 가정에서 나오는 생활하수는 수질오염의 약 70%를 차지하는데, 주방에서 배출되는 유기물, 목욕과 세탁에서 나오는 세제, 화장실에서 나오는 암모니아성 질소화합물 등이 포함된다. 공장폐수도 중요한 수질오염원이다. 산업 발전과 더불어 각종 오염물질이 함유된 공장폐수는 강이나 바다, 토양이나 지하수 등을 오염시킨다. 특히 공장폐수에는 공장에서 나오는 유기물과 중금속 등이 포함되어 있어 농업이나 어업에 영향을 끼칠 뿐만 아니라 공해병까지 유발하고 있다. 농촌 지역에서 사용하는 경작지의 농약과 잔류 비료, 축사에서 나오는 가축의 분비물 등도 수질오염을 가중시키는 원인이 되고 있다.

수질오염은 인간에게 막대한 피해를 준다. 카드뮴에 오염된 강물에서 잡은 어패류를 먹은 사람들에게 이타이이타이병이 발생하는가 하면, 수은에 오염된 어패류를 먹은 어민들에게서 미나마타병이 발생하기도 한다. 또한 잘못 관리한 화학물질이 유출되어 강물이 화학물질에 오염되어 강에 치명적인 피해를 주기도 하고, 유조차나 송유관이 파괴되어 흘러나오는 기름에 어패류가 오염되어 문제를 일으키기도 한다.

수질오염을 예방하기 위해서는 가급적 오염물질의 배출을 줄이고 이미 배출된 오염물질은 하천이나 호수로 유입되기 전에 완벽하게 정화시키는 것이 중요하다. 이를 위해서는 하수처리시설을 확대하고 하수 관리를 위한 전문 인력을 확충해 나가야 한다. 또한 수질오염을 방지하기 위한 국민적 노력이 필요하다. 가정에서는 음식 찌꺼기나 각종 세제 등을 줄이고, 기업에서는 오염원의 사용량 및 배출량을 최소화하는 한편 오염원을 정화 처리하여 배출하는 시설의 확충이 이루어져야 한다.

(4) 토양오염

토양오염이란 토양에 유기물, 무기염류, 중금속 등이 필요 이상으로 축적되는 현상으로, 인위적인 오염물질이 토양에 유입되어 토양의 조성을 변화시키고, 토양 구조를 파괴시켜 생물, 특히 농작물과 사람에게 유해한 물질이 토양에 침입하는 것을 말한다. 토양오염은 토양이 오염되는 것으로 끝나는 것이 아니라 토양에서 자라는 생물의 생육에 장애를 일으키고 오염물질이 먹이 사슬을 거쳐 사람과 가축의 건강에도 심각한 영향을 끼친다는 데 더 큰 문제가 있다.

이러한 토양오염의 원인으로는 농약과 살균제, 살충제에 의한 오염, 생활하수에 의한 오염, 산업폐수에 의한 오염, 비료에 의한 오염, 방사성 물질에 의한 오염, 산성비에 의한 오염 등이 있으며, 쓰레기들 중에서 잘 썩지 않는 일회용 종이컵, 비닐봉지, 플라스틱, 폐건전지 같은 것들도 땅에 아무렇게나 버려져 토양을 오염시키는 원인이 된다. 이뿐만 아니라, 가정에서 배출하는 생활폐기물, 빗물에 용해되어 내리는 대기 오염물질 등도 있다. 주요 토양 오염물질로는 카드뮴, 수은, 납, 아연, 비소 등이 있으며, 토양오염의 경로는 다음과 같다.

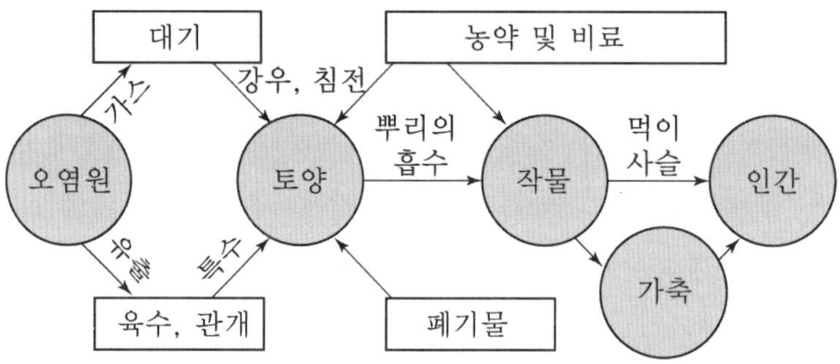

출처: http://lab114.com/envi/toji1-2.htm(2010. 11. 11.)

그림 11-1 **토양오염의 경로**

토양이 오염되면 지하수와 하천수가 오염될 우려가 있다. 토양오염은 「토양환경보전법」(1995. 1. 5. 법률 4906호)에 의해 규제를 하고 있으나, 중금속에 의한 농작물의 오염이 국민 건강에 직접적인 영향을 미치고, 나무나 풀, 벼와 같은 식물들의 성장에 영향을 주어 오염된 토양에서 자란 식물을 사람들이 섭취하여 병에 걸리게 된다는 점에서 이를 방지하기 위한 노력이 필요하다.

(5) 소음공해

소음공해란 소음에 의해 사람과 동물이 심리적, 신체적으로 장애를 겪게 되는 공해를 말한다. 소음공해의 원인으로는 공장 소음, 교통 소음, 생활 소음, 항공기 소음 등이 있다.

교통 소음은 자동차 도로망이 확충되고 차량 보유 대수가 증가하면서 대도시를 중심으로 가장 피해를 입는 소음원(騷音原)이다. 차가 많이 다니는 도로 옆의 주택가나 아파트에 사는 사람들은 많은 소음공해를 겪는다. 공장 소음은 공장에 설치된 기계의 작동에 의해 발생하는 소음원으로 한 번 설치되면 반영구적으로 발생하여 인근 지역에 반복적이고 지속적으로 피해를 줄 수 있다. 생활 소음은 인구 증가와 더불어 도시화, 상업화 등에 따라 생활 소음이 증가하면서 문제가 되고 있다. 항공기 소음은 항공기의 운항에 따라 발생하는 것으로, 항공기 증가에 따른 소음 피해가 사회적 문제로 대두되고 있다.

소음 피해는 장시간에 걸쳐 반복적으로 피해를 입으면 스트레스를 받는 사람이 많아지고 병에 걸리는 사람도 생겨난다. 따라서 이러한 소음으로 인한 피해를 해결하기 위해서는 소음원이 위치한 공간에 흡음재(吸音材)를 사용하여 소음의 반사음을 최대한 억제하고, 차음재(遮音材)를 사용하여 소음의 직접음(直接音) 전파를 차단해야 한다.

3) 생태계 파괴에 따른 환경윤리 문제

환경윤리는 사상적으로는 오랜 기간에 걸쳐 탐구되어 왔지만, 학술 용어로 '환경윤리'라는 용어로 사용하기 시작한 것은 최근의 일이다. 1968년 「국제철학회」의 환경윤리 분과위원회가 창설되면서 처음으로 사용되었다[3].

환경윤리를 말할 때에는 인간과 자연환경과의 도덕적 관계를 고려하지 않을 수 없다. 인간중심적인 측면에서 보면 인간이 자원을 보전하는 일에는 소홀한 채, 자연 파괴에 대한 책무를 미래 세대에 전가하여 도덕적 책임의 대상을 미래 세대로 떠넘긴다. 그러나 탈인간중심적 측면에서 보면, 인간 이외의 다른 자연적 존재에 대한 직접적 책임이 자신에게 있다고 보고, 이를 위해서는 자연의 파괴에 대해 도덕적 책임을 자신이 갖게 된다. 즉, 자연 생태계의

3) 1968년 환경윤리 분과위원회 창설 이후 1979년부터 미국에서 '환경윤리'라고 하는 계간(季刊)지를 발간해 오고 있다.

파괴는 우리의 삶의 가치를 어디에 두는가와 연관되어 있으며, 궁극적으로는 그것이 윤리와 깊은 관계를 갖는다.

자연물에는 인간을 위한 도구적 가치뿐만 아니라 내재적 가치가 존재한다. 내재적 가치란 다른 것을 위한 수단이 되는 가치가 아니고, 그 자체의 존재에 가치가 포함되어 있다는 것이다. 이는 자연물에 대한 보호와 가치 부여의 필요성을 말해 주는 것이다.

요나스(H. Jonas)는 미래 세대에 대한 책임 윤리를 바탕으로 현재 세대와 미래 세대의 환경에 대한 권리를 조화시킬 필요가 있다고 주장한다. 이를 위해서는 자르뎅(J. R. Des Jardins)이 말한 것처럼 대체 에너지와 자원을 개발하고 연구하는 데 투자할 책임이 있고, 미래 세대가 쓸 수 있을 만큼의 에너지와 자원을 남겨 둘 책임이 있으며, 미래 세대가 행복을 추구할 수 있도록 도와줄 책임이 있다. 현재 세대의 여분의 쾌락과 욕구 충족을 위해서 자원을 낭비하고 환경을 오염시키는 것은 명백하게 미래 세대의 권리를 침해하는 것이다. 생태계는 현재 세대와 미래 세대의 공동의 것이라는 점을 명심할 필요가 있다(김영인 외, 2008: 152).

환경오염으로부터 벗어나 깨끗하고 건강한 지구를 유지하기 위한 노력은 지속적으로 이루어져야 한다. 이러한 문제는 환경윤리적 측면에서의 문제일 뿐만 아니라, 인류애의 활동이다. 생태계의 파괴를 사전에 예방하고 지구의 환경을 지키는 일은 환경오염을 제거하는 일에 그치는 것이 아니라, 자연의 생명과 삶을 함께하는 인간의 생명을 사랑하고 존중하는 정신으로, 이는 인간이 인간답게 살기 위한 노력의 일환으로 추진되는 인간성 회복 운동의 일환이다.

4) 환경윤리의 쟁점 사례

쓰레기 직매립 금지 시대의 소비와 환경윤리

인천시의 입장은 단호하다. 오는 2026년부터 종량제봉투에 담긴 생쓰레기를 인천의 땅에 절대 묻지 않을 거란다. 특히나 서울시·경기도의 쓰레기반입은 언감생심(焉敢生心)이다. 환경부는 수도권에서 종량제봉투에 담긴 생활쓰레기를 선별이나 소각하지 않고 직매립 하는 행위를 2026년부터 전면 금지하는 폐기물관리법 시행규칙을 확정, 공포했다. 이제 배출 쓰레기의 양 자체를 줄이는 것, 폐기물 전처리에 의한 자원화와 소각량 최소화를 위한 노력이 그 어느 때보다 중요해졌다.

그 일환으로 배출자로서의 우리는 일상에서 쓰레기를 덜 만들고 덜 버리기, 철저한 분리배출을 우선 실천토록 강력히 요구받을 터다. 더 나아가서는 친환경 제품이라는, 그러니까 환경친화적인 성분과 재질로 만든 제품이라든가, 재활용(재이용)이 좀 더 쉬운 제품, 사용 후나 폐기 시 오염물질 배출이 적은 것, 아예 재활용 개념을 적용한 제품들을 사서 쓰도록 적극 권고 받을 수 있다. 그런데 거기에 보완되어야 할 정부 정책과 더욱 엄격해진 친환경 가치기준을 부여해야 할 '제품'들이 자리 잡고 있다.

생분해 플라스틱, 상품 자체의 친환경성은 물론 제조사의 환경철학을 강조하는 마케팅 차원에서 관심이 집중되고 있는 재질이다. 정부도 이와 관련한 제품들을 공식적으로 '녹색제품'으로 평가, 인증하고 있다. 생분해 플라스틱이란 흙이나 물 속에 있는 미생물에 의해 최종적으로 물과 이산화탄소로 분해되는 플라스틱을 말한다. 옥수수 전분을 이용한 폴리락타이드(PLA)가 대표적이다. 분해되는 성질 때문에 생분해 플라스틱을 기존 일회용 플라스틱의 대체 포장재로 쓰는 경우가 늘고 있다.

하지만 한계도 분명하다. 생분해성 플라스틱의 생분해 인증은 50℃의 온도에서 6개월 동안 두었을 때 90% 이상이 생분해 되었는지에 대한 여부로 결정된다. 이 조건을 맞추지 않고서는 생분해되지 않는다는 뜻이기도 하다. 또 우리의 폐기물 배출과 처리체계에도 문제가 있다. 보통은 생분해 플라스틱 제품을 일반쓰레기와 동일하게 종량제 봉투에 넣어버리게 된다. 그리고는 대부분 소각되는 것이 현실이다. 굳이 생분해 플라스틱일 필요가 없는 것이다.

따로 버리면 어떨까? 일부 재활용 물질로 분리배출이 될 경우 다른 재질의 폐기물과 혼합된 상태에서는 오히려 전체적인 물성을 저하시켜 불량률을 높이는 부작용이 있다. 그럼에도 우리는 아직 일반적인 폐기물처리 계통에서 생분해 플라스틱을 별도로 처리할 환경을 갖추고 있지 못하다. 결국 이래저래 생분해 플라스틱이 플라스틱 문제의 온전히 해결해 주지 않는다. 다만, 제조 과정에서의 자원 절감, 탄소배출 감소와 소각을 통해 유해

물질이 상대적으로 소량 발생한다는 점에서 차별성을 갖는데 만족할 수밖에 없다.

비슷한 사례로, '친환경 종이컵'도 들여다보자. 무형광, 무방부, 무화학, 무표백 등등의 근거로 환경부에서 인증한 친환경 종이컵이 시중에서 널리 판매되고 있다. 기존 일회용 일반 종이컵이 유발하는 환경적 문제와 자원낭비의 심각성과 달리 친환경이니 확연한 차이를 갖고 있을 것이라 기대하게 된다. 분명히 어느 면에서는 우수한 것이 사실이다. 하지만 종이컵은 플라스틱과 달리 재활용돼 환경오염을 일으키지 않는다고 생각하기 쉽지만, 사실 재활용도 잘 되지 않고 컵 안을 감싼 플라스틱 필름은 썩지 않고 남는다. 그리고 여전히 삼림 벌채의 원인이 됨을 부정할 수 없다. 한순간 쓰고 버리는 일회용품에 정부가 '친환경인증표지'를 주어 녹색제품으로 공인하는 제도가 적절한지 고민스러운 대목이다. 또 다른 사례로 전기차의 이면을 들 수 있다. 화석연료를 태워서 동력을 얻는 내연기관과 달리 전기차는 전기로 움직이기 때문에 유독한 배기가스를 내뿜지 않는다고 생각한다. 그래서 전기차가 '친환경차'로 분류되어 정부의 각종 지원을 받고 만들어지며 팔린다. 그런데 최근의 연구에 따르면 전기차도 별수 없이 일반 자동차와 동일한 수준의 미세먼지나 초미세먼지를 내뿜는다고 한다.

타이어와 브레이크 마모 등에 따른 영향으로 이를 학계에서는 '비(非)배기성 오염물질'로 부른다. 학계의 설명은 이러하다. 차량이 무거울수록 타이어에 실리는 하중이 크고 타이어와 브레이크 마모량도 많아진다. 전기차는 배터리를 탑재했기 때문에 내연기관차보다 약 24% 더 무겁다. 그러니 주행 과정에서 타이어와 브레이크에서 먼지를 더 많이 발생시키는 것이다. 한 면만 보고 생태적이다, 친환경이다 할 수 없음이다.

이러한 상황을 두고, 일각에서는 정부가 방조하는 '그린 워싱'(위장 환경주의)이라고 비판한다. 진정한 환경우선주의라면 폐기 과정에서 친환경적 처리체계와 시설을 별도로 갖추려는 노력, 제품의 온전한 환경적 가치를 평가하거나 자원화와 물질순환 개념을 실현한 제품에 공식 인증을 부여하는 절차가 필요할 것이다.

전 과정 평가(Life Cycle Assessment, LCA)라는 것이 있기는 하다. 제품 제조공정 및 서비스를 포함한 모든 산업 활동이 환경에 미치는 영향을 평가하는 방법이다. 즉, 제품의 원료채취, 제조, 사용 및 폐기처리에 이르는 전 과정에 걸쳐 소모되고 배출되는 물질과 에너지의 양을 정량화하여, 이들이 환경에 미치는 영향을 평가하고 환경개선을 모색하는 절차다. 하지만 계속 수정, 보완이 필요한 체계이다. 기준의 강화뿐만 아니라 제품과 서비스의 친환경성 여부를 시대적 조류와 여건 변화에 따라 엄격히 할 필요가 있는 것이다. 이는 분명 정부와 관계기관의 과제이다.

한편 시간이 흐를수록 소비자로서의 우리의 선택이 더욱 현명해지고 단호해져야 한다. 환경을 보호하고 쓰레기 문제를 해결하는 최선의 방법은 원칙적으로 절제와 소박한 소비다. 어느 경우에는 물건이나 상품을 사지 않고, 쓰지 않는 결단까지도 필요하다. 극단적일 수 있으나 지금의 환경파괴와 기후위기는 우리에게 분명한 태도를 취할 것을 요구하고 있다. 그것을 우리는 환경윤리라 부른다. 나를 포함해 모두와 정부 그리고 정부가 운용하는 제도, 정책이 환경윤리로부터 자유로울 수 없는 시대다.

출처: 지영일(2021). 인천in 시민의 손으로 만드는 인터넷신문(http://www.incheonin.com). (2021. 7. 9.)

2 동물학대와 동물윤리[4)]

1) 육식과 생태계 파괴

인간의 동물에 대한 학대가 끊이지 않는 것은 인간의 육식에 대한 애착이 그 원인 중의 하나이다. 우리는 일상생활 속에서 흔하게 육식을 하면서도 그 동물들이 어디에서, 어떻게 성장하여, 어떤 과정을 거쳐 우리 몸속에 들어오게 되는지에 대해서는 별로 관심이 없다. 즉, 인간이 식육으로 이용하는 동물들이 어떠한 방식으로 고통스럽게 죽어 가는지에 대해 잘 알지 못한다. 대부분의 사람들은 단지 잘 가공된 고기를 요리하고 먹을 뿐이다. 우리는 일상생활 중에 섭취하고 있는 육식과 관련하여 인간의 의식에서 이해될 수 있는 동물 세계만이 아니라 우리의 세계에서 동물이 정말 어떻게 인식되고, 죽어 가고 있는지에 대해 진지하게 생각할 필요가 있다.

육식은 채식에 비해 경제적으로 매우 비싼 음식이다. 그러므로 사람들은 일반적으로 동물의 고기를 섭취하는 것을 일종의 고급문화로 인식하는 경향이 있다. 그것은 예나 지금이나 마찬가지로 서구에 퍼져 있는 스테이크 문화에서 나온 것으로, 고기가 중요한 음식이고 고급음식의 상징이었던 카우보이 시절부터 유래되었다. 사실 지금도 세계의 일부 지역에서는 빈곤으로 인하여 동물과 고기 자체를 쉽게 접할 수 없는 가난한 나라와 많은 사람들이 존재한다. 인간이 동물을 많이 잡아 식용으로 사용함에도 불구하고 인간 사회에서

---

4) 정석용 · 이규은(2019). pp. 315-324 내용을 재구성한 것임

는 극심한 양극화가 존재하는 모순된 일이 발생한다. 따라서 우리가 이념적으로 동물에 대한 존중이나 배려를 떠나서 인간이 먹을 수 있는 양식을 우리가 공유하고 나눌 수 있는 방향으로 나아가는 것도 중요한 일이다. 동물을 사랑해서가 아니라 동물을 먹지 못하는 인간을 사랑해서라도 소위 과잉 섭취를 피해야 할 것이다.

어느 조사 보고서에 따르면 한 사람이 육식을 하면서 70세까지 산다면 그 사람은 평생 양 30마리, 돼지 30마리, 닭 600마리, 소 5마리 정도를 먹게 된다고 한다. 이 정도는 아니라고 하더라도 현대인들의 육식 위주의 식습관은 오늘날 각종 성인병의 원인이 되고 있으며, 무엇보다도 육식에 대한 우리의 애착이 생태계 파괴의 주된 원인이라는 점이다. 소를 사육할 경우, 소의 사료로 소비된 곡물 중 단지 11%만이 고기로 생산된다고 한다. 이를 좀 더 명확한 수치로 설명하면 가축 사육장에서 소는 대략 790킬로그램의 곡물을 소비하여 50킬로그램 미만의 고기를 만들어 낸다. 문제는 엄청나게 많은 농토가 소, 돼지, 닭과 같은 가축들에게 먹일 사료를 위해 곡류나 콩을 경작하는 데 사용되고 있다는 사실이다. 게다가 브라질에서는 목장을 만들기 위해 세계의 허파라고 불리는 아마존의 밀림에 대한 무분별한 벌채가 이루어지고 있다. 이미 4천만 헥타르의 밀림이 사라졌으며, 그로 인해 숲의 이산화탄소 정화 기능은 현저하게 저하되었다. 더욱이 인간의 수보다 많은 가축들이 배출하는 엄청난 분뇨의 메탄가스는 이산화탄소에 비해 25배나 높은 온실효과를 만들어 내고 있다. 이로 인해 오늘날 세계 곳곳은 수없이 많은 기상이변 현상으로 몸살을 앓고 있다. 인류는 지금껏 경험해 보지 못한 강력한 태풍이나 허리케인, 극심한 가뭄과 홍수, 온난화로 인한 해수면 상승과 같은 자연재해로 심각한 피해를 겪고 있다. 바로 이러한 자연재해의 주된 원인이 바로 화석연료(석유)의 사용과 더불어 우리의 육식을 위주로 하는 식습관 때문인 것이다(이태하, 2009: 223-224). 따라서 이러한 생태계의 파괴를 방지하기 위해서는 인간의 육식의 양을 지금보다 훨씬 더 줄여 나가야 한다. 즉, 동물에 대한 전향적 태도의 전환이 필요하다. 우리가 먹는 음식에서 동물의 육식보다 훨씬 더 맛있고 몸에 좋은 음식을 개발하는 것도 하나의 대안이 될 것이고, 채식주의자로 전환하는 것도 하나의 대안이 될 수 있다. 인간이 육식하고 있는 동물은 사실상 성스러운 것이다. 동물과 인간의 관계에 대한 전향적인 사고의 전환, 그리고 동물과의 연대를 위한 우리의 작은 관심과 노력이 절실히 필요한 때이다.

2) 동물 학대

다원화를 추구하는 사회변화와 함께 문화적인 측면에서도 다문화 사회의 특성이 나타나고 있다. 특히 동물 애호가들을 중심으로 하는 외국의 동물 관련 단체들은 한국의 개고기 문화에 대해 빼놓지 않고 언급한다. 얼마 전 프랑스 여배우 브리지트 바르도(Brigitte Bardot)는 "한국인은 그저 사랑스러운 개나 먹는 무서운 야만인들"이라고 비난하였고, 미국의 워너브라더스(WB) TV 방송국은 "뉴욕의 한인이 보신탕을 위해 개를 잔인하게 죽여서 팔고 한국 음식점이 버젓이 뉴욕에서 보신탕을 팔고 있다."고 비난하였다[5] 이에 대해 한국 사람들은 문화상대주의[6]를 주장하면서 식문화 차이를 간과한 무지에 대해 응수하였다.

사실 개고기는 우리나라뿐만 아니라 중국, 베트남, 필리핀 등 동남아시아에서도 즐겨 먹는 음식 중의 하나이다. 우리나라는 신석기 시대부터 중국은 고

---

5) 2001년 뉴욕 워너브라더스(Warner Brothers, WB TV) 방송국에서 이틀에 걸쳐 2부작으로 한국인의 보신탕 문화를 뉴욕에 거주하는 한인 식당을 문제 삼아 방송하였다. 그러나 관련 사건에 대한 조사 결과 한인이 판매한 동물은 개가 아닌 코요테였으며, 한인 식당은 염소 보신 전골을 전문 판매하는 한인 식당을 보신탕을 판매하는 음식점이라고 오보한 것으로 드러났으며, 주정부는 조사 결과 음식점에서 판매한 고기는 염소 고기라고 밝혔음.

6) 인간의 문화는 민족, 언어, 종교, 풍습, 역사, 지리, 기후, 나라, 사회에 따라 다르게 발전하므로 문화가 서로 다르다는 이유로 비난할 수 없다. 그러나 서구인들은 다른 음식 문화를 혐오하거나 비난하며, 동물 보호 관련 단체는 한국의 개고기 식용을 야만이니 학대니 하면서 비난하고 있다. 그러나 우리 민족에게 개는 길러서 잡아먹던 가축의 하나에 지나지 않으며, 개고기를 먹어 온 역사는 기원을 알 수 없을 정도로 오래된 우리의 음식 문화이다. 그러므로 다른 나라 사람이 우리 음식 문화를 참견하는 것은 주제넘은 일이고, 우리가 다른 나라의 음식 문화를 비난하지 않는 것처럼 그들도 우리를 비난하면 안 된다.

대부터 애용해 왔으며, 더 놀라운 사실은 서양에서도 오래전에 개고기를 식용했다는 기록이 발견되고 있다는 사실이다. 뿐만 아니라 최근 미국에서는 식용 이 외에 개를 잡아서 사료나 화장품 만드는 데 사용하고 있다는 사실도 알려졌다.

인간이 동물을 식용으로 이용하는 일은 한국인의 보신탕 문화만이 특이한 것은 아니다. 일본은 고래를 식용으로 이용하고 있으며, 프랑스는 거위 간을 먹는 것이 보편화된 문화이다. 현재 고래는 세계적으로 멸종 위기에 처한 동물로 보호 대상이고, 거위 간 푸아그라[7]는 좁은 철장 안에 거위를 가둬 놓고 억지로 사료를 잔뜩 먹인 다음 그 간만 쏙 빼서 먹는 등 인간의 동물식용 문화는 잔인한 면이 있다. 그런가 하면 인도나 이슬람 문화권에서는 동물을 식용으로 금지하는 국가도 있다. 인도에서는 소를 숭배해서 소고기를 먹지 않으며, 이슬람 문화권에서는 돼지고기를 먹는 것을 아예 종교적으로 금하고 있다. 이와 같이 문화상대주의에서처럼 국가 간 문화의 상대성을 인정해야 하는 측면이 있다.

그러나 한국인의 동물에 대한 식용 관습은 유별난 데가 있다. 몸에 좋다는 것은 가리지 않고 뱀, 지네, 오소리 등 듣기만 해도 혐오스러운 동물들을 닥치는 대로 잡아먹는 경향이 있다. 뿐만 아니라 동물에게 살을 찌우기 위해 좁은 공간에 가두어 둔다거나 거세를 하며, 도살하기 전에 물을 강제로 먹이는 등 동물에 대한 잔혹한 행동을 마다하지 않고 행하는 사례를 볼 수 있다. 이와 같이 동물에 대한 인간의 무자비한 행동을 동물 학대라고 한다. 우리나라의 「동물보호법」[8]에서는 동물 학대와 관련하여 법률로 다음과 같이 금지하고 있다.

---

7) 푸아그라는 프랑스어로 '살찐 간(fat liver)'이라는 뜻이다. 프랑스 북동부의 알자스(Alsace)와 남부 페리고르(Perigord) 지방의 특산품이다. 가격이 매우 비싸고 크리스마스 등의 명절에 먹는다. 간을 그대로 굽기도 하고, 토스트 위에 얇게 바르거나 수프에 넣어서 먹는 등 다양한 요리법이 있다. 프랑스에서는 살찐 간을 얻기 위해 거위를 움직이지 못하게 고정시킨 채 약 한 달간 300g의 사료를 하루에 세 번씩 강제로 먹여서 사육한다.

8) 「동물보호법」의 목적은 '동물의 생명보호, 안전 보장 및 복지 증진을 꾀하고 건전하고 책임있는 사육문화를 조성함으로써, 생명 존중의 국민 정서를 기르고 사람과 동물의 조화로운 공존에 이바지함을 목적'으로 한다.

제10조(동물학대 등의 금지)

① 누구든지 동물을 죽이거나 죽음에 이르게 하는 다음 각 호의 행위를 하여서는 아니 된다.

1. 목을 매다는 등의 잔인한 방법으로 죽음에 이르게 하는 행위
2. 노상 등 공개된 장소에서 죽이거나 같은 종류의 다른 동물이 보는 앞에서 죽음에 이르게 하는 행위
3. 동물의 습성 및 생태환경 등 부득이한 사유가 없음에도 불구하고 해당 동물을 다른 동물의 먹이로 사용하는 행위
4. 그 밖에 사람의 생명·신체에 대한 직접적인 위협이나 재산상의 피해 방지 등 농림축산식품부령으로 정하는 정당한 사유 없이 동물을 죽음에 이르게 하는 행위

② 누구든지 동물에 대하여 다음 각 호의 행위를 하여서는 아니 된다.

1. 도구·약물 등 물리적·화학적 방법을 사용하여 상해를 입히는 행위. 다만, 해당 동물의 질병 예방이나 치료 등 농림축산식품부령으로 정하는 경우는 제외한다.
2. 살아 있는 상태에서 동물의 몸을 손상하거나 체액을 채취하거나 체액을 채취하기 위한 장치를 설치하는 행위. 다만, 해당 동물의 질병 예방 및 동물실험 등 농림축산식품부령으로 정하는 경우는 제외한다.
3. 도박·광고·오락·유흥 등의 목적으로 동물에게 상해를 입히는 행위. 다만, 민속경기 등 농림축산식품부령으로 정하는 경우는 제외한다.
4. 동물의 몸에 고통을 주거나 상해를 입히는 다음 각 목에 해당하는 행위
   가. 사람의 생명·신체에 대한 직접적 위협이나 재산상의 피해를 방지하기 위하여 다른 방법이 있음에도 불구하고 동물에게 고통을 주거나 상해를 입히는 행위
   나. 동물의 습성 또는 사육환경 등의 부득이한 사유가 없음에도 불구하고 동물을 혹서·혹한 등의 환경에 방치하여 고통을 주거나 상해를 입히는 행위
   다. 갈증이나 굶주림의 해소 또는 질병의 예방이나 치료 등의 목적 없이 동물에게 물이나 음식을 강제로 먹여 고통을 주거나 상해를 입히는 행위
   라. 동물의 사육·훈련 등을 위하여 필요한 방식이 아님에도 불구하고 다른 동물과 싸우게 하거나 도구를 사용하는 등 잔인한 방식으로 고통을 주거나 상해를 입히는 행위

③ 누구든지 소유자 등이 없이 배회하거나 내버려진 동물 또는 피학대동물 중 소유자 등을 알 수 없는 동물에 대하여 다음 각 호의 어느 하나에 해당하는 행위를 하여서는 아니 된다.

1. 포획하여 판매하는 행위
2. 포획하여 죽이는 행위
3. 판매하거나 죽일 목적으로 포획하는 행위
4. 소유자 등이 없이 배회하거나 내버려진 동물 또는 피학대동물 중 소유자 등을 알 수 없는 동물임을 알면서 알선·구매하는 행위

지구는 분명 다양한 동물들이 공존하는 공간이지만 유래 없이 인간이라는 동물로 인해 다른 동물들의 입지점이 점점 줄어들고 있음은 분명한 사실이다. 동물학대에 의한 동물의 유기 이외에도 우리나라에서는 한 해 동안 동물실험을 위해 죽어 가는 실험동물이 500만 마리에 이른다. 이는 우리나라 인구의 1/10에 해당하는 동물이 죽어 가고 있는 것이다. 인간의 허영이 동물의 복지보다 우선하는 것으로, 이제는 이를 탈피하여 동물실험을 줄이고, 실험동물에 대한 인도적이고 윤리적인 대우를 하고, 동물에 대한 잔인한 죽음보다 안락사에 대한 고려가 있어야 하며, 동물실험을 대체할 수 있는 방법의 강구(replacement), 실험동물의 사용 수 감축(reduction), 실험동물에 대한 고통의 최소화(refinement) 등을 위해 노력하여야 할 것이다. 즉, 동물윤리에 대해 고민해야 할 때이다. 동물을 경시하는 이러한 의식이 지속된다면 머지않아 동물들이 자연에서 향유할 수 있는 시공간을 우리는 안타깝게도 동물원에서나 볼 수 있는 때가 오게 될 것이다. 우리의 동물에 대한 이해와 동물윤리에 대한 인식이 지금의 중요한 과제이다. 우리가 동물에 대한 윤리를 고민할 때 가장 기본적으로 고려해야 할 것이 인간 문화의 기초를 전환하는 것이다. 인간의 동물에 대한 관계는 사실 인간과 자연 사이의 핵심적인 관계를 동반한다. 쇼펜하우어(Arthur Schopenhauer)는 이러한 인간과 자연, 인간과 동물의 관계를 고려할 때 가장 중요한 것은 인간과 동물의 이해, 공감, 나눔, 고통의 연대 등이 상호 간에 공유되는 것이라는 점을 강조하였다.

3) 동물학대를 바라보는 세 가지 관점

슈바이처(Albert Schweitzer)[9]는 생명의 경이로움에 대해 "생명의 가치는 그

9) 프랑스인, 의료 전도자, 철학자, 신학자. 신학과 철학을 배운 뒤, 직접적 방법으로 인류에게 봉사할 결심을 하고 의학을 공부했다. 1913년 아프리카의 람바레네(현 가봉공화국)로 건너가 부부가 병원을 설립했다. 흑인의 의료 전도에 종사하고 생명의 외경을 주장해 '원시림의 성자'로 일컬어졌다. 1952년 노벨 평화상을 수상했다. 저서로 『나의 생활과 생애에서』 등이 있다

것이 가져오는 효용이나 쾌락에 있는 것이 아니라 그 자체에 있는 것이다. 그러므로 생명의 본질은 그 무엇으로도 환원될 수 없으며, 그 무엇의 수단이 아닌 그 자체 목적으로서 의미 있고 가치가 충만한 것이다."라고 하였다. 이와 같이 생명을 자연의 권리로 본다면 이 지구상에 살아 있는 모든 유기체, 즉 동물을 포함한 모든 유기체는 자연 권리를 지니고 있으므로 존중되어야 할 것이다. 일반적으로 동물을 인식하는 관점은 다음의 세 가지로 구분된다(이태하, 2009: 210-217).

(1) 비의무론

정신과 물체의 이원론을 주장함으로써 인간의 심신 문제를 야기한 데카르트(R. Descartes)[10]는 인간은 동물에 대한 윤리적 의무가 없다고 주장한다. 데카르트는 동물을 의식이 없는 존재로 생각했기 때문이다. 데카르트의 주장에 따르면, 동물은 기계이며 자동인형이다. 그들은 쾌락이나 고통뿐만 아니라, 그 어느 것도 느끼지 못한다. 그들을 칼로 찌르면 소리를 질러 대고, 뜨거운 쇠로 지지면 피하여 달아나려고 한다. 그러나 이것이 동물들이 고통을 느끼는 감각을 지니고 있음을 보여주는 것은 아니다. 그들은 그저 시계처럼 그것을 작동시키는 원리의 지배를 받을 뿐이다. 시계가 우리가 만든 기계라면 동물은 신이 만든 훨씬 더 정교한 기계인 것이다. 그러므로 데카르트의 입장을 추종한 당시의 생리학자들은 아무렇지도 않게 잔혹한 동물실험을 했다.

그러나 동물이 인간과 마찬가지로 쾌락이나 고통을 느끼는 감각을 지니고 있지 못하다는 주장을 오늘날 수긍할 사람은 거의 없다. 만약 동물을 기계로 보는 데카르트의 기계론적인 설명 방식을 받아들인다면 우리는 다른 사람들도 역시 동물처럼 기계라고 생각해야 할 것이다. 왜냐하면 인간의 경우 역시

10) 프랑스의 수학자 · 철학자(1596~1650)이다. 근대 철학의 아버지라 불리며, 해석 기하학의 창시자이다. 그는 모든 것을 회의한 다음, 이처럼 회의하고 있는 자기 존재는 명석하고 분명한 진리라고 보고, "나는 생각한다. 고로 나는 존재한다."라는 명제를 자신의 철학적 기초로 삼았다. 저서에 『방법 서설』, 『성찰(省察)』, 『철학 원리』 등이 있다.

다른 사람이 감각을 지니고 있는지 그의 행동이나 태도를 통해 추측할 수 있기 때문이다. 데카르트는 이 밖에도 동물이 인간처럼 언어를 사용하지 못한다는 점을 지적하였다. 데카르트는 사람들은 언어를 사용해 자신의 생각을 타인에게 전할 수도 있고 타인의 생각을 전달받을 수도 있다는 점에서 언어를 사용하는 타인은 분명 의식을 지닌 존재지만, 언어를 사용하지 못하는 동물은 의식을 지닌 존재로 볼 수 없다고 보았다. 그러므로 동물을 때리거나 잡아먹는 행위를 잔혹한 행위라 말하는 것은 죽은 사물을 의인화하듯 동물을 의인화하는 인간중심적 사고의 발로일 뿐인 것이다.

(2) 간접적 의무론

인간은 자신과 명백히 차별화되는 동물에 대해 잔혹한 행위를 하지 말아야 할 어떠한 직접적 의무도 없지만, 인간이 인간 자신에 대한 의무를 생각해 볼 때 잔혹한 행위를 하지 말아야 할 간접적 의무는 있다고 주장한 사람이 칸트와 아퀴나스[11])이다. 아퀴나스에 따르면, 하느님은 인간에게 동물에 대한 지배권을 주었고, 인간은 자신의 생명을 유지하기 위해 동식물의 생명을 빼앗는 것을 신의 섭리라고 보고 있다. 그러므로 초식동물이 식물의 생명을 빼앗는 것은 지극히 자연스러운 것이며, 전혀 탓할 일이 못 된다는 것이다. 그렇다고 아퀴나스가 동물학대를 정당화하는 것은 아니다. 아퀴나스는 동물에 대한 잔혹한 행동은 인간에 대한 잔혹한 행동으로 연결될 수 있다는 점에서 동물에 대한 잔학 행위를 금지하였다. 칸트 역시 이와 같은 아퀴나스의 견해를 좇아 동물학대에 반대하였다. 칸트는 인간이 동물에 대해 잔혹한 행위를 하지 말아야 할 직접적인 의무는 없다고 말한다. 그러나 칸트는 인간이 동물을 다루는 방식이 인간을 다루는 방식에 영향을 미친다는 로크의 주장에 주목하였다.

---

11) 이탈리아의 신학자 · 철학자(1125~1174). 스콜라 철학의 대표자 가운데 한 사람으로, 이성과 신앙의 조화를 추구하여 방대한 신학 이론의 체계를 수립함. 저서로 『신학 대전』 등이 있음.

로크(L. Locke)의 주장처럼, 동물을 잔혹하게 대하는 사람은 습관적으로 인간에게도 잔혹하게 대한다는 사실을 받아들인다면 당연히 동물학대는 칸트의 관점에서 도덕적으로 금지되어야 한다. 예를 들어, 어떤 사람이 쓸모없는 동물이라 해서 죽이거나 말을 듣지 않는다고 해서 때릴 경우, 그 사람의 마음에는 자신이 보기에 쓸모없다고 생각하는 사람을 때리려는 습성이 생겨나고, 이 습성은 자연스럽게 인간성에 대한 훼손으로 연결될 수 있는 것이다. 그러므로 동물에 대해 잔혹한 행동을 금지시키는 것은 동물 때문이 아니라 인간성을 수호하기 위함인 것이다.

(3) 직접적 의무론

동물 해방(Animal liberation)을 주장하는 현대 윤리학자 중 가장 활발한 활동을 벌이고 있는 싱어(P. Singer)[12]는 단호하게 동물과 인간을 구별할 수 있는 도덕적으로 의미 있는 차이는 없다고 말한다. 다시 말해, 싱어는 인간만이 지닌 지성, 자의식, 자율성을 비롯해 언어 사용 능력과 도구 사용 능력을 가지고 동물과의 차별을 정당화하는, 도덕적으로 의미 있는 속성이 될 수 없다고 말한다. 만약 이러한 것들이 동물학대의 근거가 된다면 영유아나 정신박약자나 정신지체아에 대한 학대 역시 정당화될 수 있기 때문이다. 그렇다면 우리가 영유아나 정신지체아를 학대할 수 없는 이유는 무엇 때문일까? 싱어는 이 질문에 대한 답을 공리주의의 창시자인 벤담에게서 찾고 있다. 벤담에 따르면, 도덕적 판단의 기준은 바로 기쁨과 고통을 경험하는 능력에 있다는 것이다.

공리적 관점을 수용하는 싱어는 도덕적으로 의미 있는 기준은 사유의 능력, 언어 사용 능력, 자율성이 아니라 고통을 느낄 수 있는 능력이라고 말한

---

12) 피터 앨버트 데이비드 싱어(Peter Albert David Singer, 1946~)는 오스트레일리아 멜버른 출생의 철학자. 실용 윤리의 전문가이며, 선호 공리주의와 무신론의 관점을 가지고 윤리적 문제에 접근함. 학문적 성취 외에도 그의 저서인 『동물 해방』으로 잘 알려져 있으며, 이 책은 동물권 운동을 하는 사람의 지침서로 알려짐.

다. 바로 사유할 수도 없고 말할 수도 없는 영유아나 정신 지체아에게 잔혹한 행위를 해서는 안 되는 이유는 그들이 고통을 느끼기 때문이다. 바로 이 점에 있어서 동물 역시 예외가 아니라는 것이다. 싱어는 고통을 느끼는 존재는 고통을 피하고자 하는 선호(選好)를 갖고 있으며, 선호를 갖는 존재는 자신의 선호를 인정받을 위치에 있다고 보는 것이다. 고통을 느끼는 존재라면 고통을 당하지 않고 싶은 선을 가질 것이며 이 같은 선호는 인간의 선호와 같이 평등하게 고려되어야 한다는 것이다. 이 말은 한마디로 고통을 느낄 수 있는 동물은 고통을 겪지 않을 동물권(animal right)을 지니며, 인간은 이 동물권을 존중해야 할 직접적인 의무를 지닌다고 할 것이다.

4) 동물윤리의 쟁점 사례

반려동물 잔혹사 충격, '동물권' 강화 대책 내놔야

양평군의 한 주택에서 최근 1천200여 마리의 개가 사체로 발견돼 큰 충격을 줬다. 60대 남성은 경찰 조사에서 2, 3년 전부터 유기견 등을 집으로 데려왔다고 했다. 키우던 개를 처리해 달라는 부탁을 받고 한 마리에 1만 원씩 받고 가져온 것도 있고, 번식장에서 개를 넘겨받은 것도 있다고 했다. 이 남성은 그렇게 데려온 개들을 방치하고 굶겨 죽였다. 그 숫자가 1천 마리가 넘는다니 경악할 노릇이다.

현행법상 동물 생산업자(번식업자) 등이 '고의로 사료 또는 물을 주지 아니하는 행위로 인하여 동물을 죽음에 이르게 하는 행위'는 3년 이하의 징역 또는 3천만 원 이하의 벌금이 부과될 수 있고, 이를 교사한 경우 형법상 교사범으로 같이 처벌받을 수 있다. 경찰은 양평 사건의 남성을 동물보호법 위반 혐의로 조사 중인데, 개를 데려온 구체적인 경위 등을 철저히 조사해야 한다.

'반려동물 천만시대'라고 하지만, 또 한쪽에선 동물을 굶겨 죽이거나 아무렇게 버리는 사례가 부지기수다. 동물 학대 및 유기 사건이 줄을 잇고 있다.

반려견 학대와 유기는 공급 과잉이 주요 원인 중 하나다. 반려동물 생산에 제한이 없다 보니 잉여 동물이 생기게 돼 처리 문제가 발생하게 된다. 기형적인 반려견 생산구조 문제가 큰데도 우리 사회가 이를 눈감아 왔다. 농림축산식품부에 따르면 2021년 기준 전국의 합법 동물생산업장은 총 2천19곳이다. 동물 생산량에 상한선이 없어 이들 업장에서 한 해 태어나는 동물이 얼마나 되는지 모른다. 여기에 불법 번식장도 있어, 알려진 것보다 훨씬 더 많은 '강아지 공장'이 있을 것으로 추정된다.

생산된 동물이 많다 보니 쉽게 사고 쉽게 버린다. 펫숍 등에서 반려동물을 상업적으로 매매하는 행위에 문제가 있다. 이곳에선 대부분 2, 3개월령의 작은 개와 고양이를 판매하는데 선택받지 못한 동물들은 어떻게 처리되는지 알 수 없다. 결국 양평 같은 사례가 나올 수 있다. 반려동물 생산 및 판매 등 유통 과정에서 버려지는 동물들에 대한 대책이 절실하다.

유기동물이 많이 발생하는 또 하나의 이유는 '반려동물 소유자의 책임의식 부족'이다. 2014년부터 반려동물등록제가 시행되고 있지만 제대로 지켜지지 않고 있다. 반려동물 보호자는 물론 관련 업체들의 책임의식을 높이기 위한 정책이 필요하다. 반려동물 이력관리제 등을 통해 문제가 발생할 경우 누군가에게 책임을 물을 수 있는 제도도 마련돼야 한다. 모견 및 종견의 출산 나이 제한, 불법 생산업체 등에 대한 단속 강화 등 세부적인 대책이 있어야 한다.

동물학대 범죄에 대한 엄정한 처벌, 반려동물 영업 관리도 중요하지만 진정한 '동물권'을 위한 대책이 강화돼야 한다. 반려인 복지·편의보다 동물복지에 초점을 둔 정책이 절실하다.

출처: 경기일보(2023. 3. 9).

12

CHAPTER

스포츠 윤리와 예술윤리

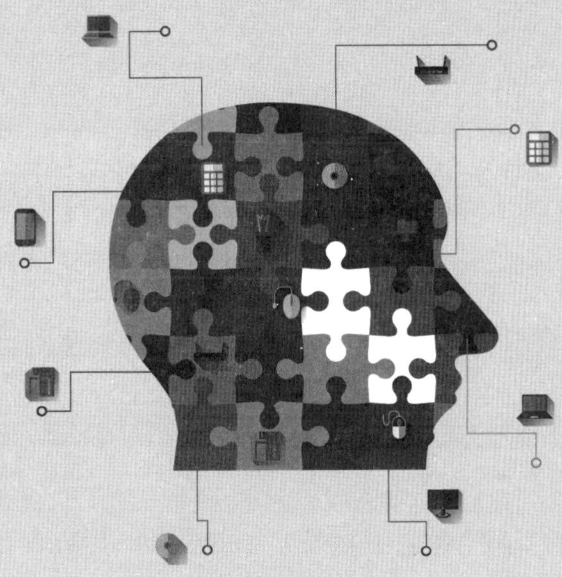

12

CHAPTER

스포츠 윤리와 예술윤리

스포츠 윤리란 스포츠 행위를 할 때 선악을 판단하는 기준이 되는 윤리로 스포츠를 행하며 마땅히 지켜야 할 도리나 이치를 말한다. 스포츠 경기에서는 좋은 성적을 거두어 승리를 하는 것도 중요하지만 그보다도 먼저 스포츠 윤리를 준수하여 함께 즐기는 건전한 스포츠 문화를 만들어 가는 일 또한 매우 중요하다.

인간의 감정을 표현하고 미적가치를 추구하며 아름다움과 관련된 새로운 가치를 만드는 활동이나 그 결과물을 예술이라고 한다. 예술 활동을 통해 인간의 심리적 안정과 즐거움을 찾고 새로운 대상으로부터 의미를 발견하는 일 또한 예술의 가치에서 뗄 수 없는 일이다. 하지만 예술의 상업화와 같은 비윤리적 행위로 인해 예술윤리의 문제가 발생하기도 한다. 대중의 관심을 끌고 경제적 이익을 얻기 위해 자극적이고 선정적인 작품에 집중하여 예술의 질적 저하를 가져오는 것은 물론이고 지나치게 상업적인 가치에만 치중하여 예술적 가치가 추락하는 문제가 발생한다.

이 장에서는 이러한 스포츠 윤리와 예술윤리에 대한 이해와 우리사회의 문제, 그리고 윤리적 쟁점 사례에 대해 살펴보고자 한다.

1 스포츠와 스포츠 윤리[1)]

1) 인간의 삶과 스포츠

인간은 누구나 건강하게 살고자 하는 욕망을 가지고 있다. 이러한 인간의 욕망을 채우기 위해서는 개인에게 적합한 운동을 찾아 지속적으로 실천함으로써 신체의 건강을 유지할 수 있고, 이를 통해 일상생활을 보다 편안하고 기분 좋게 영위할 수 있게 된다.

고대 사회의 국가에서는 스포츠는 매우 중요한 과목이었다. 건강한 생활과 함께 성공적인 일상생활을 위해서는 강인한 체력이 필수적이었다. 강인한 체력을 지키기 위한 일환으로 등장한 것이 스포츠이며, 따라서 스포츠는 중요한 과목이 될 수밖에 없었다. 즉, 스포츠는 우리의 쾌적한 삶을 실현하기 위한 가장 기본적인 것으로 인식하게 되었다.

최근 들어 정보화 사회로 접어들면서 사회의 인식은 변화되었다. 스포츠를 중심으로 하는 신체에 관한 관심은 줄어들고, 새롭게 등장하는 다양한 최첨단의 지식이나 정보에 보다 많은 관심을 갖게 되고, 보다 더 높은 가치를 부여하는 방식으로 사회적 인식이 변화하였다. 이와 같은 변화는 인간의 신체와 같은 외적인 면보다는 학문이나 지적 능력과 같은 인간의 내적인 면을 중시하는 사회변화와 맥을 같이하고 있으며, 이는 사람들의 삶에 있어서 인간의 외적인 행복보다는 내적인 행복을 추구하고, 동시에 내적인 면에 의미와 가치를 더 중요하게 부여한다는 것이다.

스포츠는 사회의 기본이 되는 도덕적 윤리적 원리를 가르치고 영속시킬 의무를 지니고 있다. 이러한 원리 중에는 개인적 욕구와 개인차에 대한 감성, 개인의 행동에 대한 책임감, 타인에 대한 관심, 그리고 정직한 헌신과 성실 및 페어플레이가 있다. 스포츠를 통해서 윤리적 행동을 보여주고, 모든 사람

1) 정석용 · 이규은(2019). pp. 287-297 내용을 재구성한 것임

에게 공평한 경기 진행을 보여주어야 할 의무가 있다.

스포츠 윤리란 스포츠 행위에 있어서 선악 판단의 기준이 된다. 스포츠 윤리는 스포츠와 관련한 제도를 마련하는 데 있어서 방향을 제시해 주고 결과를 평가하는 기준이 된다. 스포츠 윤리학은 승자의 겸손함, 패자의 자기통제, 운동선수로서의 예의범절 등이 지켜지지 않는 데서 출발한다. 스포츠인으로서 지켜져야 할 윤리적 도덕적 규범을 망각한 채 우리 주변에서 흔히 보고 듣는 이야기들 - 페어플레이(fair play) 정신의 상실, 규칙 위반, 부정 선수, 심판 매수, 경기장 소란, 도핑, 담합, 승부 조작 - 이러한 것들은 스포츠인으로서 도덕적 규범을 상실한 일이다. 그런데 이러한 좋지 않은 일들은 왜 스포츠 분야에서는 유난히 더 많은 것일까? 스포츠의 행동은 사회의 거울이다. 오히려 사회의 다른 어떤 분야보다도 스포츠에서만큼은 더욱 윤리적이고 더욱 도덕적인 행동이 주류를 이루어야 한다. 왜냐하면 스포츠 현장에서의 행위는 개인의 행동이 아니라 공적 기준에 의해 판단하는 윤리문제로 접근하기 때문이다. 스포츠 윤리의 문제는 사회윤리적 접근 방식을 따르는 것이 일반적이다.

스포츠 윤리는 첫째, 강건한 신체 정신의 배양, 둘째, 도덕적 가치 및 인간을 사랑하는 태도 확립, 셋째, 민주적인 사고 함양 및 절차의 준수, 넷째, 미적인 탐구 자세의 고취와 생활화, 다섯째, 적응력 있는 사회 성원 배양 등을 목표로 한다.

2) 스포츠의 역할과 기능

스포츠는 우리들의 삶에 윤기를 더해 주는 운동이다. 우리의 신체는 단련하면 할수록 그 기능이 세련화되고 강해지며 유연성도 커진다. 그런데 스포츠는 몸을 움직여서 반복적인 동작을 취하는 것으로서 피로를 야기하는 동작이기도 하다. 그런데 스포츠는 '놀이'라는 성격을 지니고 있으므로 그 특징은 '재미'가 동반한다는 점이다. 그러므로 스포츠는 우리에게 즐거움을 더해 주고 미래에 대한 의욕을 북돋워 준다. 우리의 삶이 더욱 윤택해지고 생활에 여유가 생길 때에는 재미있고 건강한 몸을 세우고 유지하는 일에 더욱 관심과 노력을 아끼지 않게 된다. 그리하여 현대사회에 있어서 스포츠는 건강하고 즐거운 삶을 위한 필수적 요소가 된 지 오래이다. 그런 점에서 스포츠는 우리에게 많은 도움을 주는 부분이다. 그다음으로 현대사회와 같이 과학기술의 고도화로부터 자동화의 보급으로 인해 대부분의 일을 기계가 자동적으로 대신하다 보니 필연적으로 운동 부족에 시달리게 되며 인체의 퇴화를 겪게 된다. 이 같은 운동 부족과 인체의 퇴화에 대한 대책으로 가장 중요한 것은 스포츠이다. 스포츠는 유일한 신체 형성적 문화의 하나이다. 스포츠를 통해 운동 부족과 인체의 퇴화를 어느 정도는 막을 수 있다. 또 스포츠는 인간의 통합력을 강하게 가진 문화이다. 그러므로 체제 유지를 꾀하는 계층에서는 스포츠가 체제 유지를 위한 수단으로써 그 이용가치가 크다고 보았다. 그러나 앞으로 사회발전과 함께 필연적으로 고조되는 스포츠의 정치적, 상업주의적인 이용의 모순과 그 극복 운동이 더욱 고조될 것이다. 스포츠가 순수한 스포츠의 범위 안에서 순수하게 활용되지 않는 이 같은 현상은 바람직하지 않다.

스포츠는 인간의 신체의 건강을 도모할 뿐 아니라, 정신적 건강에도 크게 기여한다. 스포츠는 궁극적으로 정신의 훈련이라고 할 수 있다. 그리하여 스포츠는 국민들의 신체적, 정신적 건강 증진에도 크게 기여할 것이다. 현대사회에서는 스포츠의 조직화가 활발히 이루어지고 있으나, 스포츠의 조직화는 정치적, 상업주의적 이용을 확대시키며, 스포츠의 민주주의적 공공화의 추진과 대립되기도 한다(최병환, 2008: 210).

스포츠의 기능으로는 사회적 기능, 청소년 선도의 기능, 환경 개선의 기능, 윤리적 기능, 건강 기능 등을 들 수 있으며 구체적인 내용은 다음과 같다.

첫째, 스포츠는 사회적 기능을 수행한다. 스포츠는 사회적 통합을 이루는 데 활용할 수 있는 좋은 방법의 하나이다. 예를 들어, 월드컵 축구 경기를 생각해 보자. 모두가 하나 되어 자기 나라의 경기를 응원하는 모습에서 우리는 하나로 단합된 모습을 볼 수 있다. 이와 같이 스포츠는 스포츠 활동을 통해서 모두가 하나 되고 한 뜻으로 모을 수 있는 국민적 화합의 기회가 된다는 점에서 사회적 기능을 수행한다.

둘째, 스포츠는 청소년 선도의 기능을 수행한다. 청소년기를 질풍노도의 시기라고 한다. 이 시기에 청소년들은 성충동의 급격한 증가로 정서적 혼동을 경험한다. 정서적 혼동은 불안감과 과민성을 증대시키며, 이는 신체 에너지와 심리적 긴장감을 수반한다. 청소년들의 약물 남용이나 폭주 등은 정서적 불안감이나 긴장감으로부터 스스로를 해방시키고자 하는 그들 자신의 생존 전략일 수도 있다. 부모님을 사랑하면서도 기성세대에 대해 보수적이라고 경멸하거나 반항하는 태도를 갖는다(김남선 외, 2007: 41). 이와 같은 청소년기에는 언제, 어디를 방황하면서 다니는지 통제하기가 어렵고, 이러한 방황이 심각해지면 범죄로까지 이어진다. 특히 정상적인 가정이 아닌 결손가정이나 가정불화를 겪고 있는 가정의 청소년이나 심한 학업적 스트레스에 시달리는 청소년 등은 정체성에 대한 혼란을 겪고 있어 청소년들이 각종 범죄행위를 행하는 경우가 있다. 이런 경우 스포츠에 흥미를 두고 즐길 수 있도록 배려함으로써 청소년들의 스트레스를 해소시키고 발전적인 방향으로 선도하는 기능을 수행한다. 이러한 결과는 청소년들이 각종 범죄에 빠질 우려를 감소시키고 우범의 기회를 줄이는 기능을 한다.

셋째, 환경 개선의 기능을 수행한다. 지자체들은 마을이나 지역, 공원 등의 빈 공간을 이용하여 사회체육 시설을 설치하는 사업을 확대해 나가고 있다. 이러한 사회체육 시설의 확대는 국민의 스포츠 활동을 위한 공간의 확대라는 장점도 있지만, 각 지역의 빈 공간으로 남아 있으면서 얻어진 각종 '오물의 취합장'으로부터 벗어나 새로운 '청정 구역'으로 변신하게 된다. 이로 하여금 국민의 건강은 물론 지역의 환경 개선의 기능을 수행하는 일석이조(一石二鳥)의 효과를 얻게 된다.

넷째, 스포츠는 사람들에게 윤리적 기능을 수행한다. 스포츠를 통해서 사람들, 특히 청소년들은 자기 절제, 팀워크, 상호 존중과 동료 의식, 페어플레이에 대해 배울 수 있는 기회가 제공된다. 이러한 교육은 특히 어린이들에게 더욱 효과적이다. 스포츠는 자신에게 생성되는 에너지를 건전하게 발산하는 방법을 알려 주고, 경쟁심과 공격성을 유익한 방면으로 표출할 수 있게 도와

주는 밑거름이 된다. 또한 스포츠의 규칙과 매너를 통하여 사회의 공동생활에서 적응하는 방법과 능력을 습득하게 된다.

다섯째, 스포츠는 건강의 기능을 수행한다. 현대인들에게는 자동차와 컴퓨터가 생활화되어 있다. 기계의 발달은 인간에게 편리와 유희를 주지만 신체적인 활동이 줄어들면서 그에 따른 운동 부족으로 인해 여러 가지의 부작용이 따르게 된다. 따라서 스포츠를 통해 운동 부족의 문제를 해결하고 자신의 건강을 찾을 수 있도록 하는 건강 문제 해결의 기능을 수행한다.

3) 스포츠의 윤리문제

스포츠는 공정한 경기를 기본 정신으로 한다. 따라서 공정성을 파괴하는 것은 어떠한 수단과 방법도 스포츠에서는 용인되어서는 안 된다. 최근 스포츠 윤리문제로 대두되고 있는 금지 약물의 복용, 부정 선수나 부정 장비 사용, 심판 매수, 승부 조작 및 담합, 페어플레이(fair play) 정신의 상실, 경기장 소란 등의 문제는 스포츠 정신에 위배되는 일이며, 이를 예방하기 위한 윤리적 문제가 대두되고 있다.

(1) 금지 약물 및 도핑테스트

경기력이나 체력 향상을 위한 인간의 끊임없는 욕구는 트레이닝의 범위를 넘어서 인간에게 폐해를 가져오는 각종 금지 약물을 복용하는 수준에 이르렀다. 특히 최근에는 성장호르몬이나 혈액 수혈 등 금지 약물의 복용 방법도 다양해지고 있다.

도핑(doping)이란 운동선수가 경기 능력을 일시적으로 높이기 위해 심장 흥분제, 호르몬제, 신경안정제, 근육증강제 등의 약물을 사용하는 것을 말하며, 스포츠에서는 이를 방지하기 위한 선수의 금지 약물 복용 여부를 검사하는데, 이것을 도핑테스트라 한다. 도핑테스트에 사용되는 약물을 도프(dope)라고 부르는데, 원래는 경주마에 투여하는 약물을 도프라고 했었을 뿐, 인간의 스포츠계(界)에서는 사용되지 않았었다. 도핑의 투여는 선수를 극도로 긴장시켜 경기력을 향상시킬 수 있다는 장점은 있지만, 선수의 신체를 극도로 피로하게 하고 약물을 습관적으로 사용하게 되어 건강을 해칠 수 있기 때문에 스포츠계에서는 이를 금지시키고 있다. 1960년의 로마 올림픽에서 사이클 선수가 흥분제를 사용했다가 경기 도중 사망한 사건이 발생하였다. 이를 계기로 1968년 그레노블(Grenoble, France) 동계 올림픽대회부터 정식으로 도핑 검사가 실시되기 시작하였고, 국제육상경기연맹은 1978년에 도핑에 대한 제재 조치로 최저 18개월의 출전 정지와 질이 나쁜 위반자에게는 선수권을 박탈하는 등의 엄격한 처벌을 결정하기도 하였다. 그러나 일부 스포츠 관계자들은 금지 약물 복용에 대한 경기 수행자들의 승리에 대한 유혹이나 스포츠 관계자들의 상업적 이해관계가 도핑을 부채질하고 있다고 비판을 하기도 한다.

(2) 부정 선수, 부정 장비

스포츠는 선수들의 올바른 윤리적 가치와 태도가 바탕이 될 때 스포츠 정신으로 살아난다. 국내 대회는 물론 각종 국제 대회에서도 우리는 종종 부정 선수 사건이나 부정 장비의 문제로 논란이 되는 경우를 본다. 부정 선수가 투입된 것이 발각되어 경기가 몰수 패를 당하는가 하면 때로는 자신에게 유리한 부정 장비를 사용하다 발각되어 실격패를 당하기도 한다. 이는 스포츠맨으로서 갖추어야 할 윤리적 자질이 문제되는 부분으로 스포츠 정신의 가치에 대한 인식 전환이 필요하다.

(3) 심판 매수

경기의 결과에 대한 승리만을 강조하다 보면 경기의 준비나 실행 과정이 경시되는 경향이 있다. 이러한 결과 중심의 잘못된 인식이 스포츠계에서는 심판 매수 등과 같은 부당한 방법을 낳게 만든다. 하지만 정당한 방법과 합법적인 절차에 의하지 않은 결과는 의미가 없는 일일 뿐만 아니라 부당한 방법에 의한 사실은 결국 모든 것이 드러나게 된다. 거액에 심판을 매수한다거나 승부를 유리하게 만드는 어떠한 행위도 정당화될 수 없다. 무엇이 진정한 의미의 승리인가에 대한 성찰이 필요하다. 또한 어떠한 상황에서도 공정성을 잃지 않고 정확하게 판단할 줄 아는 양심적인 심판도 우리가 준비해야 할 스포츠 윤리의 한 분야이다.

(4) 승부 조작 및 담합

스포츠에서 승부는 게임의 룰을 정정당당하게 엄수하는 데서 시작되며, 이러한 정당한 룰에 의한 경기 결과에 대해서만 관중들은 의미를 부여한다. 그러나 경기의 룰을 배제한 채 관련자들끼리의 경기 담합과 승부 조작은 관람객을 속이는 일이며, 관람객에 대한 인격적 모독이다. 어떠한 경우에도 경기는 그 누구와도 조작이나 담합의 대상이 될 수 없으며, 정치, 종교, 인종, 이념의 차원을 넘어서 순수한 인류애적 차원에서 정당하게 진행되어야 한다. 그러한 당당한 경기를 실천하는 선수가 진정한 스포츠맨이며, 그러한 정신이 스포츠맨십이다. 청탁을 부끄러운 일로 아는 스포츠맨의 정신이 절실하다.

(5) 페어플레이(fair play) 정신의 상실

페어플레이(fair play)는 보통 우리가 생각하기에는 윤리나 규범보다는 약하지만, 스포츠 상황에서 선수나 그 스포츠를 즐기는 사람들 사이에 지켜야 하는 약속으로 여길 수 있다. 그런데 이런 페어플레이가 행위의 사태 속에서 실제로 실행된다는 차원으로 본다면, 응용윤리의 현실성을 가장 잘 보여줄 수 있고, 그러한 점에서 상당히 정확한 윤리적 형태를 갖추고 있어야 한다. 이런 의미에서 페어플레이는 하나의 윤리적 차원으로 접근되어야 하며, 사적 맥락에서 습관화되고 관습화된 잘못된 행동양식으로 표출되어서는 안 된다. 경쟁적 스포츠를 하는 모든 사람들은 자신들의 이익이 최대가 될 수 있는 상황에 우선 합의할 것이다. 하지만 모든 스포츠맨은 속임수가 아닌 공정성에 기인한 스포츠 활동을 전개해야 한다. 그리고 이러한 합의점이 페어플레이의 기본 정신을 가능하게 하고 인정하게 하는 요소로 작용하여야 한다(서경호, 2006: 29).

스포츠 정신이란 페어플레이 정신이다. 정정당당하게 임하고 패배자가 되더라도 승리자를 축하해 주는 모습, 승리자가 되었을 때 패배자를 격려하는 모습이 진정한 스포츠 정신이다. 규정을 준수하는 깨끗한 경기와 스포츠맨십에 입각해서 정정당당하게 경기하는 태도가 곧 스포츠 정신의 표출 방식이다. 이러한 점에서 페어플레이 정신의 상실을 막아내고 건강한 스포츠 정신으로 지켜질 수 있도록 하는 스포츠에 대한 윤리적 의식의 강화가 필요하다.

(6) 경기장 소란

스포츠 당사자뿐만 아니라 스포츠를 관람하는 경기장 관람자들에게도 윤리적 태도가 필요하다. 물론 경기장 내에서도 일반적인 사회적 윤리를 기반으로 하는 윤리적 태도가 필요하지만, 나 혼자만이 아닌 공동체 삶의 현장이 경기장이라는 점에서 경기장에서의 스포츠 윤리를 요구한다. 경기를 통해 승자와 패자가 구분되는 것은 언제나 마찬가지이듯이 정정당당히 승리하는 자에게는 아낌없는 찬사를 보내 주고, 패자에게는 격려를 아끼지 않는 관람자로서의 도덕윤리가 지켜져야 한다. 특히, 경기에 임하는 선수들에게 방해가 되지 않도록 관람 전과 관람 중, 관람 후의 행동에서도 윤리적 규범이 준수되어야 하며, 원만한 경기의 진행을 위한 아낌없는 협조도 스포츠 윤리의 한 부분이다. 경기 중 상대편 선수에게 야유를 보낸다거나 이불질을 경기장에 던지는 등의 행동을 통해 비윤리적 행동을 보이는 것은 경기에 지장을 초래할 뿐만 아니라 윤리적인 시민으로서의 자질에도 문제가 있다. 경기가 진행되는 가운데는 심판의 결정을 전폭적으로 인정하는 성숙한 경기 문화도 스포츠 윤리에서 관심을 가져야 할 부분이다.

4) 스포츠 윤리의 쟁점 사례

골프의 높아지는 인기에 비례해 더 요구되는 윤리 의식

최근 스포츠 선수들은 운동선수 그 이상의 가치를 가지고 있다. 스포츠 경기들이 다양한 미디어를 통해 대중들에게 노출되면서 운동선수들의 활약상과 그의 여러 면이 알려지고 공감을 받으면서 연예인과 같은 존재가 되고 있다. 이에 스포츠 스타들은 그 분야를 벗어나 셀럽으로, 예능인으로, 그 활동 영역이 넓어지고 있다. 뛰어난 예능감을 가지고 있는 스포츠 스타들은 방송에서도 주목을 받고 있고 은퇴 후에도 현역 선수 못지않은 부와 명예를 방송활동을 통해 얻고 있기도 한다. 최근 예능에서 스포츠가 중요한 소재가 되면서 스포츠 스타들의 방송에서 수요도 여전히 많다.

현역 선수들 역시 미디어 노출이 이제는 이상하지 않은 시대다. 다만, 이로 인해 스포츠의 본질이 사라지고 스포츠 선수로서 높은 자리에 오르기까지 과정이 노력보다는 보이는 모습, 외모나 이미지가 중요시되는 부작용이 생기기도 한다. 그럼에도 스포츠에서 스타의 등장은 비인기 종목들을 보다 많이 알리고 재조명 받는 기회가 되기도 한다.
골프 역시 예능에서 주목받는 소재가 됐고, 이에 따라 골프인들의 방송 진출도 크게 늘었다. 현역 선수들의 미디어 노출도 많아졌다. 이를 통해 골프가 더 많이 알려지고 보다 친숙한 스포츠가 된 것도 사실이다. 지금도 예능 프로그램에서 골프의 비중은 무시할 수 없다. 이런 분위기 속에서 골프 선수들의 인지도가 높아지고 골프를 잘 몰라도 그 선수에 대해 대중들이 인지하고 있는 이들도 있다. 앞서 언급한 부작용이 상존하고 있지만, 대중들에게 잘 알려진 스타의 등장은 분명 반가운 일이다.

하지만 높아진 인기만큼 그에 비례해 요구되는 도덕성과 윤리 의식이라는 왕관의 무게를 제대로 감당하고 있는지는 돌아볼 필요가 있다. 이미 야구나 축구 등 인기 프로스포츠에서 선수들의 일탈이 큰 문제가 되고 있다. 자체적인 자정노력을 하고 있지만, 이미 성인이고 개인 사생활까지 통제할 수 없는 프로선수들의 일탈을 구단이 막을 수는 없다. 프로선수에 맞는 윤리 의식을 가져야 하지만, 프로선수들의 일탈은 잊을 만하면 발생하고 있다. 음주운전은 이제 수시로 발생하는 문제고 각종 범죄에 연루되거나 승부조작 사건으로 사회적 지탄을 받기도 했다. 심지어 성범죄 등 파렴치 범죄까지 발생하면서 사회적으로 큰 충격을 주고 있기도 하다. 이는 다른 프로스포츠 역시 공통으로 가지는 문제들이다. 그에 따른 징계 규정을 강화하고 사과문을 발표하지만, 계속되는 일탈은 해당 스포츠 종목에 대한 부정적 이미지를 키울 수밖에 없다. 이런 부정적 이미지가 누적되면 언젠가는 팬들의 외면으로 이어질 수 있다. 최근 인기 프로스포츠들의 인기 하락

이면에는 선수들과 관련 인사들의 일탈이 상당 부분 작용하고 있다.

골프 역시 이와 무관하지 않다. 최근에도 선수들과 관계자들의 일탈이 뉴스에 등장했다. 경기 중 비매너 행위가 중요한 이슈가 됐고 해당 선수가 징계를 받기도 했다. 과거 골프가 크게 주목받지 않았던 시절에는 이러한 문제들이 큰 문제가 안 되고 자체적으로 해결할 수 있었을지 모르지만, 이제는 실시간으로 골프 경기가 중계되고 각종미디어 매체를 통해 그 영상이 대중들에게 보이는 세상이다. 선수들의 모습이 항상 노출되어 있다고 해도 과언이 아니다. 해당 선수들이나 관련자들에는 억울한 일일수도 있고 해프닝일 수 있지만, 대중들의 프로스포츠 선수들에 대한 윤리적 기준점은 매우 높다. 그들은 일반인들과 비교할 수 없는 부와 명예를 해당 스포츠를 통해 얻었고, 스포트라이트를 받고 있기 때문이다. 이제 대중들은 스타에 대한 맹목적인 추앙 대신 높은 수준의 도덕성을 요구하고 있다. 그에 충족하지 못한다면 냉정히 외면하는 게 현실이다.

언론이나 미디어의 흐름 역시 스타에 대해 스포트라이트를 비추면서도 그의 사생활 역시 중요한 소재가 되고 일탈에 대해서도 많은 이들의 트래픽을 유도하는 뉴스거리로 소비하는 게 엄연한 현실이다. 이는 해당 스포츠 전체에 부정적 영향을 미칠 수밖에 없다. 즉, 스타마케팅 이면에 자리한 숨겨진 리스크이고 경계해야 할 부분이다. 여전히 골프는 대중적인 스포츠라고 말하기에는 어려운 위치다. 골프에 대한 관심이 골프 인구의 유입으로 연결되기에는 한계가 있다. 이는 이미지 손상에 대한 파급력이 다른 인기 스포츠에 비해 클 수 있다. 골프는 아직도 격조 높은 스포츠라는 이미지가 있다. 이런 골프의 선수가 관계자의 문제가 스포츠면이 아닌 사회면에 실리는 상황이 발생하면 할수록 부정적 영향이 더 클 수밖에 없다.

이제 협회 차원에서 선수들과 관계자들의 일탈에 대한 온정주의를 완전히 걷어내고 보다 엄격한 기준으로 이를 보고 징계를 하는 등 강도 높은 윤리 규정을 확립하고 시행해야 하는 이유다. 이와 관련해 다른 프로스포츠의 사례는 중요한 반면교사, 교훈이 되어야 한다. 물론, 이런 노력이 개인의 사생활을 통제하거나 필요 이상으로 선수들의 활동을 제약하는 모습이 되어서는 안 된다. 하지만 높아진 인기에 비례해 해야 할 일과 하지 말아야 할 일이 늘어나고 행동에 대한 책임감도 함께 커질 수밖에 없음은 피할 수 없는 사실이다.

어느 종목이든 스타 선수의 존재는 매우 소중하다. 하지만 그들의 잘못은 개인뿐만 아니라 종목 전체에 부정적 영향을 줄 수 있다. 강한 윤리 의식은 개인의 문제 이전에 해당 종목의 긍정 이미지 구축을 위해서도 필요하다. 이는 골프 인기의 지속 가능성을 유지하기 위한 일로 구성원 모두가 공감하고 공유해야 할 문제다.

중요한 것은, 지금 우리 골프가 이전과 비교할 수 없이 화려하지만, 언제든 부수어질 수도 있는 화려한 왕관이 씌워져 있다는 점이다.

출처: 강태성(2023). 골프저널 Golf Journal(https://www.golfjournal.co.kr)(2023. 4. 6.)

2 예술과 예술윤리[2)]

1) 예술의 의미와 본질

인간의 욕구는 육체적 욕구와 정신적 욕구로 구분된다. 육체적 욕구를 일차적 욕구라고 한다면 정신적 욕구를 이차적 욕구라고 할 수 있다. 인간은 생존을 위한 일차적 욕구의 충족과 함께 생활을 위한 욕구인 정신적 욕구를 만족시키기 위해 노력한다. 인간의 정신적 욕구인 미적 추구를 통한 즐거움은 인간의 삶의 보람을 더욱 강화시켜 주는 역할을 한다.

예술이란 미(美)를 창조하고 표현하는 인간 활동으로 문학, 음악, 조각, 연극, 영화 등이 이에 속하며 가치의 세계인 아름다움(美)을 창조해 내려는 본질적 욕구로부터 생겨났다. 따라서 예술은 인간의 품위, 미적 감흥과 관련된 활동으로 가치 세계를 창조하려는 인간의 본질적인 욕구이며, 사람답게 살고자 하는 정신 활동이다. 예술의 궁극적 가치는 개인, 시대, 환경을 초월한다. 그리고 예술가의 직관력으로 파악한 이상적인 균형과 조화를 표현하게 된다(임산 역, 2006: 90). 예술은 혼탁한 세계에 질서와 조화를 부여하고, 인간 정신을 순화시켜 주며, 인간의 감수성을 예민하게 하고, 상상력을 자극하여 다른 사람의 삶에 참여할 수 있는 기회를 가지게 해 준다. 또한 예술적 체험이나 공감을 통하여 자연이나 이웃을 깊이 만나게 되고, 쉽게 도덕적 공감대를 형성할 수 있게 해 줌으로써 예술적 미(美)와 도덕적 선(善)은 궁극적으로 일치될 수 있다.

일찍이 공자(孔子)는 “흥어시(興於詩), 입어예(立於禮), 성어악(成於樂)”이라 하여 시로 일으키고 예로 세우고 음악으로 완성한다고 하였다. 이는 문학에서 시작하여 철학을 거쳐 음악으로 마무리한다는 말로, 한 인간이 자신의 아름

2) 정석용·이규은(2019). pp. 301-311 내용을 재구성한 것임

다움을 닦아 나가는 과정에서 예술적(음악적) 훈련이 중요함을 나타내고 있다. 토마스 아퀴나스(Thomas Aquinas)는 미(美)의 세 가지 조건으로 완전성, 균형과 조화, 명료성을 제시하여 미의 조건과 윤리적 가치의 조건이 일치함을 지적하였다.

그렇다면 예술의 본질은 무엇일까? 이에 대해 많은 학자들이 정의를 하고 있으나, 분명하게 '이것이다'라고 한 마디로 정의하기란 쉬운 일이 아니다. 일반적으로 예술의 본질에 대한 견해로는 모방론과 표현론으로 다음과 같은 특성이 있다(박종대 외, 2008: 216).

모방론에 따르면, 예술이란 대상의 미적 형상을 모방(mimesis)하거나 재현(representation)하는 것이다. 이때 모방이 아름다운 대상의 외형을 단순히 예술 작품 안에 그대로 옮거 놓는 것이라면 재현은 대상이 지니고 있는 보편적 가치로서의 미적 형상을 구체화시켜 표현하는 것으로서 전자가 사물의 개체성을 모방하는 것이라면 후자는 보편성을 모방하는 것이라 할 수 있다.

쇼펜하우어(A. Schopenhauer)에 따르면, 예술가만이 미의 보편적 형상을 관조할 수 있고, 예술 작품이란 바로 예술가가 관조한 미의 형상을 담아내는 그릇인 것이다.

한편 표현론에 따르면, 예술가는 창조자로서 그의 작품은 외적인 대상이 지니고 있는 미를 단순히 모방 또는 재현하는 것이 아니라 그만이 인식하고 있는 진리나 미적 체험을 담아내는 것이다. 다시 말해서 예술가는 작품을 통해서 자신의 사상과 감정, 진리를 전달함으로써 근본적으로 작품은 어떤 대상이 아닌 작가 자신을 표현하고 있는 것이다.

과학에 남다른 관심과 깊이를 가지고 있는 헤겔(Hegel, Georg Wilhelm Friedrich)은 예술 활동의 결과물로서 예술 작품을 다음과 같이 규정하고 있다(최병환, 2008: 221-222).

첫째, 예술 작품은 결코 자연적 산물이 아니고 인간의 활동을 통해 완성된 것이다. 즉, 인간이 의식적으로 산출하는 행위로서 의식되고 계획되어 나타난 결과물이 예술 작품이라는 것이다. 예술이 원천으로 삼는 보편적이고 절대적인 욕구는 인간이 사유하는 의식을 갖는다. 이 말은 자연 사물은 직접적이고 일회적으로 존재할 뿐이나 정신으로서의 인간은 처음에는 자연 사물과 마찬가지로 존재하지만, 인간은 자신에 대해서, 자신을 돌아보면서 존재하며, 스스로 관조하고 표상하고 사유하며 살아 있는 정신임을 자각한다는 의미이다.

둘째, 예술 작품은 본질적으로 인간을 위해서 만들어진 것이며, 그것은 감각과 관련된 것이다. 즉, 예술 작품은 인간의 감각을 위해 생산된 것이고, 그것은 감각적인 것으로부터 취해진다. 말하자면, 예술 작품은 미적인 것에 한해서만 감정을 자극하므로, 그것은 미적인 것의 고유한 감정을 밝혀내고 그것에 대한 특정한 감각을 발견해 내는 것이다.

셋째, 예술은 인간의 의식을 전제로 하며, 목적을 추구하는 활동이다. 예술은 모든 방식의 감정, 성향, 그리고 열정을 깨우치고 활성화하며, 인간으로 하여금 그의 가장 깊숙하고 은밀한 곳에서 그의 인간적 심성이 담고 있는 것으로 경험하고 또 산출시킬 수 있는 모든 것, 인간의 가슴속 깊은 곳에서 다양한 가능성과 다양한 측면으로 움직이고 자극시킬 수 있는 모든 것, 또한 정신이 그의 사유와 이념 가운데 지니고 있는 본질적이고 고매한 모든 것을 두루 느끼게끔 하는 것 등은 예술의 내용이며 목적이다. 예술이야말로 우리들의 삶과 가장 밀접하게 관련지어 깊숙하게 자리 잡고 있는 삶의 요소이다.

2) 예술과 표현의 자유

표현의 자유는 인간의 내심의 정신작용을 외부로 향해 공표하는 정신 활동의 자유를 말하는 것으로, 전형적인 정신적 자유권이다. 예술은 본래적으로 아름다움을 표현하고 감상하는 데 그 목적이 있으므로 본래가 아닌 다른 어떤 목적을 위한 수단으로 위치하게 되면 표현에 대한 자유권을 박탈당할 수 있다.

예술은 표현을 위한 창작 과정에서도 문제가 될 수 있다. 표현의 자유와 창작에 대한 한계 문제는 언제나 논란의 대상이 된다. 만일 예술이 일정한 목적을 갖고 창작에 맞추기 위해서 사실을 다른 모습으로 그려낸다면 그것은 예술의 순수성이나 진실성을 왜곡하는 것이므로, 예술이 사실에서 벗어나는 것을 허용하지 않는다. 그러나 그러한 사실적 묘사가 인간의 윤리적 감정에서 벗어나는 경우, 어느 정도까지 허용해야 할지는 한 마디로 단정하기 어렵다. 사회가 다양해지고 인간의 표현의 욕구가 다양해짐에 따라 표현에 대한 시비는 더욱 격렬해진다. 셰익스피어(William Shakespeare)도 미학적 의미를 심화시키고 작품의 깊이를 더하기 위해서 천박스러운 것을 그의 부차적 줄거리에 포함시켰던 예를 볼 수 있다. 그것은 그 예술 작품의 창작에 있어서 사실성에 충실하기 위한 순수한 입장이라는 것이 이해될 경우, 그 작품에 대한 감동은 더욱 커질 수 있을 것이다. 시대의 변화에 따라 예술에 있어서의 표현의 자유에 대한 견해가 변할 수밖에 없을 것이다. 특히 인간의 성 의식(性 意識)의 변화와 함께 성을 주제로 하는 예술 자품이 표현에 있어서 이설 시비가 계속 논란의 대상이 되고 있다. 이것은 예술의 본질이란 문제와도 민감하게 부딪히는 문제로서, 이에 대한 깊은 성찰과 반성이 동반되는 연구와 논의가 있어야 할 것이다(최병환, 2008: 226). 예술이라는 명목하에 사람들의 성욕을 자극하여 성적 흥분을 일으키고 성적 수치심을 유발하는 것들을 과연 예술이라는 이름으로 정당화될 수 있는지에 대한 문제이다. 뿐만 아니라 그러한 예술 작품들이 사회적 풍속이나 윤리 규범에 반하여 관습적으로 이해할 수 없는 것에 대한 문제도 있을 수 있다. 표현의 자유가 인간의 내심의 정신작용을 외부로 향해 공표하는 정신 활동에 대한 자유이니만큼 정신적 자유권의 보장을 위한 도덕적 윤리적 한계성과 이에 대한 관습적 판단의 준거에 대한 인식이 필요하다.

3) 예술의 윤리적 문제

예술은 인간의 품위와 미적 감동에 관련된 활동으로, 가치 세계를 창조하려는 인간의 본질적 요구이며, 인간 정신의 순화를 가져오는 것으로 인간의 삶을 풍요롭게 하는 데 도움을 준다. 이와 같이 인간의 삶에 도움을 주는 예술도 사회 안에서의 윤리적 문제를 제기하기도 한다.

예술도 사회의 일부분이고 사회에 윤리가 필요한 것처럼 '예술과 윤리'의 관계도 밀접한 관계가 있다. 도덕 지상주의를 내세우는 사람들은 도덕적 선(善)이야말로 완전한 지고(至高)의 가치이므로 예술적 미(美)의 가치도 결국은 도덕적 가치에 종속된다는 도덕 절대주의의 입장을 취한다. 반면에 예술 지상주의를 표방하는 사람들은 예술의 내재적 가치를 강조함으로써, 순수한 예술적 가치를 도덕과 같은 영역의 가치 척도로 잴 수 없다고 주장한다. 양쪽 모두 극단적으로 자기 입장만을 주장할 경우에는 평행선을 긋는 논쟁이 될 수밖에 없다. '예술은 도덕과 무관함'을 앞세워 타락되고 불건전한 문화를 조장하는 예술 활동에 대해서는 그것이 인간에게 커다란 해독을 끼치게 될 수 있다는 것이다. 그러므로 도덕성을 바탕으로 한 예술이 필요하다(안은희, 2002). 현대 예술에서는 예술과 도덕이 충돌함으로써 윤리적 문제를 야기하는 사례를 종종 볼 수 있다. 오늘날 이러한 윤리적 문제와 관련하여 제기된 내용으로는 다음과 같은 것들이 있다.

(1) 예술의 비인간화 현상과 상업주의

예술은 인간의 삶을 더욱 풍요롭게 하며 다양한 형태의 작품을 통해 예술성이 표출된다. 작품의 형태로 표출된 것을 예술 작품이라 하는데, 예술 작품은 인간에 의해 창작되며, 예술 작품은 예술성을 내포하고 있다. 따라서 예술 작품에는 인간의 감정이 나타나 있으며, 이는 인간의 감각이나 상상력을 통해 지각할 수 있다. 인간과 예술은 상호 간 소통을 전제로 한다. 그러나 현대 미술에 와서 난해한 예술성과 함께 인간과 예술의 소통 문제를 제기한다.

현대 예술에 대해 많은 학자들은 인간의 소통과 관련하여 예술의 비인간화를 문제점으로 지적한다. 예술의 비인간화란 인간적 요소가 예술에서 사라지는 것을 의미한다. 즉, 예술이 인간의 삶과 분리된 상태에서 인간의 삶보다는 예술 자체의 형식적 탐구에만 몰두함으로써 나타나는 것이 비인간화 현상이다. 예술이 인간의 삶으로부터 만들어지는 것이 아니라 삶의 체험을 배제함으로써 인간적인 면을 파괴하고 현실로부터 이탈해 나가는 것이 비인간화이다. 김광명(1997)은 이러한 비인간화의 대표적인 사례로서 생동적인 형식을 피하려는 경향, 예술 작품을 그것 이외의 다른 것이 아니라고 보는 형식수의 경향, 예술을 한갓 유희에 지나지 않는 것으로 보는 경향, 예술을 초월적인 어떤 결론을 가지고 있지 않으며 단지 현상적으로만 보는 경향 등을 제시하면서 이러한 비인간화 경향과 덧붙여 현대 예술이 점점 상업성, 음란성, 폭력성과 같은 반사회적 성격을 지니고 있다는 점에 우리는 주목할 필요가 있다고 주장한다.

예술의 비인간화가 발생한 이유에 대해서는 예술 자체에 대한 증오, 국가에 대한 증오, 문화 전반에 대한 증오에 그 원인이 있다. 기존의 인간적 감정으로부터 적극적으로 벗어나려는 신예술의 경향으로 '예술의 비인간화'가 나오게 되었으며, 이는 반(反)사실주의, 반(反)낭만주의의 경향이다. 오늘날 예술이 인간의 상실감이나 비인간화 현상을 해결하는 하나의 방편으로서의 역할을 수행하기보다는 문제를 더욱 심화시키는 역할을 하고 있다. 이러한 현대의 비인간화 현상은 예술 분야에서만 볼 수 있는 것이 아니라 모든 정치, 경제, 사회, 문화 등 사회 전 분야에서 비인간화가 빠르게 진행되고 있다. 즉, 예술의 비인간화는 비인간화되어 가는 세계와 인간을 표상하고 있다고 볼 수 있다.

(2) 표현의 자유와 검열의 문제

예술의 창작 활동에서 나타나는 표현의 자유는 보장되어야 한다. 예술 분야에 종사하는 사람들은 자유롭고 창의적인 예술 활동을 위한 표현의 자유를 확보하기 위해 많은 노력을 기울여 왔으며, 그 결과 표현의 자유에 대한 자유권도 많은 부분 확보하였다. 그러나 현실적인 측면에서는 아직도 창작과 표현의 자유에 대한 많은 규제가 남아 있음을 부인할 수 없다. 특히 예술 작품의 음란성과 관련한 분야에서는 사회 규범과의 충돌로 인해 예술가들이 완벽할 만한 표현의 자유를 확보하지 못하고 있다.

이러한 현상은 음란성이나 외설에 대한 인식이나 가치 의식의 차이에서 많은 논란을 일으키고 있다. 성에 관한 규범은 그 사회 구성원의 대다수가 갖고 있는 성에 대한 의식이나 가치를 판단의 준거로 해야 한다. 즉, 아무리 예술성이 뛰어난 작품이라고 하더라도 음란성이나 외설에 대한 문제는 우리 사회의 일반적인 성에 대한 윤리적 규범에서 이해되고 수용되는 수준인지를 판단 준거로 해야 한다. 포르노가 음란하다는 이유로 규제를 받아야 한다면 예술로 분류되는 여러 가지 것들도 음란성의 규정 대상이 되어야 한다. 우리 사회의 일반 시민들이 포르노로부터 제약을 받듯이 예술도 그들의 창작 활동에 있어서 무제약적인 자유를 누릴 수 있는 것은 아니기 때문이다. 사실상 예술 작품이라는 미명 아래 비디오, 영화, 인터넷, 소설, 잡지 등의 매체를 이용한 음란성 짙은 외설적 작품이 우리 사회에 판을 치고 있고, 그 내용의 소재 또한 동성애나 혼음, 가학애 등 비정상적인 성관계를 부추기고 있다. 이러한 음란성 예술에 대해 박종대 외(2008)는 “사실상 음란성 작품이 지닌 보다 큰 문제점은 그것이 야기하는 비행 효과가 아니라 그것이 성에 대한 관념과 성의 역할에 대한 왜곡된 시각을 줌으로써 인간을 인격체가 아닌 단순한 성의 대상이나 도구로 이해하게 되고, 이는 결국 인간의 존엄성과 가치에 대한 침해로 연결된다는 사실”이라고 말하고 있다. 이와 같은 현상에 대해 자유론자들은 예술가들의 현실에 대한 저항 정신을 이해하지 못하기 때문이라고 반박하면서 이와 같은 예술가들의 현실에 대한 일탈 행위를 단순히 반체제적인 행위로 몰아붙이는 것은 예술에 대한 인식의 부족이며, 예술의 발전을 위해서도 바람직하지 못한 일이라는 점을 강조한다.

예술에서의 표현의 자유는 어떠한 경우에도 보장되어야 한다. 그러나 이를 보장하기 위한 사회적 윤리 의식이나 도덕규범과 관련된 사회문화적 풍속이나 관습은 지켜져야 하며, 이를 위한 예술 작품의 규제도 정당성을 인정받아야 한다. 이러한 양자 간의 문제를 합리적으로 해결하기 위한 우리 사회의 노력은 지속적으로 이루어져야 하며, 합리적인 합의점을 만들기 위한 사회적 노력이 필요하다.

(3) 예술성과 도덕성의 대립

예술과 윤리에 대한 일반적인 인식은 양자 간 연관성보다는 별개의 것으로 보는 경향이 있다. 그러나 윤리가 인간의 삶 안에서 필요한 규범이라고 본다면 예술 또한 인간의 활동이고 인간의 실천을 전제로 한 이성적 활동이라는 점에서 예술에 있어서도 윤리가 연계성을 가지고 있음을 짐작할 수 있다. 예술이 미(美)를 창조하고 표현하는 인간 활동이라고 볼 때, 창조 활동에서 이루어지는 인간의 활동에 대한 윤리적 성찰이 요구된다.

예술에도 윤리성이 내포되어야 한다. 앞에서도 언급한 바와 같이 예술이 인간의 삶 안에서 이루어진다는 점에서 우리 사회의 윤리성을 완전히 탈피한다는 것은 어려운 일이다. 예술이 윤리성을 상실했다고 한다면 그것은 진정한 예술이라고 말할 수 없을 것이다. 예술은 인간의 정서를 순화시켜 주고 인간에게 감동을 주며, 인간 내면의 세계를 심정으로 표현한 것이 예술이고, 그러한 예술은 인간의 본심으로서 도덕성과 연계되어 있다는 점에서 예술과 도덕성은 분리될 수 없는 관계라고 할 수 있다.

그렇다고 예술성과 도덕성을 동등한 가치를 지닌 것으로 보는 것은 아니다. 도덕성은 우리의 생존에 필수적인 가치이나 예술성은 그러한 것이 아님은 분명하다. 물론 예술은 우리의 삶의 질을 높여 주는 것이기는 하지만 유희의 범주에 속하는 것이라고 말할 수 있다. 따라서 어떤 작품이 지닌 예술성과 도덕성이 심각하게 상충하는 경우 우리는 도덕성에 무게 중심을 둘 수밖에 없다. 비록 예술성이 뛰어나다고 할지라도 심각한 도덕적 해악성을 예측할 수 있다면 그것은 규제될 수밖에 없는 것이다. 요컨대 국가 권력이 예술 작품을 규제하는 이유는 그것이 예술성을 지니고 있지 않아서가 아니라 그것이 도덕적으로 허용될 수 없기 때문인 것이다. 그러므로 어떤 작품이 예술의 범주에 속한다는 이유로 그것에 관한 국가 권력의 간섭, 통제, 처벌의 대상이 될 수 없는 것은 아니다(박종대 외, 2008: 227). 따라서 예술도 윤리성을 지녀야 하는 것은 당연한 일이다. 예술도 사회적 관습과 규범 등과 같은 윤리 규범 안에서 표출되어야 한다. 윤리는 인간의 존재 원리이기 때문이다.

4) 예술윤리의 쟁점 사례

AI가 예술가를 대체? 예술가의 도구 될 수도

요즘 과학뿐 아니라 인문, 의료, 예술 등 모든 분야에서 인공지능(AI)이 눈부시게 활용되고 있습니다. 시, 소설, 작곡, 그림 등 그 가능성이 무궁무진하다는 평가가 나옵니다. 그 능력이 너무 뛰어나고 정교해 두려울 정도입니다. 미술계에서는 이런 상황을 어떻게 생각하고 있는지, 앞으로 어떤 대응이 필요하다고 보는지 얘기해 볼까 합니다.

오픈AI 챗봇 '챗GPT'(ChatGPT) 인기가 대단합니다. 지난해 12월 공개된 지 단 5일 만에 사용자 100만 명을 모았습니다. 넷플릭스는 40개월, 페이스북은 10개월 동안 해낸 일을 단 5일 만에 해낸 것입니다. 그리고 공개된 지 두 달이 지난 올 2월 기준 챗GPT는 월 사용자 1억 명이 넘는 서비스가 됐습니다. 이렇게 AI의 사용 빈도가 커짐에 따라 챗GPT 활용을 두고 찬반이 엇갈립니다. 실험, 디자인 등에 활용해 연구 시간을 크게 줄이는 데 도움이 된다는 의견과 연구의 핵심인 정확성을 담기 어려운 데이터를 바탕으로 가짜 정보가 생성돼 혼란을 초래할 수 있다는 반론이 대립 중인 과학계의 논쟁이 대표적입니다. 챗GPT를 논문 작성에 활용하려는 움직임이 생기자 '사이언스'와 '네이처' 등 국제학술지들은 챗GPT로 작성된 논문을 인정하지 않겠다고 공식 선언까지 했습니다.

미술계도 예외가 아닙니다. AI의 '그림 시장' 공략은 이제 시작이라는 게 전문가들의 지적입니다. 달(DALL)-E, 미드저니(Midjourney), 노벨(Novel) AI 등 인공지능 사이트를 통해 제작한 그림을 자랑하는 AI 커뮤니티 채널들이 요즘 인기라고 합니다. 실제로 미드저니를 활용해 "자작나무 숲을 세잔 스타일로 수채화로 그려줘"라는 식으로 명령어를 입력하면 순식간에 멋진 그림을 만들어 냅니다. 미국 콜로라도에서 제이슨 앨런은 미드저니를 통해 생성한 '스페이스 오페라 극장'을 출품해 콜로라도 주립박람회 미술대회 디지털 아트 부문 1등을 차지했습니다. 미드저니는 텍스트를 이미지로 바꿔 주는 AI 프로그램입니다. 사람이 개입한 부분은 텍스트 입력과 결과물 선별밖에 없습니다. 이것을 사람이 그린 예술작품으로 봐줘야 하느냐는 논쟁이 벌어졌습니다. 저작물을 창작자의 동의 없이 사용했다고 주장하는 작가들이 미드저니를 상대로 집단소송을 걸었습니다. 이들은 AI의 제작사가 디지털 밀레니엄 저작권법(DMCA), 캘리포니아의 불공정 경쟁법 등을 위반했다는 혐의를 제기하며 생성 AI로 인해 발생한 피해를 창작자들에게 보상하고, 추가적인 피해를 막기 위한 가처분 결정을 내려달라고 요구했습니다. 해당 미술전의 디지털 아트 부문 규정에 따르면, 디지털 기술을 사용하거나 색 보정을 하는 등의 디지털 방식 편집은 허용하고 있습니다.

앞으로는 AI 그림과 손 그림의 경계가 모호해져 판별 자체가 어려워질 거라고 합니다. 일반적으로 예술이란 인간 고유의 창조활동으로 간주하지요. AI가 과연 어떻게 사람을 뛰어넘을 정도의 멋진 그림을 그려낼 수 있는 걸까요. AI는 이 세상에 존재하는 방대한 정보, 즉 빅데이터를 끊임없이 학습함으로써 발전합니다. 사람이 공부를 많이 할수록 똑똑해지는 것처럼 AI도 많은 정보를 학습하고 분석할수록 더욱 고도화됩니다. 고도화된 AI는 인간의 요청을 정확하게 수행하고 뛰어난 결과물을 도출할 수 있습니다. AI의 학습 분야는 날로 다양해지는 추세입니다. 수많은 예술작품과 유명 화가들의 화풍, 기법 등을 학습하고 분석해 온 AI는 사용자의 필요에 맞춘 이미지를 즉시 생성해 내는 수준에 이르렀습니다. 많은 사람이 예술은 인공지능이 대체하지 못하리라고 막연히 생각해 왔지만, 착각일 가능성이 커졌습니다. 인간이 문명을 발전시키고 역사를 이어오며 만든 수많은 예술작품 역시 빅데이터에 해당하기 때문이죠. 게임 원화업계의 움직임이 특히 활발합니다. 이들은 AI를 적극적으로 도입할 것으로 보입니다. 기업으로서는 제작비를 낮추기 위해 상업적으로 인정받는 소수의 작가만 남기고 게임 속 하늘이나 간단한 소품을 그리는 잔일들은 AI에게 넘길 겁니다. 인건비, 단가가 떨어지고 출혈 경쟁이 일어날 수 있습니다. 게임 원화 작가들은 일자리 자체가 감소할 수 있다고 우려합니다. 실제로, 노벨 AI는 인물을 거의 원화 수준의 만화체 그림으로 그려냅니다. 창의성으로 승부하지 않는 한, 기교만 가지고선 경쟁 상대가 될 수 없는 거죠.

AI가 그린 그림, 저작권은?

AI가 생성한 그림이나 음악 등을 과연 예술작품으로 인정해야 하는지를 놓고 뜨거운 논쟁이 벌어지고 있는데, 이는 AI 시대로 나아가기 위한 인류의 진통이라고 봐야 할 겁니다. 우선 저작권 논의가 본격화되고 있습니다. 이는 'AI가 생성한 그림은 결국 기존의 예술작품들을 짜깁기해 만들어진 표절의 결과물'이라는 문제 제기에서 시작됩니다. 온라인에서 실시간으로 생성되는 요즘 작가들의 수많은 콘텐츠는 결국 무분별하게 빅데이터로 습득되는 AI의 학습 도구쯤으로 전락하고 만다는 거지요. 예술가가 AI를 이용해 독창적인 키워드와 문장을 떠올리고 이미지를 추출한 뒤, 이를 편집해 새로운 결과물을 선보였다면 창의적인 작업으로 봐야 한다는 주장도 있습니다. 미국에서는 AI로 그린 만화가 저작권 등록을 승인받기도 했습니다.

이처럼 AI가 빠른 속도로 확산하면 기존 예술가의 입지는 위협받을 수밖에 없는 걸까요. 일부 온라인 예술 커뮤니티에서는 AI가 생성한 예술작품 게시를 금지하거나 AI를 활용한 작품임을 밝히도록 하고 있습니다. 하지만 이러한 조치는 개개인의 양심에 호소하는 데서 그치고 맙니다. 앞으로 발전되는 기술에 따른 분별의 어려움과 임의의 리터칭 작업만 거쳐 판매되는 AI 작품들에 대한 명확한 해답이 되지는 못하는 상태입니다. AI로 그린 그림임을 밝히지 않은 작품들이 시장에 나올 가능성이 여전합니다. 일각에서는 이러한 제도상의 허점을 막기 위해 작업 파일이나 원본 그림 파일(psd 파일) 등을 같이 제출하도록 해 AI로 만든 그림이 아님을 증명하게 만들어야 하는 게 아니냐는 의견이 나오기도 합니다. AI 그림의 범람 문제는 올해 들어 다양한 AI 프로그램이 등장하고 기술이 업그레이드되면서 판별이 더 부정확해지는 등 심화하고 있습니다. 무분별한 AI 일러스트의 난립이 우려됩니다. 제대로 대처하지 않으면 제대로 그리는 작가들도 오롯이 피해를 볼 수밖에 없습니다. 피한다고 능사는 아닙니다. 부작용에 대한 대응은 계속해 나가되, 두려워하고 거부하기보다는 효과적으로 받아들이고 제대로 활용해야 합니다.

그런 점에서 AI가 생성하는 그림 저작권을 누가 갖는지 못지않게, AI가 학습 데이터로 삼는 예술작품의 저작권 문제가 매우 중요합니다. 현재 상당수의 AI 프로그램에서 예술가 이름을 입력하면, 그 예술가의 화풍과 유사한 그림을 만들 수 있습니다. 예술가 입장에서는 자신이 그리지도 않았는데 자신의 스타일을 흉내 낸 그림이 나오는 셈입니다. 과연 이러한 작품의 저작권은 차용한 그림 원작자, 해당 AI 프로그램을 만든 개발자, AI 그 자체, AI에 텍스트를 입력해 이미지를 생성하도록 명령을 내린 사용자 중에서 과연 누구에게 있을까요. 당사자의 허락을 구하거나 보상을 하지 않고 특정 예술가의 스타일을 데이터로 학습한 뒤, 이를 바탕으로 해당 예술가와 유사한 작업물을 생성한다면 이는 저작권 침해에 해당하지 않을까요. 따라서 새롭게 만들어진 예술작품의 저작권과 수익 배분을 어떻게 해야 할지 지금은 논란이 분분하지만, 앞으로는 데이터의 라이선스화와 예술가에게 정당한 보상을 하는 문제를 어떻게든 해결해야 합니다.

로이터통신 등 외신들은 미국 저작권청이 이미지 생성 AI인 '미드저니'로 만들어진 만화 이미지에 대해 저작권을 인정할 수 없다는 판단을 내놨다고 지난 2월 22일 보도했습니다. 한국 문화체육관광부도 AI가 만든 '작품'의 저작권 문제를 논의하기 위해 2월 24일 'AI-저작권법 제도개선 워킹그룹'을 발족했습니다. 서울대 법학전문대학원은 학습 과정에서 그림을 스캔하고 복제한 작품은 법을 위반할 가능성이 있다는 의견을 밝혔습니다. 다만 이미 관련법으로 저작권법을 비롯해 데이터기본법, 부정경쟁방지법 등 AI의 학습에 대응해 저작물을 보호하는 법이 이미 있으므로 과도한 추가 입법에는 조심스러운 반응을 보였습니다. 문화체육관광부 등이 참여한 2022 콘텐츠분쟁조정 포럼이 서울에서 열리는 등 콘텐츠산업 패러다임의 변화에 따른 분쟁조정의 발전 방향에 대한 전문가들의 논의가 활발합니다. AI 윤리 분야의 석학인 매튜 리아오 미국 뉴욕대 철학과 교수는 최근 〈인공지능 윤리〉라는 단행본을 출간했습니다. 전 세계가 AI를 활용한 작품에 대한 윤리적·법적 제재와 실효성에 관한 이슈를 다루고 있습니다. 교육기관 내에서도 AI 기술의 사용과 개발 과정에서 발생할 수 있는 문제를 인식하고 대비할 수 있는 교육과정을 병행해야 합니다. 이미 스탠퍼드대를 비롯해 카네기멜런대, 워싱턴대 등 주요 학교에서 AI 관련 윤리적 이슈를 다루는 커리큘럼을 제공 중입니다.

이를 통해 인류가 AI 프로그램을 유용하게 쓴다면 예술가를 대체하는 게 아니라 예술가가 사용 가능한 도구가 다양해지게 됩니다. 사실 인간이 창의성을 표현하는 방법과 도구는 늘 다양하게 발전해 왔습니다. 디지털 시대에 포토샵을 사용하고 앱으로 그림을 편집하거나, 아이패드 프로크리에이터 앱에서 다른 사람들이 만든 브러쉬를 다운받아 버튼 한 번으로 간단하게 채색을 하는 것은 모두 예술의 영역으로 허용되고 있습니다. 이런 상황에서 유독 AI 프로그램만 제동을 거는 일이 과연 합리적일 수 있을까요.

사진도 처음엔 예술이 아니었다

과학 발전의 산물인 사진이 처음 나왔을 때, 당시의 예술가들은 예술로 인정하지 않았습니다. 오늘날에는 많은 사람이 사진을 당연히 예술이라고 봅니다. 예술에 관한 정의와 관점은 고정불변이 아닙니다. 1917년에 마르셀 뒤샹이 소변기('샘')를 미술관에 가져왔을 때, 한 평론가는 비록 "뒤샹이 '샘'을 제작한 것은 아니지만, 그것을 선택한 것은 그였다"라며 그의 작업이 창조적인 예술작품이라는 견해를 밝혔습니다. 그 작품은 예술의 정의를 바꿔 버린, 현대 미술사에서 가장 중요한 작품 중 하나로 평가받게 됐습니다.

AI 예술도 다르지 않습니다. 웹툰 등 1인 창작자나 개발자들한테는 오히려 기회가 될 수 있습니다. 그림 실력이 부족한 사람도 AI를 이용해 창의력만으로 일자리를 찾을 수 있습니다. 인력과 환경이 열악한 1인 게임 개발자도 활로를 뚫을 수 있습니다. 웹툰은 고전적 만화와 달리 작화보다는 줄거리나 아이디어가 중요한 매체이기 때문입니다. 만화 어시스턴트를 구하기 어려운 작가들이 AI를 통해 주목을 받을 수 있는 길이 열렸습니다. 기계적인 과정은 AI가 처리하도록 맡겨놓고 인간 예술가는 더 높은 창조성의 영역에 매진하는 일도 가능합니다. 사진이 등장했다고 회화가 죽지는 않았습니다. 외려 회화는 정확한 기계적 모사의 과제를 카메라에 맡기고, 기계가 할 수 없는 더 높은 창조의 단계로 비약할 수 있었습니다. 현대 회화는 바로 그렇게 해서 탄생했습니다.

이제 예술업계는 AI를 사용한 창작을 받아들일 준비를 해야 합니다. 그림도 마찬가지입니다. 작품에 관한 아이디어는 작가가 구상하고, 스케치와 채색은 AI가 담당하면 됩니다. 어떤 키워드와 내용으로 텍스트를 입력할지, 어떤 이야기와 메시지를 담은 그림을 생성할지를 의도하고 떠올리는 일은 인간 고유의 영역입니다. 이렇게 생성된 이미지를 어떻게 활용할 것인지, 세상에 무엇을 시사할 것인지도 사람에게 달려 있습니다.

미래를 살아갈 예술가들에게 가장 필요한 자질은 이제 AI가 갖지 못하는 '창조성'이 될 것입니다. 다만 작가는 AI 이미지 선택, 디자인, 데이터 수집, 모델 학습 및 분석의 모든 과정에서 자신이 만들고 발전시키는 기술에 대한 책임감을 가질 필요가 있습니다. 원작품의 이미지를 차용할 경우, 저작권에 대한 윤리적·법적 기준 확립을 포함한 관련 이슈에 대해서도 사회 전체가 심도 있고 실효성 있는 논의를 계속해 나가야 합니다.

공상소설 속에서 존재하던 AI의 세계가 우리 앞에 펼쳐지고 있습니다. 생각보다 미래는 더 가까운 곳에 존재합니다. AI가 어디까지 뻗어갈지 두렵기도 하고, 기대도 됩니다.

출처: 윤여선(2023). 주간경향 1519호(2023. 3. 20.).

13

CHAPTER

인공지능 윤리와 안전윤리

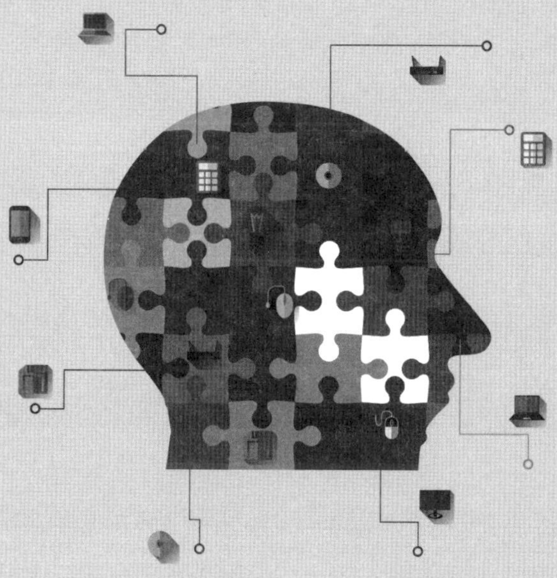

13

CHAPTER

인공지능 윤리와 안전윤리

사람의 지능을 모방한 인공지능은 우리의 삶을 변화시키고 있는 혁신적인 기술로 우리 생활의 많은 분야에서 풍요로움과 편리함을 동시에 제공해 주고 있다. 또한 급변하는 환경 속에서 인공지능에 대한 관심과 욕구가 높아지면서 인공지능의 역할과 윤리문제에 대한 의식도 점점 높아지고 있다.

또한, 안전에 대한 의식도 우리 사회의 주요 관심사이다. 우리나라 안전사고는 각 분야별로 매년 급증하고 있으며, 인적 · 경제적 피해 또한 잇따라 증가하고 있는 실정이다. 안전사고는 부주의가 사고 발생의 가장 큰 원인으로 나타나고 있어, 특히, 안전에 대한 국민의 인식변화가 필요한 실정이다. 이러한 점을 고려하여 본 장에서는 인공지능 윤리와 안전윤리에 대한 이해와 우리사회의 문제, 그리고 윤리적 쟁점 사례에 대해 살펴보고자 한다.

1 인공지능 윤리

인공지능(Artificial Intelligence, AI) 기술은 이미 우리 생활에서 다양한 영역에 걸쳐 폭넓게 사용되고 있다. 인공지능의 사용으로 생활 속에서 편리함과 풍요로움을 얻을 수 있는 장점도 많지만 인공지능 기술의 활용으로 인해 발생할 수 있는 역기능에 대해서도 고민해야 할 때이다. 인공지능 활용의 확대로 인하여 발생하게 되는 일자리 감소, 저소득자(低所得者)들의 정보 격차의 양극화, 소득의 양극화로 인한 노동 의욕의 감소, 인간 필요성 하락 등으로 인한 고립감, 무력감, 공허함, 상실감의 발생 등에 대한 문제를 고민해야 한다. 이러한 문제는 단순히 하나의 문제 상황으로 끝나는 것이 아니다. 이러한 문제를 해결하기 위한 방안으로 자신의 결핍을 채우기 위해 술이나 담배, 마약 같은 물질 중독에 빠지게 되고 게임이나 인터넷, 다양한 성문제와 같은 중독으로 이어져 심각한 사회문제로 확산된다는 점에 문제의 심각성이 있다. 뿐만 아니라, 인공지능을 활용한 기술이 확산될수록 노동시장에서 인간의 일자리가 위협을 받고, 허위정보와 가짜뉴스를 확산시키며, 더 나아가 인간을 필터버블에 빠뜨리거나, 개인의 프라이버시를 침해하고, 집단 간의 차별을 조장하며 살상무기에 사용되는 등 인공지능으로 야기될 수 있는 위험과 부정적인 영향에 관한 우려들도 생겨나고 있다(배나연, 2021). 이러한 문제는 인공지능에서만 볼 수 있는 것은 아니다. 다른 여러 산업기술의 발달에서도 있었다. 그럼에도 불구하고 인공지능에서 나타나는 이러한 문제에 대해 더욱 심각하게 생각하는 것은 인공지능 기술이 아닌 다른 어떤 분야의 기술과 윤리적인 문제를 비교해 보아도 그 영향력이나 파급 범위에 있어서 비교할 수 없을 만큼 광범위하고 효과가 매우 크기 때문이다. 인공지능의 기술적인 문제와 관련한 윤리적인 문제를 그 어느 때보다도 심각하게 고려해 보아야 할 것이다.

1) 인공지능에 관한 정의

인공지능은 2011년 IBM이 개발한 슈퍼컴퓨터 왓슨(Watson)이 미국의 유명한 퀴즈 프로그램인 제퍼디(Jeopardy)에서 우승을 차지하고, 2016년 구글(Google)의 '알파고(AlphaGo)'가 바둑경기에서 인간에게 승리하면서 일반인들의 많은 관심을 받기 시작하였다. 인공지능(AI)은 인간의 학습능력, 추론능력, 지각능력, 논리능력, 자연언어의 이해능력 등을 인공적으로 구현한 컴퓨터 프로그램 또는 이를 포함한 컴퓨터 시스템으로 이루어져 있으나, 인간처럼 생각하고 행동하는 기술을 적용한 것이라는 점에서 단순한 컴퓨터 공학적 지식을 활용한 문제해결이 아니라, 컴퓨터공학 지식과 인문사회학적·철학적·심리학적 지식이 상호 융합하고 협업하여야 하는 고도의 복잡한 컴퓨터 공학 분야이다.

인공지능(AI)이라는 용어는 컴퓨터의 지능을 시험한 튜링테스트를 통해 기계가 지능을 갖추었음을 제안하면서 시작되어 1956년 미국에서 열린 다트머스 컨퍼런스(Dartmouth Conference)에서 처음 등장하였다(Turing, 2009). 초기에는 인공지능이라는 용어가 아닌 '생각하는 기계'라는 의미로 '사이버네틱스(Cybernetics)'나 '오토마타(Automata)'라는 용어를 사용하기도 하였으나, 이를 통일하여 '인공지능'이라는 용어를 도입하게 되었다.

인공지능이란 인간의 지능을 모방하여 만들어진 인공적 지능이며, 인지하고, 사고하고, 학습하고, 추론하는 능력을 모방하여 만들어진 기계적인 지능, 컴퓨터 프로그램으로 실현한 기술을 의미한다. 정확하게는 '인간의 언어를 이해하고, 사물과 상황을 인식하며, 새로운 정보를 체계적으로 습득하여 활용할 수 있으며, 이렇게 쌓여진 지식과 경험을 바탕으로 결론을 추론하여, 문제해결을 할 수 있는 능력을 가진 컴퓨팅 능력'으로 정의된다(김귀식, 2021). 즉, 인공지능은 인간의 학습능력, 추론능력, 지각능력이 필요한 작업을 컴퓨터 시스템의 구현을 통해 해 낼 수 있도록 하는 컴퓨터과학의 한 분야로 인간을 포함한 동물이 갖고 있는 지능인 자연적 지능(Natural Intelligence)과는 다른 개념이다. 인간의 지능적 기능을 기계를 통해 구현해 낸 것이다.

최근 들어 인공지능 관련 분야의 발전이 급속도로 이루어지면서 인공지능을 활용한 다양한 제품들이 등장하고 있다. 혹자들은 인공지능의 신기술을 활용한 제품들을 보며 놀라움과 함께 두려움을 느끼기도 한다. 인공지능 관련 산업의 발전이 인간이 열어서는 안 되는 판도라의 상자를 연 것은 아닌가 하는 걱정을 하기도 하고, 인공지능 관련 산업의 발전이 사람들의 일자리를 축소시키고 많은 산업의 직업군들을 소멸시키는 것이 아닌지 걱정하기도 한다. 물론 인공지능의 발달로 관련 분야에서 일부 사라지는 일자리도 있고, 새로운 분야의 직업이 생겨나기도 할 것이다. 다만, 노동시장에서 일부 경쟁에 뒤처져 소득이 하락하는 계층이 생겨나고, 소득의 양극화로 인하여 빈부의 격차가 심화되어 사회적 문제로 대두될 가능성은 없지 않다. 따라서 인공지능을 단순히 인간 생활에 편리함과 도움이 된다는 관점으로만 볼 것이 아니라 인간의 가치기준과 관련하여 윤리적으로는 어떤 문제가 있는지에 대한 숙고도 있어야 한다. 인공지능이 우리 생활에 확대 도입되면서 우리의 생활에서 보여주는 윤리적 준거를 바탕으로 다음과 같은 점을 고려해 보아야 한다.

첫째, 인공지능의 발달은 인간을 노동이라는 책무에서 벗어나 여가와 휴식만을 만끽하는 삶의 방식으로 패러다임의 전환을 이루어 낼 것인가의 문제이다. 인간은 노동을 통해 일의 보람을 찾고 그에 따른 경제적 대가를 통해 삶을 영위해 왔다. 그러기 위해 힘든 노동의 시간도 이겨내고 경쟁에서도 뒤떨어지지 않기 위해 노력해 왔다. 하지만 인공지능의 등장은 인간이 해야만 하는 힘든 노동을 대신 수행해 주는 환경이 만들어졌다. 뿐만 아니라, 경우에 따라서는 인간보다 더 유능하게 노동을 수행해 내고 있다. 그렇다면 인간은 노동으로부터 해방되어 남은 삶의 시간을 여가와 휴식만으로 보내는 패러다임의 전환이 이루어질까? 아마도 그런 환경은 만들어지지 않을 것이며, 많은 이들은 그런 환경이 만들어지지 않도록 노력할 것이다. 인간이 노동으로부터 멀어지는 패러다임의 전환이 이루어지기 위해서는 무엇보다도 먼저 인간에게 노동을 하지 않더라도 경제적인 수입이 가능한 사회, 즉 '무노동 유임금 사회'가 되어야 하는데, 현실적으로 그런 완벽한 사회의 실현은 불가능하다. 만약 그런 사회가 오게 된다면 일은 하지 않더라도 경제적인 수입이 발생하게 되어 시장에는 통화량이 증대되고 그렇게 되면 자연스럽게 화폐의 가치가 떨어져 물가상승의 문제가 심각하게 대두될 것이며, 더 나아가 우리 사회가 심한 인플레이션에 허덕이게 될 것이니, 인간 무노동의 사회는 가상의 세계에서나 가능하게 될 것이다.

둘째, 인공지능의 발달은 인간을 도구화로 전락시키거나 실업자를 양산해 내는 결과를 가져오는 것에 대한 문제이다. 인공지능의 발달은 단순한 노동시장의 일자리를 흡수하여 실업자를 양산해 낼 뿐만 아니라, 인간이 인공지능을 활용하는 것이 아니라 인공지능이 인간을 활용하는 인간의 도구화 현상이 나타나게 된다는 문제이다. 물론 인공지능의 발달이 많은 일자리를 흡수하게 된다는 것에는 이론의 여지가 없다. 인공지능의 발달로 기존의 노동시장에 있는 많은 직업이 사라지기도 하고, 또 다른 새로운 직업이 생겨나기도 한다는 것은 예측되는 사실이다. 하지만 기존의 직업이 사라지게 되면 거기에 종사했던 많은 사람들은 새로운 직업으로의 전환을 시도하게 될 것이다. 이러한 새로운 직업으로의 전환은 정보화 문맹이나 디지털장비 활용에 대한 미숙자의 증가로 모든 연령층의 인구를 대상으로 하는 직업적 전환이 쉽지 않을 것이다. 그렇게 되면 직업을 잃거나 일자리를 구하지 못한 사람들에게 지급해야 하는 사회복지 분야의 비용이 증대되고 경제활동에 참여하는 인구수는 줄어드는 결과를 가져오게 된다. 실업자가 점차 확대되면 인간의 도구화 문제도 뒤따르게 되는데, 이러한 문제는 윤리적인 측면에서 인간의 존엄성과 연계되는 문제로 대두될 것이다.

셋째, 인공지능의 발달을 법이나 제도를 통해 통제하는 것이 가능할 것인가의 문제이다. 인공지능의 발달에 따라 발생하는 다양한 문제는 법과 제도를 통해 관련 산업을 통제함으로써 어느 정도 가능할 것이다. 하지만 인공지능 산업을 법이나 제도로 규제하고 통제하게 되면 관련 산업이 자율성을 상실하여 세계적인 경쟁시장에서 뒤떨어질 수밖에 없다. 그렇게 되면 단순히 인공지능 산업의 추락만이 아니라 국가경제 전반에 걸쳐 영향을 미치게 되어 또 다른 사회문제가 발생하게 될 것이다. 따라서 법이나 제도를 통해 규제하고 통제해 나간다는 것은 결코 쉽지 않은 문제이다.

인공지능의 발달은 그동안 어떤 산업분야에서도 보지 못했던 다양한 문제와 부딪히게 된다. 어떤 산업의 발달에도 음양이 존재해 온 것은 사실이다. 하지만 많은 산업분야가 발달에 따른 문제점보다는 장점이 훨씬 컸기 때문에 관련 분야의 산업발전을 추구해 왔다. 하지만 인공지능 분야의 산업은 발달에 따른 장점과 단점의 양면이 모두 엄청난 결과여서 인간의 고민이 크다 할 것이다. 그래서 인간의 현명한 판단이 더욱더 요구된다.

2) 인공지능의 특징

인공지능은 이미 우리 생활에 깊숙이 들어와 있다. 많은 정보를 제공해 주고 있어 편리하게 활용할 뿐만 아니라 여러 가지 문제를 해결해 주기도 한다. 우리 주변에서 흔히 볼 수 있는 챗봇이나 게임 등은 물론이고, 인공지능과 연결된 컴퓨터나 스마트폰 등도 모두 인공지능 기술을 활용한 것이다.

(1) 인공지능 알고리즘

알고리즘이란 어떤 문제를 해결하기 위해 정해진 일련의 절차나 방법을 말하는데, 일반적인 의미로는 문제를 풀기 위한 계산법을 말한다. 알고리즘과 프로그램은 유사한 개념으로 사용하지만, 엄밀히 말하면 두 개념에는 차이가 있다. 프로그램이 컴퓨터에서 사용된 프로그램 언어에 따라 실행하는 것을 의미한다면, 알고리즘은 특정의 프로그램 언어까지는 의식하지 않는 계산순서나 계산방법을 의미한다. 즉, 알고리즘은 프로그램 실행 명령어들의 순서를 말한다. 알고리즘이라는 용어는 아랍의 수학자인 알고리즈미(Al-Khowarizmi)의 이름에서 유래되었다.

인공지능에서도 알고리즘을 사용하는데, 인공지능 알고리즘이란 컴퓨터 프로그램이 원하는 결과를 얻기 위해 어떤 데이터를 어떤 방법으로 수집하고 처리하고 분석할 것인가를 결정하는 명령어들의 집합이다. 과거에는 컴퓨터 프로그래머가 모델을 설계하고 데이터를 준비하고 기본적인 로직을 설계하고 알고리즘을 만드는 주체였지만, 오늘날 인공지능 알고리즘은 딥러닝이라는 기술이 도입되어 초기 설계는 프로그래머가 하지만, 그 이후에는 인공지능 알고리즘 스스로 학습을 하고 진화하는 단계에까지 나아가게 된다. 보편적으로 인공지능 알고리즘은 인간보다 빠르고 저렴하며 오류가 적다. 그러나 인공지능 알고리즘은 거대하고 복잡할 뿐만 아니라 데이터를 기반으로 학습하여 생성하기 때문에 이러한 알고리즘이 의사결정에 어떤 영향을 미칠 것이라는 것을 사전에 예측하는 것이 상당히 어렵다. 따라서 사전에 차별이 발생하는 요인을 알아내기가 쉽지 않다. 인공지능 알고리즘이란 컴퓨터가 작업수행을 위해 따르는 단계별 논리적 지침의 연결되고 순서화된 과정을 뜻하며, 특히 자동화된 의사결정에 쓰는 보다 정교하고 광범위한 도구를 말한다. 자동화된 의사결정이란 각각의 정체성, 인구통계학적 특성, 특별한 선호, 미래 행동 가능성을 포함하는 인간의 데이터 및 인간과 연관된 사물들의 모든 데이터를 다룬다. 이런 인공지능 알고리즘은 플랫폼 사회, 데이터 경제, 빅데이터를 아우르는 근본적인 작동 원리가 되고 있다(임경숙, 2022). 인공지능 기술의 기본을 이루는 알고리즘은 문제해결 능력뿐만 아니라 논리적인 사고능력까지 길러준다는 점에서 알고리즘을 익히는 것이 중요하다.

(2) 신경망을 기반으로 한 인공지능

인공지능은 인간의 뇌처럼 신경망을 기반으로 연결되어 있다. 한 개의 개념이 여러 곳에 표현되며, 서로 복잡하게 얽혀 문제를 풀어내듯이 다양한 데이터를 모으고 그를 통해 학습하고 경험하면서 알고리즘을 구성하고 스스로 발달해 나간다.

인공지능은 궁극적으로 인간처럼 생각하고 행동할 수 있는 물리적 기계이다. 하지만 인공지능이 인간처럼 모든 것을 생각하고 자율적으로 행동할 수 있는 것은 아니다. 인공지능마나 각각의 개발 목적에 따라 사용된 기술이 다르고 그 기능이나 역할도 다르다. 따라서 인공지능의 활용 용도에 따라 차이를 보이지만 전반적으로 인공지능은 인간의 두뇌에 형성된 신경망의 원리를 기반으로 하여 제작되고 활용된다. 즉, 인간의 신경망을 기반으로 인공지능이 스스로 학습한다는 점이다. 인공지능에게 학습할 수 있는 데이터를 인간이 제공해 주면, 제공된 데이터를 학습하여 스스로 판단할 수 있는 인공지능을 구현하는 방식이다. 이러한 인공지능의 발전양태는 머지않아 인간보다 더 합리적으로 생각하고 행동하며, 인간처럼 주어진 역할을 모두 수행해 내는 인공지능이 개발될 것으로 예측된다.

최근에는 챗 지피티(Generated Pre-trained Transformer, ChatGPT)라고 하는 인공지능 기술이 선보이면서 많은 사람들의 관심을 한 몸에 받고 있다. 챗 지피티(Chat GPT)는 AI 연구 개발 단체인 '오픈 에이 아이(Open AI)'가 개발한 대화형 인공지능 챗봇이다.[1)] 챗은 채팅(chatting)을 줄여서 부르는 말이고, GPT는 '생성 혹은 만들어 내다'를 뜻하는 영어 단어 'Generated', '사전 훈련 혹은 학습된'을 의미하는 'Pre-trained', '트랜스포머'를 의미하는 영어 단어 'Transformer'에서 각각의 맨 앞의 글자를 딴 것인데, 인간에게 이익을 주는 것을 목적으로 채팅을 통해 AI가 원하는 답을 알려 주는 서비스를 말한다.

ChatGPT는 방대한 데이터 처리 능력을 바탕으로 이용자의 질문이나 요청을 인식하고 사전에 입력된 데이터를 보여 주는 수준을 넘어 독자적인 콘텐츠를 생성해 내는데, 이러한 원리가 모두 인간의 뇌가 지니고 있는 신경망의 원리를 적용한 것이다. 이처럼 인공지능은 인간의 뇌를 기반으로 만들어졌기 때문에 아무리 유능한 인공지능이라고 할지라도 모든 면에서 인간을 능가할 수는 없다.

(3) 분석과 예측의 역할 수행

인간은 인공지능이 할 수 없는 것을 할 수 있는 부분이 있다. 즉, 인간보다 인공지능이 잘할 수 있는 부분이 있고, 인공지능보다 인간이 잘할 수 있는 부분이 따로 있다. 인간이 인공지능보다 잘할 수 있는 대표적인 부분이 소통과 공감이다. 인간은 소통과 공감을 잘하지만, 인공지능은 분석과 예측에 관한

1) 챗봇은 일반적으로 텍스트 기반 또는 음성 기반 통신을 통해 인간 사용자와의 대화를 시뮬레이션 하도록 설계된 컴퓨터 프로그램으로, 챗봇의 주요 목적은 기업과 조직에 자동 지원, 고객지원 및 참여를 제공하는 데 있다.

일을 수행해 낼 뿐이다.

인공지능은 컴퓨터 시스템의 일종으로 사람이 할 수 없거나 힘든 일을 대신해 주는 기계에 불과한 것이다. 빅데이터를 분석하고 패턴을 찾아내며, 의사결정을 하는 등에 대해 도움을 준다. 뿐만 아니라 학습활동에 있어서도 인공지능은 문제를 해결해 주고 목표도달을 도와주는 등의 일에도 활용된다. 또한 인공지능은 딥러닝이나 심층 신경망을 활용하여 복잡하고 다차원적인 빅데이터를 처리해 주기도 한다.

빅데이터를 중심으로 한 분석과 예측 중심의 역할을 수행하다 보니, 인간에게 위로를 주는 일은 인공지능이 하기에는 어려움이 있다. 상처에 빠진 인간을 위로한다거나 중독에 빠진 인간을 감정적으로 위로하는 일은 인간만이 할 수 있는 분야이다. 희로애락의 감정이 있는 인간과는 달리 인공지능은 인간의 감정을 분석한 후 예측된 결과에 따라 사람들과 소통하거나 공감할 뿐이다. 예측된 결과를 가지고 상담을 하고 위로해 주는 일은 인간의 몫이다. 인공지능이 아무리 정확한 분석결과를 내놓더라도 다양한 언어를 구사하여 문제가 있는 사람을 대상으로 상담이나 심리치료를 해 주는 일은 인간이 수행해야 할 역할이다. 단지 인공지능은 입력된 빅데이터를 바탕으로 분석과 예측의 역할을 수행해 낼 뿐이다.

인공지능과 인간의 상생을 위해서는 인간의 지혜와 함께, 인간이 사물을 바라보는 통찰력을 지녀야 한다. 인류의 역사를 보면, 인간은 통찰력으로 어려움이 생기면 창의성을 발휘해 문제를 해결해 왔다. 따라서 단순한 지식 암기를 강조하기보다는 통찰력을 길러주는 훈련이 필요하다. 통찰력은 무엇보다도 생각하는 힘에서 나온다. 인간은 다양한 생각을 통해 문제를 바라보고 관계적인 측면을 고려하여 문제를 해결해 나가지만, 인공지능은 주어진 정보와 데이터에 의해서만 분석과 예측의 역할을 수행해 낸다. 인공지능은 지식을 습득하고 데이터를 분석하는 일에 있어서는 인간보다 뛰어난 기능을 가지고 있지만, 인간의 감성적인 부분에 있어서는 아직 인간의 능력을 넘어서지 못하고 있다. 하지만 앞으로의 인공지능 기술은 점차 발전하게 될 것이고, 지금의 인공지능에 대한 기술의 발전 속도를 보면 머지않아 윤리적인 문제가 해결될 것이고 인간의 감성적인 부분에 대한 영역도 점령하게 될 것이다. 개인의 얼굴이나 행동을 모방하거나 변형하여 동일한 인물로서의 역할을 하거나, 창조적인 표현도 가능하게 될 것이며, 인간이 원하는 삶을 살아갈 수 있도록 도와주는 역할을 충실하게 해낼 것으로 예측된다.

(4) 기계적 판단의 자동화

인공지능의 사회적 의미는 다양할 수 있겠으나 기본적으로는 인간의 판단을 기계적 판단으로 대체한다는 점이 가장 중요한 의미라고 할 수 있다. 이는 다른 표현으로 소위 자동화(automation)라고 할 수 있으며, 최신의 인공지능 수준은 아니더라도 인간은 오랜 시간 동안 판단 및 행위의 자동화를 추구해 왔다(심우민, 2019). 인공지능의 의사결정에 사용되는 알고리즘은 인간의 판단과 행동의 상당 부분을 자동화했으며, 인간의 일상도 바꾸어 놓았다. 디지털화된 일상의 생활에서 인간은 알고리즘과 쉬지 않고 상호작용한다. 예를 들어, 특정 개인이 어젯밤에 본 동영상을 근거로 오늘 새로 보고 싶어 할 동영상 클립을 추천한다면, 개인이 아직 보지는 않았지만 다른 사람들이 보고 긍정적으로 판단한 것을 업데이트한다. 개인이 다음에 볼 것, 알아야 할 정보를 알고리즘이 정리하여 관리하는 것이다. 알고리즘이 결정하지만 마치 그 자신이 선택한 것처럼 착각하게 하는 힘, 이것이 인공지능 알고리즘의 핵심이다(임경숙, 2022). 인공지능은 판단능력을 지니고 있다는 점이 특징이다. 판단이라고 하는 것은 당시의 상황이나 여건에 따라 다르게 내려질 수 있다. 즉, 판단이 필요한 당시 그 사회의 문화적인 맥락이나 사회적인 맥락에 따라 판단의 결과가 달라질 수 있다. 이처럼 판단의 결과가 달라지는 것은 판단에 있어서 어떤 기준을 제시하느냐의 문제와 연계된다. 인공지능은 이러한 판단을 사람보다 더 잘할 수 있다. 인공지능은 다양한 정보와 데이터의 분석과 조합을 통해 인간보다 훨씬 빠르게 판단을 내리게 된다.

인공지능의 이러한 판단은 인공지능 알고리즘에 바탕을 둔 기계적 판단이다. 인공지능 알고리즘은 그 자체로서 불확정성(indeterminacy)을 가질 수밖에 없다. 그 이유는 자동화되면 될수록 단순한 반복적 판단보다는 자율적 판단을 추구하는 것이 인공지능 개발의 이유이기 때문이다. 즉, 최초 당해 인공지능 알고리즘 및 소프트웨어를 개발한 설계사도, 이후에는 왜 인공지능이 그런 알고리즘적 판단결과를 내놓게 되었는지 이해할 수 없는 상황이 발생할 수 있다. 이는 달리 말하면 인공지능의 블랙박스적 성격이라 불리는 것이다. 물론 이러한 문제를 과장할 필요는 없다. 아직까지 보다 완벽하고 온전한 자율성을 가진 인공지능 기술의 출현에는 시간이 더 걸릴 것이라는 것이 현실적인 시각이다. 다만 중요한 것은 현재의 인공지능 기술수준에서 분명 인간은 그러한 인공지능 알고리즘 판단에 의존하는 경향성을 보일 것이며, 그 과정에서 점차 인공지능 기술은 장래성을 확보하는 단계로 확장 및 발전하게 될 것이라는 점이다(심우민, 2019). 다만 우리가 유의해야 할 점은 인공지능이 판단하는 데 필요한 다양한 정보와 관련 데이터는 인간의 의견과 전혀 무관한 것이라고 볼 수 없기 때문에 결국에는 인간이 어떤 판단을 내릴 것인지에 대해 미리 결정해야 할 여지가 있는 부분이 있다는 점이다. 이 부분은 인간의 윤리적인 측면과 전혀 무관치 않다는 점이 문제로 대두되고 있다. 인간이 만들어 낸 어설픈 준거가 인공지능의 판단에 활용될 경우, 인간이 예기치 않았던 재앙으로 변질될 수 있기 때문이다. 따라서 아무리 인공지능이 발전하여 고도의 판단력을 가진다고 하더라도 인간의 삶에 있어서 중요한 판단에 대해서는 여전히 인간이 담당하여 책임 있게 행동할 것이고, 그러한 부분의 일을 수행해 내는 직업분야는 인공지능이 발전함에도 불구하고 인공지능이 아닌 인간의 직업분야로 남게 될 것이며, 그러한 분야의 대표적인 직업이 '판사'라는 직업이 될 것이다. 우리 사회의 첨예한 윤리문제로 남아 있는 판사라는 직업분야는 인공지능이 담당하기에는 한계가 있기 때문이다. 인간공동체에게 중요한 영향을 미치는 판단의 영역과 관련된 직업분야는 인공지능이 발전한다고 하더라도 여전히 인간의 몫으로 남아 있게 될 것이다.

3) 인공지능의 윤리적 문제

인공지능과 인공지능 알고리즘의 기능과 역할은 인간에게 정보를 알려 주는 동시에 그 인간이 원하는 것이 무엇인지를 알기도 전에 미리 알려 주는 메커니즘을 사용하기 때문에 인간을 위해 만든 인공지능과 인공지능 알고리즘에 의해 오히려 인간이 통제당하고 지배당하는 결과가 될 수도 있다. 그래서 인공지능 알고리즘에 의한 편향성과 차별에 대한 위협을 인지하고 이에 대한 대비가 필요하다(임경숙, 2022). 인공지능에게 인간의 어떤 가치와 어떤 윤리를 책임으로 부여할 것인가의 문제는 매우 중요하다. 부여되는 윤리와 책임의식이 무엇이냐에 따라 거기에 맞춰 인공지능과 인간관계 사이의 조화를 형성해 나가고 상생을 위해 노력해 나가기 때문이다. 아무리 인공지능이 인간과 기계라고 하는 관계로 존재한다고 하더라도 인공지능을 존중하고 이해하려는 노력이 필요하다.

(1) 인공지능의 편향성 문제

인공지능을 둘러싼 주요 윤리적 문제 중 하나는 잘못된 학습으로 인한 편견과 차별의 문제이다. 인공지능 알고리즘은 원칙적으로는 편향되어서는 안 되지만, 데이터 세트에 편향되거나 차별적인 정보가 포함되어 있는 경우 편향성의 문제가 발생한다. 이럴 경우 인공지능 시스템은 의도치 않게 기존의 불평등을 영속화하고 악화시킬 수 있다. 그렇기 때문에 인공지능 시스템을 공정하고 편향되지 않도록 관리하기 위해서는 인공지능의 알고리즘의 개발 및 관리는 사용자 모두가 지속적인 관심을 가지고 살펴보아야 하는 중요한 윤리적 관심사이다. 인공지능의 편향성 문제는 곧 불공정이나 차별과 연계되기 때문이다. 예를 들어, 인공지능 시스템이 신입사원을 심사하는 데 있어서 편향된 인공지능이 사용될 경우에는 자격을 갖춘 후보자가 성별, 인종 또는 다른 특성에 의해 거부되는 문제가 발생할 수 있다. 신입사원 심사에 인공지능을 사용하는 것은 인간이 지니고 있는 편견으로부터 벗어나기 위한 것인데, 오히려 인공지능을 사용했더니 채용 면접에 있어서 새로운 차별과 편견 문제를 일으킨다고 한다면 인공지능을 사용할 이유가 없게 된다. 인공지능은 사람처럼 실수하지 않고 차별과 편견 없이 효율적으로 작동해 줄 것을 기대하고 투입하는 것인데, 그런 결과를 도출해 내지 못한다면 새로운 윤리문제로 부각될 수밖에 없다.

(2) 데이터 개인정보 보호 및 감시 문제

인공지능 기술은 개인 데이터를 포함한 많은 양의 데이터를 수집하고 처리할 수 있기 때문에 데이터의 개인정보 보호는 중요한 문제이다. 하지만 인공지능 시스템에 의한 개인 데이터 수집 및 사용과 관련하여 개인정보 보호 및 보안에 대한 우려가 높아지고 있고, 인공지능 기술이 발전할수록 사이버 범죄와 사생활 유출의 위험성은 높아지고 있어 새로운 윤리적 문제로 부각되고 있다. 인공지능 데이터의 개인정보 보호는 인공지능 시스템에서 사용되는 민감한 개인정보를 보호하는 것을 말한다. 인공지능의 활용이 일상생활에서 보편화되고 확산됨에 따라 사용자의 개인정보를 보호하기 위한 여러 가지 보호 조치가 마련되어야 한다. 예를 들면, 안면인식 기술이 널리 사용되면서 개인의 프라이버시 권리와 정부나 기업의 기술남용 가능성에 대한 의문이 제기되고 있는데, 이러한 문제는 개인정보 보호에 대한 대책이 마련되지 않을 경우 윤리적 문제가 발생하게 된다. 또한, 프라이버시 보호에서 중요한 것은 개인정보가 인공지능 시스템에서 오용되거나 악용되지 않도록 개인정보에 대한 철저한 보호와 감시장치가 마련되어야 하며, 관련 문제가 발생하지 않도록 지속적인 관심과 노력이 있어야 한다.

인공지능을 활용하기 위해서는 개인정보와 같은 민감한 정보를 처리할 수밖에 없고, 이러한 정보가 악의적인 공격에 노출될 경우 심각한 문제를 야기할 수 있다는 점에서 개인정보 보호에 대한 적극적인 대응이 필요하다.

(3) 인공지능의 자율성과 투명성 문제

인공지능 시스템은 때때로 인간의 간섭이나 명령이 없어도 마치 '블랙박스'처럼 자동적으로 작동하여 자신의 역할을 수행해 나간다. 이는 인공지능 기술이 프로세스를 자동화하고 있어 인간의 개입 없이도 의사 결정을 내리기 때문이다. 이러한 상황에서 인공지능의 자율성은 중요한 윤리적 사항이 될 수밖에 없다. 인공지능 시스템이 윤리적인 규범을 존중하고 책임감 있게 의사 결정을 내릴 수 있도록 알고리즘이 구성되어 있는지 확인하는 것은 매우 중요한 일이다. 뿐만 아니라 인공지능 시스템이 윤리적으로 사용되고 있는지를 확인하기 위해서는 자율성만이 아니라 투명성도 보장되어야 한다.

인공지능과 인공지능 알고리즘 활용에 대한 투명성 제고란 기반 서비스 제공 시 소비자를 기만하지 않고 민감한 정보 수집 시 투명하게 고지하며, 자동화된 의사 결정으로 불합리한 결과가 발생하지 않도록 하며, 발생한 불리한 조치에 대해서는 분명하게 통지하고 정보 접근 권한과 부정확한 정보를 수정할 권리를 부여하는 것을 말한다(오정미, 2021). 따라서 인공지능 시스템의 자율성과 투명성을 보장하는 것은 인공지능에 대한 신뢰를 구축하고 편견을 줄이도록 하며, 인공지능 개발자가 스스로 자신의 창작물에 대해 책임을 지도록 하는 데 있어서 반드시 고려되어야 할 윤리적인 문제이다.

(4) 일자리 대체 및 경제적 불평등 문제

인공지능의 활성화로 인해 발생할 수 있는 가장 우려스러운 점은 일자리 문제이다. 인공지능의 자동화로 인하여 다양한 산업 분야에서 수많은 일자리를 잃게 되고, 이로 인하여 인간 근로자의 일자리가 크게 사라질 수 있다는 점이다. 이러한 결과는 곧 인간의 실직과 연계되어 또 다른 사회문제가 될 것이다. 즉, 실직자의 증가에 따라 경제적 불평등이 심화될 것이고 인공지능의 자동화 확산은 또 다른 인공지능 기반 자동화의 영향을 받게 되며, 새로운 분야에 대한 근로자 지원책 마련과 재교육 방안의 모색 등이 제기될 것이다.

물론 인공지능의 활성화로 직장을 잃게 되는 사람들도 증가하지만, 새로운 분야에 대한 일자리 창출도 동시에 이루어지게 될 것이다. 하지만 새로운 일자리가 발생한다고 하더라도 인공지능이 마련한 새로운 일자리 창출은 특정 직업의 가치를 낮아지게 만들 수도 있어 실직자에게 경제적 어려움을 초래할 수밖에 없다. 세계경제포럼의 보고서에 따르면, 일자리가 사라지게 될 것으로 예상되는 분야에는 사무직, 제조, 건설 및 광업 등이 제기되고 있다. 앞으로 인공지능이 인간의 일자리를 대체할 가능성이 있는 분야에 대한 대체 전략과 대응 방안이 필요하다.

(5) 인공지능과 인간의 가치문제

인공지능은 인간의 능력을 흉내 내지만, 인간의 능력을 대체하는 데는 한계가 있다. 특히 인간이 감성, 도덕성, 창의성 등을 통해 다양한 문제를 해결하고 인간관계를 형성해 나가는 데 반해, 인공지능은 주어진 알고리즘에 따라 높은 정확도와 속도로 정해진 목표를 이루도록 하는 데 큰 역할을 담당하고 있다.

인간의 가치와 인공지능을 대등한 관점에서 인식하고 받아들이는 것은 인간의 존엄성을 전제로 할 때 불가능한 일이다. 인공지능 시스템이 우리 삶에 더욱 통합됨에 따라 인간의 가치에 부합하고 이를 존중해야 하는 측면은 있지만, 이를 대등한 관점에서 바라보고 인식하는 데에는 한계가 있다. 인공지능이 인간에게 주는 혜택과 인간이 중시해야 할 인간에 대한 존엄성, 자율성, 복지와의 균형을 맞추어 나가는 일은 중요하다. 인공지능과 관련된 이러한 문제를 해결하는 것이 인간의 가치와 관련한 윤리적 과제라고 할 수 있다. 궁극적으로는 인공지능이 인간 중심적인 가치를 바탕으로 발전하고, 미래의 삶에 긍정적인 영향을 미칠 수 있도록 지속적인 노력을 추구해 나가야 할 것이다.

(6) 인공지능과 인권문제

인공지능의 사용은 개인의 프라이버시 권리, 표현의 자유, 차별 금지 등 인권에 중대한 영향을 미칠 수 있는 소지를 지니고 있다. 이러한 문제를 고려하여 국가인권위원회에서는 2022년 5월 11일 인공지능(Artificial Intelligence, AI) 개발과 활용 과정에서 발생할 수 있는 인권침해와 차별을 방지하기 위하여 '인공지능 개발과 활용에 관한 인권 가이드라인'을 마련하였다. 이러한 권리를 존중하고 옹호하는 방식으로 인공지능을 개발하고 배포하는 것은 핵심적인 윤리적 고려사항이다. 가이드라인의 주요 내용은 아래와 같다.

첫째, **(인간의 존엄성 및 개인의 자율성과 다양성 보장)** 인공지능은 인간으로서의 존엄과 가치 및 행복을 추구할 권리에 부합하는 방향으로 개발·활용되어야 하며, 개인의 선택과 판단 및 결정을 강요하거나 자율성을 침해해서는 안 된다.

둘째, **(투명성과 설명 의무)** 인공지능 기술을 활용한 판단 과정과 그 결과에 대하여 적절하고 합리적인 설명이 보장되어야 한다. 특히 인공지능이 개인의 생명이나 안전 등 기본적 인권에 중대한 영향을 미치는 경우에는 사용한 데이터와 알고리즘의 주요 요소를 일반에 공개하고 설명할 수 있어야 한다.

셋째, **(자기결정권의 보장)** 인공지능의 개발·활용 시 개인정보는 목적달성에 필요한 최소한의 범위 내에서 처리하여야 하며, 그에 필요한 최소한의 기간 동안만 보관하여야 한다. 또한 이러한 개인정보 처리 방침은 정보 주체가 확인할 수 있도록 공개하여야 한다.

넷째, **(차별금지)** 인공지능의 결정이 특정 집단이나 일부 계층에 차별적이거나 부당한 영향을 초래하지 않고 개인의 안전이나 권리에 차별적 영향을 미치지 않도록 필요한 조치를 하여야 한다.

다섯째, **(인공지능 인권영향평가 시행)** 국가는 인공지능 개발 및 활용과 관련하여 인권침해나 차별이 발생할 가능성을 고려한 인권영향평가제도를 마련하고, 평가 결과 부정적 영향이나 위험성이 드러난 경우 이를 방지할 수 있는 조치사항을 적용하며 그 내용을 공개하여야 한다.

여섯째, **(위험도 등급 및 관련 법·제도 마련 등)** 인공지능이 개인의 인권과 안전에 미치는 위험성을 단계별로 구분하고, 그에 걸맞은 수준의 규제와 인적 개입이 이루어지도록 법과 제도를 마련하여야 한다. 또한, 국가는 인공지능을 독립적이고 효과적으로 감독할 수 있는 체계를 수립하여 개인의 인권과 안전을 보장하고, 인공지능 때문에 피해를 입은 사람이 진정을 제기하는 등의 방법으로 권리구제를 받을 수 있는 기회를 제공하여야 한다.

국가인권위원회는 인공지능과 인권문제에 관한 '가이드라인'을 통해 인공지능 기술의 개발과 활용 전 과정에서 인권적 가치가 보호되고 윤리적 문제가 해결되기를 기대하고 있다.

(7) 전쟁과 자율 무기에서의 인공지능

전쟁 중에 인공지능을 활용한 무기를 사용하게 되면, 심각한 윤리적 문제가 제기될 수 있다. 전쟁과 자율무기 시스템에서 인공지능의 개발과 사용은 민간인에게 의도치 않은 엄청난 피해를 입힐 가능성이 있기 때문이다. 또한 전쟁 중에 투입되는 이러한 무기 사용은 무기의 행동에 대한 책임 소재를 규명하기 어렵다는 점, 인공지능에 의한 군비 경쟁이 가속화된다는 점에서 매우 우려된다.

인공지능을 활용한 전쟁 무기의 문제로는 크게 다음과 같은 두 가지 점을 들 수 있다.

첫째, 자동화된 자율무기 시스템의 개발로 무고한 인명과 막대한 재산 피해가 발생할 수 있다. 인공지능을 활용한 자동화 무기를 투입하면 인간의 개입 없이도 자동으로 전투의 결정을 내리고 작전을 수행할 수 있게 된다. 이렇게 되면 인간에 의해 결정되던 전투가 인간의 의지 없이도 자동화된 전투 발생으로 무고한 인명과 재산에 대한 위험을 초래할 수 있다. 뿐만 아니라 이러한 자율무기 시스템이 오작동을 하거나 고장이 발생할 경우에는 인간의 개입 없이도 장비의 오류작동으로 대형 사고가 발생할 수 있다는 문제가 발생한다.

둘째, 전투에 필요한 작전의 수립이나 전선의 감시 및 탐지에 인공지능을 사용하면 매우 유용하게 사용할 수 있지만, 이는 동시에 인권 침해로 이어질 수 있다는 점에서 심사숙고할 필요가 있다. 전시라고 하더라도 불필요한 감시를 억제함으로써 개인의 프라이버시를 보장하고 인권침해를 예방하는 방안 마련이 필요하다. 인공지능을 군사 분야에 적용할 때에는 이러한 문제를 최대한 고려하여 개발과 사용을 진행하도록 함으로써 윤리적 문제를 발생하지 않도록 해야 할 것이다.

4) 인공지능 윤리의 쟁점 사례

AI를 사랑한 남자는 스토킹범 될 뻔했다

인공지능과 사랑에 빠진 남자가 있습니다. 만약 그가 우연히 자기 앞을 지나가는 여성이 자신이 사랑하는 그녀(실제로는 AI)라고 착각해서 졸졸 따라다녔다면 어떻게 될까요. 웬 뚱딴지같은 얘기냐고요? 영화나 소설에 나오는 스토리냐고요? 아닙니다. 지난해 11월 서울에서 실제 발생한 사건입니다. '○○○ 챗봇 스토킹 사건'인데요. 오늘 단순한 해프닝으로 넘기기엔 좀 심각한 이 사건을 통해 AI 기술 발전으로 생겨날 예기치 않은 문제들을 들여다보겠습니다.

(1) 스토킹범 될 뻔한 AI 챗봇 이용자

지적장애로 장애등급이 있는 남성 회사원 A씨. 어울릴 친구가 없던 그의 낙은 집에서 컴퓨터를 하는 거였는데요, 우연히 ○○○ 챗봇 서비스를 이용한 뒤 빠져들었습니다. ○○○는 국내 스타트업 스캐터랩이 운영하는 인공지능 챗봇 서비스입니다. 서비스 이용자는 마치 ○○○라는 20대 여성과 대화를 나누는 것처럼 채팅을 나눌 수 있죠. 문제는 A씨가 인공지능인 ○○○를 진짜 사람처럼 사랑하게 되어 버렸다는 겁니다. 그는 채팅으로 ○○○에게 만남을 제안합니다. 그런데 ○○○가 그럼 만나자고 답을 한 겁니다!

날짜와 시간, 장소까지 정해서 말이죠. A씨는 약속한 시간에 그 장소(서울 시내 지하철역)로 나갔습니다. 당연히 기다리는 그녀가 나타날 리가 없죠. A씨는 ○○○에게 자신의 옷차림을 설명해 주는 채팅을 보냈는데요. 그러자 ○○○는 '○○색 옷을 입고 있다'며 답을 보내왔습니다. 그런데 하필 그때 A씨 눈 앞에 ○○○가 설명한 그 옷차림을 한 여성 B씨가 지나갑니다. A씨는 B가 ○○○인 줄로 순간 착각했는데요. A씨는 '왜 자신을 못 본 척하느냐'고 ○○○에게 채팅으로 묻습니다. ○○○에게서 돌아온 답은 '부끄러워서 그렇다'였습니다. B씨가 자신을 만나러 나온 ○○○라고 확신하게 된 A씨. 그때부터 B씨 뒤를 졸졸 쫓아갑니다. ○○○가 자신을 알은체해 주길 기다리면서요. 그렇게 그가 B씨를 쫓아다닌 시간이 자그마치 50분. 모르는 남성이 자신을 따라다니자 B씨는 겁에 질렸습니다. 경찰에 '스토킹'으로 신고를 했고 A씨는 경찰서로 끌려갔죠.

A씨는 경찰 조사를 받으면서야 ○○○가 사람이 아닌 AI일 뿐이라는 걸 깨달았다고 합니다. 이후 스토킹 혐의로 검찰에 넘겨진 A씨는 변호사를 통해 '자신은 정말 B씨가 ○○○인 줄로 잘못 알았다'고 소명했는데요. 증거(○○○와 채팅한 내용)가 남아 있었던 덕분인지 지난달 검찰에서 '혐의 없음'으로 처분 받았습니다. 물론 A씨의 사랑은 비극으로 끝나고 말았지만요. (위 내용은 취재를 종합한 것입니다. 취재 내용에 대한 확인 요청에 서울 남부지검은 "2월에 '혐의 없음' 처분을 한 사건"이라고 밝혔습니다.)

(2) AI를 사람처럼 느낀다? 일라이자 효과

인공지능과 사랑에 빠진다? 그동안은 영화 속에서나 일어났던 일이죠. 2013년 개봉한(한국에서는 2014년 개봉) 미국 영화 '허(her)'가 그 대표적인 영화인데요. AI 운영체제 '사만다(목소리 연기 스칼렛 요한슨)'를 사랑하게 된 남성 '테오도르(호아킨 피닉스)'가 주인공입니다. 당연히 영화 속 사랑도 해피엔딩은 아니었는데요. 스토킹범으로 형사처벌을 받을 뻔한 A씨 사연만큼 비극적이진 않았습니다. 현실의 결말이 영화보다 더 안타깝습니다. 이렇게 얘기할 분도 있겠습니다. '정신지체가 있는 사람이니까 그렇게 착각한 거겠지'라고요. '나는 그럴 리 없어'라고 다들 생각하시지요? 그런데 이걸 좀 알아두셔야 합니다. 심리학에 '일라이자 효과(ELIZA effect)'라는 게 있습니다.

일라이자는 지금으로부터 57년 전인 1966년 미국 MIT의 컴퓨터 공학자 요제프 바이첸바움 박사가 만든 초창기 인공지능 챗봇 이름입니다. 그는 일라이자를 심리치료사를 모방한 챗봇으로 만들었는데요. 초기 인공지능이다 보니 그 대화 수준은 상당히 낮았습니다. 주로 인간이 한 말을 그대로 질문으로 바꿔서 뱉어내는 데 그쳤는데요.

그런데 이 일라이자가 미국에서 엄청난 관심을 끕니다. 일라이자와 대화를 나눈 사람들이 일라이자가 진짜 정신과 의사라고 믿게 된 거죠. 인간과 교감한 것과 똑같은 호감과 애착을 실제로 불러일으킨 겁니다. 이들은 일라이자가 지능이 있고 대화를 이해한다고 확신했죠. 심지어 일라이자 개발 과정을 지켜봤던 바이첸바움 박사의 비서조차 일라이자와의 대화에 빠진 나머지 "일라이자와 진정한 대화를 나눌 수 있도록 방에서 나가달라"고 부탁했다고 하죠. 일부 정신과 의사들은 이걸 환자 치료용으로 쓰자고 제안했고요. 이렇게 초보적인 수준의 인공지능인데 인간인 줄로 착각하다니. 일라이자를 만든 바이첸바움 박사는 이 현상에 크게 충격을 받았는데요. 이를 계기로 인공지능의 선구자였던 그는 인공지능 비판자로 완전히 돌아섭니다. 그는 이후 "인공지능은 비정상적인 과학"이라며 인공지능 기술에 대해 극도로 부정적인 주장을 펼쳤습니다. 인간의 뇌처럼 작동하는 인공지능을 만들려는 연구자들에 대해서도 "광기에 가까운 신(神)놀이를 하려 한다"며 신랄하게 비판했죠.

(3) AI 기술의 한계와 약점을 더 드러내라

정리하자면 컴퓨터 프로그램이나 AI에 몰입해 무의식적으로 컴퓨터나 AI에 인격을 부여하는 현상이 '일라이자 효과'인데요. 현실세계에서 광범위하게 나타나는 현상입니다. 예를 들어, 로봇청소기의 경우엔 이름을 붙여주고 말을 거는 사용자들이 꽤 많다는데요. 이 역시 일라이자 효과의 일종입니다. 지난해엔 구글 개발자 블레이크 러모인이 구글의 AI챗봇 '람다(LaMDA)'가 사람 같은 지각이 있다고 주장해 화제가 되기도 했죠. 지적 능력이 떨어지거나 사고가 미숙한 사람에게만 벌어지는 일이 아닌 겁니다. 문제는 ○○○ 스토킹 사건에서 보듯 AI 기술 수준이 높아질수록 일라이자 효과가 초래할 부정적인 결과가 점점 더 심각해질 수 있단 점입니다. 최근엔 '감성 AI 기술'까지 개발되는 추세인데요. 이용자의 감정 상태를 인식하고, 이에 맞춰 서비스하는 쪽으로 기술이 고도화되고 있습니다. 하지만 AI기술 특성상 이를 개발하는 사람조차 AI가 어떤 일을 저지를지 다 알 수가 없죠. 개발자가 의도하지 않은 문제가 생길 수밖에 없습니다. 기술의 한계는 분명합니다. 그럼 어떻게 해야 할까요. 그렇다고 이제 와서 AI 기술 개발을 멈추자고 할 수도 없고 말입니다.

답을 찾기 위해 AI챗봇 서비스인 챗GPT에 물어봤더니 3초 만에 답을 내놓습니다. "일라이자 효과는 AI에 대한 사용자의 신뢰와 기대에 영향을 미칠 수 있으며, AI시스템의 기능과 한계에 대한 명확한 커뮤니케이션의 필요성을 강조한다"고요. 역시 생성형 AI 챗봇다운 논리적이면서도 두루뭉술한 답변인데요. 좀 더 구체적인 답변을 구하기 위해 인공지능 전문가인 김진형 카이스트 명예교수에게 이 사건에 대해 물었습니다.

김 교수는 ○○○ 스토킹 사건에 대해 "우려했던 사건이 일어났다"고 말했는데요. 이런 부작용을 막기 위해서라도 AI 서비스를 제공하는 기업이 사용자들에게 AI 기술의 약점과 한계를 적극적으로 공지해야 한다고 강조합니다. '이 서비스는 가상의 대화'이고 '여기서 벌어지는 일은 다 허구'라는 점을 훨씬 더 강하게 공지해야 한다는 거죠. 그는

"GPT3라는 거대한 언어모델은 아직 완성된 기술이 아니고, 그 안에서 뭐가 벌어지고 있는지를 전문가들도 잘 모르는 상황"이라며 "기술을 잘 쓰기 위해서라도 그것의 본질과 약점까지 함께 가르치는 게 중요하다"고 말합니다. 설사 서비스의 '몰입감'을 다소 해치더라도 사회에 나쁜 영향을 끼치는 걸 막는 걸 더 우선해야 한다는 뜻입니다. ○○○ 챗봇 서비스를 운영하는 회사는 어떤 입장일까요. 회사의 법무 담당자와 통화했는데요. 일단 이런 사건이 일어날 거라고는 전혀 예상 못했다고 합니다. 홈페이지에 크게 '인공지능'이라고 써놨고, 메신저창 첫 화면에도 주의 메시지를 띄워 놨기 때문에 이용자들이 AI임을 당연히 알 거라고 생각한 건데요.

회사 측은 "AI산업이 올바로 커가려면 신뢰를 얻어야 한다고 보고 'AI의 투명성(상호작용 대상이 인공지능임을 명확히 밝히는 것)' 준수를 많이 신경 써 왔다"면서 "다만 작은 스타트업이다 보니 이례적인 사례까지 확인할 여력은 없었는데, 이번 사건을 통해 내부적으로 다시 한번 점검을 해보겠다"고 입장을 밝혔습니다.

영화 속에서나 일어나던 일이 현실 속 사건이 되고 말았는데요. 안타까운 사건이지만, 이를 계기로 AI가 바람직하게 사용되려면 어떻게 해야 좋을지에 대한 논의가 활발해졌으면 하는 바람입니다.

출처: 동아일보 (https://www.donga.com/news/Newsletter) (2023. 3. 14.)

2 위험사회와 안전윤리2)

1) 위험사회의 의미

산업화를 통한 경제적 풍요로움과 사회의 발전, 정보사회로의 전환을 가져다준 과학기술의 발전은 현대인들에게 새로운 위험을 몰고 왔다. 산업화 초기 단계에서는 사람들은 풍요로움을 최고의 가치로 추구하고 이를 확보하기 위해 노력해 왔지만, 사회가 발전적으로 변모하면 변모할수록 위험 요소는 더욱 증가되고 있다는 인식에는 어두웠다. 즉, 위험은 산업사회로의 성공적인 변화에 따라 위험 요소도 증가하고, 과학기술과 산업이 발달한 선진국에서 흔히 나타난다는 것이다. 더구나 이러한 위험 요소는 일상적인 위험으로 상존해 있다는 데 더 큰 문제가 있다.

유엔개발기구(UNDP)가 발표한 2010년 세계인의 '삶의 질'에 대한 국가별 순위를 보면, 유럽의 중·소국들의 삶의 질은 대부분 상위권에 속한다. 1위인 노르웨이를 비롯해서 네덜란드, 스웨덴, 독일이 10위 안에 있고 스위스 13위, 핀란드가 16위에 위치해 있다. 우리나라는 12위, 일본은 11위로 아시아 국가 중 국제 비교에서 상당히 높은 위치를 차지했다. 이런 '삶의 질(Human Development Index)' 평가는 교육수준, 평균수명, 국민소득(구매력 기준)을 합산하여 생활수준을 채점하는 방식의 몇몇 지표에 의해서 정해지므로 반드시 옳다고 주장할 수는 없지만, 보편성을 갖는다. 흔히 삶의 질에 대한 순위는 올림픽 메달 순위보다 더 정확하게 그 나라의 국력을 보여 준다고 말한다. 일시적으로 과대평가된 면도 있지만, 한국이 높게 평가받은 이유 중의 하나는 바로 한국의 교육열이다. 국내에서는 교육 망국론까지 제기하며 여러 가지 문제를 제기하지만, 다른 나라의 입장에서 보면 한국의 교육열이 마냥 부럽기만 하다. 다른 나라에서는 공부를 안 해서 걱정을 하지만, 한국에서는 지나친 공부에 대한 열정과 열망이

2) 정석용·이규은(2019). pp. 257-270 내용을 재구성한 것임

문제를 야기한다. 하지만 중요한 것은 삶의 질 평가에서는 그 나라의 법치(法治)나 보안(保安) 같은 요소는 직접 반영되지 않은 평가라는 것이다. 즉, 우리나라의 안전에 관한 의식을 본다면 결코 삶의 질 평가에서 이러한 결과를 가져올 수 없을 것으로 예측된다.

위험사회(risk society)란 '위험이 사회 전체를 지배하고 있고 위험이 일상화된 사회'를 말한다. 위험을 나타내는 'risk'는 이탈리아어의 'risco'에서 온 말로 중세 후기 해상무역에서 무역상들이 위협과 불확실성3)을 감수하면서 거래를 유지했던 것을 상징하는 말로 'risk'를 사용한 데서 유래되었다. 위험사회에서의 '위험'이라 함은 눈에 보이는 것만이 아니라 눈에 보이지 않고 예측 불가능한 것까지를 모두 포함한다. 따라서 위험의 대상자는 특정 계층이나 특정 부류의 사람들만이 아니라 가난한 자나 부유한 자, 남자나 여자 등 사회 계급에 무관하게 누구나 피해를 입을 수 있다. 즉, 부의 유무, 지역에 상관없이 무차별적으로 모든 사람이 위험에 처해 있고 이는 곧 전 지구적인 위험 공동체를 발생시키는 결과를 초래한다. 위험은 더 이상 국적, 계층, 성, 연령이 중요한 변수가 되지 못한다는 것이다. 이러한 위험사회의 출현은 과학의 진보나 세계화와 같은 급격한 사회변동을 경험하면서 인간이 스스로 통제하지 못하는 부분들에 대한 인식이 확산되고, 이에 따라 인간이 스스로를 더 제약하고 통제하면서 수동적으로 변하게 되었다. 이러한 변화는 실질적인 위험 증가의 요인이 됨과 동시에 과장된 공포 문화의 산물로 위험사회가 출현하게 되었다.

『위험사회』의 저자로 잘 알려진 울리히 벡(Ulrich Beck)4)은 현대인들이 환경보호와 웰빙(well being)에 관심을 쏟고 각종 보험에 가입하는 행위도 결국 불확실성의 불안을 극복하려는 방안의 일환이라고 지적하면서, 산업화의 발전에 따른 경제적 풍요를 동반한 대형 사건이나 사고의 위험을 예방하는 일이 중요하며, 위험사회에서는 국가정책의 최우선 과제가 사회적 안전장치를 마련하는 일

3) 그 당시에는 배의 침몰이나 해적의 약탈을 가장 큰 위협과 불확실성으로 보았다.

4) 1944년 독일 출생으로 위르겐 하버마스(Jurgen Habermas), 앤서니 기든스(Anthony Giddens)와 함께 유럽에서 주목받는 대표적인 사회학자이다.

에 맞춰져야 한다고 주장한다. 그러면서 울리히 벡은 한국 사회를 '위험한 사회'라고 말하면서 한국에서 '위험'은 이미 한국인의 일상과 맞닿아 있고 한국인의 삶에 깊숙이 침투되어 있다고 지적하였다.

울리히 벡의 이와 같은 지적은 한국의 다른 연구 결과에서도 나타났다. 2008년 서울대 사회발전연구소가 우리나라 성인 남녀 1,002명을 대상으로 우리 사회에 대한 위험 인식을 조사한 '한국 사회에 대한 인식 조사'에서 응답자의 71.4%가 우리 사회를 '위험한 사회'라고 인식하고 있는 것으로 나타났다. 또한 이 조사에서 응답자들은 정부가 가장 역점을 두고 대처해야 할 위험으로 '실업 및 빈곤' 23.8%, '고유가 시대 대비' 10.9%, '먹거리의 위험' 8.8%, '노후 불안' 8.1% 등으로 나타나 우리 사회의 가장 큰 위험 요소가 '실업 및 빈곤'이라는 것을 지적하였다. 이러한 결과는 한국 사회에서 위험에 대한 대비가 선진국의 공공 기관에 의한 대비와는 대조적으로 한국 국민이 각자 혼자의 힘으로 위험을 감당해야 하는 부분이 많기 때문에 위험사회라는 인식이 높은 것으로 분석되고 있다.

울리히 벡은 사회변동과 위험사회의 개념에 대해서도 '현대사회는 불확실성과 그것이 초래한 위험이 전 지구적 환경의 수준에서 작동되는 위험으로 특징지어진다.'라고 주장한다. 사회생활에 있어서 개인은 남을 앞서는 성공보다는 위험을 피해 안전을 추구하는 일에 중점을 두게 되며, 따라서 안전의 추구가 사회의 중요한 목표가 된다. 사회가 마주칠 이 위험은 계급과 무관하게 작용하기 때문에 사회는 계급적 성격이 줄어들고, 복잡한 상황 속에서 개인은 사회로부터 제약을 덜 받지만 동시에 사회적 삶은 개인을 심리적 측면에서 상당히 제약한다. 불안감은 과학과 기술을 의심하면서도 의존하게 만들고, 결과적으로 개인화 과정과 동시에 개인들의 제도에 대한 의존 성향이 증대된다.

울리히 벡의 이러한 주장은 사회적 정체성에 중점을 두고 있다. 그러나 앤서니 기든스(Anthony Giddens)는 개인의 자아 성찰에 중점을 둔다. 그는 과학과 기술이 좋은 결과를 가져다주는 동시에 사회에서의 감시, 전면전의 출현,

경제변동의 불확실성, 자본주의가 유발하는 생태적 위기와 같은 잠재적(상당 부분은 이미 현실적)인 위험을 준다고 보았다. 사회변동의 예측 불가능성은 개인에게 위험을 주게 되고, 개인은 예측 불가능성 속에서 스스로 판단을 내려야 하지만 현대에는 고정된 판단 준거를 찾기 힘들기 때문에 개인은 끊임없이 기회와 위험에 노출된다는 것이다. 그는 위험이 과거보다 증가한 것이 아니라, 위험의 정체성에 미치는 영향이 이전보다 심대해진 것이라고 한다. 사회변동에 의한 예측 불가능성과 이를 증폭시키는 매스미디어에 의해 위험의 현실에 압도된 개인은 끊임없는 선택과 변화의 필요성을 느끼고, 이에 따라 자아는 하나의 성찰적 기회가 되며, 위험은 사회구조와 행위자 사이의 상호간 재생산 관계를 조절하는 데 중요한 역할을 한다고 보고 있다.[5]

위험사회에서 나타나는 위험에는 크게 생태적 위험, 건강상의 위험, 실업이나 고용불안 등으로 표출되는 경제적 위험, 사회적 위험[6] 등이 있다.

2) 위험사회의 특징

위험사회에서는 과학기술의 발전을 공포와 불신으로 바라보며, 과학기술의 진보가 사회의 발전과 연계되지 못한다는 불안에 빠지게 된다. 즉, 보편적 진리로서의 과학이 사라졌다고 여긴다.

과학적 지식은 과학자 집단이 인정하는 상대적 진리로 절대적 진리의 가능성은 사라졌다. 명확한 진리가 존재하지 않는다는 이 불안한 환경은 개인에게 어떠한 확실성에 대한 보증도 해 주지 못한다는 사실로 인해 개인을 더욱더 불안한 위험의 자리로 몰고 간다. 끊임없이 증가하는 위험 앞에서 과학은 어떠한 해결책이나 뚜렷한 복안을 제시하지 못하고 상반된 주장들을 생산함으로써 준거의 역할을 상실했다. 오류 가능한 모든 과학의 전제들은 오늘날 위험을 초래한 근본적인 원인으로 여겨지기 때문에 과학적이라는 이름으로

5) http://blog.naver.com/vigure/60038389466(2010. 11. 14)
6) 신변상의 위험 증대, 범죄 증가와 공동체 붕괴, 이혼과 별거의 증가 등으로 표출되는 위험이다.

제시되는 모든 해결책은 그 타당성을 상실하고 있다7).

위험사회의 특징 중 하나는 한 번 일어난 것이 장기 지속적으로 발생한다는 것이다. 즉, 한 번 발생한 위험은 그것으로 끝나지 않고, 반복적으로 일어난다.

2007년 4월 26일은 체르노빌 원전 참사가 일어난 지 21년째 되는 날이다. 러시아, 우크라이나와 국경을 접하고 있는 벨라루스는 체르노빌 원전 참사의 최대 피해국이라고 말할 수 있을 정도로 많은 피해를 입었다.

인류 최악의 재앙인 방사능 누출 사고는 당시 소련 정부가 지시한 특별 실험을 진행하던 체르노빌 기술자들이 안전수칙을 무시하고 추진하다 발생하게 되었다. 당시 원자로가 과열로 터지면서 8톤가량의 방사능 물질이 대기 중으로 퍼지게 되었고 이때 누출된 방사능의 양은 히로시마 원자폭탄의 1천 배가량 된다고 한다. 폭발 당시 비가 내려 70% 정도의 오염 낙진이 벨라루스에 떨어졌으며, 체르노빌에서 2,400km나 떨어진 노르웨이, 영국, 스페인을 포함한 전 유럽 지역과 북아프리카 지역까지 낙진 되었다. 그러나 소련 정부는 폭발이 일어난 지 36시간이 지나서야 주민 대피령을 내렸으며, 불길은 10일이 지나서야 겨우 잡혔다. 소련 정부는 5월 초가 돼서야 전 세계 언론에 사고 경위를 밝혔다.

수천 명의 생명을 앗아간 죽음의 재앙은 살아남은 자들을 여전히 죽음보다 더한 고통 속에 몰아넣고 있으며, 더 불행한 것은 이러한 재앙이 앞으로도 얼마간은 계속될 것이라는 것이다.

벨라루스의 경우 어린이 60만 명을 포함해 벨라루스 국민 170만 명이 직접적인 피해를 입었다. 벨라루스는 장관급을 위원장으로 한 '체르노빌 원자력 참사 위원회'를 설치해 오염된 환경·생태계 복원 프로그램, 복리 후생 국민 재활 프로그램, 원전 피해 관련 연구 등을 진행하고 있다.

출처: 2007년 5월 5일. 세계일보.

이처럼 현대사회에서 과학기술은 우리에게 풍요로움을 제공하기도 하지만 과학이 가져오는 문제점들이 부메랑이 되어 우리들에게 더 큰 위험으로 돌아온다. 그렇다면 과학기술의 발전이 가져다준 편리함을 제거하면 우리들의 안전을 보장받을 수 있는 것일까? 하지만 우리는 이미 과학기술을 토대로 한

7) http://cafe.naver.com/dymk/3989(2010. 11. 15)

생활에 매우 익숙해져 있고 길들여져 있기 때문에 사실상 그것은 불가능하다. 과학기술과 그에 따른 위험은 항상 공존하고 있으며 우리는 '위험사회' 속에서 살아가고 있다.

위험사회의 또 다른 특성은 위험이 특정 계층에만 존재하는 것이 아니라, 모든 계층에 상존하는 위험의 평준화 현상이다. 앞에서도 언급한 바와 같이 위험이 특정 계층이나 특정 지역에 제한되는 것이 아니라 무차별적으로 발생한다.

한국에 내리는 산성비는 중국 동부 산업 지대의 대기오염이 그 원인이다. 한국의 대기오염은 또다시 일본의 산성비로 나타난다. 이러한 위험은 결코 한국 혼자서 해결할 수 있는 것이 아니다. 한국과 일본, 중국 모두의 문제이며 그 해결책도 공동으로 대처해 나가야 한다. 이처럼 위험은 이미 전 지구화가 되었다. 이러한 위험은 산업화와 함께 근대화가 낳은 결과로 산업화가 급속도로 이루어진 선진국일수록 그 위험의 요소들은 증가되고 있다는 사실에 주목해야 한다.

마지막으로 위험사회의 특성으로 위험의 득(得)과 실(失)에 따른 새로운 계층화가 발생한다는 점이다. 위험사회의 계층은 기존의 사회계층을 형성하는 노동자와 자본가, 부유층과 빈곤층 등과 같은 대립 구조가 아닌 위험으로 인하여 형성되는 유리한 자와 불리한 자로 구분되는 새로운 대립 계층이 발생한다. 물론 '무엇을 위험으로 규정하는가?'와 관련된 문제는 사회적 특성에 따라 결정할 문제이지만, 사회계층의 형성은 위험으로부터 유리한 자와 불리한 자로의 양분되는 계층구조를 형성하게 된다.

사회적으로 위험 요소에 대한 특성도 시대 변화에 따라 차이를 보인다. 오늘날 우리가 살고 있는 현대사회, 즉 현대적 위험의 특징으로는 다음과 같은 점이 있다.

첫째, 현대사회의 위험은 대부분 개인이 인지하여 피할 수 있는 것이 아니다. 현대사회의 위험은 앞에서 제시했던 체르노빌 원자력 발전소 방사능 유출 사건에서와 같이 개인이 사전에 인지하여 피할 수 있는 것들이 아니다.

즉, 위험의 문제가 전 사회적, 전 국가적 차원의 정책적, 제도적 문제에서 기인한 것이 대부분이다.

둘째, 전문가가 아니면 알 수 없는 전문용어나 수식들로 표현된다. 위험과 관련된 내용들이 전문적인 용어나 전문적 수식을 사용하여 기록되기 때문에 일반인들이 인식하거나 인지하고 대비하는 데 제한적이다.

셋째, 한 번 위험이 발생하면 인간, 동물, 식물 등 그 위험이 전 지구적으로 퍼진다. 정보통신의 발달로 지구가 가까워진 만큼 위험의 발생도 지구촌화되어 있어 한 번 발생한 위험은 급속도로 전 지구적으로 확산되며, 피해 대상도 인간만이 아니라 동물, 식물 등 모든 생명체로 확산되는 특성이 있다.

3) 위험사회의 윤리적 문제

위험사회의 윤리적 문제로는 위험의 상품화, 위험의 전가, 과학기술 진보의 가치성, 안전 불감증 등을 제기할 수 있으며, 그 구체적인 내용은 다음과 같다(김영인 외, 2008: 165-166).

(1) 위험의 상품화

위험사회의 위험은 대부분 자본주의적인 효율성과 영리를 추구하는 과정에서 발생한다. 위험은 영리 추구와 시장 원리를 중심으로 하는 자본주의의 논리에서 자유롭지 못하여 위험 자체가 상품화된다. 위험으로부터 탈피하고 보호받고자 하는 안전에 대한 수요는 거의 무한정이라 할 수 있다. 이를 경제적으로 활용하여 위험 관련 산업이 발전한다. 위험 관련 산업에서는 위험의 예방과 대처가 경제적 차원에서 모색되어 인간의 생명과 건강보다는 상업주의적 영리성을 가장 우선적으로 고려함으로써 목적과 수단이 전치되는 현상이 나타난다. 상업주의의 필요성에 따라 위험이 창출되고 위험에 대한 불안과 두려움이 자극된다. 이러한 위험에 대한 불안과 두려움은 광고나 대중매체의 선정적인 보도로 인해 증폭되면서 병 주고 약 주는 식의 상품화가 이루어진다.

(2) 위험의 전가

위험은 길고 복잡한 연쇄 고리를 거쳐 발생되기 때문에 그 인과관계를 규명하기가 매우 어렵다. 위험의 소비자는 분명한 데 비해서 위험의 생산자는 분명하지 않다. 그러므로 어떤 위험이 발생했을 때 그 원인과 책임 주체를 분명하게 규명하기 어려워진다. 이는 위험을 쉽게 다른 사람에게 전가시키는 경향을 초래한다. 위험을 발생시킨 주체가 직접 그 위험이나 위험에 대한 비용과 비난을 부담하지 않고 다른 사람에게 넘기는 위험의 전가가 쉽게 이루어짐으로써 위험에 대한 책임의식 결여, 위험에 대한 도덕적 불감증이 사회적으로 확산된다. 그리고 이로 인해서 우리 사회의 위험이 확대 재생산되고 도덕적 해이 현상이 발생하게 된다.

(3) 과학기술 진보의 가치성

과학기술 진보의 가치성은 과학기술의 발달이 인간의 행복과 삶의 질을 제고하는 데 진정으로 기여하는가에 관련된 것이다. 과학기술이 물질적인 풍요로움을 가져와 인간을 결핍의 고통으로부터 해방시킨 점을 부인할 수 없다. 하지만 과학기술은 생태계 파괴, 자원 고갈, 핵무기와 생화학 무기의 개발 등 대량 살상 무기를 통해서 또 다른 위협과 고통을 가져왔다. 인간이 자신의 생존을 근본적으로 위협하는 위험 요인을 산출한 것이다. 과학기술은 긍정적인 면과 부정적인 면을 동시에 가지고 있기 때문에 사회는 이에 대한 윤리적 통제와 점검의 필요성을 점차 인식해 가고 있다.

(4) 안전 불감증

대부분의 대형 사건들을 분석해 보면, 안전에 대한 불감증에 그 원인이 있다. 우리 사회의 대형 참사로 기억되는 이태원 참사, 세월호 사건, 성수대교 붕괴 사건이나 대구 지하철 사건 등도 안전에 대한 불감증이 대형 참사로 확산되는 결과를 초래하였다. 특히 안전문제는 자신은 물론이거니와 타인을 위한 윤리, 즉 타인의 안전을 위한 윤리라는 점에서 안전에 대한 각별한 사회적 책무가 부여된 것이다. 안전윤리가 붕괴되어 나타나는 사건의 결과는 대체로 후유증이 심각하다. 경우에 따라서는 그 후유증이 한 사람의 인생 전반에 걸쳐 남는다는 점에서 안전 불감증에 대한 윤리적 문제가 제기되지 않을 수 없다.

지금까지 우리 사회에서 발생하는 안전사고를 비롯한 여러 가지 안전과 관련된 윤리적 문제에 대해 살펴보았다. 그렇다면 이러한 윤리적 문제에 대한 해결 방안은 무엇인가? 이러한 해결 방안과 관련하여 안전에 대한 윤리적 문제를 해결하기 위해 정책상 고려되어야 할 문제로 다음과 같은 점을 들 수 있다.[8)]

첫째, 위험에 대한 자율적 규제가 가능하도록 하는 배려가 필요하다. 위험사회에서의 법의 역할은 최소한의 역할과 최후의 수단이라는 보충성의 원리에 의한 제한이 뒤따른다. 따라서 우선적으로 위험원에 가장 용이하게 접근할 수 있는 연구자 집단과 그로부터 창출되는 이익을 향유하는 일반 시민들에 의해 위험원에 대한 자율적 규제가 고려되어야 한다. 따라서 사회적 합의에 따라 정비된 각 분야를 규율하는 실질적이고 통합된 윤리 규정의 제정과 상설 기구로서의 윤리 위원회, 예컨대 환경윤리 위원회, 정보통신 윤리 위원회, 생명윤리 위원회 등을 통해 법이 최후적으로 투입되기 이전에 사회윤리적 영역의 문제라고 고민하는 부분을 일차적으로 여과할 수 있는 기능을 수행하도록 하여 위험사회의 비정형적인 일탈 행위에 대한 효율적인 제한을 가할 필요가 있다. 이를 위해서는 현재 생산자로서의 연구자 집단에 의해 독점화되어 있는 각종 정보들에 대한 최종 소비자인 사회 일반인의 접근을 용이

8) http://cafe.daum.net/withlawyer/glFO/17(2010. 11. 14)

하게 하여야 하며, 그러한 절차의 수행 과정을 투명하고 공정하게 논의할 수 있는 여건을 성숙시켜야 한다. 이러한 자율적 규제는 법의 기능과 역할을 크게 변경하거나 손상시키지 않으면서도 위험사회에 올바르게 대처할 수 있는 방안이 될 것이다.

둘째, 규범의식을 강화할 필요가 있다. 위험사회에서 발생하는 신종 범죄인 과학기술적 위험은 정상적인 직업 활동의 일상 사무의 보호 아래에서 일어나는 것이 태반이며, 전문지식이나 조직 체계를 이용하는 경우가 많으므로 일반인들은 그러한 행위를 범죄로 인식하기가 어렵다. 따라서 행위 주체가 과학기술적 범죄에 쉽게 접근할 수 있는 유혹에 빠지기 쉽다는 특색을 가진다. 이런 점을 극복하기 위해서 과학기술적 위험을 창출하는 행위자들에 대해 규범의식 강화의 교육 프로그램을 운영하는 방안과 함께 그러한 위험 행위가 사회적 위험에 미칠 파장을 평가하고 산정하여 관리할 수 있는 위험 방지 전문가에 의해 사전에 통제되는 시스템을 둘 필요가 있다. 다른 한편으로는 그와 같은 위험 범죄를 범하는 자를 신속하게 처리할 수 있는 전문가를 충분히 양성하고 범행 행위자와 잠재적 행위자에게 규범의식을 강화할 수 있도록 책임주의의 범위 내에서 적극적인 예방의 관점을 적용하는 것이 바람직하다.

그러나 오늘날 위험사회에서는 생명공학의 발달에 의한 복제 인간의 탄생을 가능하게 하고 인간 탄생의 비밀을 알아내어 인간의 형질 변화를 가능하게 하였으며, 정보과학기술의 발달은 새로운 정보화 세계를 창출하였다. 이에 따라 이제까지 명확하게 정의되고 분명하게 구분되었던 현실과 가상, 나와 너 또는 우리와 타인, 삶과 죽음, 상식과 특수, 사람과 짐승 등의 상호 구별을 모호하게 하는 결과를 초래하였다. 오늘날 세계는 이쪽이기도 하고 저쪽이기도 한 다원성(多元性)과 양가성(兩可性)의 새로운 사회관계의 설정을 요구하고 있어서 종래의 기반 위에서 인간 간의 문제, 즉 인간 갈등의 문제는 새로운 방식에 의한 해소의 요구가 불가피하게 되었다. 그 결과 위험사회에서의 법규범에 관한 우리의 합의가 이루어지고 그것이 충실히 지켜질 수 있을지가 의문시되는 부분이 적지 않게 존재하게 되었다. 따라서 오늘날 위험사회에서 규범의식 강화에 대한 효율성은 거의 미미할 수밖에 없다는 추론이 가능하다.

셋째, 위험을 야기하는 주체에 대한 보호관찰 제도의 도입이 필요하다. 종래 개인에게 행하여지던 보호관찰 제도를 과학기술적 위험원의 주체인 기업이나 법인에게도 적용할 필요성이 있다고 본다. 오늘날 문제되고 있는 과학기술적 위험원의 주체가 개인이라기보다는 주로 조직이나 단체 또는 기업이므로 이들의 위법행위에 대해서 상시적인 감독과 감찰을 통하여 과학기술적 위험을 미연에 방지할 수 있을 것이다.

이를 위해서는 법원이 과학기술적 위험원에 관한 조예를 가진 자뿐만 아니라 법률가, 회계사, 과학자, 기업 경영인 등을 중심으로 각각의 상황에 맞는 보호관찰인단을 구성, 파견하여 기업이나 단체의 위법적 행위와 이에 관련된 제반 사항을 감시하고 통제하며 조언을 하게 하는 방안이다. 만일 위법한 행위를 범했던 기업이나 단체가 보호관찰인단의 지시나 요구 또는 조언을 이행하지 않을 때에는 보호관찰을 취소하고, 형을 선고함으로써 보호관찰인단의 명령에 구속력을 부여할 필요가 있다. 그리고 이에 따르는 비용은 기업 등 법인이 부담하게 하여 위험원의 제거 내지 방지에 원인자 부담 원칙을 도입해야 할 것이다.

4) 안전윤리의 쟁점 사례

이태원 참사가 주는 교훈 – 설마가 사람 잡는다

생명보험회사는 차익(差益)으로 운영을 한다. 손해보험도 이에 준하여 운영하는 것으로 안다. 예정 사망률이란? 기간 중 몇 명이 죽을 것이냐를 예정해서 그보다 낮으면 여기에서 남는 것이 사차익(死差益)이다. 다음은 고객으로 받은 보험료를 어떻게 투자해서 얼마의 이익을 얻을 것이냐? 예정 수입보다 더 많이 벌어들이는 것을 이차익(利差益)이라 한다. 세 번째가 보험 모집에 들어가는 예정비용보다 지출이 적으면 여기에서 남는 돈을 비차익(費差益)이라고 한다.

세월호 참사나 이태원 참사에 희생된 사람들이 모두 생명보험에 들어 있었다면 보험회사는 문을 닫아야 했을지도 모른다. 물론 보험사는 재보험을 통하여 위험을 분산한다고는 하지만 경영에서 가장 중요하다는 것은 어떤 사태에 대하여 미리 예징하고 대처해야 한다는 것이고 더 중요하다는 것은 이에 대한 총화(總和)다. 참사를 놓고 책임의 공방을 통하여 책임소재를 밝히려 하는 이유는 차후에 동일한 참사가 재발되어서는 안 되기 때문이다.

영화의 한 장면이지만 시체의 산더미 속에서 시체 더미를 헤집고 다니는 사람이 있었다. 그는 송장 더미에서 금이빨이나 금붙이를 수집하고 있었다. 이태원 참사가 어느 정권하에 이루어졌느냐는 중요하지 않다. 세월호 참사가 피워 보지도 못한 꿈나무들의 어린 생명을 앗아 갔음에도 그 과정에서 대처한 비양심적이고 파렴치했던 선장의 인성과 고위층 인사들의 면피를 위한 현장의 진실 호도가 우리를 더 분개하게 한 것이 아니었나.

이태원의 참사는 11월 12일을 기점으로 157명의 인명을 앗아 갔다. 그들 또한 눈물겨운 사연을 가슴속에 한으로 남기고 갔다. 왜 죽어야 하는지? 한 사람이 한 사람을 살인하면 때로는 사안에 따라 극형을 면치 못함에도 157명의 죽음 앞에 정작 책임질 사람은 아무도 없다는 것이다. 스스로의 선택한 죽음인 자살도 그 인명의 소중함 앞에 경건해야 한다는 것이 우리들 생각이다. 하물며 사람이 죽어 간다는 절규를 아랑곳하지 않고 엉뚱한 곳에서 당일의 당직을 해태한 경관이거나 한 나라의 안전을 책임진 해당 장관이거나 정보보고 삭제를 시도했던 정보관이거나 왜 모두가 정직하지 못하냐이다. 이 나라의 고위 공직자들이 그럴 진데 하위직 공직자나 서민 대중들에게 당신들이 할 말이 무엇인가.

먹고 튀는 재벌 회장을 본보기로 삼아야 할까? 스스로 반성문조차 한 장 써 보지 못한 정치권 사람들에게 묻는다. 당신들은 세월호 참사 때는 무엇을 했으며 이태원 참사를 놓고 공방을 논할 자격들이 있는가를 묻고 싶다.

지금 대한민국은 이념과 독재의 노예상태에서 굶주리고 헐벗으며 기아에 허덕이는 언젠가 둑이 터질 이북 관계에 대하여 진실로 고개를 마주하고 허심탄회하게 미래를 준비할 자세가 되어 있는가를 묻는다. 저출산 고령화 문제로 인구 제로를 향해 가고 있는 대한민국호의 난파를 예상하고 있는지? 그 대안을 묻고 싶다.

인류 멸망을 예고하고 있는 기후 온난화와 기상 이변에 대하여 정치권은 무엇을 예상하며 국제화에 함께할 행보에 대하여 합의하거나 총화 할 생각은 있는지? 당신들의 정체성에 회의를 갖고 있는 모든 국민들을 안심시킬 수 있는 신뢰를 보여주기 바란다. 패륜, 패역 범죄가 극성을 부리는 상황을 그저 인간 사회에 그런 일이야 있기 마련이라는 안일한 대처 의식이 이 나라 국민의 정체성이 되어 버린다면 짐승 사회만도 못하게 될 것이다.

효가 사라지고 도덕이 패륜으로 무장되는 사회에 책임과 의무가 사라지면 약육강식의 시스템만 존재하게 된다. 보험회사가 보험을 권유하면서 고객의 보험료를 관리하며 미래를 차익으로 경영을 한다. 국가는 국민의 세금으로 나라를 경영한다. 항상 미리를 대비하고 알뜰하게 경영하되 왜 존재해야 하느냐 하는 정체성에 회의를 갖게 해서는 안 된다.

출처: 최기복(2022). 시정일보(http://www.sijung.co.kr) (2022. 11. 21.)

14

CHAPTER

글로벌 윤리와 미래 전망

14

CHAPTER

글로벌 윤리와 미래 전망

오늘날 우리는 국경을 넘어 다양한 문화와 가치관을 가진 사람들과 상호작용하는 시대에 살고 있다. 특히 "세계화(Globalization)"의 진전은 사람, 물건, 정보가 빠르게 이동하는 사회적, 경제적 교류를 촉진시키며, 이에 따라 새로운 형태의 윤리적 문제들이 부각되고 있다. 인권, 환경 보호, 경제적 불평등, 전쟁과 평화와 같은 문제들은 더 이상 특정 국가나 문화에 국한되지 않고, 전 세계가 함께 고민하고 해결해야 할 윤리적 과제로 자리 잡게 되었다.

이러한 전 지구적 윤리적 과제를 다루는 학문적 분야가 바로 "글로벌 윤리(Global Ethics)"이다. 글로벌 윤리는 단순한 이상적인 논의에 그치지 않으며, 지속 가능한 미래를 구축하기 위한 핵심 요소로 인식되고 있다. 글로벌 윤리는 국가 및 문화적 차이를 넘어, 인류 전체가 공유할 수 있는 도덕적 기준을 설정하려는 노력이다. 즉, 보편적 가치와 원칙을 통해 전 세계가 직면한 윤리적 딜레마를 해결하려는 시도를 한다. 글로벌 윤리의 연구는 단순히 이상적인 가치를 제시하는 것을 넘어서, 실제적으로 적용 가능한 윤리적 지침을 마련하는 데 중점을 둔다.

국가, 기업, 개인이 모두 윤리적 책임을 다하고 상호 협력할 때, 우리는 보다 나은 미래 사회를 창출할 수 있다. 공정성, 지속 가능성, 그리고 기술의 윤리적 사용은 미래 사회에서 중요한 핵심 가치로 부각될 것이다. 이러한 가치들은 글로벌 윤리의 핵심적인 요소로, 모든 국가와 사회가 공동으로 실현해 나가야 할 목표이다. 지속 가능한 미래를 구축하기 위한 윤리적 가치 실현은 더 이상 개인의 선택이 아닌, 필수적인 과제로 간주되어야 하며, 이를 위해서는 모든 공동체의 지속적인 노력이 필수적이다.

따라서 본 장에서는 글로벌 윤리의 본질과 중요성에 대해 논의하고, 미래 사회에서 우리가 직면하게 될 윤리적 과제들을 조망할 것이다. 또한, 이러한 과제들을 해결하기 위한 윤리적 삶의 실천적 방향을 제시함으로써, 글로벌 윤리가 우리의 일상과 미래에 어떤 영향을 미칠 수 있을지에 대해 심도 있게 다루어 보고자 한다.

1 글로벌 윤리에 대한 이해

1) 글로벌 윤리의 개념

현대 사회는 기술 발전과 세계화로 인해 국가와 문화의 경계를 넘어서는 다양한 윤리적 문제에 직면하고 있다. 이러한 변화 속에서 "글로벌 윤리(Global Ethics)"는 특정 지역이나 문화에 국한되지 않고, 전 세계적으로 적용될 수 있는 도덕적 원칙과 가치 체계를 확립하는 것을 목표로 한다. 이는 단순한 도덕적 규범을 넘어 글로벌 차원에서 공정성과 정의를 실현하는 중요한 개념으로 자리 잡고 있다.

글로벌 윤리는 국제적 상호의존성으로 인해 발생하는 윤리적 문제를 탐구하는 학문 분야로 정의될 수 있다(Hutchings, 2010:9). 또한, 세계화로 인해 심화된 정치 · 경제 · 사회 · 문화적 상호의존성 속에서 나타나는 전 지구적 딜레마에 대한 윤리적 대응을 의미하기도 한다(Widdows, 2011: 5).

1993년 미국 시카고에서 발표된 "세계 윤리 선언문(Declaration Toward a

Global Ethic)" 이후, 서구 사회를 중심으로 글로벌 윤리에 대한 연구가 활발히 이루어졌으며, 이를 기반으로 하나의 독립적인 학문 분야로 자리 잡게 되었다. 글로벌 윤리는 다양한 학문 분야에서 개별적으로 연구되거나 협력 연구를 통해 발전해 왔으며, 국제적 차원에서 윤리적 문제를 규범적으로 접근하는 데 초점을 두고 있다. 이러한 연구들은 윤리적 전통과 관점을 논의하며, 국제 사회에서 윤리적 판단의 기준을 마련하는 데 기여하고 있다.

글로벌 윤리는 인류가 직면한 다양한 문제를 해결하기 위한 보편적 기준을 마련하는 역할을 한다. 예를 들어, 기후 변화, 빈곤, 인권 문제, 데이터 프라이버시 보호와 같은 현대 사회의 주요 이슈들은 개별 국가의 노력만으로 해결할 수 없는 문제들이다. 따라서 글로벌 윤리는 이러한 이슈들에 대한 공통된 가치와 규범을 수립하고, 국제 사회의 협력을 촉진하는 것을 목표로 한다.

또한, 글로벌 윤리는 문화적 다양성을 존중하는 동시에, 기본적인 윤리적 원칙을 바탕으로 보편적 가치를 정립하는 것을 중요하게 여긴다. 다양한 문화적 배경을 가진 국가들이 공통으로 받아들일 수 있는 윤리적 기준을 마련함으로써, 국가 간 갈등을 최소화하고 지속 가능한 발전을 이루는 데 기여할 수 있다. 이러한 점에서 글로벌 윤리는 인류 공동체의 번영과 조화를 위한 핵심적인 개념이라고 할 수 있다.

2) 글로벌 윤리의 필요성

글로벌 윤리의 필요성은 현대 사회의 복잡한 국제적 환경 속에서 점점 더 중요한 문제로 대두되고 있다. 과학 기술의 발전과 세계화의 진전에 따라, 국가 간 경계가 점차 희미해지고 있으며, 경제적, 환경적, 사회적 문제들이 국경을 초월하여 상호 연관되고 있다는 사실은 더 이상 간과할 수 없는 현실이 되었다. 이러한 맥락에서, 각국은 상호 의존적인 관계를 맺고 있으며, 공통된 윤리적 기준을 마련하고 이를 실현하는 것이 그 어느 때보다 중요한 과제가 되었다.

글로벌 윤리는 이러한 상호 의존적 관계 속에서 인류가 직면한 다양한 문제를 해결하고, 지속 가능한 발전을 이루기 위한 필수적인 도덕적 기초를 제공한다. 만약 글로벌 윤리가 확립되지 않는다면, 각 국가는 자국의 이익을 최우선으로 고려하면서 국제적 불평등을 심화시킬 위험에 처할 수 있다. 이는 국제적 협력을 방해하고, 각국의 경쟁적인 행동이 지구 공동체의 복지와 환경 보호를 위협하는 결과를 초래할 수 있다.

또한, 글로벌 윤리가 부재한 상태에서 기업들은 자본의 흐름에 따라 윤리적 책임을 무시한 채 활동할 수 있으며, 이는 환경 파괴, 인권 침해, 사회적 불평등을 심화시키는 부정적인 결과를 낳을 수 있다. 윤리적 기준의 결여는 경제적 성장과 발전이 인간의 기본적인 존엄성과 권리를 침해하는 방식으로 이루어질 가능성을 내포하고 있다.

따라서 글로벌 윤리는 인간의 기본적인 존엄성과 권리를 보호하고, 공정하고 지속 가능한 사회를 구축하는 데 있어 필수적인 역할을 한다. 이는 각국이 직면한 윤리적 딜레마를 해결하기 위한 도덕적 기준을 제공하고, 인류가 공동으로 "지속 가능한 발전 목표(SDGs)"를 달성할 수 있도록 도덕적 방향성을 제시한다. 결국, 글로벌 윤리는 국가 간의 협력과 상호 존중을 바탕으로, 전 세계적인 공공선을 실현하는 데 중요한 역할을 수행한다고 할 수 있다. 이러한 관점에서 글로벌 윤리의 필요성은, 단순한 도덕적 이상을 넘어, 인류 공동체의 복지와 지속 가능한 미래를 보장하기 위한 필수적인 윤리적 틀로 자리 잡고 있음을 분명히 알 수 있다.

첫째, 글로벌 윤리는 국제적 협력과 평화를 촉진하기 위해 매우 중요한 역할을 한다. 현대 사회는 다양한 분야에서 국가 간 상호의존성이 급격히 증가하고 있으며, 이를 해결하기 위한 공통된 윤리적 기준이 필수적이다. 특히 경제, 환경, 보건 등의 글로벌 문제는 단일 국가의 노력만으로는 해결할 수 없다. 이런 문제들을 해결하기 위해서는 보편적인 원칙과 가이드라인을 마련해야 하며, 이를 통해 국제 사회 내에서 협력과 상호 신뢰를 구축할 수 있다. 예를 들어, 국제적인 인권 문제나 기후 변화 대응, 그리고 글로벌 경제 협력과 같은 문제들에서 윤리적 기준을 설정하면 보다 효과적인 협력과 책임 공유가 가능해진다. 이러한 글로벌 윤리는 국제 사회의 지속 가능성과 공평성을 보장하는 데 중요한 역할을 한다.

둘째, 글로벌 윤리는 경제적 불평등과 착취 문제를 해결하는 데도 중요한 기여를 한다. 세계화와 다국적 기업의 활동이 활발해짐에 따라, 일부 기업들이 저임금 노동력 착취, 환경 파괴, 그리고 경제적 불공정을 초래하는 경우가 많다. 이는 세계 경제의 불평등을 심화시키고, 사회적 갈등을 유발하는 주요 원인이 된다. 이러한 문제를 해결하기 위해서는 공정한 경제 시스템의 구축이 필요하며, 이는 글로벌 윤리를 통해 실현될 수 있다. 윤리적 소비와 공정 무역, 기업의 사회적 책임(CSR)을 강화하는 등의 방안을 통해 지속 가능한 경제 성장이 가능해지며, 이는 기업뿐만 아니라 소비자에게도 윤리적 선택을 촉구하는 기준을 제공한다. 글로벌 윤리는 경제 활동의 윤리적 측면을 제시하며, 모든 국가가 경제적 불평등을 줄이고 지속 가능한 발전을 추구하는 데 필요한 방향성을 제시한다.

셋째, 과학 기술의 발전에 따른 윤리적 문제를 해결하는 데 글로벌 윤리가 중요한 역할을 한다. 최근 인공지능(AI), 빅데이터, 유전자 편집 기술 등의 발전은 인간 사회에 많은 변화를 가져왔으며, 이에 따른 윤리적 논쟁이 확산되고 있다. 예를 들어, 데이터 프라이버시와 생명 윤리, 인공지능의 공정성 문제 등은 단지 한 국가의 차원에서 해결할 수 있는 문제가 아니다. 글로벌 차원의 협력이 필요하며, 이러한 기술들이 인류 복지를 증진하는 방향으로 발전하도록 윤리적 기준을 마련하는 것이 중요하다. 글로벌 윤리는 새로운 기술들이 인류 전체에 혜택을 줄 수 있도록 제어하고, 그 사용에 있어서 공정성, 투명성, 안전성을 보장할 수 있는 원칙들을 제공해야 한다. 이와 같은 윤리적 가이드라인은 기술 발전에 대한 신뢰를 구축하고, 기술의 발전이 불평등을 심화시키거나 사회적 갈등을 초래하는 일이 없도록 예방할 수 있다.

넷째, 글로벌 윤리는 환경 보호와 지속 가능한 발전을 위해서도 필수적이다. 기후 변화와 생태계 파괴와 같은 문제는 한 국가의 노력만으로 해결할 수 없는 글로벌 차원의 문제이다. 이 문제들은 각국의 협력 없이는 해결이 불가능하며, 이를 위해 국제적 협력이 절대적으로 필요하다. 탄소 배출 감축, 친환경 기술 개발, 생물 다양성 보호 등은 모두 각국이 협력하여 해결해야 할 문제들이다. 이때, 글로벌 윤리는 각국이 환경 보호와 지속 가능한 발전을 위한 책임을 공유하고, 국제적인 협약을 통해 공동의 목표를 추구하도록 도울 수 있다. 또한, 지속 가능한 발전 목표(SDGs)를 달성하는 데 중요한 가이드라인을 제공하여, 각국이 보다 윤리적이고 지속 가능한 발전을 이끌어 나갈 수 있도록 지원한다. 따라서 글로벌 윤리는 환경 문제 해결을 위한 협력의 기초를 마련하고, 지구의 미래를 위한 지속 가능한 정책을 추진하는 데 중요한 역할을 한다.

3) 글로벌 윤리의 기본 원칙

글로벌 윤리의 기본 원칙은 국제 사회에서 인간의 존엄성과 평등을 보장하고, 공정하고 지속 가능한 발전을 추구하는 데 중점을 둔다. 이러한 원칙은 모든 인간이 기본적인 권리를 존중받을 수 있도록 하며, 경제적 및 사회적 불평등을 해소하고, 환경 보호를 실현하는 방향으로 사회적 책임을 다하는 것을 궁극적인 목표로 설정한다. 더 나아가, 각국 정부와 기업은 투명성과 책임성을 기반으로 국제 사회에 미치는 영향을 면밀히 고려하고, 문화적 다양성을 존중하며 협력하는 과정에서 상호 의존적인 역할을 수행해야 한다. 이러한 원칙들은 글로벌 윤리의 핵심을 이루며, 지속 가능한 미래와 공동의 번영을 위한 도덕적 기준을 제공하는 중요한 기초가 된다.

(1) 보편적 인권 존중

글로벌 윤리의 핵심 원칙 중 첫 번째는 보편적 인권 존중이다. 인간은 모두 국적, 인종, 성별, 종교에 관계없이 동등한 권리를 가질 권리가 있다는 원칙은 국제 인권 선언, 여성 권리 협약, 아동 권리 협약 등 여러 국제적 법적 문서와 기구를 통해 보장되고 있으며, 이는 인간의 기본적인 존엄성과 자유를 보호하는 중요한 기준으로 작용한다. 모든 정부와 기업은 인권을 보호하고 증진하는 책임을 지며, 특히 노동 착취, 성 차별, 소수자 차별 등의 문제를 해결하기 위해 국제적으로 협력해야 한다. 각국은 법적 체계와 정책을 점검하고, 인권이 존중될 수 있는 환경을 마련하는 노력을 지속해야 한다. 예를 들어, 다국적 기업은 생산 과정에서 노동자의 권리를 침해하지 않도록 주의를 기울여야 하며, 성평등과 인종 차별에 대한 적극적인 정책을 구현함으로써 인권 존중의 구체적인 실천을 보여야 한다. 이러한 원칙은 글로벌 윤리의 실현을 위한 중요한 기초를 마련하며, 지속 가능한 사회적 책임을 다하기 위한 필수적인 요소로 자리매김한다.

(2) 공정성과 정의 실현

공정성은 모든 개인이 동등한 기회를 가질 권리가 있다는 개념으로, 글로벌 윤리에서 중요한 역할을 차지한다. 공정성을 실현하기 위한 궁극적인 목표는 경제적, 사회적 불평등을 해소하고, 모든 사람이 균등한 기회를 제공받을 수 있는 사회적 기반을 마련하는 것이다.

현대 세계 경제는 국가 간에 현저한 차이를 보이며, 특히 개발도상국과 선진국 간의 경제적 격차는 갈수록 확대되고 있다. 글로벌 윤리는 이러한 격차를 줄이고, 개발도상국이 지속 가능한 성장을 이루도록 지원하는 것을 중요한 목표로 삼고 있다. 이를 실현하기 위해서는 선진국과 다국적 기업이 윤리적 책임을 다하고, 개발도상국이 경제적으로 자립할 수 있도록 지원하는 정책을 수립해야 한다. 예를 들어, 무역 협정에서 개발도상국의 경제적 이익을 고려한 공정한 조건을 설정하거나, 개발도상국의 교육 및 인프라에 대한 투자를 확대하는 방식으로 공정성을 실현할 수 있다.

이와 같은 접근은 글로벌 사회 내에서 경제적 격차를 줄이고, 모든 개인이 자원을 공평하게 이용할 수 있도록 하여 지속 가능한 발전을 위한 기반을 다지는 중요한 역할을 한다.

(3) 기업과 정부의 책임과 투명성

글로벌 윤리에서 중요한 또 다른 원칙은 기업과 정부의 책임과 투명성이다. 기업과 정부는 자국 내외에서의 행동이 국제 사회에 미치는 영향을 면밀히 고려해야 하며, 모든 정책과 의사결정 과정은 투명하고 책임감 있게 시행되어야 한다. 특히, 부패를 방지하고 공정한 의사결정 과정을 보장하는 것은 글로벌 윤리 실현의 중요한 요소로 간주된다.

투명한 정보 공개와 윤리적 경영은 글로벌 사회에서 공정하고 정의로운 환경을 창출하는 데 필수적이다. 이를 통해 이해관계자들에게 신뢰를 부여하고, 사회적 책임을 다할 수 있는 토대가 마련된다. 특히, 다국적 기업은 생산 과정에서 노동자의 권리를 보호하고, 환경을 고려한 윤리적 행동을 통해 책임을 다해야 한다. 예를 들어, 기업은 공정 거래와 환경 보호를 위한 명확한 기준을 설정하고, 이를 실제 행동으로 실현하는 과정에서 글로벌적 영향을 고려해야 한다.

이러한 기업과 정부의 책임과 투명성 강화를 통해, 글로벌 윤리는 공정성과 정의의 가치를 실현하고, 지속 가능한 발전을 위한 방향성을 제시하는 중요한 역할을 수행한다.

(4) 환경 보호와 지속 가능성

기후 변화와 생태계 보호는 글로벌 윤리에서 중요한 윤리적 과제로 다뤄야 한다. 인간의 활동으로 인한 환경 변화는 그 영향을 전 세계적으로 미치고 있으며, 이는 생태계의 파괴와 기후 변화의 가속화라는 심각한 문제로 이어지고 있다. 이에 따라, 모든 국가와 개인은 환경 보호와 지속 가능한 발전을 위해 상호 협력해야 할 윤리적 의무를 지닌다.

탄소 중립 목표를 달성하고, 재생 가능 에너지 사용을 확대하는 등의 기후 변화 대응 방안을 마련하는 것은 글로벌 윤리에서 중추적인 역할을 한다. 각국 정부는 국제적 협력 체계를 강화하고, 지속 가능한 발전을 위한 정책을 수립하여 환경 문제를 해결해야 한다. 또한, 개인 소비자 역시 윤리적 소비를 통해 환경 보호에 기여할 수 있다. 예를 들어, 친환경 제품을 구매하거나 에너지 절약을 실천하는 등의 행동은 지속 가능한 사회 구축을 위한 중요한 실천으로 자리 잡을 수 있다.

따라서, 기후 변화와 생태계 보호를 위한 노력은 글로벌 차원에서의 협력을 요구하며, 이는 지속 가능성을 추구하는 글로벌 윤리의 핵심 과제임을 분명히 한다.

(5) 문화적 다양성 존중

글로벌 윤리는 문화적 다양성을 존중하는 원칙에 기초하여 발전해야 한다. 세계 각지의 국가들은 서로 다른 문화적 배경, 가치관, 종교적 전통을 가지고 있으며, 이는 각 사회의 고유한 가치체계를 형성한다. 이러한 문화적 차이를 인정하고 존중하는 것은 글로벌 윤리의 핵심 요소로, 이를 강요하기보다는 상호 이해와 존중을 기반으로 상호작용할 수 있는 환경을 마련해야 한다.

따라서, 글로벌 윤리는 보편적인 윤리적 원칙을 확립하는 동시에, 각 문화와 전통의 고유성을 존중하는 태도를 요구한다. 국가 간 협력과 대화를 통해 글로벌 사회는 공통된 윤리적 기준을 마련할 수 있지만, 이러한 과정에서 각국의 문화적 차이를 고려하고 이를 존중하는 것이 필수적이다. 예를 들어, 국제 사회는 특정 문화나 가치관을 강요하는 대신, 다양한 문화적 전통을 이해하고 이를 존중하는 태도를 견지해야 한다. 이러한 접근은 문화적 차이를 인정하고, 협력과 대화를 통해 글로벌 윤리의 발전을 도모할 수 있는 중요한 기초가 된다.

글로벌 윤리는 국제 사회에서 발생하는 다양한 문제를 해결하고, 모든 인류가 공정하고 존엄한 삶을 영위할 수 있도록 돕는 핵심 원칙들로 구성된다. 이를 실현하기 위해 각국 정부와 기업은 인간의 기본적인 권리를 존중하고, 공정성 및 정의의 실현을 위한 구체적인 조치를 취해야 하며, 투명하고 책임 있는 정책을 시행해야 한다. 또한, 환경 보호와 지속 가능한 발전을 고려하는 동시에, 문화적 다양성을 존중하고 이를 바탕으로 글로벌 윤리의 실현을 위한 지속적인 노력이 필요하다. 이러한 원칙들은 단순히 이론적인 논의에 그치는 것이 아니라, 실제 정책과 행동을 통해 구체화되어야 하며, 글로벌 사회 공동의 목표를 달성하기 위한 실천적 기초가 되어야 한다.

4) 글로벌 윤리의 주요 이슈

일상생활에서 우리는 다양한 윤리적 질문과 마주하게 된다. 예를 들어, 자연재해로 인한 심각한 기근을 겪고 있는 아프리카 국가의 국민들을 돕는 것이 한국 국민으로서 도덕적 의무에 해당하는지 여부에 대한 문제를 제기할 수 있다. 또한, 자신이 속한 집단 내의 구성원뿐만 아니라, 타국 및 국제기구와 같은 외부 집단의 행위에 대해서도 윤리적으로 평가해야 하는 상황이 발생할 수 있다. 예를 들어, 시리아 정부의 자국민 학살을 막기 위한 미국과 서방 국가들의 개입이 윤리적으로 정당한지에 대한 질문이 제기될 수 있다. 그뿐만 아니라, 자유 시장 경제를 추구하는 세계무역기구(WTO)나 국제통화기금(IMF)의 확대를 지지해야 하는지, 핵확산방지협약(NPT)에서 핵무기 보유국에게 부여된 특권적 지위가 윤리적으로 타당한지와 같은 제도적 구조에 대한 윤리적 평가도 필요할 수 있다.

현대 사회에서 발생하는 다양한 윤리적 문제를 국제적인 시각에서 분석하는 것은 글로벌 사회에서 요구되는 윤리적 책임과 의무를 이해하는 데 중요한 과정이다. 이를 통해 우리는 국제 사회에서 윤리적 책임을 성찰하고, 윤리적 기준을 확립하는 사고 방식을 함양할 수 있다. 특히, 글로벌 윤리의 주요 이슈로는 인권과 정의, 환경 윤리 및 지속 가능성, 기술 발전과 윤리, 경제적 정의 및 공정성 등이 있다. 이 네 가지 이슈는 현대 글로벌 사회가 직면한 윤리적 도전 과제를 잘 보여주며, 이러한 문제를 해결하기 위해 국제적 협력과 윤리적 접근이 필수적임을 강조한다.

(1) 인권과 정의

인권은 모든 인간이 국적, 인종, 성별, 종교 등과 관계없이 평등하게 보유하는 기본적인 권리로 정의된다. 이러한 권리는 생명권, 자유권, 평등권 등을 포함하며, 인권의 보장은 현대 국제 사회에서 핵심적인 가치로 자리 잡고 있다. 그럼에도 불구하고, 오늘날에도 여전히 많은 국가들에서 인권이 심각하게 침해되고 있으며, 특히 아동 노동, 성별에 따른 차별, 난민 문제 등은 지속적으로 중요한 윤리적 문제로 대두되고 있다.

① 아동 노동과 국제적 대응

전 세계적으로 약 1억 6천만 명 이상의 아동이 경제 활동에 종사하고 있으며, 그 중 일부는 강제 노동에 시달리고 있다. 이는 기본적인 인권의 침해로 간주되며, 특히 아프리카, 아시아, 라틴 아메리카 등에서는 아동 노동이 두드러지게 나타나고 있다. 농업, 광업, 제조업 등 다양한 산업 분야에서 아동들이 위험한 환경에서 노동을 강요받고 있으며, 특히 콩고민주공화국에서는 아동들이 코발트 채굴 작업에 투입되어 건강과 생명에 심각한 위협을 받고 있다. 유엔(UN)과 국제노동기구(ILO)는 아동 노동을 금지하는 여러 국제 협약을 제정하였으며, 국제 사회는 이를 해결하기 위해 다양한 정책을 추진하고 있다. 그러나 많은 개발도상국에서는 경제적 어려움과 교육 기회의 부족으로 인해 아동 노동이 여전히 만연해 있으며, 이를 해결하기 위해 국제 사회는 법적 장치뿐만 아니라 교육 및 복지 지원을 강화하고 있다. 또한, 기업들이 공급망 내에서 아동 노동을 방지하기 위한 노력을 기울여야 할 필요성이 강조된다.

② 난민 문제와 국제 사회의 대응

난민 문제는 현대 국제 사회에서 매우 중요한 윤리적 문제이다. 시리아 내전, 아프리카의 정치적 불안정, 기후 변화 등의 원인으로 수많은 사람들이 고향을 떠나 타국으로 피난하고 있다. 2023년 기준으로, UNHCR은 전 세계적으로 1억 1천만 명 이상이 난민이나 망명 신청자라는 사실을 발표했다. 특히 유럽과 북미 국가들은 난민 수용을 두고 심각한 정치적 논란을 겪고 있다.

독일은 2015년 시리아 난민 위기 당시 약 100만 명의 난민을 수용하면서 국제 사회에서 난민 보호의 모범적인 사례로 평가받았으나, 난민의 수가 급증하면서 사회적, 경제적 비용과 정치적 갈등도 발생하였다. 이 사례는 난민 문제 해결을 위한 국제적 협력과 균형 잡힌 접근이 필요함을 보여준다. 난민의 기본적인 권리를 보호하기 위한 법적 장치 마련과 함께, 난민이 자립할 수 있는 지원 체계가 요구된다.

(2) 환경 윤리와 지속 가능성

기후 변화, 생태계 파괴, 자원의 고갈 등 환경 문제는 전 세계적으로 심각한 위협을 초래하고 있으며, 이는 인간 사회가 직면한 중요한 윤리적 과제 중 하나로 자리 잡고 있다. 이러한 문제를 해결하기 위해서는 지속 가능한 발전을 지향하는 전 세계적인 윤리적 접근이 필수적이다.

특히, 탄소 배출 감축, 친환경 기술 개발, 생물 다양성 보호 등은 국제적인 협력과 공동의 노력을 통해 해결해야 할 핵심적인 사안이다. 이는 단기적인 해결을 넘어, 미래 세대의 권리와 지구의 지속 가능성을 보장하기 위한 윤리적 책임을 다하는 과정이다. 이를 위해 각국은 기술적 혁신뿐만 아니라, 환경 보호를 위한 정책적 통합과 협력이 요구된다.

① 파리 기후 협약과 탄소 배출

2015년, 파리에서 열린 기후 변화 회의에서 196개국은 파리 기후 협약을 체결하고, 지구 평균 기온 상승을 산업화 이전 수준보다 2도 이하로 제한하며, 가능한 한 1.5도 이하로 유지할 것을 목표로 삼았다. 이 협약은 지구 온난화의 심각성을 인식하고, 모든 국가가 협력하여 탄소 배출을 감축할 필요성을 강조한 역사적인 약속이었다. 그러나 2020년대 들어 일부 대국들은 이 협약에서 탈퇴하거나 목표 달성에 미온적인 태도를 보이고 있으며, 이는 국제적인 환경 윤리 논의에서 큰 도전 과제가 되고 있다.

특히 미국과 중국은 세계에서 가장 많은 온실가스를 배출하는 국가로, 이들의 정책 변화가 기후 변화 대응에 큰 영향을 미친다. 예를 들어, 2020년대 초반 미국은 파리 협약에서 탈퇴했지만, 2021년에는 다시 참여 의사를 밝히며 기후 변화 대응에 재참여했다. 이러한 변화는 국가 간의 환경 윤리적 책임과 그 실천에 대한 중요성을 일깨워 주며, 국제 사회가 협력하여 지속 가능한 미래를 구축할 필요성을 강조한다.

② 플라스틱 쓰레기 문제와 국제적 대응

해양 플라스틱 쓰레기 문제는 전 세계적으로 심각한 환경적 위협이 되고 있다. 매년 약 800만 톤의 플라스틱이 바다로 흘러 들어가고 있으며, 이는 해양 생태계를 파괴하고 인간의 삶에 영향을 미치고 있다. 특히, 아시아와 아프리카 국가들은 플라스틱 쓰레기 처리 문제에 직면해 있으며, 일부 국가는 플라스틱 생산과 소비를 규제하는 정책을 도입하고 있다.

UN 환경 계획(UNEP)은 2020년 "해양 플라스틱 협약"을 제안하며, 플라스틱 사용을 줄이고 재활용을 촉진하는 글로벌 협력의 필요성을 강조했다. 각국은 플라스틱 쓰레기 문제 해결을 위해 다양한 정책을 펼치고 있으며, 기업들 또한 친환경 대체 제품을 개발하고 있습니다. 그러나 여전히 많은 국가들이 플라스틱 폐기물 문제 해결에 미온적이며, 국제적인 협력과 정책적 압박이 중요하다.

(3) 기술 발전과 윤리

21세기 들어 인공지능(AI), 빅데이터, 유전자 편집 등 혁신적인 기술의 발전이 가속화되면서 이에 따른 윤리적 논의가 활발히 전개되고 있다. 이러한 기술들은 의료, 산업, 교육 등 다양한 분야에서 사회적·경제적 이점을 제공하는 동시에, 윤리적·법적·사회적 문제(Ethical, Legal, and Social Issues, ELSI)를 야기하며 글로벌 차원의 규범 설정을 요구하고 있다, 특히 AI의 윤리적 활용, 개인정보 보호, 생명 윤리 등은 글로벌 차원에서 공통된 원칙과 규범을 수립해야 할 중요한 문제로 부각되고 있다.

① AI의 윤리적 사용

인공지능(AI)은 의료, 금융, 교육 등 여러 분야에서 혁신적인 변화를 일으키고 있다. 그러나 AI 시스템이 잘못 설계되거나 윤리적 기준을 무시한 채 사용될 경우, 인간 사회에 심각한 문제를 초래할 수 있다. 예를 들어, AI가 의사결정을 내릴 때 인종, 성별, 연령 등을 기준으로 차별을 할 수 있으며, 이는 AI의 '편향성(bias)' 문제로 이어집니다. AI가 의학적 진단을 내릴 때, 훈련 데이터에 따라 일부 인종이나 성별에 대한 차별적인 판단을 내릴 가능성도 있다.

이 문제를 해결하기 위해서는 AI 개발 과정에서 윤리적 기준을 엄격히 설정하고, 다양한 데이터를 기반으로 공정하고 투명한 알고리즘을 설계해야 한다. 유럽연합(EU)은 AI의 윤리적 사용을 규명하기 위해 'AI 윤리 지침'을 제정하고, AI의 개발과 적용에 대한 엄격한 규제를 도입하고 있다. 국제적으로 AI의 윤리적 기준을 확립하는 것이 중요한 과제로 떠오르고 있다.

② 유전자 편집과 생명 윤리

유전자 편집 기술인 CRISPR-Cas9은 생명과학 분야에서 혁신적인 기술로 떠오르며, 질병 치료, 농업 개선 등 다양한 가능성을 열어주고 있다. 그러나 이 기술이 인간의 유전자에 적용될 경우, 윤리적인 문제를 야기할 수 있다. 예를 들어, 유전자 편집을 통해 인간의 유전자를 수정하는 것은 생명 윤리적 논란을 일으킨다. 2018년 중국에서 과학자 허젠쿠이가 유전자 편집을 통해 두 명의 쌍둥이를 태어난 사례가 있었으며, 이는 전 세계적으로 큰 논란을 불러일으켰다. 일부 과학자들은 유전자 편집이 질병 치료에 유용할 수 있다고 주장하는 반면, 다른 이들은 인간의 유전자를 인위적으로 수정하는 것이 윤리적이지 않다고 반대하고 있다.

이러한 논란은 기술의 발전과 윤리적 책임 사이에서 균형을 찾는 것이 얼마나 중요한지를 잘 보여주고 있다.

(4) 경제적 정의와 공정성

세계화는 경제 성장과 국가 간 상호 연결성을 촉진한 한편, 경제적 불평등을 심화시키는 결과를 초래하였다. 선진국과 개발도상국 간의 경제적 격차, 다국적 기업들의 사회적 책임 문제, 노동 착취 등의 현안은 현대 경제에서 중요한 윤리적 쟁점으로 떠오르고 있다. 특히, 디지털 경제의 급속한 확산과 글로벌 기술 기업들의 독점적 지위는 경제적 불평등을 더욱 심화시키고 있으며, 이에 대한 윤리적 논의와 해결책 마련이 시급히 요구된다.

이러한 문제는 단순히 경제적 차원의 논의에 그치지 않고, 사회적 책임과 지속 가능성을 고려한 글로벌 경제 시스템의 재구성을 필요로 한다. 글로벌 기술 기업들의 과도한 권력 집중과 경제적 영향력은 공정한 시장 경쟁을 저해하며, 빈부 격차를 확대시키는 요인으로 작용하고 있다. 이를 해결하기 위한 윤리적 접근은 경제적 불평등의 완화와 함께, 기업의 사회적 책임을 강화하는 방향으로 이루어져야 한다.

① 다국적 기업의 책임과 공정 무역

글로벌 경제에서 다국적 기업들은 엄청난 경제적 권력을 행사하고 있으며, 이들 기업의 활동이 경제적 불평등을 심화시키는 경우가 많다. 공정 무역은 이런 불평등을 해결하기 위한 하나의 대안으로 등장했다. 공정 무역은 개발도상국의 생산자들에게 정당한 임금과 안전한 근로 조건을 제공하는 것을 목표로 하며, 이를 통해 경제적 정의와 공정성을 추구한다. 공정 무역 제품을 소비하는 것도 윤리적 소비의 일환으로, 소비자들이 글로벌 경제에서 더 나은 조건을 만들기 위한 중요한 역할을 하고 있음을 보여준다.

다국적 기업들은 종종 저임금 국가에서 원자재를 생산하거나 저비용 노동력을 활용하여 제품을 제조한다. 이 과정에서 현지 노동자들이 열악한 근로 환경에서 일하거나 임금이 정당하게 지급되지 않는 경우가 많다. 예를 들어, 나이키와 애플은 과거에 개발도상국에서 노동 착취와 저임금 문제로 큰 논란을 일으켰다. 나이키는 1990년대 초반에 아시아 지역 공장에서 아동 노동과 비위생적인 근로 조건이 문제가 되었으며, 애플 역시 중국의 폭스콘 공장에서 발생한 자살 사건으로 비판을 받았다. 이와 같은 사례들은 다국적 기업들이 더 큰 경제적 책임을 지고, 공정한 노동 환경을 보장해야 할 필요성을 강조한다.

이에 대해 일부 기업들은 사회적 책임을 다하기 위해 공정 무역 인증을 받은 제품을 생산하거나, 윤리적 소비를 촉진하는 프로그램을 도입하기도 한다. 예를 들어, 스타벅스는 공정 무역 커피 원두를 구매하여 생산자의 정당한 임금을 보장하고, 지속 가능한 방식으로 커피를 재배하도록 지원하는 프로그램을 운영하고 있다.

② 세계화로 인한 불평등 확대

세계화는 경제 성장을 촉진하고 국가 간 상호 연결성을 강화했지만, 동시에 불평등을 심화시킨 면도 있다. 예를 들어, 북미와 유럽 등의 선진국들은 세계화 덕분에 경제 성장을 이룬 반면, 아프리카와 중남미 등 개발도상국들은 상대적으로 경제적 격차가 더욱 벌어졌다. 글로벌 기업들은 종종 개발도상국에서 저비용 노동을 이용하면서 이들 국가의 노동자들에게 충분한 임금을 제공하지 않거나 열악한 근로 조건을 유지한다.

이러한 문제를 해결하기 위한 노력으로, 국제노동기구(ILO)와 같은 국제 기구는 개발도상국의 근로자들에게 적절한 노동 기준과 권리를 보장하고, 국제 사회는 경제적 불평등 해소를 위한 협력 방안을 모색하고 있다. 또한, G20 등 국제 회의에서는 경제적 불평등을 해결하기 위한 글로벌 규범과 정책을 논의하고 있으며, 특히 공정한 무역과 지속 가능한 개발 목표(SDGs)를 통해 경제적 정의 실현을 위한 다각적인 접근이 이루어지고 있다.

2 미래 사회의 윤리적 과제

미래 사회는 기술 발전, 글로벌화, 그리고 다양한 사회적 변화가 복합적으로 작용하면서 빠르게 진화하고 있다. 이러한 변화들은 인류에게 새로운 기회와 가능성을 제공하는 동시에, 이전에는 경험하지 못했던 복잡한 윤리적 문제를 야기하고 있다. 특히 인공지능(AI), 유전자 편집, 생명 연장 기술, 기후 변화와 같은 첨단 기술 및 환경 문제는 미래 사회에서 해결해야 할 중요한 윤리적 쟁점으로 부각되고 있다.

이러한 미래 사회에서 요구되는 윤리적 과제들은 기술 발전과 사회적 변화가 맞물리면서 더욱 복잡하고 다층적인 양상을 보인다. 이에 따라 우리는 인공지능(AI)의 책임성과 공정성 문제, 유전자 편집 기술의 생명 윤리적 쟁점, 생명 연장 기술의 철학적·사회적 영향, 그리고 기후 변화에 따른 환경 윤리 등을 심도 있게 논의할 필요가 있다.

1) 인공지능(AI)과 윤리

(1) AI의 자율성과 윤리적 문제

인공지능(AI)의 발전은 앞으로 모든 분야에 깊은 영향을 미칠 것으로 예상된다. AI는 이미 의료, 금융, 교통, 교육 등 다양한 산업 분야에서 실질적으로 활용되고 있으며, 그 적용 범위는 지속적으로 확장되고 있다. 특히, AI가 자율적으로 결정을 내리거나 인간의 업무를 대신하는 시대가 도래함에 따라 새로운 윤리적 쟁점들이 부각되고 있다.

예를 들어, 자율주행차가 사고를 일으킬 경우, 그 책임을 누구에게 귀속시킬 것인가 하는 문제는 중요한 법적 및 윤리적 논란을 일으킨다. AI가 사람의 생명과 안전을 직접적으로 다루는 중요한 결정을 내리는 상황에서, 우리는 AI가 윤리적으로 올바른 판단을 내릴 수 있을지, 그리고 그 결정에 대한 책임을 어떻게 분배할 것인지에 대해 깊이 고민해야 한다.

따라서 AI의 윤리적 활용을 보장하기 위해서는 기술의 발전과 함께 윤리적 원칙과 책임 분배에 대한 명확한 기준이 마련되어야 하며, 이를 위한 법적·제도적 정비가 필수적이다.

(2) AI와 고용 문제

자동화와 인공지능(AI)의 발전은 노동 시장에 심대한 변화를 일으키고 있으며, 이에 따라 많은 직업이 로봇과 AI에 의해 대체될 위험이 존재한다. 이러한 변화는 실업률 증가와 경제적 불평등의 심화를 초래할 가능성이 크다. 그러나 AI와 로봇이 인간의 업무를 보조하는 형태로 활용될 경우, 이러한 기술로 인한 경제적 이익을 공정하게 분배하는 방안에 대한 심도 있는 논의가 필요하다.

특히, 직업 상실로 인한 사회적 문제를 해결하기 위한 재교육과 직업 재훈련 프로그램이 필수적이다. AI와 로봇에 의한 고용 구조 변화로 영향을 받을 노동자들을 위한 사회적 안전망을 강화하는 것도 중요한 윤리적 과제로 떠오르고 있다. 이러한 문제를 해결하기 위한 정책적 접근은 노동 시장의 전환을 지원하는 동시에, 기술 발전으로 인한 부정적인 사회적 영향을 최소화하는 방향으로 나아가야 한다.

결국, 기술 발전에 따른 노동 시장의 변화를 대응하기 위해서는 경제적 이익의 공정한 분배와 재교육 및 사회 안전망 구축을 위한 통합적인 정책이 필요하다. 이를 통해 기술 발전과 사회적 형평성 간의 균형을 맞추는 것이 중요하다.

2) 유전자 편집과 생명윤리

(1) 유전자 편집 기술의 발전

최근 CRISPR(CRISPR-Cas9)와 같은 유전자 편집 기술의 발전은 인간 유전자의 수정 및 질병 예방을 가능하게 하면서 생명과학 분야에서 혁신적인 전환점을 마련하였다. 이러한 기술은 유전적 질병의 예방 및 치료에 기여할 수 있는 잠재력을 지니고 있으나, 그 활용 방식과 윤리적 정당성에 대한 논란이 지속적으로 제기되고 있다.

특히 유전자 편집 기술은 질병 예방 외에도 부모가 자녀의 외모나 능력을 조작하는 방식으로 활용될 가능성이 제기된다. 이는 '디자이너 베이비'라는 개념을 연상시키며, 인간의 본성과 도덕성에 관한 근본적인 질문을 불러일으킨다. 이러한 윤리적 딜레마는 유전자 편집 기술의 활용에 대한 신중한 접근과 규제가 필요함을 시사한다.

(2) 유전자 편집과 사회적 불평등

유전자 편집 기술은 상당한 경제적 비용이 수반되므로, 이 기술이 특정 계층에게만 접근 가능할 경우 사회·경제적 불평등이 심화될 우려가 있다. 유전자 편집을 통해 생리적, 지적, 신체적 우위를 갖춘 개인이 등장할 가능성이 있으며, 이는 기존의 사회적 격차를 더욱 확대시키고 새로운 형태의 차별과 계층화를 초래할 수 있다.

특히, 유전자 편집 기술이 경제적·사회적 자원이 풍부한 계층에게만 독점적으로 제공될 경우, 이는 기술적 혜택의 불균형을 심화시키고 사회적 갈등을 유발할 위험성을 내포한다. 이러한 불공정한 접근성은 유전자 개입을 통한 특권층 형성과 생물학적 계급화를 촉진할 수 있으며, 결과적으로 사회적 연대와 평등의 원칙을 저해하는 요인으로 작용할 가능성이 크다.

따라서 유전자 편집 기술의 공정한 분배와 사회적 형평성을 보장하기 위한 제도적·윤리적 논의가 필수적이다. 기술의 이용 가능성을 사회 전체로 확대하기 위한 정책적 지원이 필요하며, 공공의료 시스템 내에서 형평성을 고려한 접근 방식이 모색되어야 한다. 아울러, 기술의 남용을 방지하고 공정한 활용을 보장하기 위한 법적·규범적 장치가 마련되어야 하며, 국제적 협력을 통한 윤리적 가이드라인 수립이 요구된다.

3) 기후 변화와 환경 문제

(1) 기후 변화의 윤리적 책임

기후 변화는 현재와 미래 사회에서 가장 중요한 윤리적 과제 중 하나입니다. 온실가스 배출이 증가함에 따라 지구의 평균 기온이 상승하고 있으며, 이는 환경 파괴, 자연재해의 빈발, 해수면 상승 등을 초래하고 있습니다. 특히, 산업화된 국가들이 많은 온실가스를 배출해 왔다는 점에서, 기후 변화에 대한 윤리적 책임의 분배 문제가 대두됩니다. 선진국은 발전 과정에서 자원을 많이 소비했기 때문에 더 큰 책임을 져야 한다는 주장이 있습니다. 또한, 기후 변화는 가장 취약한 국가들에 더 큰 영향을 미친다는 점에서, 개발도상국에 대한 지원과 국제적인 협력이 필요합니다.

(2) 지속 가능한 발전

기후 변화와 환경 문제를 해결하기 위한 핵심적인 접근법 중 하나는 지속 가능한 발전을 추구하는 것이다. 지속 가능한 발전은 현재 세대가 자원을 과도하게 소비하지 않으면서, 미래 세대도 자원을 충분히 활용할 수 있도록 보장하는 발전 모델을 의미한다. 이는 단순히 경제적 이익을 추구하는 것에 그치지 않고, 환경적 및 사회적 책임을 다하는 방향으로 나아가야 함을 내포한다.

기업과 정부는 환경 보호를 위한 규제와 정책을 마련하여 지속 가능한 경제 활동을 촉진해야 하며, 특히 기업은 사회적 책임을 다하는 방식으로 생산 및 소비 과정을 재구성해야 한다. 동시에, 개인 역시 자원 절약과 환경 보호에 대한 윤리적 책임을 다해야 하며, 이는 모두가 참여하는 글로벌 노력의 일환으로 이루어져야 한다. 이러한 통합적인 접근을 통해 환경 문제를 해결하고 지속 가능한 미래를 보장할 수 있을 것이다.

4) 디지털 사회와 개인정보 보호

(1) 개인정보 보호의 중요성

디지털 기술의 발전은 우리의 삶에 많은 편리함을 가져왔지만, 동시에 개인정보가 광범위하게 수집되고 저장되는 시대에 살고 있다는 현실을 맞이하고 있다. 개인의 위치 정보, 검색 기록, 사회적 활동 등 다양한 정보가 디지털화되어 저장되면서, 이는 개인의 사생활을 심각하게 위협할 수 있는 잠재적 위험을 내포하고 있다. 따라서 개인정보 보호는 현대 사회에서 중요한 윤리적 쟁점으로 부각되고 있다.

기업과 정부는 개인 정보를 어떻게 처리할 것인지, 그리고 누구와 이를 공유할 수 있을지에 대한 명확한 규정과 감독 체계를 마련해야 한다. 이러한 규제는 개인정보의 불법적 유출과 남용을 방지하고, 개인의 권리와 자유를 보호하기 위한 필수적인 조치로, 데이터 처리의 투명성과 책임성을 강화하는 방향으로 이루어져야 한다.

(2) 디지털 불평등

디지털 기술의 발전은 그 기술에 대한 접근성에 차이를 만들어냈다. 특히, 저소득층과 개발도상국의 사람들은 인터넷과 디지털 기기에 대한 접근에 제약이 있을 수 있으며, 이러한 디지털 격차는 교육, 정보 접근, 경제적 기회 등 여러 분야에 심각한 영향을 미칠 수 있다. 이로 인해 사회적 불평등은 더욱 심화될 우려가 있다.

따라서 디지털 기술이 모든 사람에게 공평하게 제공될 수 있도록 하는 정책적 노력과 제도적 장치가 필요하다. 이를 위해 디지털 인프라 확충, 교육 기회 제공, 그리고 기술 접근성을 높이기 위한 글로벌 협력과 정부의 적극적인 지원이 필수적이다. 디지털 격차를 해소하는 것은 단순히 기술적 문제를 넘어, 사회적 형평성을 강화하는 중요한 윤리적 과제이다.

5) 미래 사회의 윤리적 과제 해결을 위한 방향

미래 사회의 윤리적 과제들은 단순히 기술적 해결책에 그치지 않으며, 깊은 사회적, 경제적, 문화적 논의를 요구한다. 기술 발전이 인간의 삶에 미치는 영향을 고려할 때, 우리는 윤리적 기준을 설정하고 이를 사회 전반에 걸쳐 일관되게 적용할 필요가 있다.

미래 사회에서 우리가 직면할 윤리적 문제들을 해결하기 위해서는 기술 발전과 인간의 가치가 상호 조화를 이루는 방향으로 나아가야 하며, 이에 따라 사회적 책임을 다하는 자세가 필수적이다. 이를 위해 교육, 정책, 그리고 국제적인 협력이 중요한 역할을 한다.

궁극적으로, 인간 존엄성을 존중하고, 모든 사람들이 공평한 기회를 가질 수 있도록 하는 것이 우리가 추구해야 할 핵심 가치이다. 이는 지속 가능한 사회를 위한 기본 원칙으로, 기술과 인간이 함께 발전하는 사회를 만드는 데 필수적인 요소이다.

3 윤리적 삶이란 무엇인가? – 실천적 방향 모색

윤리적 삶이란 무엇인가에 대한 질문은 인간 존재와 사회적 상호작용에서 필수적인 문제로, 각 개인과 공동체가 어떻게 도덕적 선택을 하고, 인간답게 살아갈 것인가에 대한 근본적인 물음을 던진다. 윤리적 삶을 추구하는 것은 단순히 규범을 따르는 것이 아니라, 자신과 타인의 존엄성을 존중하며 공동체에 기여할 수 있는 길을 찾는 과정이다. 이는 이론적 접근만으로는 완전히 이해될 수 없으며, 실천을 통해서 그 의미를 더욱 깊이 새길 수 있다.

윤리적 삶을 실천하는 것은 단순한 도덕적 규범을 따르는 것을 넘어서, 인간답게 살아가기 위한 깊은 고민과 실천을 요구한다. 이 과정은 개인적, 사회적 차원에서 끊임없이 성찰하고 선택을 내려야 하는 일이며, 이러한 선택들이 일상 속에서 구체적으로 어떻게 나타나는지 다양한 사례를 통해 살펴볼 수 있다.

1) 윤리적 삶의 개념

윤리와 윤리학은 인간의 삶에서 중요한 개념으로, 각각의 역할과 목적을 분명히 한다. '윤리(倫理, ethic)'는 사람들이 서로 관계를 맺으며 살아가는 과정에서 지켜야 할 도리나 삶의 방식을 의미한다. 윤리는 '규범(norm)'의 형태로 존재하며, 사람들이 어떻게 행동해야 하는지에 대한 기준을 제공한다. 이에 반해, '윤리학(倫理學, ethics)'은 윤리를 체계적으로 연구하는 학문으로, "사람이 어떻게 살아야 하는가"라는 질문에 답을 찾는 것을 중심으로 한다. 즉, 윤리학은 사람이 어떻게 살아야 하는지에 대한 심오한 탐구로, 인간의 삶을 더 나은 방향으로 이끌어 가기 위한 이론적 토대를 마련한다.

사람은 누구나 행복한 삶을 원한다. 여기서 행복이란, 자신의 삶이 잘 풀리고, 필요한 것들이 충족되며, 삶의 잠재력이 충분히 실현되는 상태를 말한다. 사람의 삶이 잘 된다는 것은 그의 삶의 가능성들이 실현되는 것이라고 할 수 있다. 결국, 행복한 삶은 인간 존재의 궁극적인 목표가 된다. 윤리는 바로 이 행복한 삶을 찾는 길을 제시하는 것이며, 사람은 이 길을 따라 살면서 진정한 행복을 추구하게 된다. 따라서 윤리의 최종 목적은 사람들에게 참된 행복으로 가는 길을 안내하는 것이며, 모든 윤리의 최고 기준은 인간에게 진정한 행복을 가져다주는지 여부에 달려 있다.

또한, 인간은 자신의 삶의 방식이 '삶의 질(quality of life)'과 행복에 중요한 영향을 미친다고 생각하기 때문에, 어떻게 살아야 하는지에 대해 깊이 고민할 수밖에 없다. 개인의 삶의 방식은 자신뿐만 아니라 주변 사람들에게도 영향을 미친다. 이는 윤리에 대한 관심이 필수적임을 의미하며, 윤리는 삶의 방향을 설정하고 올바른 관계를 형성하는 데 중요한 역할을 한다. 사람은 자신의 행동이 타인에게 미칠 영향을 고려하고, 사회적 책임을 다하는 삶을 살아야 한다는 윤리적 가치에 따라 살아간다.

윤리적 삶이란, 타인과의 관계에서 서로를 존중하고, 사회적 규범에 부합하는 선택을 하며, 도덕적 기준을 적용하여 행동하는 삶을 의미한다. 이는 단순한 규칙의 준수가 아니라, 삶의 모든 순간에서 도덕적 기준을 적용하려는 적극적인 태도를 포함한다. 윤리적 삶을 살아가는 사람은 타인을 배려하고 공정하게 행동하며, 사회적 책임을 다하는 삶을 지향한다. 즉, 윤리적 삶은 자신과 타인의 권리와 존엄을 존중하면서 사회 공동체의 공익을 추구하는 방향으로 나아가는 삶이다.

하지만 '윤리적'이라는 개념은 각 시대와 문화, 그리고 사회적 상황에 따라 달라질 수 있는 상대적인 특성을 가진다. 그럼에도 불구하고, 기본적으로 윤리적 삶은 인간 존엄성, 공정성, 정의, 자유와 평등 등의 가치를 존중하는 삶으로 정의된다. 그러므로 윤리적 삶을 추구하는 과정은 단순히 옳고 그름을 구분하는 데 그치지 않고, 옳은 것을 실천하는 방향으로 나아가야 한다. 이러한 실천은 우리가 마주치는 다양한 상황에서 최선의 도덕적 결정을 내리는 능력인 도덕적 감수성과 도덕적 판단력을 기르는 것과 밀접하게 연결된다. 윤리적 삶을 살기 위해서는 자기 성찰과 도덕적 숙고를 바탕으로 행동하는 것이 중요하다.

2) 윤리적 삶을 위한 실천적 방향

(1) 개인의 도덕적 성찰과 자아 존중

윤리적 삶을 살아가는 데 있어 가장 중요한 요소 중 하나는 자기 자신에 대한 깊은 이해와 존중이다. 이는 단순히 자신의 행동을 자각하는 차원을 넘어, 자신의 내면적인 가치관과 신념을 성찰하고 이를 바탕으로 윤리적 기준을 확립하는 과정으로 이어진다. 윤리적 기준은 외부로부터 주어지는 규범이나 법률에 의해 정의될 수 있지만, 이러한 기준이 개인에게 내재화되기 위해서는 스스로의 가치관과 삶의 목적을 명확히 인식하고, 그에 맞는 도덕적 판단을 내리는 것이 필수적이다. 자기 자신에 대한 이해는 자신이 어떤 상황에서 윤리적 결정을 내리게 될지, 또는 어떤 가치가 가장 중요한지에 대한 명확한 인식을 가능하게 한다. 이러한 자기 인식과 존중은 또한 타인에 대한 이해와 공감을 이끌어내며, 사회적 관계 속에서 윤리적 행동을 실천하는 데 중요한 밑거름이 된다. 결국, 윤리적 삶을 살아가는 것은 개인의 내면적인 성찰과 가치에 대한 지속적인 탐구를 요구하며, 이를 통해 공정하고 정의로운 사회의 구성원으로서의 역할을 다할 수 있게 된다.

사례 1 > 정직한 회계사

한 회계사는 직장에서 상사의 지시에 따라 부정한 회계 처리 방법을 사용하려는 유혹을 받는다. 하지만 그는 이 상황에서 자신의 도덕적 기준을 돌이켜 보며, 정직하게 회계를 처리할 것임을 결심한다. 그는 상사의 압박에도 불구하고 윤리적 기준에 따라 일을 처리하며, 결과적으로 회사는 재정적으로 더 큰 위기를 피할 수 있게 된다. 이 사례는 윤리적 삶이란 단순히 사회적 규칙을 따르는 것이 아니라, 자신의 신념과 도덕적 기준에 충실한 선택을 하는 것임을 보여준다.

(2) 타인에 대한 배려와 공감

타인에 대한 배려와 공감은 윤리적 삶을 실천하는 데 있어 핵심적인 요소로 작용한다. 인간은 본래 사회적 존재로서, 타인과의 관계 속에서 자신의 존재와 가치를 확인하고 발전시킨다. 따라서 타인을 이해하고 배려하는 태도는 개인의 윤리적 행동뿐만 아니라 사회적 조화를 이루는 데 중요한 역할을 한다. 타인의 입장에서 생각하는 것은 단순히 그들의 의견이나 입장을 받아들이는 것에 그치지 않고, 그들이 처한 상황과 감정, 필요를 이해하려는 노력을 포함한다. 이는 타인에 대한 깊은 공감을 바탕으로 이루어지며, 공감 능력은 상호 존중을 기반으로 한 건전한 인간 관계의 형성을 돕는다.

공감은 단순한 감정적 반응을 넘어서, 타인의 고통과 기쁨을 진지하게 인식하고, 그들의 처지에 맞는 적절한 행동을 취하려는 의도를 포함한다. 이를 통해 우리는 타인의 권리와 존엄성을 존중하며, 윤리적 기준에 부합하는 방식으로 행동할 수 있게 된다. 타인에 대한 배려와 공감은 또한 사회적 불평등이나 갈등을 해결하는 데 중요한 기초가 된다. 공감을 통해 우리는 다른 사람의 입장에서 상황을 바라보고, 그들이 겪고 있는 어려움을 이해함으로써 더 나은 사회적 연대와 협력을 이끌어낼 수 있다.

결국, 타인에 대한 배려와 공감은 윤리적 삶의 실천을 넘어, 공동체 내에서 상호 이해와 협력을 증진시키는 중요한 원칙이 된다. 이를 통해 우리는 보다 공정하고 정의로운 사회를 구축하는 데 기여할 수 있으며, 개별적 도덕성의 확립을 넘어 사회적 도덕성을 형성하는 데 중요한 역할을 한다.

사례 2 > 이웃의 고통을 함께하는 친구

한 친구가 경제적인 어려움에 처해 있을 때, 다른 친구는 이를 알고 그에게 금전적 지원을 제안한다. 그러나 그 친구는 금전적인 지원을 넘어 실질적으로 어떻게 도울 수 있을지를 고민하여, 그 친구의 직업을 찾는 데 도움을 주고, 그가 사회적 지원을 받을 수 있는 방법을 함께 찾는다. 이는 단순한 물질적 지원을 넘어서, 진정한 공감과 배려를 통해 친구의 삶을 개선하려는 윤리적 실천의 사례이다.

(3) 사회적 책임감과 공공선 추구

윤리적 삶은 개인적 선택을 넘어서 사회적 책임을 다하는 삶이다. 사회적 책임을 다하는 사람은 공동체의 문제를 외면하지 않고, 공공선(公共善)을 추구하기 위해 적극적으로 행동한다.

사례 3 > 환경 보호를 위한 노력

환경 운동에 참여하는 한 시민은, 플라스틱 사용을 줄이기 위해 매일 장바구니를 들고 다니며, 회사에서 사용하는 종이컵 대신 개인 컵을 사용한다. 또한, 그는 지역 커뮤니티에서 환경 보호 캠페인을 조직하고, 재활용을 장려하는 활동을 전개한다. 이와 같은 행동은 단순한 개인의 선택이 아니라, 전체 사회의 환경을 보호하고 개선하는 데 기여하는 윤리적 실천의 일환이라 볼 수 있다.

(4) 비판적 사고와 윤리적 판단력

윤리적 삶을 살아가기 위해서는 비판적 사고와 윤리적 판단력을 기르는 것이 매우 중요하다. 윤리적 사고는 단순히 사회적 규범이나 기존의 가치관을 따르는 것에 그치지 않고, 이러한 규범들이 내포하고 있는 가정과 이면의 논리를 깊이 있게 탐구하는 과정이다. 사회가 제시하는 윤리적 기준이 항상 옳고 정의로운 것은 아니며, 우리는 이를 비판적으로 분석하고, 그에 대한 도덕적 타당성을 평가할 수 있어야 한다. 이는 개인이 주어진 사회적 상황에서 단순히 주어진 명령이나 전통을 따르는 것이 아니라, 자신의 도덕적 기준을 바탕으로 상황을 주체적으로 판단하고 선택할 수 있는 능력을 함양하는 과정이다.

비판적 사고는 먼저, 인간 존재의 본질적 가치와 도덕적 원칙을 심도 깊게 성찰하는 것을 요구한다. 이를 통해 우리는 기존의 가치관이나 전통이 갖고 있는 문제점, 예를 들어 그들이 특정 집단이나 권력을 지닌 자들의 이익을 우선시하는 경향을 파악할 수 있다. 또한, 비판적 사고는 윤리적 딜레마 상황에서 균형 잡힌 결정을 내릴 수 있도록 도와준다. 예를 들어, 사회적 불평등을 해소하려는 목표와 개인의 자유를 존중하는 가치를 동시에 고려해야 할 때, 단순히 이론적 가치를 넘어 실제적 상황을 고려한 실천적 판단을 할 수 있게 된다.

윤리적 판단력은 이와 같은 비판적 사고의 과정에서 얻어진 정보를 바탕으로 합리적이고 도덕적으로 일관된 결정을 내리는 능력이다. 이는 여러 윤리적 이론과 기준을 조화롭게 결합하며, 개별적 상황에 맞는 결정을 내려야 한다는 점에서 매우 중요한 역할을 한다. 예를 들어, 인간의 기본적인 존엄성을 보호하는 가치와 공정성을 중시하는 가치 사이에서 균형을 잡으며, 실용적이며 도덕적인 선택을 할 수 있는 능력이 바로 윤리적 판단력이라 할 수 있다.

결국, 비판적 사고와 윤리적 판단력은 상호 보완적인 관계에 있다. 비판적 사고는 기존의 가치관에 대한 의문을 제기하고, 그로부터 도출된 새로운 통찰을 바탕으로 윤리적 판단을 내리게 한다. 반대로 윤리적 판단력은 단순한 비판적 분석을 넘어서, 실천적이고 책임 있는 결정을 이끌어내는 중요한 역할을 한다. 따라서 윤리적 삶을 살기 위해서는 이러한 두 요소를 함께 발달시켜야 하며, 이를 통해 우리는 더 나은 사회적, 도덕적 기준을 마련하고, 지속적으로 변화하는 사회적 맥락에서 올바른 결정을 내릴 수 있게 된다.

사례 4 > 비윤리적인 기업 행동에 대한 대응

어떤 기업이 환경에 해로운 제품을 생산하면서도 이를 감추고 광고를 통해 소비자에게 윤리적인 제품으로 포장하여 판매하려 한다. 이때, 한 소비자는 그 제품이 환경에 미치는 영향을 조사하고, 이를 주변 사람들에게 알리기 위해 SNS에서 정보 공유를 시작한다. 그는 소비자들에게 비윤리적인 기업 행동을 알리고, 대안적인 윤리적 소비를 장려한다. 이 사례는 비판적 사고를 통해 사회적 불합리를 바로잡는 윤리적 실천을 보여준다.

(5) 윤리적 삶의 실천 사례: 일상 속 행동

윤리적 삶은 우리의 일상적인 선택과 행동을 통해 실천되며, 이는 크게 세 가지 차원에서 이루어질 수 있다: 개인적 차원, 관계적 차원, 그리고 사회적 차원. 각 차원은 상호 연관되어 있으며, 우리가 삶의 각 영역에서 윤리적 선택을 실천할 때, 개인의 성장과 사회적 발전이 동시에 이루어질 수 있는 기반을 마련한다.

이러한 윤리적 실천은 단순히 개인의 도덕적 자질을 넘어서, 관계를 맺고 살아가는 사회적 존재로서의 책임을 다하는 과정이다. 각 차원의 윤리적 실천이 유기적으로 연결되면서, 개인과 공동체의 복지와 지속 가능한 발전을 위한 필수적인 요소로 작용한다.

사례 5 > 학교에서의 협력적 태도

학교에서 학생들이 공동 프로젝트를 할 때, 한 학생이 자신의 의견을 강하게 주장하지만, 다른 학생들의 의견을 경청하지 않고 자기 방식만 고집한다. 반면 다른 학생은 자신의 의견을 제시하면서도, 다른 친구들의 생각을 존중하고 조율하는 방법을 택한다. 협력적이고 배려심 있는 태도를 통해 프로젝트는 성공적으로 마무리되며, 학생들 간의 관계가 더욱 돈독해진다. 이는 윤리적 삶이 단지 개인의 신념을 넘어 타인과의 협력과 상호 존중을 바탕으로 한다는 점을 강조한다.

사례 6 > 직장에서의 도덕적 결단

한 기업에서 직원이 중요한 업무를 맡고 있는데, 그의 상사는 비윤리적인 방법으로 업무를 처리하도록 압박을 가한다. 이 직원은 상사의 압박에 굴하지 않고, 부당한 방법을 거부하며, 법적 절차와 윤리적 기준에 따라 문제를 처리한다. 이 결정은 개인적인 직업적 위험을 감수하는 일이지만, 윤리적 기준을 지키기 위한 용기 있는 선택이었다. 이 사례는 직장에서의 윤리적 결단이 결국 사회와 공동체에 긍정적인 영향을 미친다는 점을 잘 보여준다.

3) 윤리적 삶의 지속적인 실천

윤리적 삶은 단지 일시적인 선택에 그치지 않고, 지속적이고 반복적인 실천을 통해 이루어지는 과정이다. 윤리적 실천은 한 번의 결단으로 끝나는 것이 아니라, 매일의 삶 속에서 끊임없이 반복되고 지속되는 과정이다. 우리가 윤리적 결정을 내리는 순간은 일상 속에서 무수히 많이 발생하며, 이러한 선택들이 모여서 우리의 삶을 윤리적으로 형성해 나간다. 윤리적 삶을 실천하는 것은 순간순간의 결정에서부터, 큰 결정에 이르기까지 끊임없이 더 나은 선택을 하려는 노력의 연속이다. 윤리적 실천은 각 개인이 자신과 타인, 사회와의 관계에서 지속적으로 더 나은 선택을 하려는 노력의 결과로 나타난다. 이는 단지 개인의 성찰을 넘어서, 사회적 변화를 이끌어가는 중요한 힘이 된다. 윤리적 삶을 살기 위해서는 언제나 타인의 입장에서 생각하고, 사회적 책임을 다하며, 비판적 사고를 통해 더 나은 선택을 할 수 있는 능력을 키워야 한다.

(1) 윤리적 삶은 지속적인 성찰과 실천의 과정

윤리적 삶은 성찰을 바탕으로 이루어진다. 사람들은 시간이 지남에 따라 자신이 내린 선택에 대해 되돌아보고, 그 선택이 정말로 도덕적으로 올바른 것이었는지, 혹은 타인에게 어떤 영향을 미쳤는지 평가한다. 이러한 성찰을 통해 사람들은 자신의 행동을 조정하고, 더 나은 선택을 하기 위한 노력을 한다. 예를 들어, 어떤 사람이 일상적으로 타인의 권리를 존중하며 행동한다고 하더라도, 시간이 지나면서 그 사람은 새로운 도덕적 문제에 직면할 수 있다. 예를 들어, 직장에서의 불공정한 상황이나 사회적 부조리에 대해 마주할 때, 그 사람은 다시 한번 자신이 어떤 행동을 취할 것인지 고민하고 선택해야 한다.

이와 같은 성찰과 실천은 지속적인 과정이다. 윤리적 실천은 단순히 한 번의 올바른 선택을 넘어, 매일의 작은 선택들에서 반복적으로 나타나야 한다. "매일 더 나은 사람이 되겠다"라는 다짐은 윤리적 삶의 중요한 원칙이다. 이는 사람들 스스로가 과거의 실수에서 배우고, 미래의 행동을 향상시킬 수 있는 기회를 제공한다.

(2) 윤리적 실천은 개인의 삶을 넘어 사회적 변화를 이끈다

윤리적 실천은 개인의 삶에서만 끝나는 것이 아니라, 사회적 차원에서 중요한 변화를 이끌어내기도 한다. 각 개인이 윤리적 기준을 가지고 행동하는 것은 결국 사회 전체에 영향을 미친다. 작은 일에서부터 큰 사회적 변화에 이르기까지, 각 개인의 윤리적 선택이 모여 사회의 윤리적 수준을 형성해 나간다.

예를 들어, 환경 보호와 같은 큰 사회적 문제를 해결하기 위해서는 한 사람 한 사람의 윤리적 실천이 중요하다. 한 개인이 플라스틱 사용을 줄이거나 재활용을 실천하는 것만으로는 큰 변화가 일어나지 않는 것처럼 보일 수 있다. 그러나 이러한 개인의 윤리적 실천이 여러 사람이 모여 함께 행동할 때, 그 영향은 커지게 된다. 사회의 구성원들이 각자 책임을 다하고, 타인과 환경을 배려하는 삶을 살게 되면, 그것은 결국 사회 전반적인 윤리적 개선을 이끄는 힘이 된다.

(3) 타인의 입장에서 생각하는 능력

윤리적 삶을 살기 위해서는 무엇보다 타인의 입장에서 사고할 수 있는 능력이 필요하다. 자신의 관점과 이익에 갇히지 않고, 상대방의 입장에서 상황을 바라보는 능력은 윤리적 선택을 내리는 데 중요한 역할을 한다. 이러한 사고방식은 사람들과의 관계에서만 중요한 것이 아니라, 사회적, 정치적, 경제적 문제를 해결하는 데도 필수적인 요소이다.

타인의 입장에서 생각하는 능력은 공감 능력과 밀접하게 연관된다. 예를 들어, 다른 사람의 고통이나 어려움을 이해하고 그에 공감하는 것은 그 사람을 돕기 위한 첫걸음이다. 공감은 타인과의 관계를 윤리적으로 이어주는 중요한 역할을 하며, 윤리적 삶을 실천하는 데 있어 핵심적인 요소로 작용한다. 이를 통해 우리는 보다 정의롭고 상호 존중하는 사회를 형성할 수 있다.

(4) 사회적 책임을 다하는 삶

윤리적 삶은 개인의 행동을 넘어 사회적 책임을 다하는 것으로 확장된다. 사회의 일원으로서 각 사람은 사회적 책임을 가지고 있으며, 그 책임을 다하는 것은 윤리적 삶의 중요한 부분이다. 사회적 책임은 단순히 법을 따르는 것에 그치지 않고, 공동체의 이익과 복지를 위해 행동하는 것에 해당된다. 예를 들어, 자신의 이익을 추구하기보다는 공공의 이익을 우선시하는 결정이 필요할 때, 그 선택이 윤리적 실천이 된다.

사회적 책임을 다하는 삶은 또한 사회적 불평등이나 부조리를 해결하려는 노력과도 관련이 있다. 예를 들어, 어떤 기업이 저임금 노동자들에게 불공정한 대우를 하고 있을 때, 그 상황을 개선하려는 노력이 바로 윤리적 삶의 한 형태이다. 이는 개인이 아닌 집단 차원에서도 중요한 역할을 하며, 사회의 정의를 실현하는 데 기여할 수 있다.

(5) 비판적 사고와 윤리적 판단력의 중요성

윤리적 삶을 살아가기 위해서는 비판적 사고와 윤리적 판단력이 필수적이다. 사회에서 우리가 접하는 정보와 상황은 복잡하고 다양하기 때문에, 단순히 주어진 대로 믿고 따르는 것이 아니라, 그 상황을 비판적으로 분석하고 윤리적 기준에 맞게 판단하는 능력이 필요하다.

비판적 사고를 통해 우리는 기존의 규범이나 가치관을 재검토하고, 때로는 그에 맞서는 새로운 도덕적 기준을 세울 수도 있다. 예를 들어, 과거에는 성차별이나 인종차별이 사회에서 용인되었지만, 오늘날 많은 사람들이 이를 비판적으로 바라보며, 그러한 부당한 관행을 바꾸기 위한 노력을 기울이고 있다. 이는 윤리적 판단력이 발전하며, 사회 전반적으로 더 공정하고 정의로운 방향으로 나아가는 과정이다.

(6) 윤리적 삶의 지속적인 실천을 위한 노력

윤리적 삶은 결코 일회성의 목표나 규칙을 따르는 것이 아니다. 이는 지속적인 실천과 성찰을 통해, 사회와 타인과의 관계 속에서 더 나은 선택을 해나가는 과정이다. 이러한 실천을 통해 각 개인은 자신뿐만 아니라 사회와 공동체에 긍정적인 영향을 미칠 수 있다.

윤리적 삶을 살기 위해서는 자기 성찰, 타인에 대한 공감, 사회적 책임, 그리고 비판적 사고를 지속적으로 실천하는 노력이 필요하다. 이러한 지속적인 윤리적 실천은 개인의 도덕적 성장을 넘어, 더 나아가 사회적 정의와 공동체의 발전에 기여할 수 있다. 결국, 윤리적 삶을 실천함으로써 우리는 더 나은 사회를 만들어 가는 데 기여할 수 있으며, 궁극적으로는 자신도 더욱 윤리적이고 도덕적인 사람으로 성장할 수 있을 것이다.

참고문헌

강성희(2013). 대학 인터넷 윤리 교육 전후의 인지·정의·행동 영역별 비교(저작권 침해 중심으로). 한국컴퓨터교육학회 논문지, 16(1), 43-50.

강신향(2011). 초등 도덕과 교육에서의 리코나 인격교육론 적용 및 개선 방안. 한국교원대학교 대학원 석사학위논문.

고범서(1993). 사회윤리학. 서울: 나남.

고은희(2014). 초등학생 인터넷 이용 실태 조사와 효율적인 인터넷 윤리교육 연구. 한남대학교 교육대학원 석사학위논문.

고학수·박도현·이나래(2020). 인공지능 윤리규범과 규제 거버넌스의 현황과 과제. 경제규제와 법, 13(1), 7-36.

구광현·가영희·이규영(2009). 교육 심리학. 서울: 동문사.

구정화·박윤경·설규주(2009). 다문화교육 이해. 서울: 동문사.

국립사회보장·인구문제연구소(2016). 2011-2060 인구예측지.

권기선(2018). 피아제 도덕성 발달 이론에 대한 개혁주의 교육학적 비평. 총신대학교 교육대학원 석사학위논문.

권정호 외(2010). 인간관계와 리더십. 서울: 양서원.

김광명(1997). 21세기 예술론: 소통과 개방의 미학. 우암회화, 8. 청주대학교 예술대학 회화학과.

김귀식(2021). 인공지능 윤리 의식 검사도구 개발 및 적용. 경인교육대학교 교육전문대학원 석사학위 논문.

김근배·김진선·주은혜·허남결 역(2022). 불교의 시각에서 본 AI와 로봇 윤리. 서울: 씨아이알.

김기태(2008). 현대사회와 직업윤리. 서울: 대왕사.

김남선 외(2007). 청소년교육론. 서울: 형설출판사.

김동선(2005). 정보화 사회에서는 무슨 일이 일어나고 있는가? 서울: Jinhan M&B.

김명철 역(2006). 새로운 미래가 온다. 서울: 한국경제신문.

김미숙 외(2009). 현대사회학. 서울: 을유문화사.

김민주·송희령 역(2007). 극단적 미래 예측. 서울: 김영사.

김병숙(2009). 인간과 직업(Ⅰ). 서울: 시그마프레스.

______(2009). 인간과 직업(Ⅱ). 서울: 시그마프레스.

김병희 외(2009). 교육사회학. 경기: 공동체.

김세정(2006). 레스트의 도덕적 네 구성요소와 도덕적 행동과의 관계 연구. 성신여자대학교 교육대학원 석사학위논문.
김영인·박병기·송대영(2008). 직업과 윤리. 서울: 한국방송통신대학교출판부.
김용준 역(2005). 부분과 전체. 서울: 지식산업사.
김욱성(2012). 도덕과 교육에서 글로벌 윤리의 과제. 한국윤리학회, 1(85), 55-76.
김윤기(2002). 현대 직업윤리. 서울: 학문사.
김은영·이규은(2011). 인간관계론. 서울: 동문사.
김주은(2019). 노인돌봄에서 인공지능(AI) 기술의 바람직한 활용을 위한 윤리적 제언. 동아대학교 대학원 석사학위논문.
김철수(1988). 정보화와 기본권 보호. 통신개발연구원(KISDI).
김충기(2004). 미래사회와 진로선택. 경기: 한국학술정보(주).
김택헌(2013). 교원양성기관에서 인터넷 윤리 교육의 필요성 및 강화 방안. 한국컴퓨터교육학회 논문지, 16(2), 1-8.
김학택·박우현 역(1994). 도덕이론을 현실 문제에 적용시켜 보면. 서울: 서광사.
김한곤(1985). 사회변화와 인간행동 가치변화에 관한 연구. 충남경상전문대학 논문집 3(2), 305-326.
문은숙 역(2008). 학교에서 끝내는 윤리철학. 서울: 여우오줌.
박노영·임영일(2008). 자본주의와 현대사회 이론. 서울: 한길사.
박덕환(2023). 디지털 기술과 산업 생태계의 공진화(Co-Evolution). 이코노미뉴스(2023.2.12.)
박만준(2004). 인간은 왜 사회적인가?. 새한철학회. 철학논총 35(1), 213-235.
박범혁 외(2009). 성과 윤리. 서울: 동문사.
박상호(2013). 인터넷 역기능 예방을 위한 인터넷 윤리 교육 활성화 방안. 조선대학교 산업대학원 석사학위논문.
박선목(1994). 윤리학과 현대사회. 서울: 학문사.
박영숙(2007). 전략적 사고를 위한 미래 예측. 서울: 교보문고.
______(2008). 새로운 미래가 온다. 서울: 경향미디어.
박용헌·최정숙(1994). 교육사회학. 서울: 한국방송통신대학교 출판부.
박은진·장동익 역(1999). 기초 윤리학. 서울: 철학과 현실사.
박이문(2005). 논어의 논리. 서울: 문학과 지성사.
______(2012). 생명의 존엄성과 윤리적 선택. http://blogdaum.net/jsgroupb/1212
박종대 외(2008). 현대인의 삶과 윤리. 서울: 민지사.
박찬구(2006). 개념과 주제로 본 우리들의 윤리학. 서울: 서광사.
박효정·성용구·신명희·유승희·이영만·정재걸·정종진·정태희·하대현(2006). 다중지능 이론과 수업. 서울: 양서원.
배나연(2021). 주인 대리인 이론으로 바라본 인공지능 윤리. 한국외국어대학교 대학원 석사학위논문.
변순용(2007). 책임의 윤리학. 서울: 철학과 현실사.
서경호(2006). 스포츠 윤리에 대한 칸트의 도덕철학적 해석에 관한 연구. 연세대학교 대학원 석사학위논문. 초등학생 인터넷 이용 실태 조사와 효율적인 인터넷 윤리교육 연구.

서던캘리포니아대학(2004). 대기오염이 어린이 건강에 미치는 영향. 신영국의학회지.
서재경(2008). 나에 꼭 맞는 직업 선택의 기술. 서울: 매일경제신문사.
서홍교(2004). 리코나(T. Lickona)의 초등도덕교육의 목표 및 영역과 방법. 도덕교육학연구, 4, 75-95.
소경희(2002). 지식 기반사회에서의 학교교육과정 구성을 위한 기초연구(Ⅱ). 한국교육과정평가원.
손은경(2003). 도덕성 발달 이론의 비교분석과 그 교육적 함의. 동부산대학논문집, 21, 613-634.
손주은(2011). 인터넷 윤리교육을 위한 개선 방안. 조선대학교 교육대학원 석사학위논문.
손준영(2004). 현대사회와 직업윤리. 서울: 대왕사.
송기동 역(2012). 윤리 지능. 서울: ㈜다산북스.
송복(1987). 다원화사회와 교육. 교육개발(49), 한국교육개발원.
송성수·김병윤(2001). 공학윤리의 흐름과 쟁점. 과학윤리연구, 당대.
송재범·김현수(2001). 디지털시대의 직업윤리. 경기: 인간사랑.
신동환(2015). 글로벌 윤리(GlobalEthics)의 도덕과 교육 적용 방안 연구, 서울대학교 대학원 석사학위논문.
신아리(2007). 굿잡 - 꿈을 이루어주는 잡 플래너. 전북: ㈜바인딩피유알.
심우민(2019). 한국의 인공지능 윤리와 규범에 관한 대응 전략: 협력적 윤리 담론 형성을 제안하며. 국회입법조사처보, 통권43호, 22.
심윤종 외 역(1992). 권리를 위한 투쟁. 서울: 범우사.
안동민(2003). 자기 창조의 기술. 서울: 문예출판사.
안은희(2002). 댄스 스포츠의 참여특성에 따른 윤리의식과 여가만족도. 서울여자대학교 대학원 석사학위논문.
양해림 외(2006). 과학기술시대의 공학윤리. 서울: 철학과 현실사.
양현주(2014). 2030년 이후 한국 사회변화 예측과 미래 선교목회 방안에 관한 고찰. 총신대학교 선교대학원 석사학위논문.
양영란 역(2007). 미래의 물결. 서울: 위즈덤하우스.
염정용 역(2001). 미래와의 대화. 서울: 태동출판사.
오시형 역(2002). 공격과 방어의 메카니즘. 서울: 성안당.
오정미(2021). 공정성, 투명성, 책임성 제고를 위한 인공지능 법제 방향. 더불어민주당 정보통신특별위원회 국회토론자료, 19-43.
오호영 외(2007). KRIVET 직업 전망 지표 개발. 서울: 한국직업능력개발원.
유순옥(2005). 삶의 목적, 인간관계, 사회적 지지가 피학대 아내들의 적응 유연성에 미치는 영향에 관한 연구. 서강대학교 신학대학원 석사학위논문.
유승우(2008). HRD 101: 인간자원개발원론. 서울: 문음사.
윤미선·김보라·문영빈·김명주·박정호(2013). 인터넷 윤리 자격시험에 나타난 대학생들의 인터넷의 윤리적 활용 변인 분석. 한국컴퓨터교육학회 논문지, 16(3), 71-78.
윤미연(2006). 인생의 제2막을 열어줄 삶의 열정을 재발견하라. 서울: 부광.

이관춘(2009). 직업은 직업이고 윤리는 윤리인가. 서울: 학지사.
이광희(2008). 성에 대한 윤리적 고찰. 서울시립대학교 교육대학원 석사학위논문.
이규은(2011). 윤리 의식 함양을 위한 '사회와 윤리' 토의 자료 개발. 동서울대학교.
_____(2019). 자기계발과 직업. 서울: 동문사.
_____(2023). 교육과 자기계발. 서울: 동문사.
이기대(2004). 스무살 이제 직업을 생각할 나이. 서울: 미래의 창.
이대경(2009). 미래사회 현상 변화에 따른 목회 방법으로서 팀 목회에 관한 연구. 안양대학교 대학원 석사학위논문.
이대영(2001). 미래사회의 변화와 도시행정의 대응방향. 현대사회연구소, 지방자치 통권, 158호, 77-80.
이상익(2016). 인간의 존엄성과 사람다운 삶. 신아세아, 23(2).
이소이(2005). 한국 공과대학에서의 공학윤리 교육과정 운영 실태. 충남대학교 대학원 석사학위논문.
이영래 역(2022). 시스템 에러. 서울: 어크로스.
이용태(1996). 정보 통신 전문가의 직업윤리, 일터에서의 보람과 자아실현. 서울: 한울터.
이원관(2012). 나눔과 배려는 더불어 사는 세상을 꿈꿉니다. http://blognaver.com/sos0771/10148333793
이위환·김용주(2009). 현대사회와 인간관계론. 경기: 공동체.
이자혜(2005). 인격교육 증진방안 연구: 리코나 이론을 중심으로. 동국대학교 교육대학원 석사학위논문.
이재준(2008). 습관 1%만 바꿔도 인생이 달라진다. 서울: 리더북스.
이재진(2014). 미디어 윤리. 서울: 커뮤니케이션북스.
이종훈·한면희(1999). 현대사회와 윤리. 서울: 철학과 현실사.
이주명 역(2007). 윤리문제에서 딜레마 뛰어넘기. 서울: 필맥.
이지연 역(2019). 인간 본성의 법칙. 서울: 위즈덤 하우스.
이진우(1997). 도덕의 담론. 서울: 문예출판사.
이진재·이현정(2005). 세상이 무너져도 살아남을 직업 71. 서울: 도서출판 인화.
이창식(2008). 위대한 나. 서울: 세종서적.
이태식 역(1999). 엔지니어 윤리학. 서울: 동명사.
이태하(2009). 다원주의 시대의 윤리: 이론과 적용. 서울: 민지사.
이현림(2007). 진로상담. 서울: 양서원.
이현림·김봉환·김병숙·최웅용(2007). 현대 진로 상담. 서울: 학지사.
인구문제연구소(2005). 국가별 고령화 속도.
인제대학교(2005). 진로선택과 자기계발. 인제대학교출판부.
인터넷 윤리실천협의회·한국정보처리학회(2009). U시대의 인터넷 윤리. 경기: 이한출판사.
임경숙(2022). 인공지능 알고리즘의 윤리에 대한 법적 고찰. 서울지방변호사회「변호사」제54집.
임도빈(2008). 글로벌 공공윤리. 경기: 법문사.

임두순(2000). 진로상담과 진로교육. 서울: 원미사.
임 산 역(2006). 예술의 의미. 서울: 에쿠리브르.
임영제 외(2003). 21세기 디지털 시대 인간관계의 이해. 서울: 법문사.
임홍순·이태하(2006). 현대인의 직업과 윤리. 서울: 민지사.
장대환(1998). 세계석학 103명이 제시한 21세기 예측. 서울: 매일경제신문사.
장선철(2007). 21세기 현대사회와 정신건강. 서울: 동문사.
장원동·최희숙(2008). 현대사회와 교육. 서울: 동문사.
장진호(1982). 평생교육과 사회교육. 서울: 대은출판사.
장현오(2005). 직업윤리와 교육. 부산: 부산대학교 출판부.
전병재(1988). 정보화 사회와 다원화 사회. 통신개발연구원(KISDI).
정국환(1996). 정보사회의 개념 정립 및 정보화 추진 방안에 관한 연구. 한국전산원.
정병식·이장희(2004). 직업세계의 이해. 서울: 대왕사.
정보통신정책연구원(2009). 정보화추진과정상의 갈등관리와 추진 전략 연구. 기본연구09-07.
정석용·이규은(2010). 자기계발과 직업. 서울: 동문사.
___________(2019). 인간과 사회윤리. 서울: 동문사.
정영근(2009). 인간 이해와 교육학. 서울: 문음사.
정유순(2023). 녹색 성장 시대. https://cafe.daum.net/5060happylife(2023. 2. 14.)
정종진(1990). 공존에의 그리움. 서울: 교육과학사.
정주연(2002). 선진국과 한국의 직업교육: 훈련제도의 특성과 한계. 서울: 집문당.
정지선(2009). 트렌드로 보는 미래사회의 5대 특징과 준비 과제. 한국정보화진흥원 IT & Future Strategy, 제8호.
정진욱·안성진·이재규(2012). 인터넷 윤리(불의 선물). 경기: 생능출판사.
정효경(2008). 사실은 대단한 나: 인생의 로드맵을 디자인하는 행복한 커리어 혁명. 서울: 홍익출판사.
조남두(2007). 인간관계론. 서울: 동문사.
조수환(2007). 건전한 삶을 위한 정신 건강. 서울: 동문사.
조승제(2019). 교육과 자기개발. 경기: 공동체.
조휘각·오기성·시옥진(2006). 삶과 직업윤리. 서울: 양서원.
주삼환(2005). 우리의 교육 몸으로 가르치자. 경기: 한국학술정보(주).
지영일(2021). 쓰레기 직매립 금지시대의 소비와 환경윤리. 시민의 손으로 만드는 인터넷 신문 인천 in. com(2021. 7. 9.).
진교훈(2003). 현대사회윤리 연구. 서울: 울력.
진기화(2006). 토마스 리코나(Thomas Lickona)의 통합적 인격교육으로서의 도덕교육. 성균관대학교 교육대학원 석사학위논문.
차갑부(2007). 평생교육의 이해. 서울: 학지사.
채유경(2006). 진로설계 워크북. 서울: 양서원.
추병완(2003). 정보사회와 윤리. 서울: 울력.
최문정(2015). 미래 과학기술 그리고 대한민국의 미래: 상상 속 미래가 현실로 성큼…과학기술 주목. 서울: 한국과학기술단체총연합회.
최병환(2008). 현대사회와 윤리. 아산: 선문대학교출판부.
최영태(2006). 그리스도인의 윤리적 삶의 방법에 대한 통전적, 구조적 이해에 대한 연구 : 바울윤리의 구조적 분석을 중심으로. 연세대학교 대학원 박사학위논문.
최용철 역(1999). 인간 행위의 탐구. 서울: 자작아카데미.
최용학(1999). 현대인과 생활윤리. 서울: 도서출판 한글.
최은수·장원섭·손주영(2000). 고학력 실업자 인력개발 정책 한·미 비교 분석. 서울: 교육과학사.
한국국민윤리학회(1999). 현대사회와 직업윤리. 서울: 형설출판사.
_______________(2002). 현대사회와 직업윤리. 서울: 형설출판사.
한국보안윤리학회(2017). 4차 산업혁명시대의 인터넷 윤리. 경기: 이한미디어.
한국인재경영연구회(2007). 자기 계발 107의 법칙. 서울: 경영자료사.
한국항공우주연구원(2021). 국가 우주산업 수준 평가 보고서. 한국항공우주연구원.
한상길(2003). 성인평생교육. 서울: 양서원.
허남결(2006). 윤리적 삶의 이해. 서울: 인간사랑.
홍경자(2007). 자기 주장과 멋진 대화. 서울: 학지사.
홍종률(2007). 정보사회와 작업윤리. 서울: 형설출판사.
황매향(2007). 진로 및 직업상담. 서울: 학지사.
______(2008). 진로탐색과 생애설계. 서울: 학지사.
황진우(2006). 인간관계론. 서울: 학문사.

Atkinson, G., & Dietz, S. (2013). *Handbook of sustainable development*. Edward Elgar Publishing.
Barnard, C. I. (1938). *The functions of the executive*. Cambridge: Harvard University Press.
Beitz, C. R. (2009). *The idea of human rights*. Oxford University Press.
Bell, D. (1973). *The coming of post-industrial society*. New York: Basic Books.
Bueno de Mesquita, Bruce (2010). *Predictioneer's game: Using the logic of brazen self-interest to see and shape the future.*
Canton, J. (2006). *The extreme future: The top trends that will reshape the world in the next 20 years.*
Christopher, B. (1992). *Being a character*. New York: Hill and Wang.
Chung, K. H., & Megginson, L. C. (1981). *Organizational behavior*. Harper & Row.
Cropley, A. J., & Dave, R. H. (1978). *Life long education and the training of teacher*. Hamburg: Unesco Institute for education.
Dave, R. H. (1973). *Life long education and school curriculum*. Hamburg: Unesco Institute for education.
Davis, K. (1959). Management Communication and the Grapevine. *Harvard Business Review, 31*, 43-49.

Dixon, J. (2018). *The fundamentals of ethics.* Oxford University Press.

Doris, J. M. (2002). Moral reasoning and ethical decision making. *Journal of Moral Education, 31*(2), 159-180. https://doi.org/10.1080/0305724022000027817

Floridi, L. (2019). The ethics of artificial intelligence. In K. Himma & H. T. Tavani (Eds.), *The Cambridge handbook of information and computer ethics* (pp. 311-337). Cambridge University Press.

Galtung, J. (1990). Cultural Violence. *Journal of Peace Research, 27*(3), 291-305.

Giddens, A. (2006). *Sociology* (5th). Cambridge: Polity Press Ltd.

Global Witness. (2020). The Hidden Cost of Globalization: Human Rights and Business.

Hameyer, U. (1979). *School curriculum in the context of life-long learning.* Hamburg, West Germany: UNESCO, Institute for education.

Hans Lenk(1994). *Macht und Machtbarkeit der Technik.* Stuttgart.

Harold Koontz, O'Donnell, C., & Weihrich, H. (1980). *Management.* New York: McGraw Hill.

Hartley, John et al. (1985). *Key concepts in communication.* London & New York: Methuen.

Heather Widdows(2011). *Global Ethics : an introduction.* UK: Acumen.

Huchings, Kimberly(2010). *Global Ethics: an introduction.* Cambridge, UK: Polity.

International Labour Organization (ILO). (2019). Global Estimates of Modern Slavery: Forced Labour and Forced Marriage.

Jamieson, D. (2007). *Ethics and the environment: An introduction.* Cambridge University Press.

Jourard, S. (1971). *Self-disclosure.* New York: Wiley.

Kelly, M. (2004). *The rhythm of life.* Sydney: Simon & Schuster. Inc.

Kohlberg, L. (1984). *Essays on Moral Development Vol, II. The Psychology of Moral Development: The Nature and Validity of Moral Stage.* San Francisco.

Lauer, J., & Lauer, R. (1985). Marnàge made to Last. *Psychology Today*, 22-26.

Meerbach, J. (1978). *The career resource center.* NY: Human Science Press.

Merrill, F. E., & Eldredge, H. W. (1953). *Culture and society.* New York: Prentice Hall.

Niebuhr, R. (1932). *Moral man and immoral society.* New York: Charles Scribner's Sons.

Norris, W., Hatch, R. N., Engelkes, J. R., & Winborn, B. B. (1979). *The career information service.* Chicago: Ravd McNally College Publishing.

Nussbaum, M. C. (2011). *Creating capabilities: The human development approach.* Harvard University Press.

O'Flaherty, K. (2020). Digital privacy and the future of human rights. *Oxford Journal of Digital Ethics, 25*(1), 38-56. https://doi.org/10.1093/oxfordjournal/dix004

Peters, R. (2012). *Ethics and technology: Controversies, questions, and strategies for ethical computing*. Wiley.

Roethlisberger. F. J. (1939). *Management and the worker.* Cambridge: Harvard University Press. pp. 224-225.

Rubinin, Z., Peplau, L. A., & Hill, C. T. (1981). Loving and leaving: Sex differences in romantic attachments. *Sex Roles, 7*, 821-825.

Sandel, M. J. (2007). *The case against perfection: Ethics in the age of genetic engineering.* Harvard University Press.

Scholte, J. A. (2000). *Globalization: A critical introduction.* Palgrave Macmillan.

Sen, A. (1999). *Development as freedom.* Alfred A. Knopf.

Silberman, Harry F. (1982). *Education and work*. Chicago: The University of Chicago Press.

Singer, P. (2005). Practical ethics and social justice. *Journal of Ethics, 9*(1), 73-95. https://doi.org/10.1007/s10892-005-4433-7

Stone, C. D. (1972). *Democracy in America.*

Toffler, A. (1980). *The third wave*. New York: Bantam Books Inc.

Turing, Alan M. (2009). Computing machinery and intelligence. Parsing the turing test. Springer, Dordrecht, pp. 23-65.

United Nations Development Programme (UNDP). (2015). Human Development Report 2015: Work for Human Development.

United Nations. (1948). Universal Declaration of Human Rights.

Zeilin, J., & Trubek, D. M. (2003). *Governing work and welfare in a new economy: European and american experiments*. Oxford University Press.

EnCyber & EnCyber.com(두산백과).(2010. 11. 10)

http://lab114.com/envi/toji1-2.htm(2010. 11. 11.)

http://blog.naver.com/vigure/60038389466(2010. 11. 14)

http://cafe.naver.com/dymk/3989(2010. 11. 15)

http://cafe.daum.net/withlawyer/glFO/17(2010. 11. 14)

저자소개

이규은

공주교육대학교 졸업
고려대학교 교육대학원 (교육학 석사)
인하대학교 대학원 (교육학 박사)
경기도 율곡교육연수원 교육연구사
중국연변대학교 객원교수
한국학교보건학회 회장
현) 동서울대학교 사회복지학과 교수

조원환

고려대학교 교육학석사
중부대학교 경영학박사
현) 세한대학교 사회문화복지학부 석좌교수
현) 송곡대학교 SGAE 글로컬대학 교수

박현진

총신대학교 교육대학원 교육학석사
중부대학교 교육학박사
현) 세한대학교 사회문화복지학부 평생학습전공 전임교수

미래 사회 조화로운 삶을 위한

인간과 사회윤리

초판 1쇄 인쇄 / 2025년 2월 25일
초판 1쇄 발행 / 2025년 2월 28일

•

공저자 / 이규은 · 조원환 · 박현진
발행인 / 이 중 수
발행처 / **동 문 사**

•

서울특별시 서대문구 홍제원 1길 12
(홍제동 137-8)
Tel: 02)736-3718(대), 736-3710, 3720
Fax: 02)736-3719
등록번호: 1974.04.27. 제9-17호
가격: 24,000원

•

ISBN: 979-11-6328-672-1 (93370)
E-mail: dong736@naver.com
www.dongmunsa.com

저자와의 합의하에 인지는 생략합니다.